跟着审查员学检索

国家知识产权局专利局专利审查协作江苏中心 ◎组织编写

专利信息检索快速指南

知识产权出版社
全国百佳图书出版单位
—北京—

图书在版编目（CIP）数据

跟着审查员学检索．专利信息检索快速指南/国家知识产权局专利局专利审查协作江苏中心组织编写．—北京：知识产权出版社，2019.12（2020.8 重印）（2021.4 重印）

ISBN 978－7－5130－6660－0

Ⅰ.①跟… Ⅱ.①国… Ⅲ.①专利—信息检索 Ⅳ.①G254.9

中国版本图书馆 CIP 数据核字（2019）第 276676 号

内容提要

本书的目的是提供一本简单易操作的书，将专利信息检索的实用性知识直观、简洁地表现出来。在介绍专利文献基础、分类体系基础知识、审查过程文档的查询、检索系统的快速认识、查新检索、主题检索、无效检索、智能语义检索等相关知识的基础上，通过多种场景下的检索应用实例，帮助科学工作者、专利工作者和广大发明人用最低的学习成本按图索骥，快速获取关于检索的知识和信息。

责任编辑：王祝兰		责任校对：谷　洋	
封面设计：博华创意		责任印制：刘译文	

跟着审查员学检索
——专利信息检索快速指南

国家知识产权局专利局专利审查协作江苏中心　组织编写

出版发行：	知识产权出版社有限责任公司	网　　址：	http://www.ipph.cn
社　　址：	北京市海淀区气象路 50 号院	邮　　编：	100081
责编电话：	010－82000860 转 8555	责任邮箱：	525041347@qq.com
发行电话：	010－82000860 转 8101/8102	发行传真：	010－82000893/82005070/82000270
印　　刷：	天津嘉恒印务有限公司	经　　销：	各大网上书店、新华书店及相关专业书店
开　　本：	787mm×1092mm　1/16	印　　张：	22.75
版　　次：	2019 年 12 月第 1 版	印　　次：	2021 年 4 月第 3 次印刷
字　　数：	500 千字	定　　价：	99.00 元
ISBN 978-7-5130-6660-0			

出版权专有　侵权必究

如有印装质量问题，本社负责调换。

编 委 会

主 任：陈 伟

副主任：闫 娜　刘新民

主 编：闫 娜

副主编：孙跃飞　李 捷　黄超峰　叶晓林

编 委：刘昕鑫　董宪君　卢振宇　杜旦杰
　　　　王 岩　周劼聪　左良军　章文飞

序

"科技是国之利器,国家赖之以强,企业赖之以赢,人民生活赖之以好。"历史经验反复证明,凡是抓住科技革命机遇走向现代化的国家,都是科学基础雄厚的国家;凡是抓住科技革命机遇成为世界强国的国家,都是在重要科技领域处于领先行列的国家。

当今世界,物质结构、宇宙演化、生命起源、意识本质等一些重大科学问题的原创性突破正在开辟新前沿新方向,信息技术、生物技术、制造技术、新材料技术、新能源技术广泛渗透到几乎所有领域,大数据、云计算、移动互联网等新一代信息技术同机器人和智能制造技术相互融合的步伐大大加快,新一轮科技革命的曙光正在地平线上升起。

现在,我国明确提出创新驱动发展战略,努力建设世界科技强国,科技创新对我国经济社会发展的支撑和引领作用日益增强。

要推动科技创新,必须善于利用知识产权信息。世界各国知识产权事业正蓬勃发展,已经形成12700万份专利文献的知识海洋。这些知识产权信息的有效利用,对于企业实体之间的竞争愈发重要。世界知识产权组织指出,专利文献能帮助研发节省60%的时间和40%的费用,足见专利文献和专利检索对研发的贡献度。面对新技术新业态的不断涌现,为在技术创新中抢占先机,企业只有通过精准的检索才能准确描绘出技术发展现状和产业发展脉络,才能有效指导技术研发、专利布局或知识产权诉讼。

一些领域,尤其是医药生物、电子信息和通信等领域,检索资源广泛,主题表达多样,技术种类繁多,如何有效进行检索往往是困扰企业、科研工作者的难题。知识产权是企业的主要商品,也是企业的市场屏障,在将"技术火花"转化为产品时,企业必须进行必要的技术挖掘与分析。但很多创新主体和从业人员检索理论不足、检索能力弱、对数据资源了解不足,导致难以获取准确、有效的技术情报,从而在技术创新和专利活动中走入重复研发之路,甚至成为他人知识产权的侵权者。

本书以专利审查员的独特视角,结合专利审查检索工作中积累的丰富经验,详细介绍通用检索资源、检索策略以及检索技巧,并以简单、可操作的方式,给广大读者提供一本专利信息检索的快速指南。本书的出版将有助于科研工作者和专利从业人员提升信息检索水平，增强技术情报获取和利用能力，助力技术创新的大跨越，对推动技术研发、创新保护、侵权与无效诉讼、专利布局以及挖掘未来技术发展趋势等方面将发挥积极的作用。

编 者 说 明

本书的编写团队来自国家知识产权局专利局专利审查协作江苏中心。具分工体如下：

叶晓林：第1章，第2章第2.1~2.2节，第6章，附录2和附录6；

卢振宇：第2.3~2.7节，第4章第4.1节、第4.2.1~4.2.2节、第4.4节，第10.3.6~10.3.8节，附录5；

章文飞：第3章，第10章第10.1~10.2节；

王　岩：第4章第4.2.3~4.3.3节，第10章第10.3.23~10.3.24节、第10.4.2节、第10.5.2~10.5.4节，附录4；

周劼聪：第5章第5.1~5.4节，第10章第10.3.9~10.3.14节、第10.5.1节，附录3；

杜旦杰：第5章第5.5节，第7章第7.1~7.2节，第10章第10.3.1~10.3.5节，附录1和附录3；

左良军：第7章第7.3节，第9章，第10章第10.3.15~10.3.22节，附录3；

刘昕鑫：第8章；

董宪君：第10章第10.4.1节，第11章。

全书由闫娜审核校对。

目 录

第1章 我们想写一本简单的书 / 1
  1.1 本书的原则 / 1
    1.1.1 功利性 / 1
    1.1.2 实践性 / 2
  1.2 本书的知识地图 / 2
    1.2.1 文献基础知识 / 3
    1.2.2 分类体系基础知识 / 4
    1.2.3 检索系统知识 / 5
    1.2.4 检索基础理论 / 5
    1.2.5 智能检索 / 6
  1.3 问答 / 6
    1.3.1 我什么都不会，可以看这本书吗 / 6
    1.3.2 和同类书相比，本书有何特色 / 7
    1.3.3 看完这本书，我能干什么 / 7
    1.3.4 本书有什么附送资源 / 7
    1.3.5 我不懂专利法，能看这本书吗 / 8

第2章 专利文献基础 / 9
  2.1 专利文献从哪儿来 / 9
    2.1.1 申请文本 / 10
    2.1.2 公开文本和公告文本 / 10
    2.1.3 这些文本和号码对检索有什么用 / 11
  2.2 专利文献的号码 / 13
    2.2.1 从号码中得到信息 / 13
    2.2.2 申请号 / 16
    2.2.3 文献号 / 19
  2.3 解密扉页的著录项目 / 22
  2.4 非常重要的权利要求书 / 27
  2.5 说明书和说明书附图 / 29
  2.6 其他专利文献 / 30

2.6.1 再公告文本 / 30
2.6.2 申请过程文档 / 30
2.7 专利文献的特点 / 31
2.7.1 专利文献的优点 / 31
2.7.2 专利文献的局限性 / 32

第3章 分类体系基础知识 / 34
3.1 国际专利分类 / 36
3.1.1 快速认识IPC / 36
3.1.2 如何确定和使用IPC分类号 / 41
3.2 联合专利分类 / 47
3.2.1 快速认识CPC / 47
3.2.2 如何确定和使用CPC分类号 / 48
3.3 日本专利分类 / 50
3.3.1 快速认识FI / 51
3.3.2 快速认识F-term / 52
3.3.3 如何确定和使用FI/F-term分类号 / 54
3.4 美国专利分类 / 56
3.4.1 快速认识UC / 56
3.4.2 如何确定和使用UC分类号 / 57
3.5 德温特专利分类 / 58
3.5.1 快速认识DC / 58
3.5.2 快速认识MC / 59
3.5.3 如何确定和使用DC-MC分类号 / 61

第4章 审查过程文档的查询 / 63
4.1 Global Dossier的查询服务 / 64
4.1.1 什么是Global Dossier / 64
4.1.2 Global Dossier的查询过程 / 64
4.2 五大专利局官网中的查询 / 70
4.2.1 中国国家知识产权局 / 70
4.2.2 美国专利商标局 / 72
4.2.3 欧洲专利局 / 74
4.2.4 日本特许厅 / 76
4.2.5 韩国知识产权局 / 78
4.3 其他专利局官网中的查询 / 79
4.3.1 WIPO / 79
4.3.2 英国知识产权局 / 81
4.3.3 德国专利商标局 / 82

4.4 审查过程文档的阅读 / 83
　　4.4.1 审查意见通知书 / 84
　　4.4.2 申请人意见答复 / 91
　　4.4.3 检索报告 / 91

第5章 快速认识检索系统 / 95
5.1 认识专利检索系统 / 95
　　5.1.1 收录范围和记录数 / 96
　　5.1.2 检索入口 / 100
5.2 专利检索系统的界面 / 103
　　5.2.1 检索模式的选择 / 103
　　5.2.2 高级检索模式 / 104
5.3 检索工具——截词符和算符 / 106
　　5.3.1 截词符 / 106
　　5.3.2 布尔算符、同在算符和临近算符 / 107
　　5.3.3 关系算符和频率算符 / 109
5.4 算符使用技巧实例 / 109
　　5.4.1 通过临近算符降低噪声 / 109
　　5.4.2 通过截词符一次扩展多个检索词 / 111
5.5 其他检索系统介绍 / 112
　　5.5.1 索意互动 Patentics / 113
　　5.5.2 佰腾 Baiten / 113
　　5.5.3 大为 Innojoy / 115
　　5.5.4 灵盾搜索 LindenPat / 117
　　5.5.5 专利汇 PatentHub / 118
　　5.5.6 中国军民融合平台 SOOIP / 120
　　5.5.7 专业领域的检索工具/数据库 / 121

第6章 查新检索 / 124
6.1 查新检索的意义 / 124
6.2 检索流程和基本策略 / 125
　　6.2.1 确定检索主题 / 125
　　6.2.2 从检索角度进行分析，提炼检索要素 / 126
　　6.2.3 表达检索要素 / 127
　　6.2.4 选择数据库和检索入口，构造检索式 / 128
　　6.2.5 动态调整 / 134
6.3 基本检索要素 / 137
6.4 高效地进行浏览 / 139
　　6.4.1 检索结果的浏览 / 139

6.4.2 文献的详览界面 / 141
6.5 基本检索策略 / 142
6.5.1 简单检索 / 143
6.5.2 并列式块检索与渐进式块检索 / 143
6.5.3 追踪检索 / 145

第7章 技术主题检索 / 146

7.1 什么是技术主题检索 / 146
7.2 技术主题检索的主要流程 / 146
7.2.1 确定检索主题 / 147
7.2.2 选择合适的数据库 / 148
7.2.3 确定关键词与分类号 / 148
7.2.4 构建检索式 / 151
7.2.5 评估检索结果 / 153
7.2.6 数据去噪 / 158
7.3 技术主题检索的跟踪 / 159
7.3.1 利用 E-mail 实现跟踪检索 / 159
7.3.2 利用 Patentics 系统进行跟踪检索 / 162

第8章 侵权检索和无效检索 / 165

8.1 侵权检索 / 165
8.1.1 什么是侵权检索 / 165
8.1.2 防侵权检索的主要流程 / 166
8.2 无效检索 / 175
8.2.1 什么是无效检索 / 175
8.2.2 无效检索的特点 / 176

第9章 智能语义检索 / 177

9.1 智能语义检索入门——相关度排序 / 177
9.2 智能语义检索的基本方法——"R/"检索 / 179
9.3 智能语义检索的秘籍——人工干预 / 183
9.3.1 限定排序范围的人工干预 / 183
9.3.2 指定排序标准的人工干预 / 185
9.4 智能语义检索策略总结——三步法 / 189

第10章 检索应用实例 / 192

10.1 专利文献 / 192
10.1.1 如何查找同族 / 192
10.1.2 如何快速获得英文专利文献的中文译文 / 195
10.1.3 如何快速获得日文/韩文专利文献的英文译文 / 200
10.1.4 如何利用 PSS 系统获得中文专利文献的英文译文 / 202

10.2 分类号 / 203
    10.2.1 如何知晓某个分类号的含义,例如 A01B 1/20 / 203
    10.2.2 如何查找美国分类号(UC) / 206
    10.2.3 如何查找日本专利分类号(FI/F-term) / 207
    10.2.4 如何确定检索/申请的技术内容的分类号 / 211
    10.2.5 如何查询关联的分类号 / 213

10.3 检索技巧 / 215
    10.3.1 如何下载专利的 PDF/全文图像/全文文本 / 215
    10.3.2 如何检索 PCT 国际申请专利文献,例如 WO2012/042261A1、WO2017179793A1、PCT/GB2011/051836 / 220
    10.3.3 如何检索日本专利文献,例如 JP 特開平 11-58429A、特開平 9-254190、特願平 9-216376 / 224
    10.3.4 如何检索韩国文献,例如 KR10-2012-0016871、특 20020004110、실 0165922 / 229
    10.3.5 如何检索美国文献,例如 US2004/0103608A1、US5146634、US6901712B2、US10/402440 / 232
    10.3.6 如何检索目标技术是否已有相关的专利申请 / 244
    10.3.7 如何快速获得目标专利文献的相似文献 / 245
    10.3.8 如何选择专利数据库优先顺序 / 245
    10.3.9 如何表征某个难以表达的基本检索要素,例如功能性限定、方法特征、性能和参数特征等 / 246
    10.3.10 如何检索数学公式和特殊字符 / 247
    10.3.11 检索式的检索结果为 0 时,如何处理;检索式的结果过多(溢出)时,又应该如何处理 / 247
    10.3.12 如何尽量全面地囊括某个技术主题下的文献 / 250
    10.3.13 怎样提高浏览速度 / 252
    10.3.14 怎样导出检索结果 / 255
    10.3.15 如何筛选出检索结果中已授权的专利信息 / 257
    10.3.16 如何快速获取目标公司(包括子公司、分公司、关联公司等)的专利状况 / 258
    10.3.17 如何获取目标申请人在不同国家的申请情况 / 261
    10.3.18 如何知晓某个分类号下的个人/公司申请专利 / 263
    10.3.19 如何快速知晓目标申请人的专利技术布局重点 / 265
    10.3.20 如何查询目标省(区、市)的专利数量(申请和授权)/ 266
    10.3.21 如何了解目标技术领域的生命周期概况 / 267
    10.3.22 如何了解目标技术领域全球专利申请的情况 / 269
    10.3.23 如何进行引证和被引证文献检索 / 270

10.3.24 如何将中文关键词翻译成合适的外文检索词 / 271
10.4 专利法律状态查询 / 273
10.4.1 如何查询中国专利申请的法律状态 / 273
10.4.2 如何查找目标申请的无效、复审、诉讼信息 / 275
10.5 其 他 / 276
10.5.1 特殊领域的检索：化合物的专利检索，生物序列的专利检索 / 276
10.5.2 专利费用查询途径有哪些，如何进行缴费 / 278
10.5.3 如何查找专利代理机构 / 281
10.5.4 怎样加快审查进程 / 282
10.5.5 提出优先审查请求需要提交哪些材料 / 289

第 11 章 专利电子申请系统 / 290
11.1 使用电子申请的条件 / 291
11.2 客户端 VS 在线平台 / 291
11.3 不同格式文件的特点 / 297
11.3.1 不同格式文件的时间成本 / 298
11.3.2 不同格式文件的特殊要求 / 299
11.4 不可或缺的数字证书更新与注销 / 299

附 录 / 302
附录 1 检索资源汇总 / 302
附录 2 分类表网络资源 / 310
附录 3 检索系统盘点 / 317
附录 4 专利收费标准 / 323
附录 5 INID 码及著录项目数据 / 326
附录 6 申请号及文献号编码体系 / 328

第1章 我们想写一本简单的书

本书是介绍专利信息检索的说明书。

检索应该是一件很普通的事，百度和 CNKI 都是十分常见也十分常用的检索系统，但很显然，我们并不是每次检索都能得到理想的结果。要想高效地获得好结果，这并不是一件简单的事情。

本书的目的是提供一本简单易操作的指南，将专利信息检索的实用性知识直观、简洁地表现出来。

本书由国家知识产权局专利局专利审查协作江苏中心的审查员们撰写。他们每天从事专利检索，可以称得上是中国最擅长专利信息检索的人群之一。

我们撰写这本书，是想让科学工作者、专利工作者和广大发明人用最低的学习成本，按图索骥，快速了解关于检索的知识，从而获得相关的专利信息。

基于这个目的，我们强烈建议读者先花十分钟通读本章。我们将在本章详细介绍如何高效地使用这本书。换句话说，将介绍有关检索的那些知识是通过什么样的逻辑来分层次、按照需求呈现给读者的。

1.1 本书的原则

本书有两大原则，即功利性和实践性，事实上也可以说是专利信息检索的两大原则。

1.1.1 功利性

本书的第一个原则是**功利性**。这也是检索的最基本原则，以结果为导向。

我们进行检索的目的非常简单直接，就是要借助本书，找到想要的东西。因此，不管以什么途径，只要能得到结果、达到目的，那么就是成功的检索。

本书也将遵循功利性原则，只介绍对检索实际有用的知识。例如分类体系，我们会强调如何根据检索的需求来确定分类号和使用分类号，而涉及如何将文献分类的附注解读将被作为拓展内容。

在每个章节，我们会用黑体强调必读内容，以帮助读者建立起基本的概念框架。此外，我们还就相关内容提供了知识拓展，读者可以根据兴趣阅读，也可以直接跳过。

第 2~9 章是体系化的基本知识。重点内容将通过实例来展示，没有抽象的理论，只有基础的实践。

1.1.2 实践性

本书第二个原则是**实践性**。实践是检验真理的唯一标准,这句话对于检索操作而言也是铁律。

本书注重实用,务实不务虚,只解决实际问题。

本书的内容均具有可操作性,可以在专利信息数据库中加以验证。我们希望有意愿学习检索的读者能够进行实际操作,形成动手练习的习惯。

检索理论固然不变,但检索主题每次都不一样,检索的数据库也日日更新。笔者作为专利审查员,虽然日日检索,但绝不敢自称检索高手。因为技术领域的众多、看事物角度的多样,往往一个新手的另辟蹊径,就轻易地超过老手长时间的求索。

苟日新,日日新,又日新。"做新民"才是做检索的应有态度,实践出真知。检索时,只有持有旺盛的好奇心和无比的耐心,在检索数据库中不断尝试、总结经验,才能提升检索水平,才能经常又快又好地找到理想的结果。

同时,我们在第 10 章设计大量问答式的应用场景,能用图说明的,就尽量附截图,一一解答那些在检索实践中困扰大家的常见问题。

第 11 章介绍中国专利电子申请系统的使用。我们希望科研工作者掌握前面几章的知识、找到并阅读前人大量专利成果后,灵感精进,能利用电子申请系统来高效提交自己的创新成果。

附录里除了介绍专利收费标准外,还包括检索资源汇编。网上的检索资源丰富多彩、层出不穷,我们将审查员觉得好用的网站和资源分门别类地进行汇总,并附上我们的使用经验和点评。

1.2 本书的知识地图

检索知识大致分为四大类,即文献基础知识、分类体系基础知识、检索系统知识和检索基础理论(见图 1-2-1)。

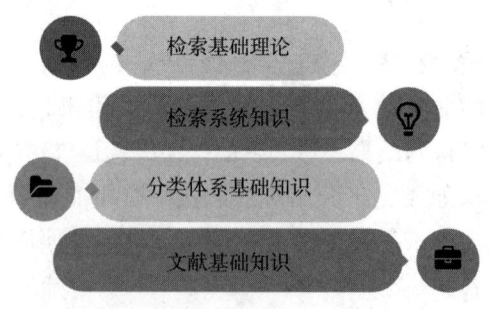

图 1-2-1 检索知识结构

本书的知识框架如表 1-2-1 所示。

表 1-2-1　本书知识框架

知识模块	章	要点
检索的原则	第1章	功利性、实践性
文献基础知识	第2章、第4章、第10章	下载文献、查询审查过程文档及专利法律状态
分类体系知识	第3章	IPC等分类号的阅读和确定
检索系统知识	第5章	数据库和算符
检索基础理论	第6~8章	查新检索、技术主题检索、侵权检索和无效检索
智能语义检索	第9章	智能检索的人工干预
电子申请系统	第11章	电子申请系统使用技巧
检索资源汇编	附录	检索和分类网站汇编、文献编号变迁、专利收费标准

1.2.1　文献基础知识

专利文献是国家发布的官方文档，是所有专利检索数据库的构建基础。

这里特别强调一点，专利文献是**官方文档**，是**法定文献**。因此，它们有统一的编号体系，有标准的格式，有法定的内容要求。

通过获取这些官方的规范文档，检索数据库才得以创建并更新。

因此，这部分内容是检索知识大厦的地基。熟悉了专利文献，就熟悉了数据库的构建基础，知道砖块是什么样的，那么由这些砖块构成的大厦也就没有什么神秘的了。

我们将用一个有多国同族的典型文献族，带领读者快速熟悉专利文献，乃至专利申请、审查的全部流程。我们保证，在完整巡游这个文献族后，读者就能从一串数字中读取其隐含的关键信息。例如：

CN101697181 是中国的一份发明专利文献号，而不是发明申请号；

200910175855.7 是中国国家知识产权局 **2009 年受理**的**发明专利申请**；

CN101697181B 表示这份专利申请已经授权，这串号码就是**授权专利文献号**。

我们也可以很容易地分辨出专利的国家，例如 EP1964022B1 就是欧洲**授权专利文献**。

基于任一篇专利文献，我们都可以找一下它们在不同国家或地区有没有同族文献。

由此，我们可以很容易地知道俄语、法语、德语的"发明人"是怎么拼写的。

我们还可以很容易地找到国际检索报告、审查过程中引用的各种文献、审查意见通知书等非常有价值的信息。

也许你会问，这有什么用呢？这个用处可大了。例如我们找到检索报告，里面记载着他人的检索结果，就可以直接拿过来参考。也许结果就在里面，相当于走了捷径，圆满完成工作，完美体现了上文提到的功利性原则。

在第4章，我们用整章的篇幅来详细介绍如何查询审查过程文档，让读者遍历各大专利局网站，不仅能让读者懂得下载审查过程文档，更能让读者读懂检索报告和审查意见通知书。

总之，要掌握专利信息检索技能，必须了解检索的对象——专利文献。

1.2.2 分类体系基础知识

分类体系指的是各种分类号。分类员阅读专利文献，根据其内容给出各种技术"标签"，即分类号。那么这些文献的分类号就体现出分类员的劳动，是检索时的重要参考信息。

专利检索专业与非专业的一个重要区别就是会不会使用分类号。

最广泛使用的是 IPC 分类体系（International Patent Classification），俗称国际专利分类号。几乎所有的专利文献都有 IPC 分类号。**分类号就是一个标签。**IPC 分类体系对人类能制造出来的所有产品及其制造方法都给出了一个分类号，即打上了一个标签。

相同或者类似技术内容的文献都有相同的分类号标签。这主要服务于检索，**用分类号进行检索，就是在具有相同标签的文献中查找你想获得的文献。**

本书将详细介绍全球目前有哪些主要的分类号，分别长成什么样子，怎样确定一篇专利文献的分类号，如何使用它们，以及在什么情况下使用（参见表 1-2-2）。

表 1-2-2 全球主要专利分类体系

分类体系	简称	示例
国际专利分类	IPC	G11B 3/085
欧洲专利分类	ECLA 或 EC	G11B 3/085B2
美国专利分类	USPC 或 UC	2/410
日本专利分类	FI	C02F1/16, 101A
	F-term 或 FT	4J00/LA01
联合专利分类	CPC	G11B 3/08596
德温特专利分类	DC	X22
	MC	W02-C03C1G

我们将了解：**分类号是有等级关系的，但分类号下的文献没有等级关系。**本书还将介绍各种分类号的使用原则，例如 IPC 可以用于检索所有国家的文献，而**本国的分类体系适用于本国文献的检索。**

日本的分类体系 FI/F-term 适用于检索日本文献，美国的 UC 适用于检索美国文献，欧洲的 EC 适用于检索欧洲文献，中国也有自己的范畴分类。

也许你会觉得分类体系过多，为什么不统一一下呢？是的，大家都有这个共识。美国和欧洲从 2013 年开始合并 UC 和 EC，推出 CPC。中国国家知识产权局也早已加入。因此，CPC 成为目前世界上主要专利局大力推动的新分类体系。

我们将从服务检索的角度出发，介绍几种确定检索主题分类号的方法。

1.2.3 检索系统知识

检索系统知识主要分为两部分：一是检索数据库，二是检索界面和工具。

各检索系统的界面都大同小异，我们这里选用一个典型的检索系统——PSS检索系统进行展示，告诉读者如何快速熟悉检索界面和浏览工具。

前面我们强调了，专利文献是构建数据库的基础。构成数据库有多种形式：将中国的专利文献组合起来，就形成中国专利库；将文摘信息即除了说明书全文以外的信息组合起来，就形成**摘要库**，也称文摘库；将说明书全文和权利要求书全文收录进来，就称为**全文库**。

有的数据库，一个文献就形成一条记录；有的数据库，一个申请就形成一条记录（申请包含公开文献和授权文献）；有的数据库，一个同族就形成一条记录（一个专利族包含多个申请）。

把这些文献的各种信息分门别类地组合起来，例如所有的申请号存储在一起，所有的分类号存储在一起，就分别形成了数据库中的申请号字段、分类号字段。

将字段里的内容按规律排列起来，能够让计算机用算法快速查询，就形成了索引。只有对字段进行了索引（或称为标引），才可检索到结果。如果有的字段来不及做索引或者未完全索引，检索结果就为零或者有偏差。而对有些重要字段，系统会将其组合起来形成复合索引。

很典型的是，将文本类字段如CNKI中的标题、关键词、摘要字段组合成复合索引，可以放在"主题"这个检索入口中。

在这部分内容中，读者将熟悉常见的那些字段和索引，即**检索入口**。

我们还将明白，**在不同的检索入口应该输入其相应格式的检索词**。

为了向检索系统"描述"我们要检索的对象，我们需要表达基本检索要素。

每个检索系统都会提供通配符和布尔算符。很多检索系统不满足于此，还会进一步提供同在算符和临近算符。

会使用各种算符和通配符来精准地"描述"我们要检索的内容，是区分专业与非专业检索的另一个重要特征。

我们同样用实例来说明，临近算符和同在算符是如何大幅度地提高检索效率的。

1.2.4 检索基础理论

当你向检索框中输入一个检索词的时候，例如"earth"，你心里应该明白，实际上指的是"地球"这个**检索要素**，earth是"地球"这个检索要素的英文表达。

这里，我们要进一步引入一个"基本检索要素"的概念：

如果一篇文献公开了所有的**基本检索要素**，那么它可能是单篇就能评价新颖性或创造性的X文献；

如果需要两篇文献公开所有的**基本检索要素**，那么它们可以组合成影响创造性的两篇 Y 文献。

在第 6 章，我们将用一个实例详细介绍"检索要素"和"基本检索要素"，并展示**如何用分类号和关键词来表达基本检索要素，并组合形成检索式。**

我们还会介绍专利信息检索的各种类型，例如：

（1）查新检索，目的是查准，尽快找到相关的现有技术。

（2）技术主题检索，目的是查全，尽可能全面、不遗漏地找到相关文献。

（3）侵权检索和无效检索。

同时，我们还会介绍专利信息检索的三种基本策略：简单检索、块检索和追踪检索。

我们会用实例来强调进行检索的范式和心态：

揣摩自己想要检索的对象：

　　在哪里——选库；

　　长什么样——构建检索式进行描述；

做足准备，带好工具（分类号、截词符、算符）。

更重要的是，检索时，要持有狩猎者般的好奇心和耐心，边学边检，边检边学。

1.2.5 智能检索

布尔逻辑检索是传统的检索方式，其本质就是根据检索式的条件，匹配到相应的记录。

上述四大块知识——文献基础知识、分类体系基础知识、检索系统知识、检索基础理论，为高效进行布尔逻辑检索构建了基本的知识框架。即使面对大量涌现的界面时尚、功能先进、数据全面的专利检索系统，我们相信，只要掌握这四大块知识，读者就能快速掌握并轻松有效地使用这些新系统。

除了布尔逻辑检索外，近些年来的新系统还大力强调各自的智能语义检索模式。在这种模式下，上述四大块的知识门槛将进一步降低，检索时甚至不需要去选取和表达基本检索要素，只需要在系统给出的推荐文献中浏览筛选即可。

在第 9 章，我们将介绍**如何使用和干预智能检索进程**，更加高效地获取到结果。

1.3 问答

1.3.1 我什么都不会，可以看这本书吗

如果你的情况如下所述，那你就选对了：

——零基础的检索新手：可能只是想查一下自己的专利申请进展到哪一步了，或者仅仅想找一份想要的专利文献而已。本书通俗易懂，不但设置了大量应用场景，而且充分考虑了初学者需求。哪怕你从来没有使用过专利检索系统，也能在本书的指导下，完成上述工作。

——已擅长期刊论文检索的科研工作者：已有的检索经验能让你快速掌握本书中介绍的检索理论和检索系统，拓展一片涵盖全产业、包含 12700 万专利文献的全新知识海洋。在本书的指导下，你可以更全面地搜罗到研究主题下的专利文献，可以更精准地找到研究主题下的最新专利文献。

——已熟悉专利信息检索、想持续精进的学习者：本书能指导你将检索知识进行体系化和实践化。你很可能发现书中介绍的某些途径更加有效，推荐的某些资源更加贴合需求，书中的各种实例操作和动手经验、各种资源汇编和场景答疑一定能帮你裨补阙漏，让你的检索工作事半功倍。

1.3.2 和同类书相比，本书有何特色

检索是功利的，以结果为导向。正是基于这样的认识，我们想写一本不那么理论化的检索书。本书从构思和写法上，都力求贴近检索实际的应用场景，避免枯燥冗长的理论宣教，一切以解决实际问题为出发点。与很多专利检索的书相比，本书的特色如表 1-3-1 所示。

表 1-3-1 本书特色

很多其他专利检索的书	本书
铺陈理论，按部就班	只讲与检索有关的内容，按检索实际进行组织
泛泛而谈，脱离实践	实战案例，实用资源，解决实际问题
知识过时，很少介绍近年来的新系统新工具	不仅介绍传统的布尔逻辑检索，还介绍智能检索的使用和干预，包括实践检索技巧

1.3.3 看完这本书，我能干什么

你能做的事情非常多，与专利文献、专利审查相关的事情都可以做。最简单的，例如下载专利文献、查询审查过程、了解现有技术的现状等，自然都不在话下。

我们更希望读者了解专利文献，灵活选用检索数据库，直到掌握分类号和各种算符的进阶检索工具，最终具有媲美审查员的检索能力和检索效率。

科学研究前，自己进行检索，总结前辈知识，提升研究门槛；
撰写论文前，自己进行检索，汇总现有技术，寻找思路启迪；
申请专利前，自己进行检索，了解领域现状，确保权利稳定；
科研进程中，自己进行检索，及时追踪技术，调整研究方向；
买卖专利时，自己进行检索，了解法律状态，评估专利价值；
侵权无效时，自己进行检索，从容应对诉讼，维护自身权益。

1.3.4 本书有什么附送资源

当然有！

我们提供国内主要的检索网站清单,包括全球主要专利局检索网站和免费资源;

我们提供主要分类表的相关网络资源,包括 IPC、CPC、FI/F-term、UC、DC/MC 等分类体系的相关资源;

我们提供专利文献号演变历史介绍;

我们提供专利信息检索中的诸多实际应用场景,可以按图索骥并实际验证;

我们提供电子申请系统的使用技巧,附送各种费率清单。

1.3.5 我不懂专利法,能看这本书吗

即使你从未接触过专利,也不影响你阅读和理解这本书的内容。

本书专注于专利信息检索这件事儿,对涉及的新颖性、创造性概念也都细细道来,足以让读者迅速上手,完成自己的检索任务。

本书尽量用实例,尽量用图示,这种阐述风格也能大大降低学习门槛,利于读者流畅地通读和使用本书。

第 2 章　专利文献基础

2.1　专利文献从哪儿来

专利文献是记录有关发明创造信息的文献，它的产生基于专利制度。广义上来讲，专利文献包括专利申请书、专利说明书、专利公报、专利检索工具以及与专利相关的一切资料。**在本书中，专利文献仅指各国（地区）专利机构出版的专利说明书或发明说明书。**

图 2-1-1 展示了一份发明专利从申请到公开、从实质审查到授权公告，乃至后续可能的复审无效，以及专利权终止的全过程。在这个过程中，根据专利制度会陆续产生各种文本，这些文本被称为专利文献。

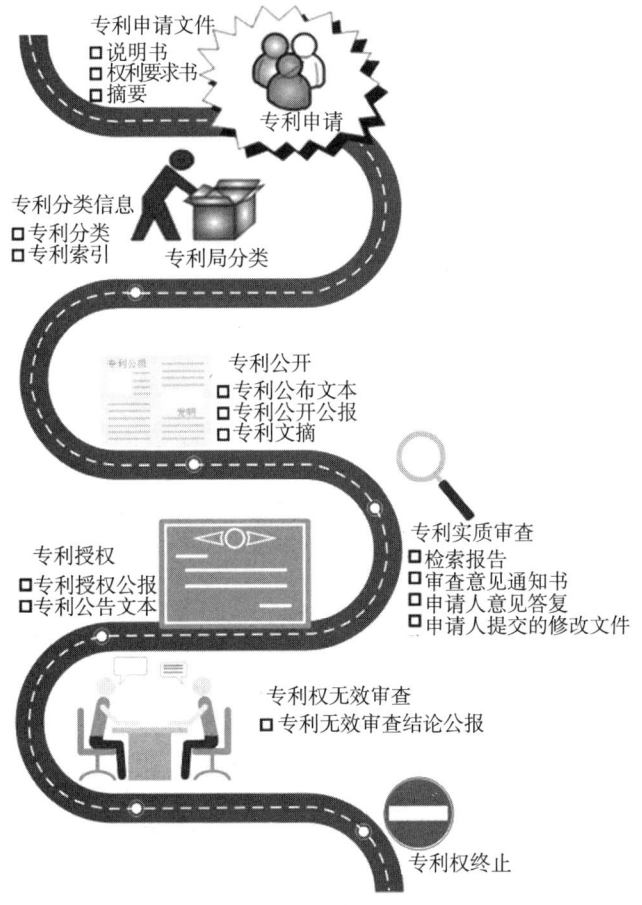

图 2-1-1　专利生命流程及专利文献

以下将对这些文本进行介绍。在本节，将介绍**申请文本、公开文本、公告文本以及申请号、专利号、公开号、公告号**的由来和区别。

2.1.1 申请文本

申请文本，指的是申请人提交给专利局的文本。专利法对文本的构成，有十分明确的要求。

如果申请类型是发明或者实用新型，**申请文本应该包括请求书、说明书、摘要和权利要求书**等内容。如果是外观设计，则应包括请求书、该外观设计的图片或者照片以及对该外观设计的简要说明等内容。

申请文本十分重要，因为**申请人后续的修改是不能超出申请文本记载的内容的。**

申请文本提交的时间也十分重要，其确定的**申请日是本申请与现有技术进行区分的时间界限。**

申请文本在未公开之前是保密的，其并没有专利文献编号。此时公众仅能获知**专利申请号**，而无法获知其具体内容。实际上，申请文本不能算是我们认为的专利文献。

申请文本需要经过初审、分类、公布等程序，形成公开文本，才是能为公众所获知的专利文献。

2.1.2 公开文本和公告文本

公开文本也称为公开文献，指的是专利局对发明专利的申请文本进行初审后，进行法定公开的文本。在这个时候，专利文本终于获得一个明确的法定文献编号——**专利公开文献号**，也可简称**公开号**。

公开文本是公众获知发明专利申请内容的第一途径。专利公开后，公众才能看到发明专利申请的说明书、权利要求书、摘要等内容，也才能看到分类号、申请人、发明人、优先权等著录项目信息。

那么从申请到公开的这段时间一般多长呢？我国《专利法》也有很明确的规定——不大于 18 个月。也就是说，从申请日算起，最迟 1 年半后申请文件将被公开。

申请人可以自申请日起 3 年内随时提出实质审查请求。通过实质审查员的实质审查之后没有发现驳回理由的，专利局将会作出授予发明专利权的决定，此时专利局的流程部门将对这个发明专利申请进行登记和公告。对应的文本就被称为**发明公告文本**，或者授权文本，其将被赋予新的文献编号：**专利公告文献号**，简称**公告号或授权公告号**。此时，申请号将被加上 ZL 前缀，升级称为专利号。

以上介绍的是发明专利申请的情况。可以看出，**在整个发明专利申请流程中，向公众公开的文本主要有两种：公开文本和公告文本**。对应的有两个文献编号：公开号和公告号。

对于实用新型和外观设计这两种类型的专利申请，相比于发明专利申请的程序，它们不需要经过实质审查程序。因此，**实用新型和外观设计并没有公开文本，只有公**

告文本；它们也没有公开号，只有公告号。

这些向公众公开的文本，是构成专利信息数据库的基石，也是进行专利信息检索的对象。

 知识拓展——发明专利申请的审定文本

中国的发明专利申请并不仅有公开文本和授权文本。1993 年前，中国发明专利申请没有授权文本，而是有审定文本，对应的就称为审定文献号。

当时的法律规定，在审定文本公告之日起三个月内，任何人都可以提出异议。如果异议成立，则专利申请被驳回。

直到 1993 年的《专利法》，才取消审定阶段，直接规定，实质审查没有发现驳回理由的，就授予专利权。

因此对于中国专利文献数据而言，其中发明专利申请包含有三种文本：公开文本、审定文本和授权文本。但是审定文本数量很少，因为 1985~1993 年的申请量本来就不多，审定量就更少些了（审定文本不足 2 万件）。

与审定制度相关的《专利法》条款：

1984 年的第一部中国《专利法》第三十九条、第四十一条、第四十二条和第四十四条。

第三十九条　发明专利申请经实质审查没有发现驳回理由的，专利局应当作出审定，予以公告，并通知申请人。

第四十一条　专利申请自公告之日起三个月内，任何人都可以依照本法规定向专利局对该申请提出异议。专利局应当将异议的副本送交申请人，申请人应当在收到异议副本之日起三个月内提出书面答复；无正当理由逾期不提出书面答复的，该申请即被视为撤回。

第四十二条　专利局经审查认为异议成立的，应当作出驳回申请的决定，并通知异议人和申请人。

第四十四条　对专利申请无异议或者经审查异议不成立的，专利局应当作出授予专利权的决定，发给专利证书，并将有关事项予以登记和公告。

2.1.3　这些文本和号码对检索有什么用

公开文本、公开号、公告文本、公告号等文本和号码是十分重要的，因为它们所代表的专利文献是构成专利检索数据库的主要信息，是数据库的砖石。

申请号是在专利申请流程中用于唯一识别的编号，它真正的作用是作为联系申请人和专利局的纽带，双方可以很方便地进行文本往来和费用缴纳。

在中国，甚至在申请号后面添加一位校验码，以尽量防止申请人输错号码而将费用缴到另外一个申请中。

也正因为这样，用申请号进行检索就可以很准确地定位到这个申请背后所包含的所有文献。

文献号主要包括公开文本号和公告文本号。在所有的专利信息数据库中，文献号所代表的字段往往是最全面、最准确的。由于数据库开发商正是通过收集各个国家和地区专利局公开的这些专利文献来构建专利数据库的，因此，**文献号往往是专利文献数据库中最不可能缺少和错讹的内容**。

在第2.2节中，将通过一个实际的文献族，详细介绍申请号、文献号的规则。

 知识拓展——《专利法》对申请文本的规定

第二十一条　国务院专利行政部门及其专利复审委员会应当按照客观、公正、准确、及时的要求，依法处理有关专利的申请和请求。

国务院专利行政部门应当完整、准确、及时发布专利信息，定期出版专利公报。

在专利申请公布或者公告前，国务院专利行政部门的工作人员及有关人员对其内容负有保密责任。

第二十六条　申请发明或者实用新型专利的，应当提交请求书、说明书及其摘要和权利要求书等文件。

请求书应当写明发明或者实用新型的名称，发明人的姓名，申请人姓名或者名称、地址，以及其他事项。

说明书应当对发明或者实用新型作出清楚、完整的说明，以所属技术领域的技术人员能够实现为准；必要的时候，应当有附图。摘要应当简要说明发明或者实用新型的技术要点。

权利要求书应当以说明书为依据，清楚、简要地限定要求专利保护的范围。

依赖遗传资源完成的发明创造，申请人应当在专利申请文件中说明该遗传资源的直接来源和原始来源；申请人无法说明原始来源的，应当陈述理由。

第二十七条　申请外观设计专利的，应当提交请求书、该外观设计的图片或者照片以及对该外观设计的简要说明等文件。

申请人提交的有关图片或者照片应当清楚地显示要求专利保护的产品的外观设计。

第三十三条　申请人可以对其专利申请文件进行修改，但是，对发明和实用新型专利申请文件的修改不得超出原说明书和权利要求书记载的范围，对外观设计专利申请文件的修改不得超出原图片或者照片表示的范围。

知识拓展——《专利法》和《专利法实施细则》对公开文本的规定

《专利法》第三十四条　国务院专利行政部门收到发明专利申请后，经初步审查认为符合本法要求的，自申请日起满十八个月，即行公布。国务院专利行政部门可以根据申请人的请求早日公布其申请。

《专利法实施细则》对说明书、权利要求、摘要等均有很详细的规定，篇幅起见，就不原文引用在这里，可以查阅《专利法实施细则》（2010）第十五条至第二十八条。

简单来说：

说明书应包括五个部分：技术领域、背景技术、发明内容、附图说明、具体实施方式；

权利要求应使用阿拉伯数字顺序编号，独立权利要求应包括前序部分和特征部分，从属权利要求应当包括引用部分和限定部分；

摘要文字部分不得超过 300 个字。

2.2 专利文献的号码

2.2.1 从号码中得到信息

专利文献的公开方式主要有专利公报和专利说明书（专利文本）两大类，其中专利公报指的是专利局定期出版的专利公报。

实际检索中接触最多的就是专利说明书。这个专利说明书并不是前面说的仅是文本一部分的"说明书"，而是指前述的公开文本、公告文本等诸多文本。**在本书中，我们不说专利说明书，而按照审查员的习惯，称之为专利文本，或专利文献。**

专利文献一般包含三个部分。

（1）**著录项目**，包括专利申请号、申请日、公开日、专利分类号、标题、摘要、申请人、发明人等信息；

（2）**权利要求书**，用于确定专利权请求保护的范围；

（3）**说明书**，用于记载完整的技术方案。

每一份专利文本均有明确且唯一的编号，即文献号。仅从文献号就至少能获取到四个方面的信息：①是哪个国家的申请；②是什么类型的申请，如发明、实用新型还是外观设计；③大致是哪个年代申请的；④是哪个阶段的文献。

举例来说，苹果公司曾经有一个很有影响力的专利申请——"通过在解锁图像上执行姿态来解锁设备"，即鼎鼎有名的滑动解锁的专利申请。关于它的数亿美元的官司故事暂放一边，我们先来关注它的专利族。

这是一个庞大的专利族，在 11 个国家（地区）提交的相关申请多达 63 件，如图 2-2-1 所示（仅示出这一专利族中的部分专利）。以下将以此为例，详细介绍申请号以及文献号的含义。

跟着审查员学检索：专利信息检索快速指南

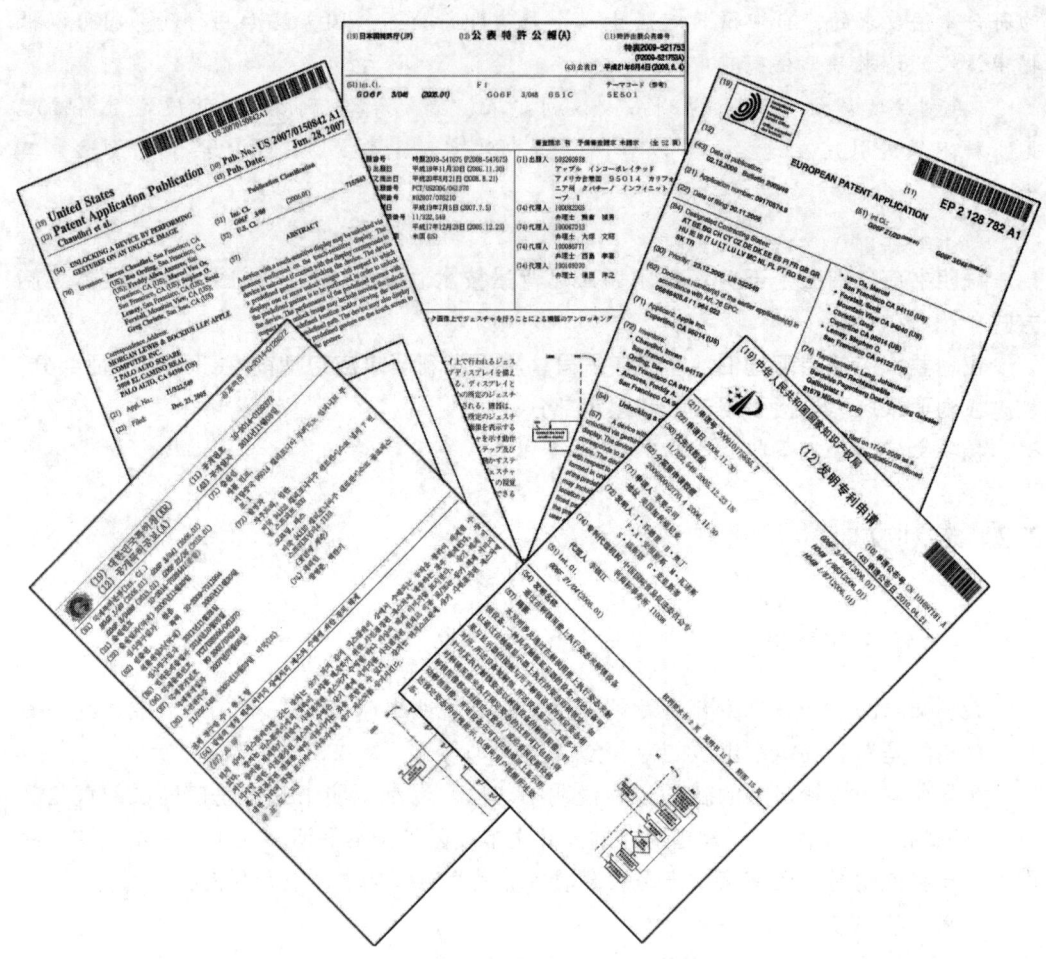

图 2-2-1　苹果公司滑动解锁专利族中的部分专利

苹果公司于 2005 年 12 月 23 日第一次在美国提出申请，申请号为 11/322549；于 2006 年 11 月 30 日向 WIPO 提交申请，国际申请号为 PCT/US2006/061370；于 2008 年 8 月 13 日进入中国国家阶段，申请号为 CN200680052770.4。

2009 年 2 月 18 日，中国国家知识产权局予以公开，公开号为 CN101371258A。

数个月之后，经过实质审查，中国国家知识产权局予以授权，授权文本号为 CN101371258B，专利号为 ZL200680052770.4。

知识拓展——专利族与优先权

专利族，也称为专利家族，是指**具有共同优先权**、在不同国家或国际专利组织多次申请、多次公开或批准的**内容相同或基本相同**的一组专利文献。

族内的文献互相称为**同族文献**。关于同族文献的查询可以参见第 10.1 节。

专利族的产生源自专利制度的地域性保护。美国的授权专利仅在美国境内得到保护，中国的授权专利仅在中国境内得到保护，各国的授权专利均仅在自己境内得到保护。因此，苹果公司申请的滑动解锁专利在美国获得专利权，中国并不会据此给予专利保护。只有苹果公司向中国国家知识产权局提交申请，并获得授权，才可以在中国境内得到中国政府的专利保护。

申请人如果想在多个国家获得专利保护，就必须在同一天向这些国家的专利局提出专利申请。为什么是同一天呢？这是为了防止 A 国文本在 B 国申请日前提前公开，也为了排除其他申请人抄袭在先申请，抢先提出申请的可能。

但同日向多国专利局提出申请，是一件成本高昂的事情。1883 年，《保护工业产权巴黎公约》（以下简称《巴黎公约》）在巴黎签订，各成员国互相承认对方申请的申请日权益。例如，2018 年 1 月 1 日向中国国家知识产权局提交申请，那么在接下来的 12 个月内都可以向该公约其他成员国专利局提出申请，其他局都承认 2018 年 1 月 1 日为优先权日。在这个日期之前公开的文献才可被视作现有技术。

也就是说，《巴黎公约》给了申请人 12 个月的时间分别向各成员国专利局提出申请。

这就是优先权制度：专利申请人就其发明创造第一次在某国提出专利申请后，在法定期限内（通常都是 12 个月内）又在其他国家以相同主题的发明创造提出专利申请的，根据有关法律规定，其在后申请以第一次专利申请的日期作为其申请日。专利申请人依法享有的这种权利，就是优先权。

那么，向不同国家专利局提交的申请，都会要求最早申请的优先权，这些国家专利局制作的专利文献上都会记录这个优先权信息。这些文献都被视为同族文献。

这也是专利族用优先权相同作为定义条件的原因。

上述苹果公司滑动解锁专利族的部分号码如表 2-2-1 所示。

表 2-2-1 苹果公司滑动解锁专利族中部分专利号码

申请号	申请日	公开/公告号	公开日	部分优先权号（优先权日）
US20050322549	2005.12.23	US2007150842（A1） US7657849（B2）	2007.06.28	US20050322549（2005.12.23）
WO2006US61370	2006.11.30	WO2007076210（A1）	2007.07.05	US20050322549（2005.12.23）
CN20068052770.4	2006.11.30	CN101371258（A） CN101371258（B）	2009.02.18	US20050322549（2005.12.23） WO2006US61370（2006.11.30）
HK20090101942	2009.03.02	HK1124141（A1）	2010.06.04	US20050322549（2005.12.23） WO2006US61370（2006.11.30）
EP20060846405	2006.11.30	EP1964022（A1） EP1964022（B1）	2008.09.03	US20050322549（2005.12.23） WO2006US61370（2006.11.30）
JP20080547675	2006.11.30	JP2009521753（A） JP5457679（B2）	2009.06.04	US20050322549（2005.12.23） WO2006US61370（2006.11.30）

续表

申请号	申请日	公开/公告号	公开日	部分优先权号（优先权日）
KR20087018109	2006.11.30	KR100993459（B1） KR20080079333（A）	2008.08.29	US20050322549（2005.12.23）
ES20060846405T	2006.11.30	ES2338370（T3）	2010.05.06	US20050322549（2005.12.23）
AT20060846405T	2006.11.30	AT460710（T）	2010.03.15	US20050322549（2005.12.23） WO2006US61370（2006.11.30）
AU20060330724	2006.11.30	AU2006330724（A1） AU2006330724（B2）	2007.07.05	US20050322549（2005.12.23） WO2006US61370（2006.11.30）

表 2-2-1 中的这些同族文献都有相同的优先权号——US20050322549 或者 WO2006US61370。在不同国家分别提交申请，有不同国家的申请号；在不同的日期公开，有不同国家的公开号。

下面将介绍这些号码的含义。

2.2.2 申请号

申请号是专利申请的受理标记，是在申请之日被赋予的唯一编号。它主要用于申请人与专利局之间的事务沟通。其编号方式一般有两种：**按年编号和连续编号**（参见图 2-2-2）。

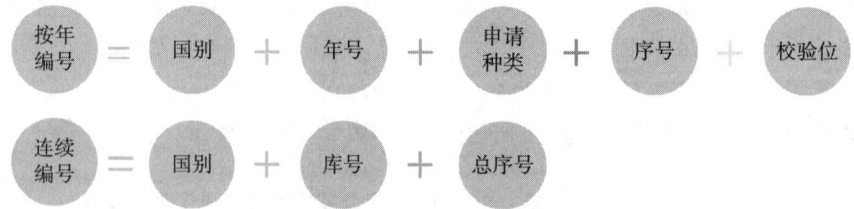

图 2-2-2 申请号编码的两种方式

中国国家知识产权局采用国际普遍使用的第一种编号方式，如图 2-2-3 所示。

图 2-2-3 中国申请号构成分解图

申请号 CN200680052770.4 由五部分组成，其中：
CN 表示国别是中国；
2006 表示申请年份；

紧随其后的数字 8 表示进入中国国家阶段的 PCT 发明专利（这个位置上，只可能有 5 个数字，每个数字代表一种专利申请类型，具体如表 2-2-2 所示）；

介于数字 8 与小数点之间的 7 位数表示当年的申请序号；

最后一位为校验码。

表 2-2-2 中国专利申请号第五位数字的含义

第五位数字	举例	代表的含义
1	CN20061**0**000002.6	发明申请
2	CN20062**0**000002.1	实用新型申请
3	CN20063**0**000002.7	外观设计申请
8	CN20068**0**000002.4	进入中国国家阶段的 PCT 发明专利申请
9	CN20069**0**000002.X	进入中国国家阶段的 PCT 实用新型专利申请

知识拓展——校验码的计算

可以用公式计算出申请号的最后一位，其采用的是与身份证号码的最后一位、ISBN 号码的最后一位相类似的算法。

从第 1 位到第 12 位数字依次以下列变量代表：A_1、A_2、A_3、A_4、A_5、A_6、A_7、A_8、B_1、B_2、B_3、B_4。校验位的计算公式为：

$$(A_1 \times 2 + A_2 \times 3 + A_3 \times 4 + A_4 \times 5 + A_5 \times 6 + A_6 \times 7 + A_7 \times 8 + A_8 \times 9 + B_1 \times 2 + B_2 \times 3 + B_3 \times 4 + B_4 \times 5) \, MOD(11)$$

余数为几，校验位就为几，如果余数为 10，则对应的校验位为 X。

例如 200910175855.7，计算得到乘积为 205，与 11 的余数为 7，所以校验位就是 7。

为方便起见，下面列出 Excel 的计算公式，其中 A1 单元格存放申请号：

校验码 = MOD (SUM (MID (A1, {1,2,3,4,5,6,7,8,9,10,11,12}, 1) * {2,3,4,5,6,7,8,9,2,3,4,5}), 11)

需要注意的是，在各文本的著录项目中，中国专利的申请号前面都不会特意加上国别代码 CN。

很多数据库为了将中国申请号和其他国家的申请号进行区分，都会进行改写，在**中国申请号前面添加国别代码 CN**。还有很多数据库会省略最后一位校验码，例如申请号 **200680052770.4 在数据库中一般被修改为 CN200680052770**。

美国则选用第二种编号方式，即连续编号。其整个申请号由两部分组成：斜线之前的数字表示库号，斜线之后的数字表示循环序号，其预设的编号范围为 01/000001 ~ 28/999999。

苹果公司滑动解锁的美国专利文献的申请号是 11/322549，其中 11 表示库号，322549 表示循环序号。但在一些数据库中，美国申请号的表示有所差别，会以年份代替库号并添加国别代码，例如 11/322549 所示的申请号会表示成 US20050322549，如图 2-2-4 所示，其中年份之后的数字 0 并没有实际意义，只是为了凑成 7 位的循环序号而添加的。

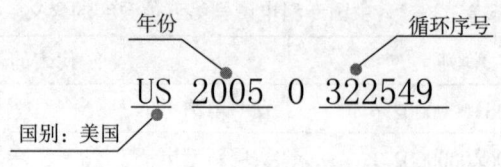

图 2-2-4　美国申请号构成分解图

世界上大部分国家和地区都采用按年编号的方式，例如日本、欧洲和韩国。

日本专利申请编号按年编排，整个申请号由文字和数字组成，例如苹果公司滑动解锁的日本专利文献的申请号是"特願 2008-547675"（P2008-547675）。在日本专利申请号里面，第一个字表示申请种类，"特"代表发明专利，"実"代表实用新型，"意"代表外观设计；第二个字"願"代表申请；连接号前的数字 2008 表示公元年，连接号后的数字 547675 表示当年序号（参见图 2-2-5）。而"P2008-547675"中的 P 则表示发明专利，如果是实用新型，则用 U 表示。

图 2-2-5　日本申请号构成分解图

其中，连接号前代表公元年的数字在 2000 年以前采用的是"日本纪年 + 数字"的形式，如特願平 10-262043，其中第三个字"平"和连接号前的数字"10"组合是用日本纪年表示申请年份。

出现在专利文献中的年号有：

昭——昭和年，代码为 S，其年份换算方式为：昭和年 + 1925 年 = 公元年；

平——平成年，代码为 H，其年份换算方式为：平成年 + 1988 年 = 公元年，例如"平 10"换算成公元年为 1998 年。

由于年份换算容易让人混淆且繁杂，**日本自 2000 年起，依从国际惯例，将其改为公元纪年，其他格式不变。**

韩国专利的专利文献申请号也是按年编号，例如 KR20087018109。

欧洲的申请号也是采用按年份编号的方式，由年份 + 序号组成，例如 EP20060846405。

对于中美欧日韩五大专利局的专利文献申请号编码规则的详细规定，可参见本书附录 6。

知识拓展——常见的国别（地区）代码

国别（地区）代码是全球通用的标准（双字母代码使用的是 ISO 3166 - 1 alpha - 2）。建议记住如表 2 - 2 - 3 所示的常见国别（地区）代码，可以从申请号和文献号中轻易地辨认出申请所在的国家或地区。

表 2 - 2 - 3 常见国别（地区）代码

代码	说明	代码	说明
CN	中国	AU	澳大利亚
WO/IB	世界知识产权组织	CA	加拿大
US	美国	RU	俄罗斯
DE	德国	IT	意大利
EP	欧洲	ES	西班牙
JP	日本	DK	丹麦
GB	英国	IN	印度
FR	法国	ZA	南非
KR	韩国	BR	巴西

2.2.3 文献号

文献号是专利机构公布各种专利文献时的编号，它标志着不同文献种类以及专利生命周期各阶段出版的专利文献，是检索专利文献的依据。虽然文献号种类繁多，但**对于专利检索来说，最重要的文献号是公开号和公告号**。

同申请号一样，文献号也具有一定的编码规则，总体上分为三种编码方式：**按年编号、连续编号以及沿用申请号**，如图 2 - 2 - 6 所示。

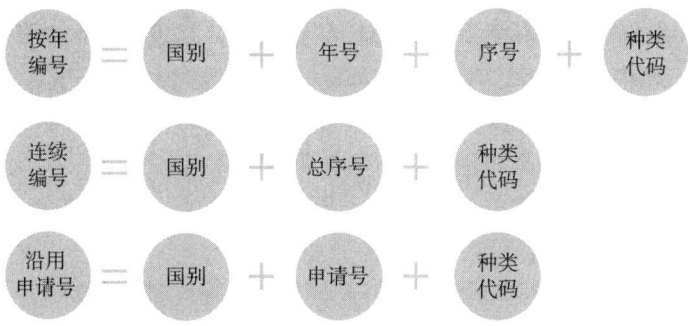

图 2 - 2 - 6 文献号的三种编码方式

无论哪种编码方式，**文献号中均包括国别和种类代码**。当然，编号的表达顺序在不同国家的文献中会存在差异。

对于苹果公司滑动解锁的中国专利,其著录项目中的文献号是公开(布)号CN101371258A。图2-2-7示出了对中国专利文献号的分解说明。

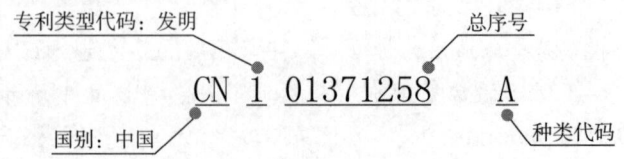

图2-2-7 中国专利文献号构成分解图

可以看到,中国专利文献号由四部分组成:国别代码CN、专利类型代码(1表示发明专利)、总序号及种类代码(A表示该专利文献为公开文本,而不是公告文本)。

而中国专利文献公告号除了文献种类代码不同外,其他编号均与公开号相同,其中**文献种类代码B则表示该发明专利申请经过实质审查并已被授权**。

实际上,这也是国际通用的文献编号方式。一般地,**种类代码A指的是发明的公开文本,B指的是发明的授权文本**。比如,CN101371258A是中国发明的公开文本,CN101371258B则是中国发明的授权文本,而且这两个号码指的是同一个申请的两个不同文本。

当然,在文献号为**7位号码的年份里,规则有些不同,CN1234567A是公开文本,而CN123567C则是授权文本**,公开文本号和授权文本号是两个独立的流水编号,这两个号码是不同申请的文本号码。

对于实用新型和外观设计而言,因其并无公开文本,所以它们的种类代码只用于公告号,一般为U和S,专利类型代码为2和3。例如,小米公司的电磁炉涉及多个实用新型和外观设计申请,其中一个实用新型公告文献的号码为CN206522817U,一个外观设计公告文献的号码为CN305220211S。

了解这些后就能对绝大部分的中国专利文献号进行判断:

CN1开头的,是发明;CN2开头的,是实用新型;CN3开头的,是外观设计。

A结尾的,是发明的公开文本;B或者C结尾的,是发明的公告文本;U或Y结尾的,是实用新型的公告文本;S或D结尾的,是外观设计的公告文本。

其中,以C、Y和D结尾的公告文本,一般是在1993~2010年公告的;以B和U结尾的公告文本,如果号码是9位的,则是在2010年以后公告的。

中国专利文献编号是伴随着专利制度不断变化的,其过程颇有意思。对此有兴趣的读者可以阅读本书附录6。

对于苹果公司滑动解锁的美国专利,其公开文本号是典型的按年编号,如图2-2-8所示。

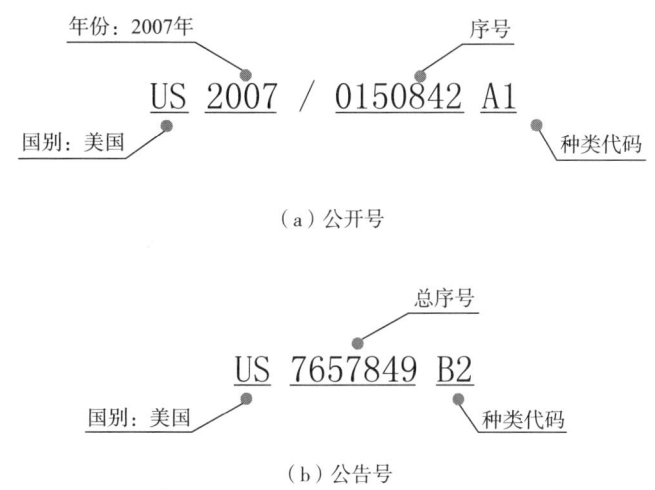

图 2-2-8 美国专利文献号构成分解图

美国专利公开号也由四部分组成，以 US2007/0150842A1 为例：US 是国别代码；2007 是年份；斜线之后的数字是序号；末尾的 A1 是文献种类代码，表示该文献是公开文本，其含义与中国专利文献中的种类代码 A 相同。而美国专利文献公告号则是连续编号，其专利文献代码 B2 也表示该专利文本是已经过实质性审查的授权文本，应该还存在在先公开的公开文本——A 文献。

对于苹果公司滑动解锁的日本专利、韩国专利以及欧洲专利，其中日本和韩国的专利文献公开号是按年编号，公告号则是连续编号，欧洲专利的公开号和公告号的编号方式与中国专利类似。

关于中、美、欧、日、韩五大专利局专利文献号编码规则的详细规定，可以参见附录6。

在各种专利信息数据库中进行检索时，约定俗成地，**一般不需要输入文献种类代码**。例如，在"公开公告号"检索入口中，只需要输入 CN101371258，即可检索到 CN101371258A 文献和/或 CN101371258B 文献。

知识拓展——WIPO 标准 ST. 16

根据 WIPO 标准 ST. 16《用于标识不同种类专利文献的推荐标准代码》中的规定，不同种类以及不同公布级公布的文献采用不同的文献种类标识代码。所谓"公布级"，是指在通常情况下，一个专利文献按照某国（地区或组织）相关法律、协议或条约的规定，在某一程序阶段进行公布的相应等级。

不同种类及公布等级所采用的字母如表 2-2-4 所示。

表 2-2-4　不同种类及公布等级文献采用的字母

用于发明专利文献	用于实用新型专利文献	用于特殊系列专利文献
A：第一公布级	U：第一公布级	M：药物专利文献
B：第二公布级	Y：第二公布级	P：植物专利文献
C：第三公布级	Z：第三公布级	S：外观设计专利文献

标准 ST.16 中还规定了其他特殊类型专利文献的标识代码，例如，单独公布的检索报告的文献标识代码是 R。但是这些代码不常见，因此此处不再作介绍。

此外，标准 ST.16 中还规定，在字母代码之后，还可以跟上 1 位数字代码，以作为字母代码所包含信息的补充。但是字母代码之后是否使用数字 1~7，这可由各工业产权局按照需要自行决定，这些数字的含义也由各工业产权局按照各自意愿予以定义。但是数字 8 和 9 在标准 ST.16 中则给出了明确的含义：8 表示专利文献首页（即扉页）的再版，9 表示专利文献的部分或全部再版。

2.3　解密扉页的著录项目

扉页是每份专利文献的第一页，往往记载着该专利文献的基本信息。由于其包含大量著录项目，因此也被称为著录项目页。

扉页不仅包括技术信息，例如发明名称和摘要；也包括法律信息，例如专利的权利要求人、发明人以及专利的生效时间等；还包括专利文献外在形式信息，例如文献种类的名称、文献号及公布专利文献的国家机构等。❶

下面将以苹果公司关于滑动解锁的专利（参见图 2-3-1）为例，详细介绍相关内容，便于大家快速读懂专利文献。从扉页显示可得到如下信息：

该专利文献发明名称为"通过在解锁图像上执行手势来解锁设备"，还可以从其摘要和摘要附图中大致了解其技术方案。

专利权人为苹果公司，该公司地址位于美国加利福尼亚州，发明人有 6 位；

该申请要求了美国申请 11/322549 的优先权，优先权日为 2005 年 12 月 23 日；

该申请是分案申请，母案的申请号为 200680052770.4，享有和母案一样的申请日——2006 年 11 月 30 日；

中国国家知识产权局在 2010 年 4 月 21 日将其公开，公开号为 CN101697181A；

授权公告日为 2018 年 2 月 23 日，授权公告号为 CN101697181B；

从扉页上还可以了解到其在中国的专利代理机构以及代理人信息等，并且还可以看到这篇专利文献的国际专利分类（Int. Cl.）以及审查员所采用的对比文件。

同时，右上角的二维码直接导向中国国家知识产权局网站，能直接下载这个文本的 **PDF 格式文档**。读者可以拿出手机扫一扫。

---

❶ 国家知识产权局. 专利文献的著录项目［EB/OL］.（2009-09-01）. http://www.cnipa.gov.cn/wxfw/zlwxxxggfw/zsyd/zlwxjczs/zlwxjczs_zlwxymcjs/1053677.htm.

(19) 中华人民共和国国家知识产权局

(12) 发明专利

(10) 授权公告号 CN 101697181 B
(45) 授权公告日 2018.02.23

(21) 申请号 200910175855.7

(22) 申请日 2006.11.30

(65) 同一申请的已公布的文献号
    申请公布号 CN 101697181 A

(43) 申请公布日 2010.04.21

(30) 优先权数据
    11/322,549 2005.12.23 US

(62) 分案原申请数据
    200680052770.4 2006.11.30

(73) 专利权人 苹果公司
    地址 美国加利福尼亚

(72) 发明人 I·乔德里 B·奥丁
        F·A·安祖丽斯 M·瓦诺斯
        S·福斯塔 G·克里斯蒂

(74) 专利代理机构 北京市金杜律师事务所 11256
    代理人 王茂华

(51) Int.Cl.
    G06F 21/36(2013.01)
    G06F 3/0484(2013.01)
    G06F 3/0488(2013.01)
    H04M 1/663(2006.01)
    H04M 1/67(2006.01)

(56) 对比文件
    WO 2005041020 A1,2005.05.06,权利要求1.
    US 5821933 A,1998.10.13,全文.

审查员 郑宁

权利要求书3页 说明书15页 附图15页

(54) 发明名称
通过在解锁图像上执行手势来解锁设备

(57) 摘要
本发明涉及通过在解锁图像上执行手势来解锁设备。一种具有触敏显示器的设备,所述设备可以通过在触敏显示器上执行的手势而被锁定。如果与显示器的接触与用于解锁设备的预定手势相对应,所述设备被解锁。所述设备显示一个或多个针对其执行解锁手势以解锁设备的解锁图像。针对解锁图像来执行预定手势的过程可以包括:将解锁图像移动到预定位置和/或沿着预定路径移动解锁图像。所述设备还可以在触摸屏上显示所述预定手势的可视提示,以便向用户提醒所述手势。

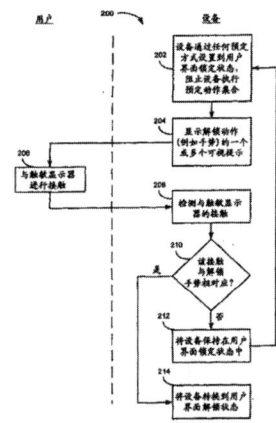

图2-3-1 苹果公司在中国申请的关于滑动解锁的 CN101692181B 专利文献的扉页

通过阅读中文专利文献的扉页可以轻松地获取相应的专利基本信息。但如果在检索中获取的是一份外文的专利文献，例如采用德文、日文或韩文撰写的专利文献（参见图2-3-2中的示例），这些语言是我们不熟悉或难以读懂的语言，该如何从扉页著录项目中快速获取申请日、公开日等基本信息呢？

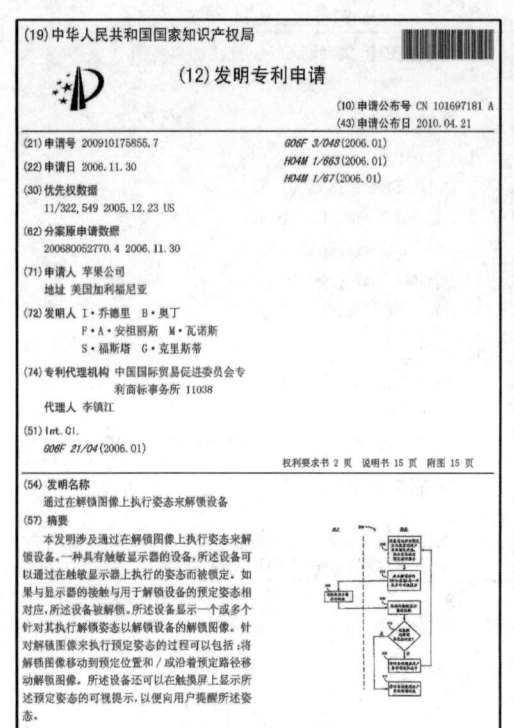

（a）中文

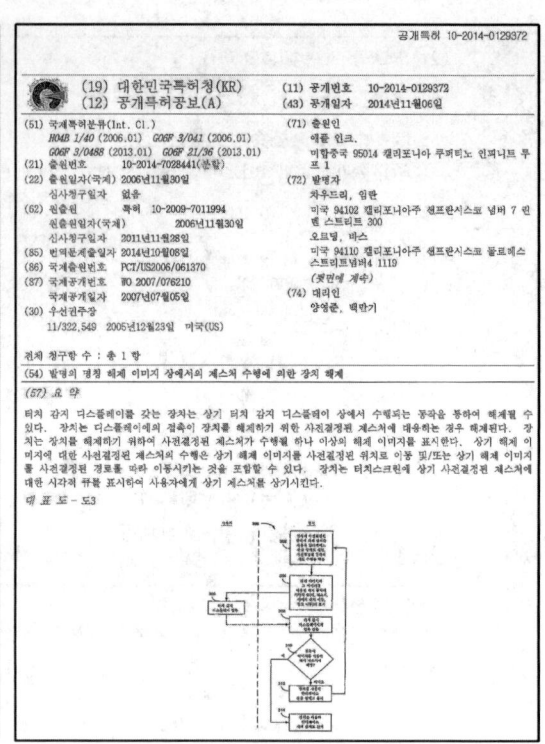

（b）韩文

图2-3-2　专利文献扉页

对于这个问题，专利管理者们早就想到了，也设计好了相应的解决方式。通过对比图2-3-2所示的中文专利文献和韩文专利文献，可以发现，两份专利文献的说明书的扉页上都有统一编排体例的专利文献著录项目，这些著录项目信息都有一个共同的特点，即**每一项著录项目名称前面均具有带括号的特定数字**。

这些带括号的数字为国际统一规定的专利文献著录项目识别代码［Internationally agreed Numbers for the Identification of（bibliographic）Data］，简称"INID码"，著录项目典型构成是"INID码＋著录项目名称＋著录项目内容"。

INID码除了便于计算机处理数据外，更重要的作用是克服检索者在浏览各国专利文献时的语言障碍，通过对应的INID码就可以从著录项目中快速定位并获取专利文献的相关信息。

例如，代码21代表申请号。图2-3-2所示的韩文文献中对应于代码21的著录项目就是申请号，该申请号为10-2014-7028441；若需查找该专利文献的PCT国际申请的申请数据，则查看代码86的内容，代码86显示PCT国际申请号为PCT/US2006/

061370，由此可知最初受理该申请的国家为美国，公布语言为英语。

因此，即使获取的专利文献所采用的语言是检索者不熟悉的语言，通过 INID 码也可以快速获取该专利文献的基本信息。

表 2-3-1 示出了专利扉页上常见的 INID 码。详细的 INID 码及其含义请参考附录 5。

表 2-3-1　专利文献扉页上常见的 INID 码

INID 码	含义	INID 码	含义	INID 码	含义
11	文献号	31	优先申请号	56	现有技术文献目录
12	文献种类文字释义	32	优先申请日	57	摘要
19	专利机构/标识	33	优先申请国或组织代码	71	申请人
21	申请号	51	IPC	72	发明人
22	申请日	52	本国分类	73	专利权人/受让人
24	权利生效日（颁证日）	54	发明名称	74	专利代理人/代表人

专利文献中可出现的著录项目多达几十个，有些著录项目的含义本身即是清楚的，无须加以解释，但是有些著录项目所具有的含义远比其字面含义更丰富。下面对这些含义丰富的著录项目进行介绍和解释。

（1）申请日与优先权数据

申请日是申请人提交专利申请的时间，它确定一份特定专利文献相关现有技术的时间截止点。例如，苹果公司滑动解锁中国专利的申请日是 2006 年 11 月 30 日，那么原则上在 2006 年 11 月 30 日之前公开的文献资料都构成这一份专利申请的现有技术。

但是，在《专利法》中存在优先权这一制度，著录项目中"优先权数据"就记录了相应的优先权信息，包括在先申请的申请号以及在先申请的申请日。优先权实际上是将相关现有技术的时间截止点提前，最长可以提前 12 个月。例如，在苹果滑动解锁专利中，由于存在优先权数据，优先权日为 2005 年 12 月 23 日，那么公开日在 2005 年 12 月 23 日之前的文献资料才能够构成这一份专利申请的现有技术。换句话说，**如果一份专利文献的著录项目中存在优先权数据，那么相关现有技术的时间截止点以优先权的日期为截止点**，如图 2-3-3 所示。

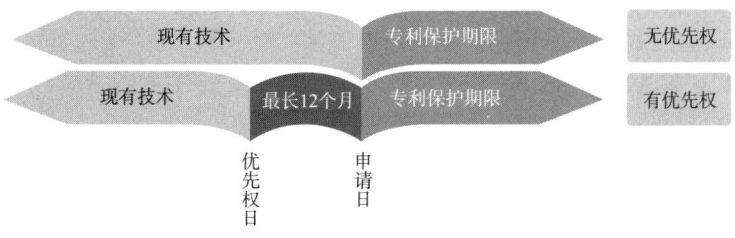

图 2-3-3　优先权对于现有技术以及专利保护期限的时间影响

这里需要强调的是，申请日的另外一个法律作用是确立专利权保护期限的时间起点，专利权的期限并不受优先权数据的影响。例如，发明专利的保护期限是 20 年，那么苹果滑动解锁中国专利的保护期限仍然是从申请日 2006 年 11 月 30 日算起 20 年，并不受优先权的影响。

（2）分案申请

在第 2.2.2 节中已经介绍过，中国专利申请的申请号前 4 位数字表示申请年份。因此从图 2-3-1 中可以看到这一份专利申请的申请号所显示的申请年份是 2009 年，但是著录项目中申请日所显示的申请年份是 2006 年，两者并不一致，这是什么原因呢？

这里就涉及著录项目中 INID 码 62 所代表的分案原申请数据。

分案申请是将不属于一个总的发明构思的两项以上的发明分案提出专利的申请。一件专利只保护一项或属于一个总的发明构思的两项以上的专利权，它要求权利要求书中请求保护的技术方案整体上都属于同一个发明构思。

由于某些专利申请可能覆盖多个发明构思，因此申请人撰写的权利要求书中也可能包含有多个发明构思的技术方案。在这种情况下，由于相关的专利申请不符合《专利法》规定的单一性，因此，大多数情况下，申请人都会将不符合单一性的技术方案撰写成另一份独立的专利申请向专利局提出，这就是分案申请。

由于相关技术方案已经被申请人的第一次申请公开，为了保护申请人的利益，申请人提出的分案申请仍然保留原始申请（称为母案）的申请日，这样就不会因为母案的公开而影响分案的新颖性。

在图 2-3-1 所示的例子中，分案原申请数据反映的就是这一份分案申请的母案申请信息，主要包括母案申请号和母案申请日，其中母案申请日为 2006 年 11 月 30 日，这一日期也是分案申请的申请日期。

但是，由于分案申请毕竟是不同于母案的另一份独立申请，因此专利局需要对分案申请重新分配申请号，其中分案申请号前 4 位所表示的只是分案申请的提交年份。图 2-3-1 所示的例子中，分案申请提交的年份是 2009 年。

因此，**对于分案申请，申请日沿用其母案申请的申请日**，申请号中反映不出申请年份，这是分案申请相对于普通申请的一个差别。

（3）授权文本上的引用文献

图 2-3-1 所示的中文专利文献扉页上还有 INID 码 56 所代表的现有技术文献目录这一著录项目，对比图 2-3-2（a）所示的中文专利文献可以看到，这一著录项目只在授权公告文本上才出现。

发明专利的授权公告文本需经过审查员的实质审查。在这一过程中，审查员会对该申请的技术方案进行检索，给出一系列相关文件，记录在检索报告中。而这些相关文件，在制作授权公告文本时，会以 INID 码 56 列在著录项目页上。

通过这个著录项目，无须具体查阅这一件申请的审查过程文档，就能直接获得审查员提供的相关文件。

2.4 非常重要的权利要求书

权利要求书是专利文献中限定专利保护范围的部分,是专利文献中最重要的法律文件之一。

权利要求分为独立权利要求和从属权利要求。**独立权利要求从整体上反映构成发明或者实用新型的最基本的技术方案**,记载解决技术问题的必要技术特征,其保护范围最宽。而从属权利要求用附加的技术特征,对引用的权利要求作进一步的限定,描述进一步改进后的技术方案。从属权利要求的保护范围落在其所引用的独立权利要求的保护范围之内。

在阅读专利文献时,为了快速了解专利文献的技术方案,除了通过阅读扉页中的摘要了解专利文献的大概内容外,还可以通过阅读权利要求书来实现。

中国《专利法》第59条第1款规定:"**发明或者实用新型专利权的保护范围以其权利要求的内容为准**,说明书及附图可以用于解释权利要求的内容。"由于权利要求是专利权人要求保护技术方案内容的具体体现,也是查新检索和无效检索的依据和审查的重点,因此在检索时需要十分准确地阅读和理解权利要求书。对于侵权检索,在根据检索结果筛选文献时,要特别关注权利要求书的内容,并就技术方案是否落入相关的专利权保护范围作出判断,从而评判技术方案的专利侵权风险。

通常,初步审查合格后公开的文本中的权利要求是申请人自己提交的原始权利要求。在实质审查阶段,审查员会根据专利法和实施细则的要求对整个申请文件尤其是对权利要求书内容进行全面审查。审查结果的倾向性意见会以审查意见通知书的形式发送给申请人。申请人会根据审查员的意见或指出的缺陷进行相应的陈述或对申请文件进行修改,其中最主要的是针对权利要求书的修改,这样的过程有可能会历经多次。

当修改后的文本符合专利法的各项规定后,专利局就会发出授权通知书予以授权,并形成授权公告文本。因此,授权公告文本中的权利要求书是经过实质审查的,与公开文本中的权利要求书通常都有所区别,而**确定权利要求的保护范围应当以授权公告文本中权利要求书记载的内容为准**。

知识拓展——公开文本和公告文本中的权利要求书差别

同一个发明专利申请的公开文本和公告文本,其内容基本相同。那么哪一种的内容更多一些呢?

当然是公开文本啦。这点是由专利法进行保证的。

中国《专利法》第33条规定:申请人可以对其专利申请文件进行修改,但是,对发明和实用新型专利申请文件的修改不得超出原说明书和权利要求书记载的范围,对外观设计专利申请文件的修改不得超出原图片或者照片表示的范围。

也就是说，不管申请人怎么修改，修改的内容都不能超出公开文本的范围。

因此，授权公告文本的内容肯定是小于或等于公开文本内容的。

如果大家多阅读几份审查员的检索报告就会发现，他们很少引用发明的授权文本作为对比文件，毕竟公开文本记载的内容就足够使用，何必去找范围较小的公告文本呢。

以苹果公司滑动解锁的中国专利文献CN101697181A为例，其中权利要求1为方法独立权利要求。

【CN101697181A 的权利要求1】

一种解锁手持电子设备的方法，所述手持电子设备包括触敏显示器，所述方法包括：

检测在相应于解锁图像的第一预定位置与触敏显示器的接触；

按照在保持与触敏显示器的持续接触的同时所述接触的移动，在触敏显示器上移动所述解锁图像；及

如果所述在触敏显示器上移动所述解锁图像导致该解锁图像从第一预定位置移动到触敏显示器上的预定解锁区域，解锁所述手持电子设备。

可以看到，这篇文献的独立权利要求1用很专业甚至有些晦涩的术语描述了"接触—滑动—解锁"的过程。

这个"接触—滑动—解锁"的操作当然十分"显而易见"，于是其审查过程也十分曲折有趣，经历两次通知书→复审→再两次通知书，最后才得到授权。每次审查员与申请人之间的碰撞和交流，都使这个独立权利要求1的范围更小些。

最后授权文本上的独立权利要求1的篇幅就长了许多。

【CN101697181B 的权利要求1】

一种解锁手持电子设备的方法，所述手持电子设备包括触敏显示器，所述方法包括：

在所述触敏显示器上显示多个解锁图像，其中所述多个解锁图像中的每一个解锁图像是图形交互式用户界面对象，用户与所述图形交互式用户界面对象交互以解锁所述手持电子设备，并且其中所述多个解锁图像中的每一个解锁图像对应于在所述手持电子设备处于锁定状态时在所述手持电子设备上运行的活动应用或者由所述手持电子设备接收的事件；

在所述手持电子设备处于所述锁定状态时，检测在对应于所述多个解锁图像中的一个解锁图像的第一预定位置与所述触敏显示器的接触；

按照在保持与所述触敏显示器的持续接触的同时所述接触的移动，在所述触敏显示器上移动所述多个解锁图像中的所述一个解锁图像；

> 如果所述在所述触敏显示器上移动所述<u>多个解锁图像中的所述一个解锁图像</u>导致所述多个解锁图像中的所述一个解锁图像从所述第一预定位置移动到所述触敏显示器上的预定解锁区域，则解锁所述手持电子设备，<u>停止显示所述多个解锁图像</u>，并且在所述触敏显示器上显示与对应于所述多个解锁图像中的所述一个解锁图像的所述应用或事件相关联的用户界面对象；以及
>
> <u>如果在所述触敏显示器上移动所述多个解锁图像中的所述一个解锁图像没有导致所述多个解锁图像中的所述一个解锁图像从所述第一预定位置被移动到所述触敏显示器上的所述预定解锁区域，则将所述多个解锁图像中的所述一个解锁图像返回到所述第一预定位置，并且将所述手持电子设备保持在所述锁定状态。</u>

下画线标注的是授权权利要求相对于原始权利要求新增加的技术内容。可以看到，授权的权利要求限定的技术特征增加了许多，其所限定的方法更加具体。因此相对于原始权利要求，其保护范围也更小，申请人获得了更为合理稳定的权利。

那么，是什么样的审查意见让公开文本变成授权文本的呢？

整个审查过程是完全向公众公开的。有兴趣的读者可以参照本书第4章来查询该案的审查过程文档，看看审查员是使用什么样的相关文献和法条使得其范围逐步缩小到授权文本的。

2.5　说明书和说明书附图

阅读权利要求书可以判断专利的保护范围，但权利要求书可能只涉及部分技术方案、实施例、方法、产品或应用，很难对所有技术内容进行详细描述。而且权利要求书的语言通常晦涩难懂，一般只进行概要性描述。

对于技术方案比较简单的专利文献，首先通过阅读摘要或者权利要求书，可能就能一目了然地获取技术方案的信息，例如一项组合物发明，会直接给出组分的种类和用量。但是当技术方案比较复杂时，借助于说明书和说明书附图来理解或解释权利要求书就十分必要。

按照专利法的要求，说明书应清楚、完整地描述发明创造的技术内容，并例举若干个具体实施方式，因此在读不懂权利要求或者初步锁定相关文献时，检索者需要进一步仔细阅读说明书的内容。

说明书包括技术领域、背景技术、发明内容、附图说明、具体实施方式等组成部分，其中附图是用于补充说明书文字的描述，以图示方式形象地展示技术方案的内容。

在某些情况下，附图能够显示并披露对检索目标非常关键、但在专利文献其他部分没有描述或者提到的技术特征。当图像示意对描述相关领域的发明非常必要时，在检索时就应当特别关注专利文献的附图，尤其是在机械技术领域。通过浏览附图，有时可以快速定位相关的专利文献。

专利文摘数据库往往没有收录说明书全文，所以也被称为专利摘要数据库。如果

数据库收录说明书全文和权利要求书全文，该数据库就会被称为专利全文库。由于专利全文库收录说明书全文信息十分有利于技术细节的检索，因此在针对技术细节进行检索时，可以选择专利全文库。

2.6 其他专利文献

2.6.1 再公告文本

在本书中，专利文献指的就是专利文本，主要包括公开文本和公告文本。

然而，一份发明专利申请除了公开文本和公告文本，可能还有其他文本，例如再公告文本。

再公告文本通常来自两个途径：一是对已公开文本的修正所导致的再公告文本，二是发明专利权部分无效宣告所导致的再公告文本。

在专利文献的公开或公告过程中，专利文献首页上的著录项目、说明书中的文本部分、说明书附图或者化学或数学公式可能会进行一定的修正。这些修正会导致专利文献的再版，从而出现再公告文本。

这些修正可能仅仅导致扉页再版，此时文献种类代码是 A8、B8、U8 或 S8，分别表示发明专利的公布文本、发明专利的公告文本、实用新型的公告文本以及外观设计专利公告文本的扉页再版；也有可能导致全文再版，此时相应的文献种类代码是 A9、B9、U9 或 S9。

另外，专利权有可能会被其他利益相关人提出无效审查请求。此时，专利复审和无效审理部门会对相关专利进行无效审查，并会对专利权部分无效宣告进行公告，从而形成再公告文本。此时相应的文献种类代码是 C1~C7、Y1~Y7 以及 S1~S7，其中字母后的数字表示宣告无效次数，例如 C1 表示发明专利权被宣告无效 1 次，C2 则表示发明专利权被宣告无效 2 次，以此类推。

然而，在实际的专利信息检索中，需要特意检索再公告文本的情形并不多。其中，**需要检索再公告文本的最常见情形是侵权检索**，因为此时检索对象是有效的权利要求，而某些专利权可能会被宣告部分无效，所以**侵权检索时需要特别关注相关专利权无效宣告的公告**。

2.6.2 申请过程文档

审查员一般将公开文本、公告文本等文本称为专利文献，这也是本书所认为的专利文献。但广义上的专利文献还包括所有与专利信息相关的文件资料。

在专利审查阶段中产生的各种文件也属于广义上的专利文献。它们包括审查员发出的检索报告、审查意见通知书、驳回决定等，以及申请人提交的意见陈述书、修改文本等，甚至还有第三方意见。

这些文件是在审查过程中产生的，都可称为申请过程文档。一般可通过访问各大专利局的官方网站来查询其内容。

请注意，这里说的是**查询**，而不是检索。因为这些申请过程文档中的内容一般不会被专利检索数据库所标引，所以一般仅能通过申请号、公开号等查询到对应的申请过程文档，而无法通过关键词和法条等来对审查意见通知书、检索报告中的内容进行检索。

这些申请过程文档对于专利信息检索具有很独特的意义。

首先，**审查员作出的检索报告是检索过程中快速获取相似文献的一个途径**。在检索报告中，审查员会列出相关文件，还会对检索到的相关文件进行相关度标识。检索工作以结果为导向，如果审查员的检索结果能够使用，检索工作就已经完成。

当然，不能轻易依赖他人的检索，如果从审查过程文档的结果无法满足当前的要求，仍要通过自己的努力进行进一步的检索。

其次，**审查员的检索报告中通常会记录当时检索的相关信息，例如所选用的数据库、所采用的关键词和分类号，以及相关的检索式**。通过研究检索报告中的这些检索信息记录，对实际检索会有很大的帮助。尤其是在关键词、分类号的扩展方面，审查员的扩展通常很有借鉴意义，因此可以在审查员检索报告的基础上根据自己对技术方案的理解，再作进一步扩展。这样在检索过程中可以找准方向，节省时间和精力。

最后，专利局发出的审查意见通知书以及申请人所作的意见陈述书，是审查员和申请人双方就技术事实等情况进行的交流。因此，当对于某一篇专利文献中记载的某些技术事实存在疑惑或者不理解时，可以通过审查意见通知书和意见陈述书中对于某些技术事实的陈述和认定来进一步加深对相关技术方案的理解，从而有助于准确把握技术方案。**准确把握技术方案对于检索时准确扩展关键词、分类号具有重要作用。**

2.7 专利文献的特点

上文通过苹果公司滑动解锁专利文献族详细介绍了专利文献的相关知识，现在总结一下专利文献的特点。❶

专利文献不仅是构建专利信息数据库的砖石，还是体现专利制度根本目的的媒介；它们传播专利信息，促进科技进步；为经济、贸易活动提供参考信息；更是对专利实施法律保护的依据。对于专利审批机构而言，专利文献也是专利机构审批专利的基础和保障。

2.7.1 专利文献的优点

（1）专利文献集技术、法律和经济信息于一体，是一种数量巨大、内容广博的战略性信息资源

专利文献涵盖绝大多数技术领域，如果按照单一种类统计，专利文献是世界上数

---

❶ 孟俊娥. 专利检索策略及应用 [M]. 北京：知识产权出版社，2010：4-5.

量最大的信息源之一。目前，中国国家知识产权局的内部检索系统已经收录了至少1.23亿份专利文献，涉及大约4030万个专利族（2019年5月20日的数据），而且还在以每年数百万份的速度增长。

根据相关统计，世界上每年发明创造成果的90%~95%可以在专利文献中查到。❶ 20世纪70年代以来，由于大多数国家实行专利申请早期公开的制度，专利申请的公开时间大大提前，加快了技术信息向社会的传播。

（2）专利文献传播最新技术信息

专利制度的目的就在于以公开换保护，即申请人将自己的技术信息向公众公开，换取国家对其技术独占的许可。中国《专利法》第22条第2款和第3款明确要求授权专利应具有新颖性和创造性，这就可以很好地保证专利文献记载的都是最新的技术信息。

（3）专利文献的格式统一规范、高度标准化，并且具有统一的分类体系，便于检索和阅读

专利制度同样对这点有明确的制度保证。从上文的介绍中也能看到，各国出版的专利说明书文件格式统一，其扉页的著录项目有统一的编排体例，并采用统一的INID码，可以在很大程度上克服语言障碍。专利文献的体例均有严格要求，例如一份专利申请一般均需要包括权利要求书和说明书，而说明书中一般都包括技术领域、背景技术、发明概述、附图描述、具体实施方式等内容。权利要求书以及说明书中的各个部分的内容之间要求相互呼应和支撑，且技术内容公开层级化，这为发明的理解和文献检索提供了便利。

扉页上的上述著录项目信息，例如申请日、公开日、申请号等，实际上就相当于数据库中的各种字段，非常有利于检索。

同时，几乎所有的专利文献都由专业分类人员进行分类处理。世界上99.9%的专利文献都有国际分类号信息，而欧洲、美国、日本等国家和地区还会对部分文献使用自己的独特分类体系进行分类。这些分类所携带的技术信息也十分有利于检索。

（4）专利文献对发明创造的揭示完整详尽，技术内容相对可靠

这些特点都有相应的法律条款进行保障。例如，中国《专利法》第26条第3款要求说明书应当对发明或者实用新型作出清楚、完整的说明，以所属技术领域的技术人员能够实现为准。第26条第4款要求权利要求书应当以说明书为依据，清楚、简要地限定要求专利保护的范围。第22条第4款则规定了实用性，要求该发明或者实用新型能够制造或者使用，并且能够产生积极效果。

2.7.2 专利文献的局限性

（1）专利文献重复性大

专利文献的重复性主要来源于两个方面。

---

❶ QIU J et al. Informetrics: Theory, Methods and Applications [M]. Singapore: Springer Nature, 2017.

首先,专利审批制度导致专利申请的多次公布。正如上文介绍的公开文本和公告文本,二者内容大致相同,却被计为两份专利文献。

其次,专利的地域性保护导致多份重复的专利申请。要在哪些国家获得专利保护,就必须在那些国家都进行专利申请。那么根据这些国家的专利制度,同一项发明就有多个申请,多个公开文本,以及多个授权公告文本。这些同族文献虽然语言不同,但内容实质相同,造成专利文献的重复(关于同族文献的概念、查询以及下载,可参见第10.1.1节的详细说明)。

(2)**并非所有专利文献所记载的发明创造都具有新颖性、创造性和实用性**

这主要说的是发明的公开文本和实用新型的公告文本。因为这两个文本均未经过实质审查,并不一定具有新颖性、创造性和实用性。

知识拓展——发明公告文本的新颖性和创造性

那么发明的授权文本就一定具有新颖性、创造性和实用性吗?

虽然发明的授权文本经过实质审查程序后,其新颖性、创造性和实用性很有保证,也正因为这样,发明专利的含金量远远高于实用新型。

但是,总有极少量授权文本仍存在缺陷。

虽然实质审查员们努力检索,认真审查,但数据库数量繁多,文献浩如烟海,技术艰深难懂。经过审查员认可并经专利局授权的授权公告文本,也有可能还存在缺陷,甚至把不该批准的专利申请给予授权。

《专利法》对此也设置了救济制度:复审和无效程序。

同时,任何人都可以在发明专利公开后,向专利局提交第三方意见,协助审查员准确把握现有技术。

(3)**有些专利文献文辞冗长,文字晦涩**

这仍然是由专利制度导致的。专利法对申请文本仅仅规定了形式要求,只要费用缴清、格式规范,申请文本就能通过初步审查,成为公众可以获取的发明公开文本或者实用新型公告文本。

然而其实质内容是未经过审查的。不同国家、不同年代、不同教育背景的发明人,他们会使用不同的术语、不同的表达方式。

有的擅长使用晦涩专业的文字,很多跨国公司的PCT申请的行文就很典型,例如上文中关于滑动解锁的描述。

有的则喜欢自造术语,甚至天马行空,意兴迸发,例如"死光武器"和"海带缠潜艇"。

这些都会给专利信息检索带来困扰。

第3章 分类体系基础知识

分类体系就是各种分类号。分类号是专利信息检索的一个十分重要的工具,能大大提高专利信息检索的效率。

目前使用最广泛的是 IPC 分类号(International Patent Classification),即国际专利分类号。几乎所有的专利文献都有 IPC 分类号。IPC 分类体系对人类能制造出来的所有方法和产品,都给出了一个分类号,即**打上了一个标签**。

表3-1列出了全球主要的分类体系。虽然分类体系种类很多,但其理念基本相同,即**分类号就是一个标签,相同或者类似技术内容的文献都有相同的分类号标签**,这也是分类体系部分最重要的理念。分类的主要作用是服务于检索,**用分类号进行检索,就是查找具有相同标签的文献**。

表3-1 全球主要专利分类体系

分类体系	简称	示例
国际专利分类	IPC	G11B 3/085
欧洲专利分类	ECLA 或 EC	G11B 3/085B2
美国专利分类	USPC 或 UC	2/410
日本专利分类	FI	C02F 1/16, 101A
日本专利分类	F-term 或 FT	4J00/LA01
联合专利分类	CPC	G11B 3/08596
德温特专利分类	DC	X22
德温特专利分类	MC	W02-C03C1G

 知识拓展——各分类体系之间的关系

国际专利分类是全世界范围内使用最广的专利分类,由世界知识产权组织(WIPO)管理,在世界范围内公开的发明专利和实用新型专利文献基本都采用 IPC 分类法进行分类。IPC 是其他专利分类体系细分的基础,欧洲专利局的 ECLA 分类、联合专利分类(CPC)以及日本专利分类(FI/F-term)都是在 IPC 基础上发展起来的。

而美国专利分类(UC)与 IPC 不同,其在分类表的构造和分类方法上自成体系。

即便如此，美国专利商标局（USPTO）也建立了 UC 与 IPC 的对照表，实现 UC 与 IPC 的转换。

以苹果公司滑动解锁专利文献涉及的分类号为例，其在各分类体系下的分类号如表 3-2 所示。

表 3-2 苹果公司滑动解锁专利文献在各分类体系下的分类号示例

分类体系	分类号	摘录的同族文献
IPC	G06F 3/048	CN101697181A
CPC	G06F 3/04842	EP2128782A1
UC	715/863	US2007/0150842A1
FI	G06F 3/048 654D	特開 2012-181847
F-term	5B068	

如果想查找这些分类体系之间的联系，可借助 PSS 系统（pss-system.cnipa.gov.cn）"热门工具"中的"关联分类号查询"。其收录了审查员们标注的不同分类体系间的关联信息，能提供 IPC8 与 EC、UC、FI、F-term 以及 CPC 等分类号之间的关联查询服务，虽然其存在遗漏和不准确性，但基本能满足使用者的需求，可用作检索时的参考。

知识拓展——分类号与检索

在没有计算机的年代里，检索是一件超级困难的事情。

于是，就诞生了分类体系。人们给每个分类号都准备了一个抽屉，里面装着一份份专利文献。

检索时，就是确定好分类号，然后打开对应的分类号抽屉，一份份文件翻阅过去。

抽屉的容量有限，每个分类号抽屉中一般就容纳 200 余份文献，所以超过这个数目，分类员就会考虑在这个分类号下再进行细分，添加新的抽屉来装入新文献。

此时，分类号对检索工作无比重要。

当时的审查员们会穿着蓝大褂，坐在文献图书馆中，在抽屉中逐份翻阅专利文献，很多文献上会留下前人的标记和注释，有的字形端正、灵秀清丽，有的笔力遒健、古朴典雅，检索工作是缓慢而庄严的。

单纯美好的时光总是短暂的。现在的检索工作在信息技术的加持下，精致而高效。

分类号仍然十分重要，但检索员的手段更加丰富，检索系统对关键词的标引使得检索能力突飞猛进，由此彻底解放了分类号。

分类号更专注于成为文献内容的标签，从每个文献一个分类号变成每个文献可以标注任意个分类号,从发明信息到附加信息,从权利要求到说明书,都可以有自己的分类号表达。

从此,分类号与关键词相辅相成,成为专利信息检索的两大支柱。

3.1 国际专利分类

3.1.1 快速认识IPC

IPC 按照不同的技术领域分成 8 个部,涉及人类生活必需、机械、电学以及化学等各个领域,每一个部分别由 A~H 的一个大写字母标明,且 8 个部均有部类名(参见表3-1-1)。

表 3-1-1 IPC 分类表的 8 个部

序号	部	名称
1	A 部	人类生活必需
2	B 部	作业;运输
3	C 部	化学;冶金
4	D 部	纺织;造纸
5	E 部	固定建筑物
6	F 部	机械工程;照明;加热武器;爆破
7	G 部	物理
8	H 部	电学

知识拓展——主分类号与审查案件的分配

专利局收到申请人的申请文件,对其进行初步审查后就进入分类环节。分类员会通读申请文件,根据其技术方案给出一个或者多个 IPC 分类号。

而位于第一位置的 IPC 分类号被称为主分类号,其后的分类号则被称为副分类号。

主分类号一般代表本申请文件最主要的技术方案。也就是说,该主分类号与本申请文件的技术方案是最相关、最接近的。然而主分类号和副分类号并无尊卑高下之分,在检索时,不管是命中主分类号还是副分类号,只要命中,即可检出。

主分类号的真正作用在于专利局内部的案卷分配。

分类后的发明申请文件经公开，再进入实质审查程序，然后就排队等待审查员提案了。

专利局内部有7个发明实审部门，依次分别是：①机械发明审查部；②电学发明审查部；③通信发明审查部；④医药生物发明审查部；⑤化学发明审查部；⑥光电技术发明审查部；⑦材料工程发明审查部。

这些部门的设置大致对应于IPC的除了A部的其他7个部，各自负责一部分分类号的发明实质审查。

从各审查部门的名称上就可大致知晓其审查的领域，例如机械发明审查部主要审查机械装置类的发明专利申请，中医药类的发明专利申请都会在医药生物发明审查部进行实审。

进入实质审查程序的发明专利申请将根据主分类号被分配给这7个部门的审查员。

每一个审查员都非常熟悉自己日常审查的分类号，每次提到新案的时候，都会首先核实IPC分类号，核实该案是否属于自己的审查领域。若发现该案不属于自己的审查领域，考虑到跨领域带来的审查难度，审查员们就会寻求转案，将这个案子转给合适领域的审查员。

IPC是一种等级分类体系，呈现等级结构，**由高至低依次排列的等级为部、大类、小类、大组和小组**。每一等级都有相应的类名来表示相应的技术领域。其中，部表示的技术领域范围最大，小组表示的技术领域范围最小，因而小组表示的技术领域是最具体的。

由于部类名所表示的技术领域具有非常宽的范围，在部内还设有由信息性标题构成的分部。每一个部都被划分为许多大类，而每一个大类又包括一个或多个小类，小类则被划分为多个大组，大组下设有比该大组等级更低的小组。

一个完整的分类号由代表部、大类、小类和大组或小组的类号构成。在滑动解锁专利文献CN101697181A所示的著录项目中，INID码51显示Int. Cl.，即International Classification的缩写，其分类号是G06F 3/048。其中，G06F是小类的类号（参见图3-1-1），而G06F 3/048是一个完整的分类号，其等级结构如图3-1-2所示。

其中，

G是部的类号，表示涉及物理的技术领域；

G06是大类的类号，表示涉及计算、推算和计数的技术领域；

G06F是小类的类号，表示电数字数据处理；

G06F 3/00是大组的类号，表示涉及接口装置的技术领域；

G06F 3/048是小组的类号，表示涉及图形用户界面交互技术的技术领域。

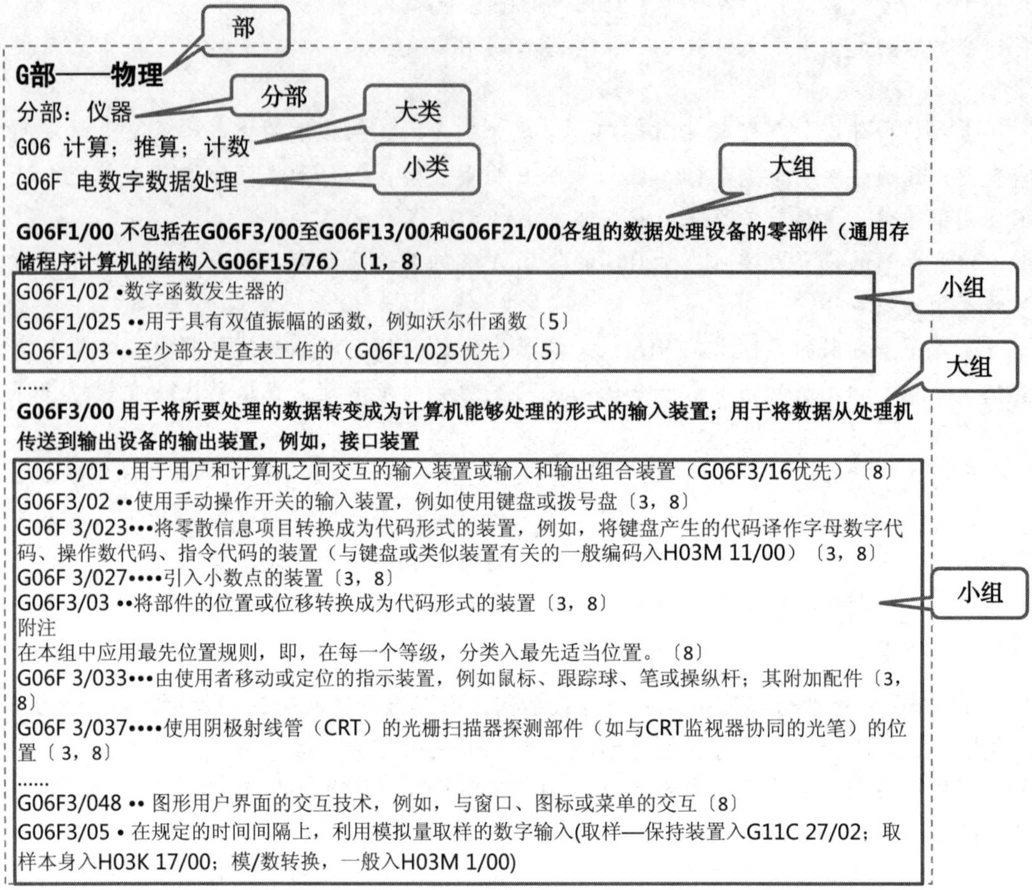

```
                        ┌─ 部
G部──物理
分部：仪器  ┌─ 分部
G06 计算；推算；计数  ┌─ 大类
G06F 电数字数据处理   ┌─ 小类
                                      ┌─ 大组
G06F1/00 不包括在G06F3/00至G06F13/00和G06F21/00各组的数据处理设备的零部件（通用存
储程序计算机的结构入G06F15/76）〔1，8〕
G06F1/02 •数字函数发生器的                                    ┌─ 小组
G06F1/025 ••用于具有双值振幅的函数，例如沃尔什函数〔5〕
G06F1/03 ••至少部分是查表工作的（G06F1/025优先）〔5〕
......                                                       ┌─ 大组
G06F3/00 用于将所要处理的数据转变成为计算机能够处理的形式的输入装置；用于将数据从处理机
传送到输出设备的输出装置，例如，接口装置
G06F3/01 •用于用户和计算机之间交互的输入装置或输入和输出组合装置（G06F3/16优先）〔8〕
G06F3/02 ••使用手动操作开关的输入装置，例如使用键盘或拨号盘〔3，8〕
G06F 3/023 •••将零散信息项目转换成为代码形式的装置，例如，将键盘产生的代码译作字母数字代
码、操作数代码、指令代码的装置（与键盘或类似装置有关的一般编码入H03M 11/00）〔3，8〕
G06F 3/027 ••••引入小数点的装置〔3，8〕                        ┌─ 小组
G06F 3/03 ••将部件的位置或位移转换成为代码形式的装置〔3，8〕
附注
在本组中应用最先位置规则，即，在每一个等级，分类入最先适当位置。〔8〕
G06F 3/033 •••由使用者移动或定位的指示装置，例如鼠标、跟踪球、笔或操纵杆；其附加配件〔3，
8〕
G06F 3/037 ••••使用阴极射线管（CRT）的光栅扫描器探测部件（如与CRT监视器协同的光笔）的位
置〔3，8〕
......
G06F3/048 •• 图形用户界面的交互技术，例如，与窗口、图标或菜单的交互〔8〕
G06F3/05 •在规定的时间间隔上，利用模拟量取样的数字输入（取样─保持装置入G11C 27/02；取
样本身入H03K 17/00；模/数转换，一般入H03M 1/00）
```

图 3-1-1　IPC 分类表（2006 版）G06F 部分示例

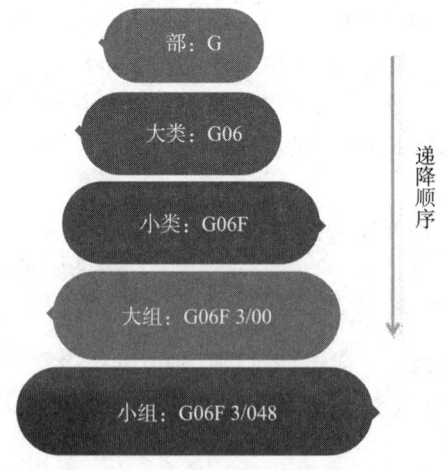

图 3-1-2　以 G06F 3/048 展示 IPC 等级结构

知识拓展——IPC 的修订和文献再分类

IPC 分类表会被进行周期性的修订，修订包括增加、删除分类号或者改变分类号涵盖的技术领域范围。以 G06F 3/048 为例，在 2006 版的 IPC 分类表中，G06F 3/048 并无细分小组，而在 2013 版的 IPC 分类表中，G06F 3/048 新增了多个细分小组。

分类表修订完成后，专利文献将依照修订后的 IPC 分类表进行再分类。若对滑动解锁专利文献 CN101697181A 根据 2013 版的 IPC 进行再分类，则需要将原来的 G06F 3/048 细分到 G06F 3/0484、G06F 3/0488，即再分类后的滑动解锁专利文献 CN101697181A 中标记的分类号为 G06F 3/0484、G06F 3/0488，而不再是原来的 G06F 3/048。

IPC 分类体系中部、大类、小类、大组和小组呈现的是递降等级，而在 IPC 分类表中还存在着数量庞大的小组，那么这些小组间是否也存在等级关系？如果存在，其等级又是如何确定的呢？

实际上，**小组间也存在等级结构，各小组的等级由类名前的圆点数决定，与小组类号大小无关。小组圆点数越多，表明其小组等级越低**。以 IPC 分类表（2006.01 版）中 G06F 3/00 及其部分小组为例来示出小组等级：

> G06F 3/00 用于将所要处理的数据转变成为计算机能够处理的形式的输入装置；用于将数据从处理机传送到输出设备的输出装置，例如，接口装置
>
> G06F 3/01 ·用于用户和计算机之间交互的输入装置或输入和输出组合装置（G06F 3/16 优先）
>
> G06F 3/02 ··使用手动操作开关的输入装置，例如使用键盘或拨号盘
>
> G06F 3/023 ···将零散信息项目转换成为代码形式的装置，例如，将键盘产生的代码译作字母数字代码、操作数代码、指令代码的装置
>
> G06F 3/027 ····引入小数点的装置
>
> G06F 3/03 ··将部件的位置或位移转换成为代码形式的装置
>
> 附注
>
> 在本组中应用最先位置规则，即在每一个等级，分类入最先适当位置。
>
> G06F 3/033 ···由使用者移动或定位的指示装置，例如鼠标、跟踪球、笔或操纵杆；其附加配件
>
> G06F 3/0337 ····使用阴极射线管（CRT）的光栅扫描器探测部件（如与 CRT 监视器协同的光笔）的位置
>
> ……
>
> G06F 3/048 ··图形用户界面的交互技术，例如，与窗口、图标或菜单的交互
>
> G06F 3/05 ·在规定的时间间隔上，利用模拟量取样的数字输入（取样—保持装置入 G11C 27/02；取样本身入 H03K 17/00；模/数转换，一般入 H03M 1/00）

从上述内容可以看出，G06F 3/00 的等级最高，G06F 3/01 的小组类名前的圆点数为一点（通常被称为一点组），因此 G06F 3/01 的等级要低于 G06F 3/00 的等级，且 G06F 3/01 为 G06F 3/00 的细分类。

G06F 3/033 和 G06F 3/023 均为三点组，离 G06F 3/033 最近的二点组为 G06F 3/03，G06F 3/033 是 G06F 3/03 的细分类；离 G06F 3/023 最近的二点组为 G06F 3/02，G06F 3/023 是 G06F 3/02 的细分类。

在对小组类名进行理解时，要考虑上一级组的类名才能准确理解该小组类名涵盖的确切内容，即**小组的类名解读依赖并且受限于其所缩排的上位组的类名**。

例如 G06F 3/048 是二点组，它的类名是"图形用户界面的交互技术"，但对该小组类名进行理解时，还需要考虑它的上一级分类，即一点组 G06F 3/01 的含义，而 G06F 3/01 则需要考虑它的上一级大组 G06F 3/00 的含义。

G06F 3/00 表示输入输出装置，也即接口装置，G06F 3/01 表示用于用户和计算机之间交互的输入装置或输入和输出组合装置，因此 G06F 3/048 所表达的完整含义是"接口装置中用于用户和计算机之间交互的输入装置或输入和输出组合装置的图形用户界面的交互技术"。

知识拓展——小组类名

小组的类名可以是一个完整的词语，也可以是非完整的词语。在 IPC 的英文电子版中，如果小组的类名是一个完整的词语，会以一个大写字母开头；如果小组的类名解读为它所依赖的、少一个缩排点的、最靠近的上级组类名的继续，则以一个小写字母开头。

例如：

G06F 3/01 · Input arrangements or combined input and output arrangements for interaction between user and computer（G06F 3/16 takes precedence）

G06F 3/02 ·· Input arrangements using manually operated switches, e.g. using keyboards or dials

G06F 3/023 ··· Arrangements for converting discrete items of information into a coded form, e.g. arrangements for interpreting keyboard generated codes as alphanumeric codes, operand codes or instruction codes

G06F 3/027 ··· for insertion of the decimal point

G06F 3/01、G06F 3/02 和 G06F 3/023 的类名以大写字母开头，这些类名是完整的词语；而 G06F 3/027 以一个小写字母开头，因此该小组的类名是 G06F 3/023 类名的继续，理解其类名的含义时需要借助 G06F 3/023 的类名来解读。

IPC 中文版不会体现以大写字母开头或小写字母开头的情况。

知识拓展——圆点的作用

圆点数除了决定各小组的等级外，为了避免重复，**各小组类名前的圆点也用来替代那些等级更高的组的类名**。例如：

G06F 3/00 用于将所要处理的数据转变成为计算机能够处理的形式的输入装置；用于将数据从处理机传送到输出设备的输出装置，例如，接口装置

G06F 3/01 · 用于用户和计算机之间交互的输入装置或输入和输出组合装置

G06F 3/048 · · 图形用户界面的交互技术，例如，与窗口、图标或菜单的交互

如果不用圆点来替代高一级的组的类名，G06F 3/048 的类名就应该写为"接口装置中用于用户和计算机之间交互的输入装置或输入和输出组合装置的图形用户界面的交互技术"。

很明显，**分类号之间是有等级关系的，然而分类号下的文献是没有等级关系的**。

例如，前述的滑动解锁专利文献 CN101697181A，其有一个韩国同族专利文献 KR10-2014-0148500 给出的 IPC 分类号为 G06F 3/0488。

G06F 3/0488 是一个四点组，是隶属于二点组 G06F 3/048 的下位组。

如果用 G06F 3/048 这个二点组进行检索，是无法检索出韩国同族专利文献 KR10-2014-0148500 的。由于这篇文献并没有 G06F 3/048 这个二点组的标签，只拥有 G06F 3/0488 这个四点组的标签，因此就只能用 G06F 3/0488 这个已有的四点组标签来检索该韩国同族专利文献。

同理，采用 G06F 3/0488 这个分类号也不能检索到 CN101697181A，因为 CN101697181A 也仅标引了 G06F 3/048 这个二点组标签，而没有 G06F 3/0488 这个四点组的标签。

3.1.2 如何确定和使用 IPC 分类号

怎样使用分类号进行检索呢？首先要有能准确代表技术内容的分类号。

确定分类号的方法有以下三种。

（1）直接翻阅分类表来查找分类号

IPC 分类体系是等级结构体系，可遵从等级结构来确定分类号，即按照部、大类、小类、大组、小组的顺序逐级进行查找，直到找到最低等级的合适的组。

下面仍以滑动解锁专利文献 CN101697181A 为例来介绍分类号的确定过程。

G 部——物理

分部：仪器

G06 计算；推算；计数

G06F 电数字数据处理

> G06F 3/00 用于将所要处理的数据转变成为计算机能够处理的形式的输入装置；用于将数据从处理机传送到输出设备的输出装置，例如，接口装置
>
> G06F 3/01 ·用于用户和计算机之间交互的输入装置或输入和输出组合装置（G06F 3/16 优先）
>
> G06F 3/02 ··使用手动操作开关的输入装置，例如使用键盘或拨号盘
>
> G06F 3/023 ···将零散信息项目转换成为代码形式的装置，例如，将键盘产生的代码译作字母数字代码、操作数代码、指令代码的装置
>
> G06F 3/027 ····引入小数点的装置
>
> G06F 3/03 ··将部件的位置或位移转换成为代码形式的装置
>
> G06F 3/033 ···由使用者移动或定位的指示装置，例如鼠标、跟踪球、笔或操纵杆；其附加配件
>
> G06F 3/0337 ····使用阴极射线管（CRT）的光栅扫描器探测部件（如与CRT监视器协同的光笔）的位置
>
> ……
>
> **G06F 3/048** ··图形用户界面的交互技术，例如，与窗口、图标或菜单的交互
>
> G06F 3/05 ·在规定的时间间隔上，利用模拟量取样的数字输入（取样—保持装置入 G11C 27/02；取样本身入 H03K 17/00；模/数转换，一般入 H03M 1/00）
>
> ……
>
> G06F 3/16 ·声音输入；声音输出（语音处理入 G10L）〔1，2006.01〕。

该文献涉及滑动解锁的技术方案，属于 G 部——物理。

G 部大类 G06 的类名为"计算；推算；计数"，滑动解锁属于这一领域。

再进一步查看小类能找到 G06F"电数字数据处理"，且查阅小类的各个大组，能确定滑动解锁属于大组 G06F 3/00 接口装置涵盖的主题。

再来看一点组，滑动解锁属于"G06F 3/01 用于用户和计算机之间交互的输入装置或输入和输出组合装置"，虽然一点组 G06F 3/01 的类名有优先参见"G06F 3/16 优先"，查看 G06F 3/16 的类名为"声音输入；声音输出"。而滑动解锁并不属于"声音输入"或"声音输出"，因此可以不考虑该优先参见直接查找二点组。

二点组中，G06F 3/048 的小组类名为"基于图形用户界面的交互技术"，而滑动解锁正属于这种基于图形用户界面的交互技术，因此选择 G06F 3/048。

采用分类号检索时，例如在中国专利检索及分析网站 PSS 系统（pss-system.cnipa.gov.cn）中输入检索式"IPC 分类号 =(G06F3/048)"，即能找出该数据库下涉及"接口装置中基于图形用户界面的交互技术"这个技术主题的专利文献（参见图 3-1-3）。

图 3-1-3　在 PSS 检索系统中采用 IPC 分类号检索示例

此外，除了通过逐级查阅确定分类号外，检索系统中的分类表一般都支持表内查询。可以输入关键词，利用关键词在分类表中快速定位到相关分类号。

例如，查找滑动解锁的分类号，可以在 PSS 系统的"导航检索"中输入中文"滑动解锁"，由于分类表中不存在这样的词语，查询结果无分类号显示。但检索人员若理解该滑动解锁是一种交互技术，采用"交互技术"进行检索，即可查找到分类号 G06F 3/048（参见图 3-1-4）。

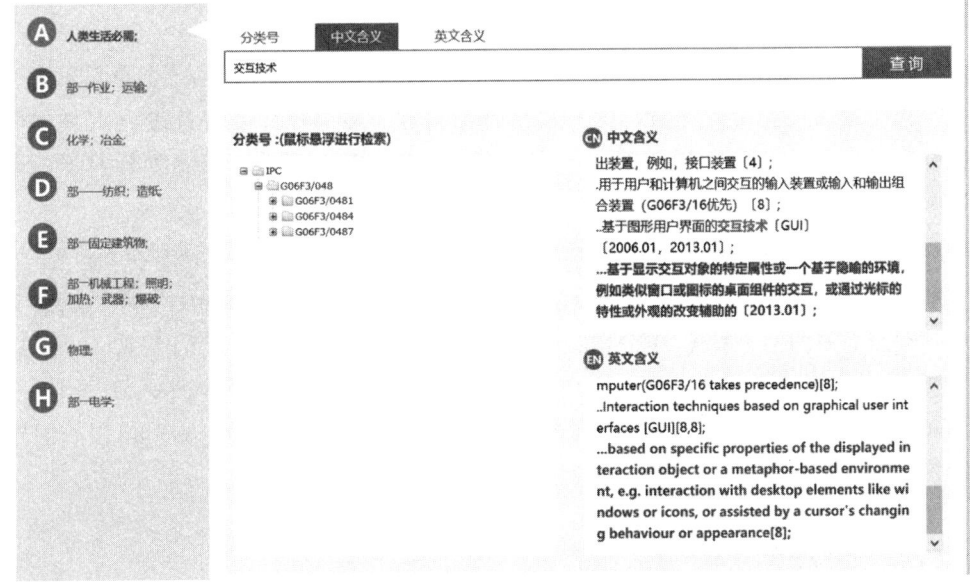

图 3-1-4　在 PSS 系统中查找分类号示例

知识拓展——附注、参见以及 IPC 电子层

需要注意的是，分类表中还存在许多附注和参见，这些也会对分类号的确定产生影响，在按照等级结构来确定分类号时，需要充分关注附注和参见。

附注一般出现在分类表中部、分部、大类、小类、大组、小组、导引标题的某些位置，对分类表中某一个部分的特殊词汇、短语进行解释或分类位置的范围进行说明，或说明有关技术主题是如何分类的，指示分类规则等。例如 B31 的附注对 B31 的范围进行了解释：本大类不包括直接由纸浆制作的纸品，这类纸品应分入 D21J。该附注意指 B31 仅包括纸制品的加工，例如利用纸制作信封、纸袋或者纸灯笼等，但如果是利用纸浆来成型制作纸张，这种技术属于 D21J。

参见是指在分类表中包括在大类、小类、大组或小组的类名，以及附注中涉及的在括号中的短语，其指出技术主题包含在分类表中另外的一个或几个位置上。

信息性参见指出到哪里去找那些参见所在分类位置范围内没有包括的有关技术主题，例如"A47G 33/04·圣诞树（其点火装置入 F21S）"，括号内的"其点火装置入 F21S"为信息性参见。优先参见用来说明某个分类号优先，例如"A01K 31/07··移动式笼（A01K 31/08 优先）""A01K 31/08··折叠式笼"，在分类时，如果某个技术文献涉及一种可折叠的移动式笼子，分类员根据优先参见，会将 A01K 31/08 标记在该可折叠的移动式笼子的专利文献上；但若想查找与移动式笼子相关的专利文献，则不仅要选用 A01K 31/07 进行检索，还需要选用 A01K 31/08 进行检索，因为在采用 A01K 31/08 标记的文献中，存在与移动式笼子相关的专利文献。为了避免遗漏相关文献，需要采用 A01K 31/07 和 A01K 31/08 分别进行检索。

IPC 分类体系还提供有 IPC 电子层（Electric Layer）。在 IPC 的电子层中引入了分类定义、化学结构式和图解说明、信息性参见等内容，对 IPC 分类条目进行更详细的描述和解释。检索时可根据需要去阅读 IPC 的电子层信息，从而有助于加强对 IPC 分类号的准确理解。

（2）参考相关文献的分类号，例如同族申请、系列申请

苹果公司滑动解锁专利文献 CN101697181A 具有多个同族专利文献，可以查看其同族专利文献 CN101371258A、EP2128782A1、WO2007/076210A1、特开 2012-18187 以及 DE212006000081U1 等给出的 IPC 分类号以及其他分类体系的分类号。

还可查看其审查过程文档，收集其引用的参考文献的分类号，甚至可以查看审查员的检索报告和检索过程记录，收集检索过程中使用的分类号。

在核实分类号的类名后，采用适当的分类号进行检索。

（3）利用统计功能对相关文献的分类号进行统计分析

许多检索系统都提供简单的结果统计，包括分类号统计，或称为技术领域统计。例如在 PSS 系统中进行常规检索：输入"滑动解锁"，点击检索按钮后出现检索结果，

在页面的左侧就有"技术领域统计",点击可查看分类号统计结果(参见图3-1-5)。

图3-1-5 利用检索系统的统计功能对分类号进行统计

一篇专利文献根据其涵盖的技术信息可以给出多个分类号,检索时也可以采用多个分类号进行检索。通过分类号,可以快速获取涉及某一特定技术主题的相关专利文献。这样即使是非母语专利文献,只要相关专利文献被分类在该分类号下,通过该分类号均能够获取对应的专利文献。因此,通过分类号检索一定程度上能够在检索过程中克服语言上的障碍,也可以极大地提高检索的效率。

知识拓展——大组和小组

在著录项目的 INID 码 51 对应的 Int. Cl. 中所标注的分类号在大多数情况下都是小组分类号,并且由于小组的类名都限定了一个较具体的特定技术主题,因此小组分类号通常是实际检索过程中常用的分类层级。

大组分类号也会出现在著录项目的 Int. Cl. 中,在这种情况下,通常就表示相应专利文献所涵盖的技术主题均没有被相应的小组分类号所覆盖。因此,如果找不到对应的小组分类号来表示某一技术主题时,就可以用相应的大组分类号来表示,采用该大组分类号进行检索。

IPC 分类表的正式文本可以用英文、法文、中文、日文以及其他文种出版,但最权威的文本是英文和法文两种文本。

最权威的英文版 IPC 分类表如何获取呢? 可以通过世界知识产权组织(WIPO)官方网站的 IPC 主页(www.wipo.int/classifications/ipc/ipcpub)获得。如果要获得中文版 IPC 分类表,可通过中国国家知识产权局官方网站下载国际专利分类的中文版(www.cnipa.gov.cn/wxfw/zlwxxxggfw/zsyd/bzyfl/index.htm)。

分类表网络资源具体参见附录2。

 **知识拓展——分类号的版本**

分类号是有版本区别的。

为了让 IPC 适应技术的发展,会周期性修订分类表,因此产生了多个版本。从 2006 年 1 月 1 日至 2010 年 12 月 31 日生效的版本,IPC 分类表被分为基本版和高级版,基本版各版本以该版本的生效年度为标识。

IPC-2006 从 2006 年 1 月 1 日到 2008 年 12 月 31 日实施;而 IPC-2009 于 2009 年 1 月 1 日生效。IPC 高级版各新版本以该版本的生效年度和月份为标识,例如 IPC-2008.01。从 2011 年 1 月 1 日起,分类表不再分为基本版和高级版,而 IPC 的每个新版本都以该版本的生效年度和月份为标识,例如 IPC-2011.01。

当文献被分入完整 IPC 时,每个 IPC 分类号的版本号都应放置在分类号之后的括号内,例如 *H04H 20/12*(2008.01)。当文献仅被分入大组时,IPC 的版本号置于缩写"Int. Cl."后面的括号内。对于 IPC 第 7 版之前的版本,通常在"Int. Cl."缩写之后,以阿拉伯数字上标的方式指明,例如采用第 5 版 IPC 分类的文献,缩写为 Int. Cl.^{5}。但对按照第 1 版分类的文献,并没有阿拉伯数字上标显示,仅仅标识为 Int. Cl.。

根据各个专利局的不同情况,有的专利局会分入完整 IPC,有的仅分入大组。当仅分入大组时,IPC 分类号用普通字体(即非斜体)印刷或显示;而当分入完整 IPC 时,IPC 分类号用斜体印刷或显示。

例如,当分入完整的 IPC 分类号时:

Int. Cl.

B28B 5/00(2006.01)

H04H 20/12(2008.01)

H01H 33/65(2009.01)

其中,***B28B 5/00*** 表示分入完整 IPC 分类号(斜体)的发明信息(粗体);***H04H 20/12*** 表示分入完整 IPC 分类号(斜体)的发明信息(粗体);*H01H 33/65* 表示分入完整 IPC(斜体)的附加信息(普通字体,即非粗体)。

当仅分入大组时:

Int. Cl.(2011.01)

B28B 5/00

H04H 20/00

H01H 33/00

其中,**B28B 5/00** 表示仅分入大组(普通字体,即非斜体)的发明信息(粗体);**H04H 20/00** 表示仅分入大组(普通字体,即非斜体)的发明信息(粗体);H01H 33/00 表示仅分入大组(普通字体,即非斜体)的附加信息(普通字体,即非粗体)。

专利文献中可以找到两种类型的信息——发明信息和附加信息。分类员根据这两种信息给出相应的分类号。发明信息分类号用粗体字印刷或显示，而附加信息分类号用普通字体（即非粗体）印刷或显示。

当发明信息分入完整 IPC 分类号，而附加信息仅分入大组时：

Int. Cl.（2011.01）

B28B 5/00（2006.01）

H04H 20/12（2008.01）

H01H 33/00

其中，***B28B 5/00*** 表示分入完整 IPC 分类号（斜体）的发明信息（粗体）；***H04H 20/12*** 表示分入完整 IPC 分类号（斜体）的发明信息（粗体）；H01H 33/00 表示仅分入大组（普通字体，即非斜体）的附加信息（普通字体，即非粗体）。

在检索时，检索者不必考虑该分类号代表的是发明信息还是附加信息，只要该分类号代表想要检索的内容，采用该分类号进行检索即可。

3.2 联合专利分类

3.2.1 快速认识 CPC

联合专利分类体系（Cooperative Patent Classification，CPC）是欧洲专利局（EPO）和美国专利商标局（USPTO）共同发起的，目的在于整合欧洲的 EC 分类体系和美国的 UC 分类系统而形成统一的、与 IPC 结构相同但更加细分的新分类体系。

CPC 分类体系与 IPC 十分类似，具有一致的等级结构和编排方式。其分类表按由高至低的等级递降顺序排列，依次为部、大类、小类、大组和小组，编排方式采用与 IPC 完全相同的数字化编排，类名解读、小组等级确定也均与 IPC 相同。

与 IPC 不同的是，CPC 分类表中的 A～H 部具有更多的细分条目，对技术细节分类更细致。

此外，CPC 分类表还有 Y 部和分散在各个部中的数量庞大的 2000 系列。Y 部具有与 A～H 部相似的等级结构和分类号格式，Y 部的内容涉及缓解气候变化技术（Y02B/C/E/T）、信息和通信技术对其他技术领域的影响（Y04S）以及包含在美国专利分类的交叉参考技术文献小类（XRACs）和暂时性分类标记的科技主题（Y10S）等。

2000 系列分类号的斜线前具有以 "2" 开头的 4 位数字，例如 A47J 2027/006（专门适用于制作意大利面食）、A01M 2200/00（动物种类）。有些 2000 系列分类号内嵌在主分类表中的合适位置，例如：

A47J 27/00 烹调器皿（A47J 29/00～A47J 33/00 优先）

A47J 27/004 ·{带整体电加热装置（饮水杯的整体加热装置入 A47J 36/2466）}

A47J 2027/006 · 专门适用于制作意大利面食

A47J 2027/008 ·· 用于在压力下烹任意大利面食

A47J 2027/006 为 2000 系列分类号，其嵌入在分类号 A47J 27/004 的下面，与 A47J 27/004 构成等级相同的一点组，均属于大组 A47J 27/00 的细分；A47J 2027/008 也为 2000 系列分类号，其属于 A47J 2027/006 的细分。

有些 2000 系列分类号位于主分类表底部，例如：

> A01M 2200/00 动物种类
> A01M 2200/01 · 昆虫
> A01M 2200/011 · · 爬行昆虫
> A01M 2200/012 · · 飞行昆虫

A01M 2200/00 该大组及其细分的小组均为 2000 系列分类号，一点组 A01M 2200/01 是 A01M 2200/00 的细分，而 A01M 2200/011 和 A01M 2200/012 属于并列的二点组，均属于一点组 A01M 2200/01 的细分。

无论 2000 系列分类号处于分类表中的哪个位置，其都体现技术的细节，都可以在检索中加以使用。

3.2.2 如何确定和使用 CPC 分类号

与 IPC 的确定方式相同，也可遵从等级结构来选择 CPC 分类号，按照部、大类、小类、大组、小组的顺序逐级进行查找，直到找到最低等级的合适组。此外，还可以通过查看同族的 CPC 分类号来确定。

 知识拓展——CPC 的"注意"和 CPC 的分类定义

CPC 分类表也有大量附注、参见，有些分类位置出现的附注和参见的内容与 IPC 相比还发生了变化，在选择分类号时要充分关注这些影响因素，同时 CPC 分类表中还有大量"注意"（Warnings）。

"注意"出现的位置在小类、大组或小组的类名、参见或附注的后面，用于提示分类号变化、说明文献覆盖范围有变化的组/再分类还在进行中，在选择分类号时对"注意"也要关注。

例如，G06F 大类类名中出现"注意：下列 IPC 组没有在 CPC 体系中使用。这些组包括的技术主题被分入下列 CPC 组中：G06F 3/18 包含在 G06F 3/00、G06K 11/00；G06F 7/04 包含在 G06F 7/02；G06F 9/302 ~ G06F 9/318 包含在 G06F 9/30；G06F 9/40 包含在 G06F 9/4425 及其下位组；G06F 9/42 包含在 G06F 9/4426 及其下位组；G06F 9/45 包含在 G06F 8/41 及其下位组"。

由 G06F 大类类名中出现的"注意"可知：G06F 3/18、G06F 7/04、G06F 9/40、G06F 9/42 以及 G06F 9/45 没有在 CPC 体系中使用，如果要检索与这些组相关的内容，需要去 G06F 3/00、G06K 11/00、G06F 7/02、G06F 9/30、G06F 9/4425 及

其下位组、G06F 9/4426 及其下位组、G06F 8/41 及其下位组查找合适的分类号进行检索。

选择 CPC 分类号检索时要注意 CPC 的分类定义（Definition），IPC 的分类定义仅存在于网络版 IPC 电子层中，对分类并无指导和约束作用。但 CPC 的分类定义在分类和检索中起着重要作用，不仅用于确定小类或组所覆盖的技术领域，解释分类规则，明确分类位置的范围，帮助使用者准确地确定分类号，还提供许多对检索有用的其他信息，帮助将有关分类号应用于检索实践中，所以在选择 CPC 分类号时要查看 CPC 的分类定义。

对于 Y 部和 2000 系列，在分类时其只能用于标引附加信息，不能作为主分类号放在第一分类位置。实际检索时，**Y 部和 2000 系列的使用方法与其他分类号的使用方法并无不同**。如果 Y 部和 2000 系列中的某个分类号能表示要检索的技术信息，采用该分类号进行检索即可。

 知识拓展——Y 部的大组

Y 部的大组，例如 Y10S 2/00，其在分类表中的作用类似于导引标题，仅仅起到归类、引导的作用。

在检索时，极少使用这些大组。因为很多大组下文献量很少或者没有文献，例如 Y10S 2/00。

目前，**CPC 分类号一般不会出现在专利文献的扉页上**，但在检索系统中可以采用 CPC 分类号进行检索。

例如，"G06F 3/0484 用于特定功能或操作的控制，例如选择或操作一个对象或图像，设置一个参数值或选择一个范围"，如想查看该分类号下的文献，在 PSS 检索系统中输入检索式 "CPC 分类号 = (G06F3/0484)" 即可（参见图 3-2-1）。

由于 CPC 更能体现技术细节特点且分类准确，文献量适中，因此**在对外国专利文献例如欧洲专利文献、美国专利文献进行检索时优先采用 CPC 分类号进行检索，能够提高检索效率**。

CPC 分类表可以通过 CPC 官方网站（www.cooperativepatentclassification.org）获得，或通过欧洲专利局官方网站（worldwide.espacenet.com/classification?locale=en_EP）下载，也可以通过美国专利商标局网站（www.uspto.gov/web/patents/classification）获得。具体参见附录 2。

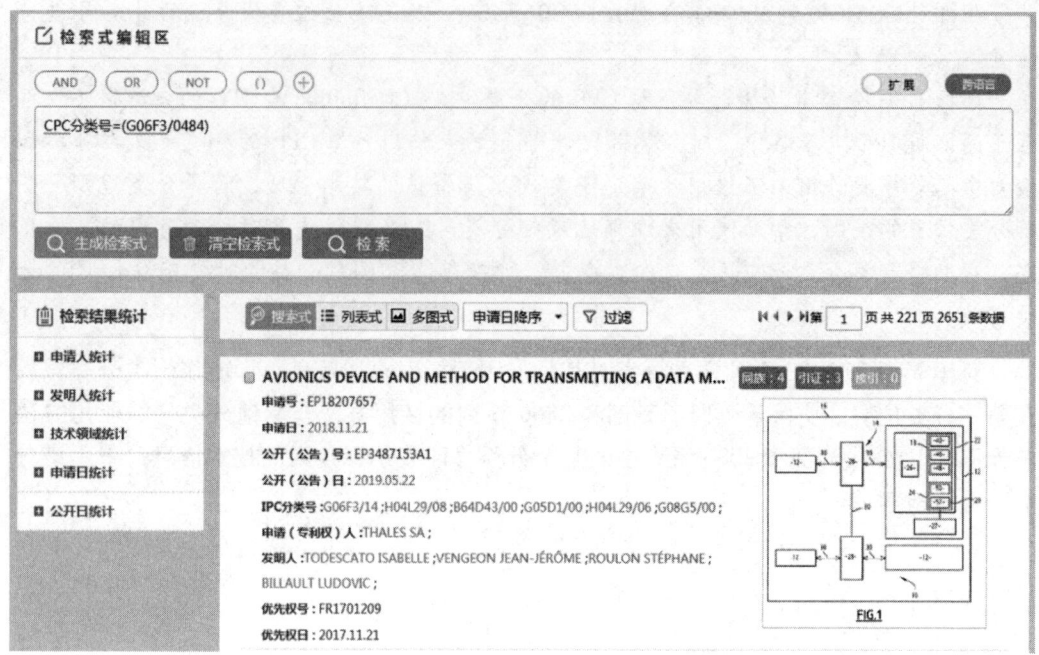

图 3-2-1 在 PSS 系统采用 CPC 分类号检索示例

 知识拓展——CPC 的组合分类方式（C-sets）

CPC 分类体系与 IPC 不同的一点还在于其具有组合分类方式（简称"C-sets"），C-sets 主要用于化学领域，是一种特殊的分类/检索工具，允许将代表不同技术主题的多个分类号"联合"或"组合在一起"，形成一个 C-set。例如，技术内容涉及"用氧化法制备乳酸"，采用 C-sets 分类的话，分类员会给出 C07C 51/16（用氧化法制备羧酸）以及 C07C 59/08（乳酸）两个分类号，形式为"CLC-C07C 51/16, C07C 59/08"，表示制备方法的分类号在前面，表示制备得到的产品的分类号紧跟在表示方法的分类号的后面。

检索时，在能采用 C-sets 的检索系统中，利用布尔算符中的同在算符"S"将 C07C 51/16 和 C07C 59/08 表示在一起，具体检索式为"/CL C07C51/16 S C07C59/08"，即可找到大量与"用氧化法制备乳酸"有关的专利文献。

3.3 日本专利分类

日本特许厅认为 IPC 分类号无法满足高效检索日本专利文献的需求，尤其是对于日本独有的、处于世界前沿的技术，于是创立了 FI 和 F-term 两种分类体系，专门针对日本专利文献进行分类和检索。

FI 是 File Index（文档索引）的简称，F-term 是 File Forming Terms（文件构成术语）的简称，FI 分类号和 F-term 分类号会在日本专利文献的扉页中出现（参见图 3－3－1）。

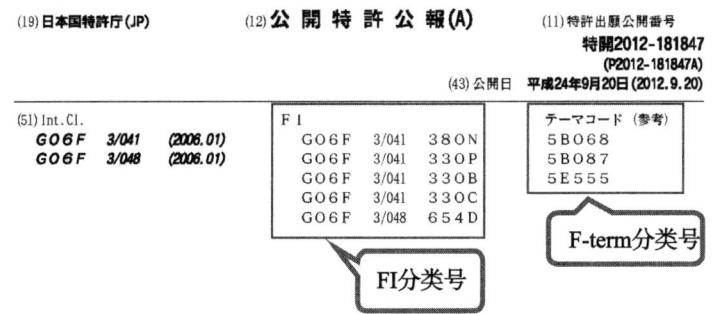

图 3－3－1 滑动解锁日本专利文献扉页中的 FI 分类号和 F-term 分类号

3.3.1 快速认识 FI

FI 分类体系是对 IPC 的细分，最新的 FI 分类表以第 6 版 IPC 分类表为基础编制，采用类似 IPC 的由高到低递降的等级结构，各小组的等级也是由圆点数来决定的。FI 分类号日文版示例如图 3－3－2 所示。

G06F3/047@Z	その他
G06F3/048	・・グラフィカルユーザインタフェース［ＧＵＩ］に基づく相互作用技術［８，２０１３．０１］
G06F3/0481	・・・表示された相互作用対象の特定の特性，またはメタファベースの環境に基づくもの，例．ウィンドウまたはアイコンのようなデスクトップ要素との相互作用，あるいはカーソルの挙動や外観の変化によって補助されるもの［２０１３．０１］
G06F3/0481,120	・・・・カーソルの外観または振舞，例．ＧＵＩ部品の影響でカーソルの見た目または動きが変化するもの
G06F3/0481,150	・・・・３次元環境

图 3－3－2 FI 分类号日文版示例

FI 分类号的表达方式有 4 种，具体如表 3－3－1 所示。

表3-3-1　FI分类号的4种表达方式

表达方式	示例
(1) 只有IPC分类号	A01B 1/02
(2) IPC分类号+IPC细分号 (IPC-subdivision Symbol)	A01B 69/00,301
(3) IPC分类号+文档识别号 (File Discrimination Symbol)	A01B 3/42 A
(4) IPC分类号+IPC细分号+文档识别号	A01B 69/00,303 A

第一种：**只有IPC分类号**，例如A01B 1/02。

第二种：**IPC分类号+IPC细分号（IPC-subdivision Symbol）**，例如A01B 69/00，301。其中，A01B 69/00为IPC分类号，301为IPC细分号。IPC细分号由3位阿拉伯数字构成，从使用场合、结构特征等不同方面对IPC分类号进行细化。

第三种：**IPC分类号+文档识别号（File Discrimination Symbol）**，例如A01B 3/42 A。其中，A01B 3/42为IPC分类号，A为文档识别号。文档识别号由一位英文字母构成，其代表是对IPC分类号或IPC细分号进一步的细化。在日本特许厅的FI分类表中，A01B 3/42 A被显示为A01B 3/42@A。

由于字母"I"和"O"与数字"1"和"0"容易混淆，所以文档识别号采用英文字母A~Z中除了"I"和"O"之外的任意字母。其中，字母"Z"代表"其他"，用于表示那些不属于已出现的文档识别号表示的小组中的主题，或者涉及多个文档识别号表示的小组中的主题。

第四种：**IPC分类号+IPC细分号+文档识别号**，例如A01B 69/00,303 A。其中，A01B 69/00为IPC分类号，303为IPC细分号，A为文档识别号。在日本特许厅的FI分类表中，A01B 69/00,303 A被显示为A01B 69/00,303@A。

3.3.2　快速认识F-term

F-term分类体系用于计算机化寻找专利文献的技术条目，是基于**多角度或多观点**（Viewpoint）的检索目的设置的全新分类体系，其在结构上虽然不同于IPC分类体系和FI分类体系，但F-term是根据多种技术角度例如目的、结构、功能、产品、材料、制造方法、控制方法、制造条件等在IPC和FI的基础上进行的再分类或者细分扩展，F-term中每一个技术主题都和IPC的技术领域相对应。F-term分类号日文版示例如图3-3-3所示。

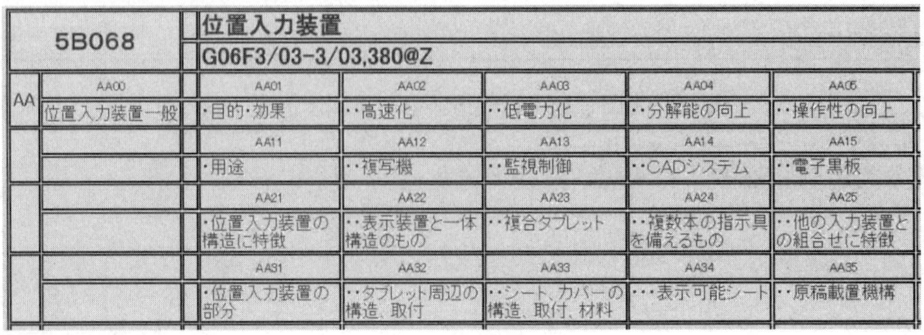

5B068		位置入力装置 G06F3/03-3/03,380@Z				
AA	AA00 位置入力装置一般	AA01 ·目的·効果	AA02 ··高速化	AA03 ··低電力化	AA04 ··分解能の向上	AA05 ··操作性の向上
		AA11 ·用途	AA12 ··複写機	AA13 ··監視制御	AA14 ··CADシステム	AA15 ··電子黒板
		AA21 ·位置入力装置の構造に特徴	AA22 ··表示装置と一体構造のもの	AA23 ··複合タブレット	AA24 ··複数本の指示具を備えるもの	AA25 ··他の入力装置との組合せに特徴
		AA31 ·位置入力装置の部分	AA32 ··タブレット周辺の構造、取付	AA33 ··シート、カバーの構造、取付、材料	AA34 ···表示可能シート	AA35 ··原稿載置機構

图3-3-3　F-term分类号日文版示例

F-term 将整个技术领域划分成"主题"(Theme),"主题"代表某个技术领域。主题的划分是基于 FI 分类体系进行的。**每个主题涵盖的内容由多个 FI 分类号来确定,一般称为"FI 范围"**。

每个主题都会有各自的代码,一般称为"主题码"(Theme Code)。**主题码由字母和数字组成的 5 位字符构成,每个主题码都有主题类名**。

例如滑动解锁日本专利文献特开 2012-181847 给出的主题码为 5B068,其主题类名为"位置输入设备"(Position Input Devices)。

5B066	Static analogue memory
5B067	Special memory(superconduction/light/liquid)
5B068	Position input devices
5B069	Digital computer display output
5B070	Program control devices and consoles
5B071	Specific arithmetic operation in general(elementary functions/random number generation/ordinal number)
5B072	Reading of record carriers

每个主题均设置有 2 位字母的观点符(Viewpoint),如 AA、BB、BC 以及 BD 等。观点符表示发明的目的、功能、结构、材料、制造方法等。**每个观点符后面加上 2 位数字符(Figure)**,表示对观点符所表示的技术特征的进一步细化,如 AA00、BB00、BC00 以及 BD00 等,数字位符由 00~99 的数字组成。图 3-3-4 示出了英文版 F-term 中主题 5B068 的内容。

5B068		Position input devices				
		G06F3/03-3/03,380@Z				
AA	AA00	AA01	AA02	AA03	AA04	AA05
	POSITION INPUT DEVICES IN GENERAL	. Purpose and effects	. Increased speed	. Reduction of power requirements	. Improvement of resolution	. Improvement of operability
		AA11	AA12	AA13	AA14	AA15
		. Applications	. Copiers	. Monitoring control	. Computer-aided design (CAD)	. Electronic blackboards
		AA21	AA22	AA23	AA24	AA25
		. Characteristic structures of position input devices	. Variants constructed integrally with display devices	. Composite tablets	. Variants with multiple pointing devices	. Variants combining position input devices with other input devices
		AA31	AA32	AA33	AA34	AA35
		. Parts of position input devices	. Structure or mounting peripheral to tablets	. Sheets, cover structures, mountings and materials	. Sheets allowing display	. Mechanisms that position originals

图 3-3-4 英文版 F-term 中主题 5B068 的内容

F-term 中的 AA00 类似于 IPC 分类中的大组,而 AA01、AA11、AA21 以及 AA31 类似于 IPC 分类中的小组,例如换一种形式来展现 F-term 分类表中 AA00 的部分内容:

AA00	POSITION INPUT DEVICES IN GENERAL
AA31	・Parts of position input devices
AA32	・・Structure or mounting peripheral to tablets
AA33	・・Sheets, cover structures, mountings and materials
AA34	・・・Sheets allowing display
AA35	・・Mechanisms that position originals

其中，AA00 为大组；AA31 为大组下的一点组；AA32、AA33 和 AA35 均为二点组，都是其最邻近的一点组 AA31 的细分；三点组 AA34 是其最邻近的二点组 AA33 的细分。由此可见，F-term 的组内结构与 IPC 类似，其小组间的等级也由圆点数来决定，而类名解读方式也与 IPC 相同。

一个完整的 F-term 分类号构成为：5 位字符主题码 +2 位字母观点符 +2 位数字符。例如，5B068 AA31、5B068 AA32、5B068 AA33 以及 5B068 AA34 均为完整的 F-term 分类号。

5B068 AA34 涉及的技术内容为"位置输入设备的能够显示的面板"（Sheets allowing display）。日本分类员将涉及"位置输入设备的能够显示的面板"的文献标记上 5B068 AA34，以便于检索者利用该分类号进行检索与该技术内容相关的专利文献。

3.3.3 如何确定和使用 FI/F-term 分类号

FI 分类体系是在 IPC 的基础上编制的，确定 FI 分类号时也要遵从等级结构来选择分类号，按照部、大类、小类、大组、小组的顺序逐级进行查找，直到找到最低等级的合适的组，同时要关注有些分类位置出现的"附注"和"参见"。

FI 分类号主要用于对日本专利文献进行检索，但需要注意的是并不是所有的检索系统都能采用 FI 分类号进行检索。以"A01B 69/00,303 A"为例，在日本专利信息平台（https://www.j-platpat.inpit.go.jp）进行检索，在检索框中输入"A01B69/00,303@A"即可出现相关日本文献（参见图 3-3-5）。

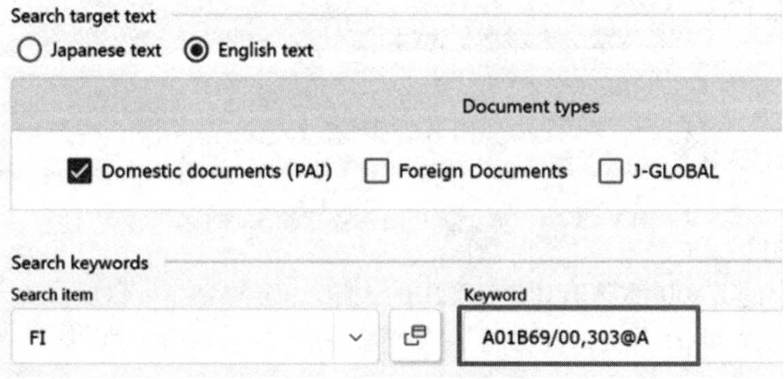

图 3-3-5 采用 FI 检索示例

若需检索标有“A01B3/42A”的日本专利文献，则在检索框中输入“A01B3/42@A”，而若检索标有“A01B69/00,301”的日本专利文献，则在检索框中输入“A01B69/00,301”即可。

在确定F-term分类号时，由于F-term的技术主题的划分是基于FI分类体系进行的，因此可借助FI分类号来查找F-term分类号。在FI分类表中，在相应的分类号位置设置有“手册”（Handbook），点击“手册”可以看到各个FI分类号对应的F-term的主题号码（参见图3-3-6）。

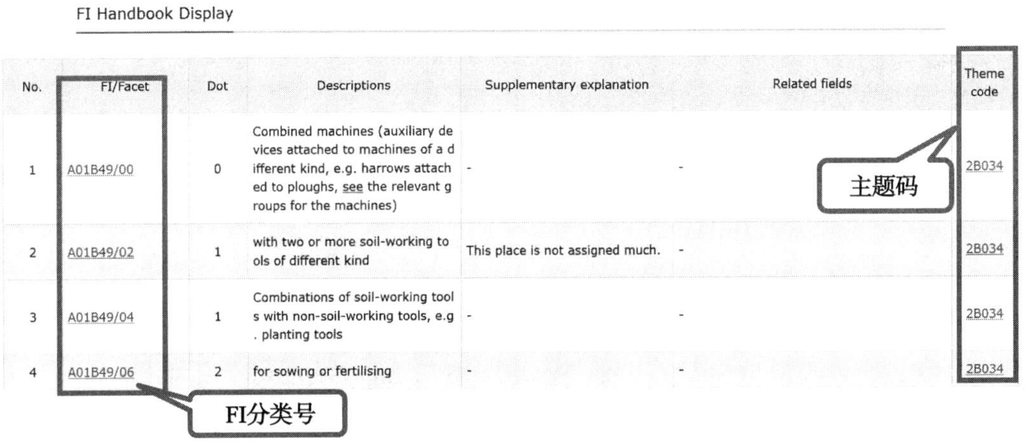
FI Handbook Display

No.	FI/Facet	Dot	Descriptions	Supplementary explanation	Related fields	Theme code
1	A01B49/00	0	Combined machines (auxiliary de vices attached to machines of a d ifferent kind, e.g. harrows attach ed to ploughs, see the relevant g roups for the machines)	-	-	2B034
2	A01B49/02	1	with two or more soil-working to ols of different kind	This place is not assigned much.	-	2B034
3	A01B49/04	1	Combinations of soil-working tool s with non-soil-working tools, e.g . planting tools	-	-	2B034
4	A01B49/06	2	for sowing or fertilising	-	-	2B034

图3-3-6　FI分类号对应的F-term的主题号码

在主题分类表中按照技术主题的多个方面如目的、结构、材料、制造方法等查找到观点符，再确定到具体的F-term分类号。

在用F-term分类号进行检索时，例如5B068 AA34，可直接在检索框中输入检索式“5B068AA34”（参见图3-3-7）。

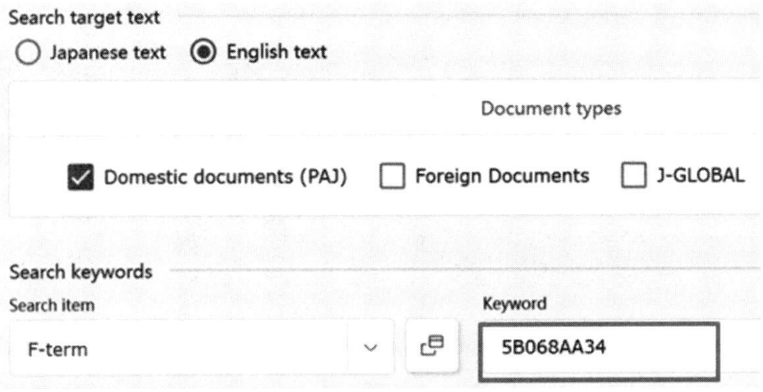

图3-3-7　采用F-term检索示例

由于FI/F-term分类体系分类详细且准确，特别是F-term从目的、结构、材料、制造方法等多个角度进行立体分类，当某些技术特征难以用关键词来准确表达时，可以尝试采用 FI/F-term 中的分类号对这些技术特征进行表达，因此采用 FI/F-term 进行检索是非常高效的，特别是在检索日本专利文献时。

如何获取 FI/F-term 分类体系呢？进入日本专利信息平台，寻找"特許·实用新案分類照会（PMGS）"，即可找到 FI/F-term 分类表，还能找到 FI 与 F-term 的对应关系，以及 FI 与 IPC 的对应关系（https://www.j-platpat.inpit.go.jp/p1101）。具体参见附录 2。

3.4 美国专利分类

3.4.1 快速认识 UC

美国专利分类（UC）是美国专利商标局的官方分类体系，一般只适用于美国专利文献，由于 CPC 的产生，美国专利商标局已经从用 UC 转向用 CPC 进行分类和检索。在美国专利文献的扉页上有 UC 分类号，例如，滑动解锁美国专利文献 US2012/0023458A1 的 UC 分类号为 715/863（参见图 3-4-1）。

图 3-4-1　美国专利文献扉页上的 UC 分类号

与 IPC 相比，UC 分类表比较简单。UC 分类号采用**二级结构**，基本形式为"**大类/小类**"，大类表示具体的类别，小类是对大类的进一步细分。例如 715/863，其中"715"是大类号，"863"是大类中的小类号（参见图 3-4-2）。

大类号和小类号都有类名。例如，"715"的类名是"数据处理：文档演示处理，操作员界面处理和屏幕保护显示处理"(CLASS 715, DATA PROCESSING: PRESENTATION PROCESSING OF DOCUMENT, OPERATOR INTERFACE PROCESSING, AND SCREEN SAVER DISPLAY PROCESSING);"863"的类名是"基于手势"(Gesture-based)。

图 3-4-2 UC 分类表示例

3.4.2 如何确定和使用 UC 分类号

在确定 UC 分类号时,可以根据 UC 分类表的特点,先选择大类,再选择小类,直到找到合适的 UC 分类号。

UC 分类表中设置有"分类定义",分类定义是对每个 UC 分类位置所设置的文字说明,对所有分类类目都进行注解,具体说明该分类位置中应该涵盖的技术主题,"注释""参见"也都包括在分类定义中,因此在选择分类号时,要充分关注分类定义。

此外,还可以通过分类索引来确定分类号。分类索引是美国专利商标局编排的 UC 分类号的关键词索引。该索引的编排方式按照关键词的字母顺序编排,通过选定关键词,检索者可以获得其所对应的合适的 UC 分类号。该关键词索引类似 IPC 关键词索引。

UC 分类号主要用于对美国专利文献进行检索。同日本分类体系 FI 和 F-term 一样,并不是所有的检索系统都能采用 UC 分类号进行检索。使用 UC 分类号来进行检索时,可以进入美国专利商标局专利检索数据库(http://patft.uspto.gov/netahtml/PTO/search-adv.htm)检索。以"715/863"分类号为例,在检索框中输入检索式"CCL/715/863",点击"检索"(Search)按钮,即可出现检索到的美国专利文献(参见图 3-4-3)。

图 3-4-3 UC 分类号检索示例

如何获取 UC 分类表呢？在美国专利商标局网站（https：//www.uspto.gov/web/patents/classification）上就能查找 UC 分类号，还可以找到 UC 分类表、美国 UC 分类表定义以及 UC 分类表修正表页等资源。具体参见**附录 2**。

> 知识拓展——UC 与 IPC 的关系

美国专利文献的著录项目页上也标注 IPC 分类号（INID 码为 51），但美国专利商标局一般不对美国专利文献直接给出 IPC 分类号，他们专注于自己的 UC 分类号。在实际工作中，美国专利商标局首先根据 UC 对美国专利文献进行分类，美国专利文献上的 IPC 分类号则是通过 UC-IPC 对照表对照得出的。由于并非直接依据文献给出的 IPC 分类号，因此美国专利文献上的 IPC 分类号准确度欠佳。网站 https：//www.uspto.gov/web/patents/classification 提供了 UC 分类号与 IPC 分类号对照表。

3.5 德温特专利分类

德温特专利分类体系（DC-MC）是与 IPC 完全不同的分类体系，主要由德温特分类号（Derwent Class Code，DC）和德温特手工代码（Derwent Manual Code，MC）组成。

德温特世界专利索引（Derwent World Patent Index，DWPI）数据库使用这两种分类系统对专利文献进行分类，因此可以同时采用这两种代码来检索专利文献。

3.5.1 快速认识 DC

德温特分类是一种简单的分类系统，**基于应用性角度创建**，在某些领域分类更为细致。

德温特分类将所有的技术分为三大领域，分别是化学（Chemical）、工程（Engineering）、电子电气（Electronic and Electrical），各领域之下又分为部（Section）（参见表 3-5-1）。

表 3-5-1 德温特分类的三大技术领域

领域	领域英文	部	分类条目数
化学	Chemical Patents Index（CPI）	A～N 部	>8000
工程	General & Mechanical Patents Index（GMPI）	P～Q 部	>3000
电子电气	Electrical Patents Index（EPI）	S～X 部	>15000
总计			>26000

部的类号采用字母或字母加一位数字组成，例如 A～M 为化学，P1～Q7 为工程，

S~X 为电子电气。

部又进一步细分为类（Classes），类的类名由字母加 2 位数字组成，例如 D25 表示洗涤剂，M2 表示金属。图 3-5-1 为德温特分类代码部分示例。

A: Polymers and Plastics

Patents that include the following features are selected for inclusion:

Polymers: Synthetic polymers. Selected natural polymers e.g. rubbers. Modified natural polymers. Polymerisation equipment and polymer work-up.

Fabrication: All processes and equipment for fabricating polymers including extrusion, injection moulding and slush moulding. The production, treatment and use of film, sheet and pipe.

Monomers: All patents relating to the production and purification of usefully polymerisable monomers, either known or shown clearly in the specification. Monomers are additionally covered in Section E.

Additives: Preparation and use of polymerisation catalysts. To be used in polymer processes. Stabilisers, surface active agents, plasticisers, slip agents, antistatic agents etc for use with polymers.

Uses: Wherever specific synthetic polymers or families of polymers are claimed or the specification is clearly concerned with them. Wherever novelty resides in the use of polymers. When the polymer is not specified or can be a range of alternative materials for an application, it is not included. Thus the use of rubber (undefined) components for a common application would not be automatically included.

Note: In 1972 there was a major revision of the Section A classes: for a full listing of the pre-1972 classes see Appendix 1.

A1 Addition and Natural Polymers

A11 Polysaccharides; natural rubber; other natural polymers (only a restricted range of modified)
Natural polymers are included. Thus, starch would be excluded but chemically modified starch included.

A12 Polymers of di-and higher olefins; acetylenics; nitroso compounds

A13 Polymers of aromatic mono-olefins; including polystyrene

A14 Polymers of other substituted monoolefins; including PVC, PTFE

A17 Polymers of unsubstituted aliphatic monoolefins; including polyethylene

A18 Addition polymers in general

A2 Condensation Polymers

A21 Epoxides; aminoplasts; phenoplasts

A23 Polyamides; polyesters. (including polycarbonates, polyesteramides); alkyds; other unsaturated polymers

A25 Polyurethanes; polyethers

A26 Other condensation polymers
Including silicone polymers and polymides (mineral silicates and similar materials would not usually appear in Section A).

A28 Condensation polymers in general

图 3-5-1 德温特分类代码部分示例

3.5.2 快速认识 MC

MC 比 DC 更细致，其等级通常基于与 DC 相同的主题领域和部字母，例如 D11~D06 代表生物降解型洗涤剂。MC 是对化学领域和电子电气领域文献的等级分类和标引体系，MC 较 DC 分类更为精细，但 MC 和 DC 所涉及的技术领域并不完全相同。

MC 分为 CPI（化学专利索引）手工代码（CPI Manual Code）和 EPI（电气专利索引，Electrical Patent Index）手工代码（EPI Manual Code）。德温特公司创立这两种手工

代码，其初衷是为了手工检索的便利和分类卡片的管理，现在则用于计算机检索中。图3-5-2为MC示例。

D03-B	General and others		D03-E	COCOA AND CONFECTIONERY
D03-C	BUTTER SUBSTITUTES, EDIBLE OILS, FATS		D03-E01	Transporting confectionery 1972
D03-C	General		D03-E02	Coating confectionery and ice cream 1972
D03-C01	Cooking and edible oils (liquid) 1994 Previous code(s): D03-C		D03-E03	Shaping confectionery and ice cream 1972
D03-C02	Margarine, spreads and cooking fats (solid) 1994 Previous code(s): D03-C		D03-E04	Packing confectionery and ice cream 1972
			D03-E05	Cooking and mixing ingredients for confectionery 1972
D03-D	COFFEE, TEA AND SUBSTITUTES		D03-E06	Dispenser for confectionery Including filling 1972
D03-D	Coffee, tea and substitutes, general			
D03-D01	Coffee general 1986		D03-E07	Chocolate and cocoa products 1972
D03-D01A	. Packaging Including coffee bags 1986		D03-E08	Ice cream and similar frozen products 1972
D03-D01B	. Extraction Including decaffeination, concentration, freeze drying and freeze dried coffee 1986		D03-E09	Chewing gum 1994 Previous code(s): D03-E
			D03-E10	Candy general 2002
D03-D01C	. Grinding, cutting 1986		D03-E10A	. Hard candy 2002
D03-D01D	. Steaming, roasting, drying Excludes extraction D03-D01B 1986		D03-E10A1	.. Chocolate 2002
			D03-E10A2	.. Non-chocolate 2002
D03-D02	Tea general 1986		D03-E10B	. Chewy candy 2002
D03-D02A	. Packaging Including tea bags 1986		D03-E10B1	.. Chocolate 2002
D03-D02B	. Extraction Including decaffeination, concentration, freeze drying		D03-E10B2	.. Non-chocolate 2002
			D03-E11	General

图3-5-2　德温特手工代码部分示例

MC的等级用**字母加数字的形式**连续细分下去，在类后面加连字符，包括连字符在内最多可以有10个标识符号。**标识符号越多，代码等级越低**，分类越精细。每个手工代码都有码名，例如：

> D03——类（Class）
> D03-E——广义手工代码（Generic Manual Code）
> D03-E10　糖——小组（Sub-group）
> D03-E10A　·硬糖——小组细分（Sub-groupdivision）
> D03-E10A1　··巧克力——完整手工代码（Full Manual Code，9位字符）
> D03-E10A2··非巧克力——完整手工代码（Full Manual Code，9位字符）
> ……

由上可知，手工代码的等级由代码的长度和码名前的圆点数共同决定，圆点数越多，等级越低。这一点与IPC的小组等级类似。

手工代码的码名在解读时也可遵照IPC的方式进行。例如，D03-E10A1的码名解读为"巧克力硬糖"，D03-E10A2的码名解读为"非巧克力硬糖"。

3.5.3 如何确定和使用 DC-MC 分类号

确定 DC 分类代码时，需要根据德温特分类的创建特点，锁定领域后逐步查找部、类从而找到合适的 DC 分类代码。

使用 DC 分类代码进行检索时，在检索框中输入 DC 分类代码例如 D25，即可找到相关的专利文献（参见图 3-5-3）。

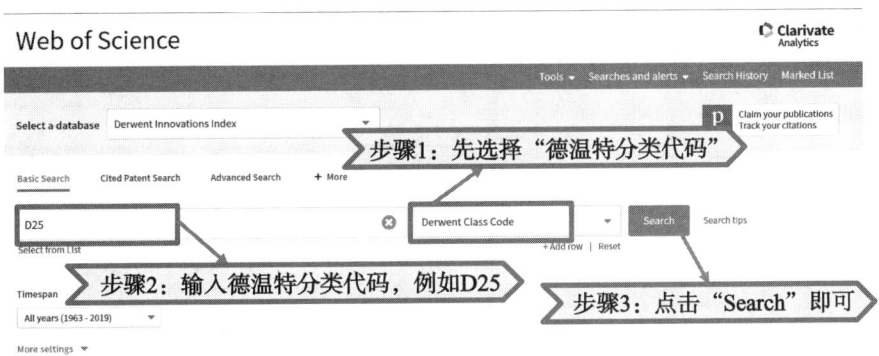

图 3-5-3　德温特分类代码检索示例

确定 MC 时，可按照德温特手工代码的码名逐步查找，还可以在手工代码查询系统"MANUAL CODE LOOKUP"采用关键词进行查找，例如输入"chocolate"，检索结果中即可出现所有与"chocolate"相关的德温特手工代码（参见图 3-5-4）。

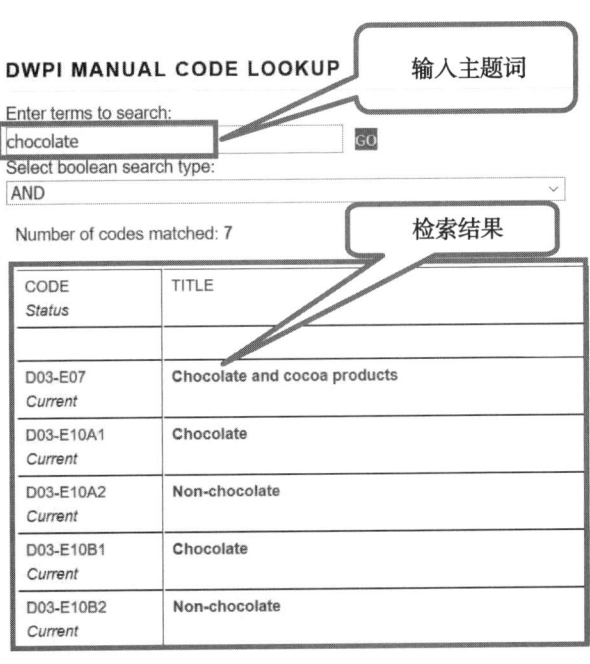

图 3-5-4　德温特手工代码查找示例

也可在检索数据库中利用"TOPIC"(主题)检索字段进行相关主题初次检索,通过阅读相关文献来查找与自己主题相关的手工代码。

在采用 MC 手工代码来检索时,以"D03-E10A1"为例,在检索框中输入 MC 手工代码"D03-E10A1",即可找到相关的专利文献(参见图 3-5-5)。

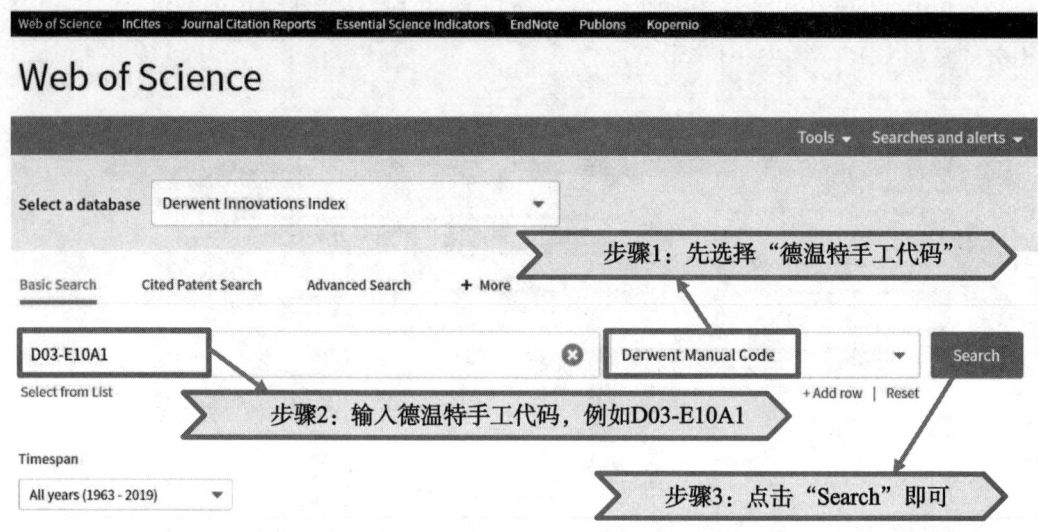

图 3-5-5　德温特手工代码检索示例

DC-MC 仅限于在德温特专利索引数据库(Derwent Innovation Index)中使用,某些领域并不如 IPC 细分得多,但其分类标准比较统一,分类号也比较准确。德温特公司将同族专利与基本专利标引为相同的 DC,避免了不同专利局对同一发明给出的 IPC 分类号不一致造成的遗漏。因此,基于 DC-MC 的特点,可根据实际需要采用 DC-MC 进行检索,从而提高检索效率。

可访问德温特官方网站(clarivate.com/products/dwpi-reference-center/dwpi-manual-code)获取 DC-MC 分类表。其官网上提供 pdf 版本的分类表文件,以及一个手工代码查询系统。具体参见**附录 2**。

第4章 审查过程文档的查询

专利申请尤其是发明专利申请，在审查过程中会产生一系列文档，包括审查员发出的检索报告、审查意见通知书、驳回决定等。

这些审查过程文档包含大量有用信息，例如检索报告中引用的文献、审查意见通知书使用的法条和评述理由，都对专利信息检索有极大的帮助。根据检索的功利性原则，能够借鉴审查员们的已有成果，何乐而不为？

于是**审查过程文档的查询就是展开正式检索前推荐的必做程序**。

知识拓展——审查过程文档的查询

专利局审查员们十分热衷于审查过程文档查询。

在审查有国外同族的申请时，审查员们都会去查询同族的审查过程。

他们会将国际同行们的检索报告、审查意见通知书都细细看过，国际同行们使用的对比文件也必然会被下载下来细细阅读，看看是否能够直接借鉴。例如，苹果公司的滑动解锁申请200680052770.4，其美国同族有十分曲折的审查过程，引用了大量的文献，审查员肯定阅读得津津有味。

美国审查员、欧洲审查员、日本审查员、韩国审查员等国际同行们也十分喜欢互相借鉴。美国专利商标局甚至推出信息披露声明（Information Disclosure Statement，IDS）制度，要求**申请方主动向美国专利商标局提交与发明可专利性有关的技术资料**。于是大家可以在美国的审查过程文档中看到其他局（包括中国国家知识产权局）引用的对比文件和审查意见通知书。

尽管证据可以一致，但是依据的法律仍是本国法律。因此在互相借鉴的基础上，同族申请的命运却不一定相同。

对于审查过程文档的查询，一般都是通过申请号、公开号等查询到对应的申请，再查阅其审查过程文档。这是**因为各专利局并未对审查意见通知书、检索报告中的内容进行标引**，所以也就无法通过关键词、分类号等专利文本检索方式进行检索。这也是为什么我们称之为查询，而不是检索的原因。

审查过程文档的查询通常只能在各大专利局的官方网站分别进行。考虑到分别查询的不便，世界五大专利局（IP5，即中、美、欧、日、韩五局）推出 **Global Dossier 服务**，使得我们在其中任一个专利局网站都能完成五局审查过程文档的查询。

下面，将逐一介绍世界上主要专利局（中美欧日韩五局）的审查过程文档的查询操作。

4.1 Global Dossier 的查询服务

4.1.1 什么是 Global Dossier

Global Dossier 是由中美欧日韩五局合作推出的一项服务，涵盖五局的同族专利档案。有了 Global Dossier，不仅可以快速找到五局的同族专利，还能查看这些同族专利的审查过程、下载审查意见通知书。

五局的网站上均提供 Global Dossier 服务。欧洲专利局在 2015 年第 3 期的《专利信息新闻》（*Patent Information News*）中介绍说明目前 Global Dossier 涵盖如表 4-1-1 所示的专利申请数据。

表 4-1-1 Global Dossier 涵盖的专利申请数据

相关局	涵盖范围
欧洲专利局	自 1978 年 6 月以来提交的欧洲专利申请
日本特许厅	2003 年后提交的专利申请和实用新型申请； 2005 年后进入日本的 PCT 国际申请
韩国知识产权局	自 1999 年 1 月以来提交的专利申请和实用新型申请
中国国家知识产权局	自 2010 年 2 月 10 日以来提交的专利申请
美国专利商标局	自 2003 年 1 月以来提交的专利申请

4.1.2 Global Dossier 的查询过程

以美国专利商标局提供的 Global Dossier 服务为例，介绍 Global Dossier 的具体使用过程。Global Dossier 的网址是 http://globaldossier.uspto.gov。在浏览器中输入该网址之后就可以看到如图 4-1-1 所示的界面。

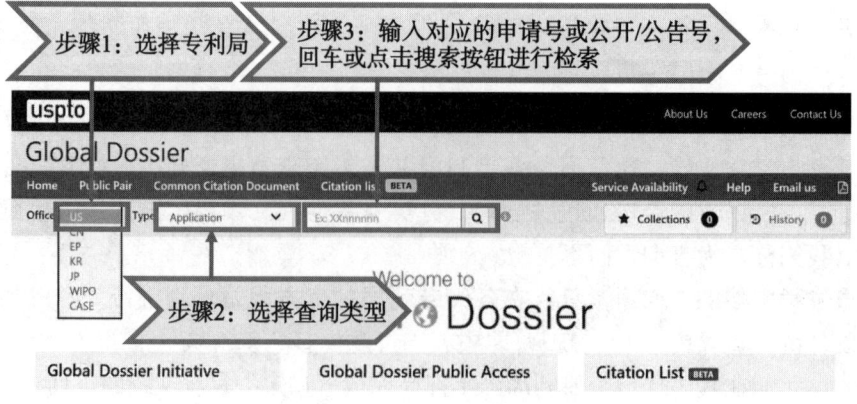

图 4-1-1 Global Dossier 界面

下面以苹果公司滑动解锁的美国专利（申请号为 11/322549，公开号为 US2007/0150842A1）为例来介绍如何进行这一份专利审查过程文档的查询。

第一步：选择对应的专利局。在图 4-1-1 所示的步骤 1 中，点击"Office"右侧的小箭头，会弹出菜单，里面显示目前支持查询的专利局的标记如下：

- **US**——美国专利商标局；
- **CN**——中国国家知识产权局；
- **EP**——欧洲专利局；
- **KR**——韩国知识产权局；
- **JP**——日本特许厅；
- **WIPO**——世界知识产权组织；
- **CASE**❶——加拿大、澳大利亚及以色列专利局。

可以看到，在美国专利商标局的 Global Dossier 服务中，除了提供五局申请过程的查询外，还提供 WIPO 以及 CASE 申请过程的查询。在这个例子中，要查询美国专利商标局的申请过程，对应的专利局选择 US。

第二步：需要选择查询类型，也就是确定是按照申请号来查询还是按照公开号或公告号来查询。对于美国，由于其专利制度中存在授权前未公开的专利文献，这一类文献仅在授权时才公布，因此，在查询类型里包括三种，如图 4-1-2 所示。

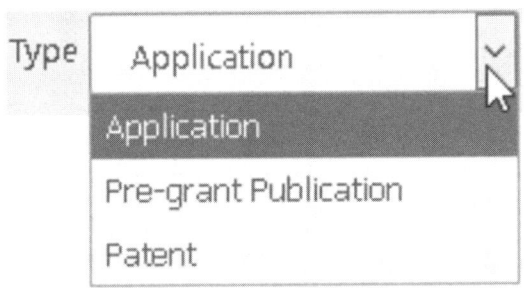

图 4-1-2　美国专利申请过程文档三种查询类型

其中，Application 表示以申请号来查询，Pre-grant Publication 表示以授权前公开文献的公开号查询，Patent 表示以授权公告号查询。Global Dossier 服务提供的各国家或组织的专利查询类型如表 4-1-2 所示。

---

❶ CASE 全称为 Centralized Acess to Search and Examination（检索与审查信息集中入口），是 WIPO 提供的一项服务，它允许各专利局能够安全地分享专利申请的检索与审查文档。目前美国专利商标局的 Global Dossier 服务提供加拿大、澳大利亚以及以色列这三个国家的专利申请过程及文档的检索。关于 CASE 的详细信息可以访问https://www.wipo.int/case/en。

表 4-1-2　各国家或组织的专利查询类型

国家或组织	类型	含义
US	Application	申请号
	Pre-grant Publication	授权前公开文献的公开号
	Patent	授权公告号
CN、EP、KR、JP、CASE	Applicatoin	申请号
	Publication	公开号或公告号
WIPO	PCT Application	PCT 申请号
	PCT Publication	PCT 公开号

第三步，输入相应的申请号或公开/公告号，按回车键或点击搜索按钮就可以获得相应的查询结果。在输入申请号或公开/公告号之前，需要注意输入框中给出的编号格式。例如，当 Office 选择 US、Type 选择 Application 时，在图 4-1-1 步骤 3 所示的方框中会显示一个申请号的示例格式，如图 4-1-3 所示。

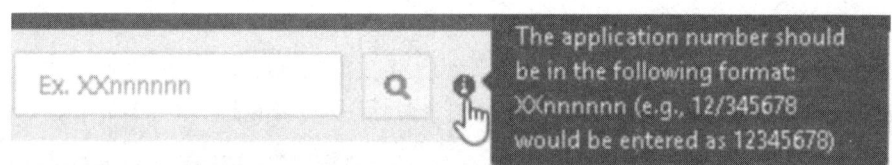

图 4-1-3　输入申请号的示例格式

其中，方框中的 Ex. 表示举例。后面的 XXnnnnnn 即为美国专利申请号在 Global Dossier 里面的输入格式。此外，如果鼠标移至 ⓘ 图标上时，页面还会弹出具体实例，告诉你专利文献扉页上显示的申请号在输入框中应该以怎样的格式进行输入。参照网页给出的例子，对于苹果公司申请号为 11/322549、公开号为 US2007/0150842A1 的滑动解锁专利，参照图 4-1-4 进行输入，点击搜索按钮就可以获得查询结果。

图 4-1-4　输入申请号查询界面

图 4-1-4 显示的是以申请号作为查询类型。如果以公开号作为查询类型，那么相应的输入格式可以参照示例给出的格式作相应的改变，如图 4-1-5 所示。

图 4-1-5　输入公开号查询界面

两种查询方式都能够获得相同的结果。

获得查询结果之后，就可查阅对应专利文献的审查过程文档。图4-1-6展示了苹果公司滑动解锁专利的查询结果。可看到结果显示页面中给出相关专利的基本信息，例如申请号、申请人、发明名称、申请日、优先权日等；结果中除了申请号为11322549的美国专利外，还有申请号为20167005576的韩国专利。实际上，限于篇幅，图4-1-6所展示的仅仅是前两项结果。总的查询结果共有40多项，包括日本、中国、德国等多个国家/地区申请的相关专利文件。

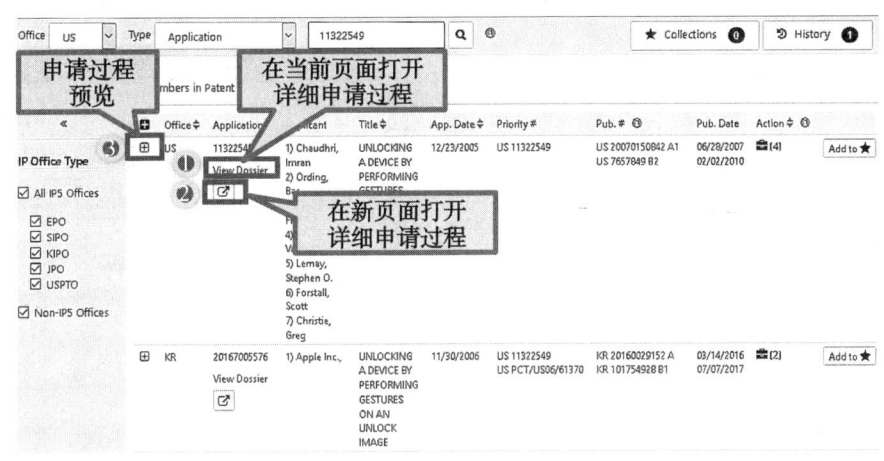

图4-1-6 苹果公司滑动解锁专利的查询结果界面

那么为什么查询美国专利申请号会获得其他国家/地区的专利文献呢？这是因为 Global Dossier 是基于同族进行查询的。也就是说，如果一件专利有多个同族，那么无论以这个同族中的哪件专利文献作为查询对象，最终获得的结果都是这个同族中的所有专利文献。这为查询同族专利的审查过程文档提供了极大的便利。用户无须一件一件地到各专利局网站进行查询。对于同族专利，只要通过 Global Dossier 服务查询一次，就可以获得同族中所有专利文献的审查过程文档。

从查询结果页面怎样查看详细的审查过程文档呢？

有三种进入方法。如图4-1-6所示，可以点击①"View Dossie"在当前页面打开详细的申请过程，也可以点击②" "按钮在新页面中打开详细的申请过程；此外，还可以点击③" "按钮，展开申请过程的预览，如图4-1-7所示。

图4-1-7 申请过程的预览界面

通过该预览界面，可以快速获取最近提交的文件（Most Recent Documents），以及美国专利商标局最近发出的意见通知书（Office Actions）。此外，通过点击 All Documents 或者 View All Office Actions 这两个按钮，均可以进一步查看详细的审查过程文档。

当通过上述三种方式中的任意一种进入详细的申请过程界面时，可以看到如图 4-1-8 所示的分为左右两栏的界面。

图 4-1-8　审查过程文档详细展示的界面

其中，左栏显示所有审查过程文档的列表③Description，文档按照时间降序排列；而右栏则是显示当前选择文档的 PDF 格式文件。

此外，在左栏中，①处 152 (152) documents 显示总共有 152 件审查过程文档，②处的 Documents: View All 用于审查过程文档的筛选，当前"View All"表示显示所有文档。当点击右边的三角形图标时，在弹出的菜单中可以根据实际查询需求进行审查过程文档的筛选。例如，只想查看美国专利商标局发出的审查意见通知书时，可以勾选"Office Actions"这个选项，结果如图 4-1-9 所示。可以看到，左栏中只显示 4 份文档，这样有助于快速定位到想要查询的文档。

当然，如果想在 Global Dossier 中进行中国、欧洲、日本或韩国专利的申请过程的查询，查询流程也完全一样，需要改变的就是 Office（专利局）中选择对应的 CN、EP、JP 或 KR，选择查询类型 Type 之后，根据示例提示输入相应的申请号或公开/公告号就可以了。

此外，采用 Global Dossier 进行审查过程文档的查询除了具有前面介绍的一次查询就可以获得所有同族审查过程这一优势外，还具有另一个优势，那就是即使不懂日文或者韩文，也能够看懂日本和韩国专利的申请过程。

第4章 审查过程文档的查询

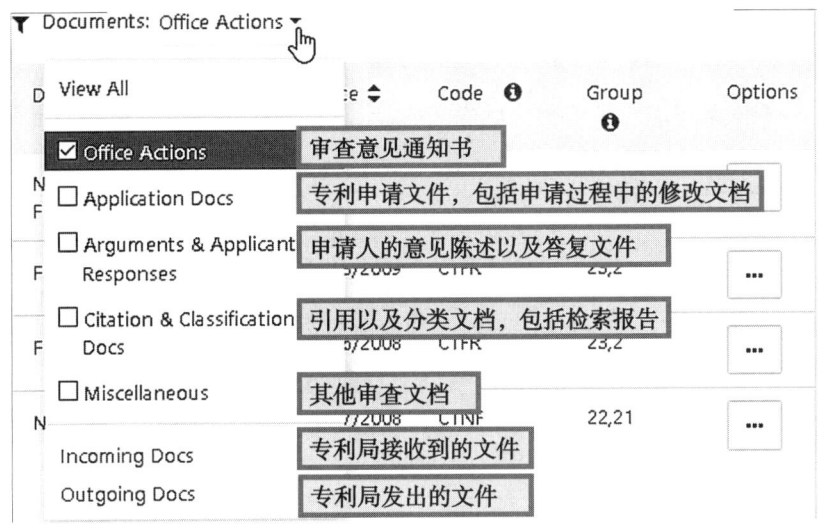

图4-1-9 审查过程文档筛选的说明

这是因为在Global Dossier中，对于日本、韩国以及中国专利的申请过程及相关的审查文档都进行英文机器翻译，借助英文可以方便阅读它们的审查文档。

在本小节所示的查询结果中，可以选择申请号为2012091352的日本专利文献，并且查阅这一件日本专利的申请过程及相关的审查过程文档，如图4-1-10所示。

图4-1-10 日本同族专利的审查过程文档查询

点击"View Dossier"进入详细的审查过程文档界面，如图4-1-11所示。

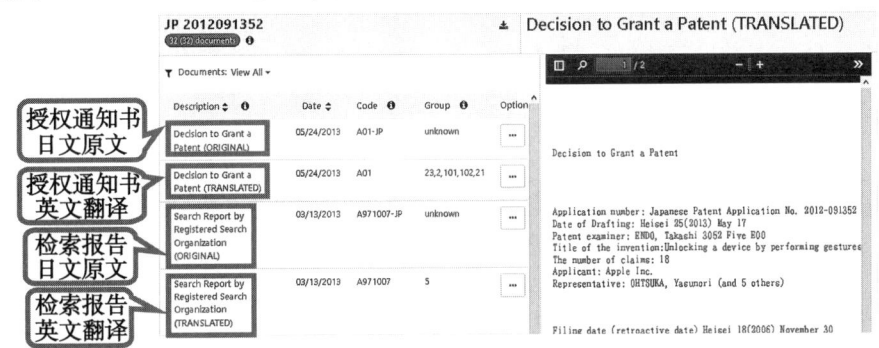

图4-1-11 日本同族专利的详细审查过程文档

图 4-1-11 中只展示了日本专利的部分申请过程文档。可以看到，每一份原始申请过程文档（以 ORIGINAL 标识）都有与之对应的英文翻译版本（以 TRANSLATED 标识）。对于韩国以及中国专利的申请过程文档，它们同样也均有对应的英文翻译版本。

4.2 五大专利局官网中的查询

如果按照第 4.1 节所给的例子进行申请过程的查询并且浏览所有的查询结果，就会发现，有些项目中没有"View Dossier"这个按钮，只有"Refresh Dossier"按钮；但是点击"Refresh Dossier"按钮进行刷新时，仍然无法获取详细的审查过程文档，如图 4-2-1 所示。

图 4-2-1　无法获取审查过程文档的结果示意

这主要是因为 Global Dossier 的数据收录范围不包括这一件中文同族的审查过程。根据第 4.1 节可知，对于中国专利的申请过程，Global Dossier 只收录自 2010 年 2 月 10 日以来提交的专利申请。而图 4-2-1 所示的中文专利是 2009 年申请的，因此这件专利申请的审查过程暂时无法通过 Global Dossier 服务来获取。

美国专利商标局提供的 Global Dossier 能够查询到美国专利申请过程中的所有文档，但是对于少数国家，Global Dossier 中往往仅能查询到部分审查过程文档，例如检索报告、审查意见通知书、申请人的答复等。

另外，根据欧洲专利局对 Global Dossier 的介绍，尽管五大专利局均允许 Global Dossier 服务实时访问各自服务器上的相关申请数据，但是从各专利局公布相关的申请文档之日起，可能要花费 8 周的时间才能够在 Global Dossier 中查询到相关的申请文档。因此，Global Dossier 中的申请过程数据具有一定的滞后性。

那么，如何查询尽可能新、尽可能全的审查过程文档呢？答案当然是各国/地区专利局官方网站。尽管各官方网站上公开的审查过程数据也会存在一定的滞后性，但是这是更传统的手段。

本小节将重点介绍如何通过五大专利局官网来进行审查过程文档的查询。

4.2.1　中国国家知识产权局

进行中国专利的审查过程文档查询的官方网站是 cpquery.cnipa.gov.cn，主页如图 4-2-2 所示。

图 4-2-2 中国国家知识产权局审查过程文档查询官方网站主页界面

可以免费注册一个查询账号,然后输入账号、密码即可进入查询系统。同意"使用声明"之后,就可以进行中国专利申请的审查过程文档查询。

仍以苹果公司滑动解锁的中国专利(申请号为 200910175855.7)为例,介绍如何进行中国专利的审查过程文档查询(参见图 4-2-3)。

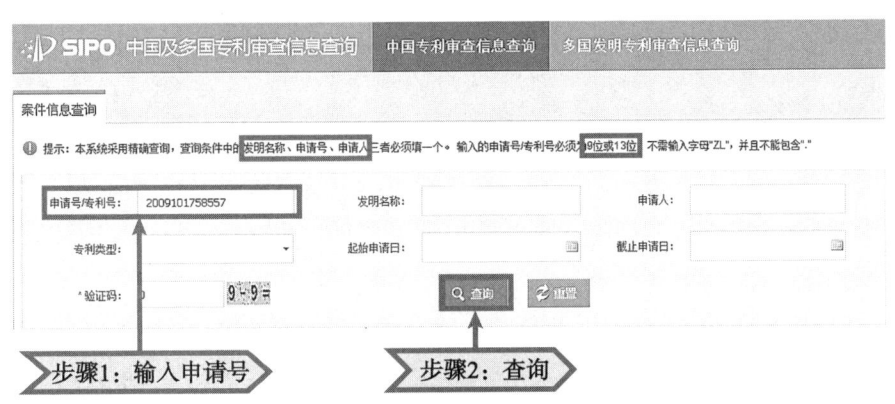

图 4-2-3 苹果公司滑动解锁中国专利审查过程文档查询界面

注意图 4-2-3 的两个步骤,在申请号/专利号输入框中输入申请号 2009101758557(根据系统提示,申请号必须包括校验位,为 9 位或 13 位,并且去掉圆点"."),然后点击"查询"按钮,就可以获得相应的查询结果(参见图 4-2-4)。

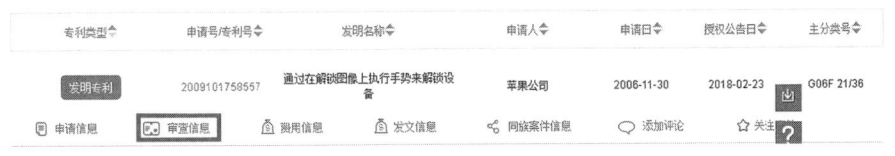

图 4-2-4 输入申请号后的查询结果界面

在这个查询结果的页面中,点击"审查信息"就可以获得其审查过程文档,如图 4-2-5 所示。

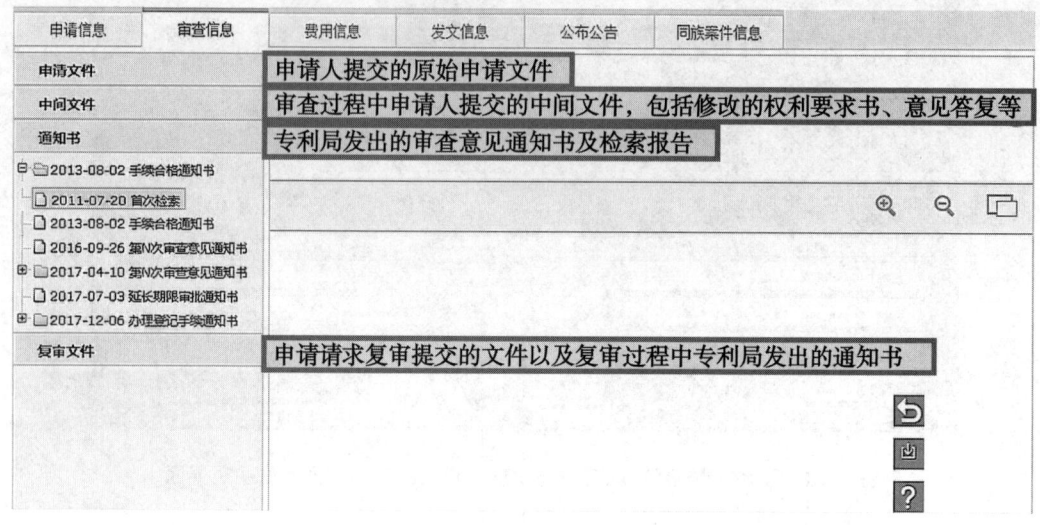

图 4-2-5　详细审查过程文档界面

这个页面的内容和中国专利审查员在其内部工作网络中看到的是一致的。审查过程文档分门别类地按照日期显示,点击相应的文档名称即可以在右侧获取完整的图像文件。有部分审查过程文档存在获取权限,公众无法查阅名称为灰色的文档的详细内容。但是,主要的过程文档,例如审查意见通知书、检索报告等,可以通过这个官网查询到具体内容。

这里需要说明的一点是,2010 年 2 月 10 日之后申请的专利才能够显示完整的图像文件,而在这之前申请的专利则只能查询到相应的申请及审查过程,但是对应的图像文件无法查阅。此外,由于网上查询系统的部分信息可能存在滞后性,因此查询的结果仅作为参考。

4.2.2　美国专利商标局

进行美国专利的审查过程文档查询的官方网站是 portal.uspto.gov/pair/PublicPair,在进行人机身份验证之后就进入查询界面。

仍以苹果公司滑动解锁的美国专利(申请号为 11/322549,公开号为 US2007/0150842A1)为例。

在图 4-2-6 所示的查询界面中,根据需要选择号码类型,例如,选择申请号进行查询,根据网页给出的示例,输入"11322549",最后点击"SEARCH"(检索)按钮就可以进入相应专利申请的页面。

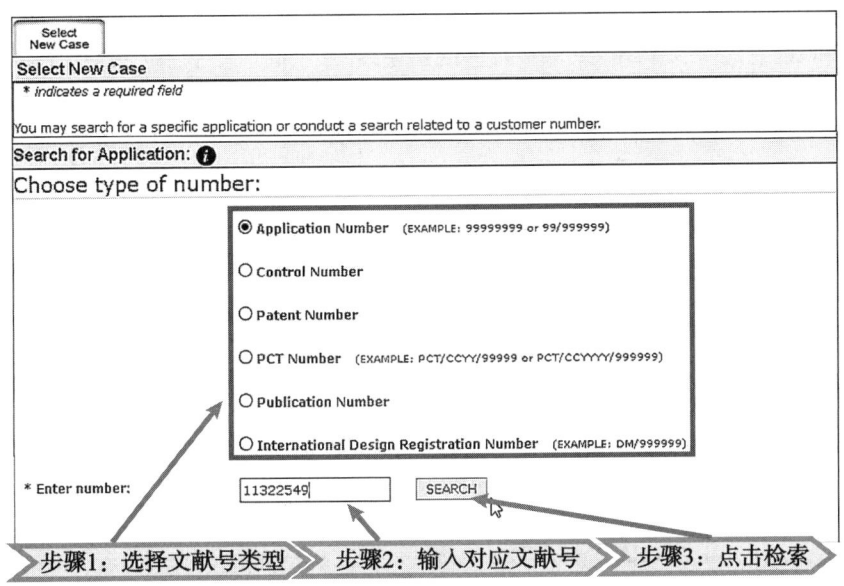

图 4－2－6　美国专利审查过程文档查询界面

之后，在跳出的查询结果界面中，点选“Image File Wrapper”（文档图像文件）选项，就可以看到想要查找的美国专利申请当前的全部审查过程文档。建议按照图 4－2－7 所示的三个步骤，直接全选下载。

Mail Room Date	Document Code	Document Description	Document Category	Page Count	
10-31-2018	N570	Communication - Re: Power of Attorney (PTOL-308)	PROSECUTION	1	☐
10-31-2018	N570	Communication - Re: Power of Attorney (PTOL-308)	PROSECUTION	1	☐
10-29-2018	PA..	Power of Attorney	PROSECUTION	1	☐
10-29-2018	R3.73	Assignee showing of ownership per 37 CFR 3.73	PROSECUTION	3	☐
10-29-2018	N417	EFS Acknowledgment Receipt	PROSECUTION	2	☐
07-09-2014	N570	Communication - Re: Power of Attorney (PTOL-308)	PROSECUTION	1	☐
07-09-2014	N570	Communication - Re: Power of Attorney (PTOL-308)	PROSECUTION	1	☐
06-18-2014	PA..	Power of Attorney	PROSECUTION	1	☐
06-18-2014	N417	EFS Acknowledgment Receipt	PROSECUTION	2	☐
06-18-2014	TRAN.LET	Transmittal Letter	PROSECUTION	1	☐
06-18-2014	R3.73	Assignee showing of ownership per 37 CFR 3.73	PROSECUTION	1	☐
11-30-2010	COCOUT	Certificate of Correction - Post Issue Communication	PROSECUTION	1	☐
06-23-2010	SOL.NTC.SUIT	Report on the filing or determination of an action regarding a patent	PROSECUTION	1	☐
04-29-2010	PETDEC	Petition Decision	PROSECUTION	1	☐

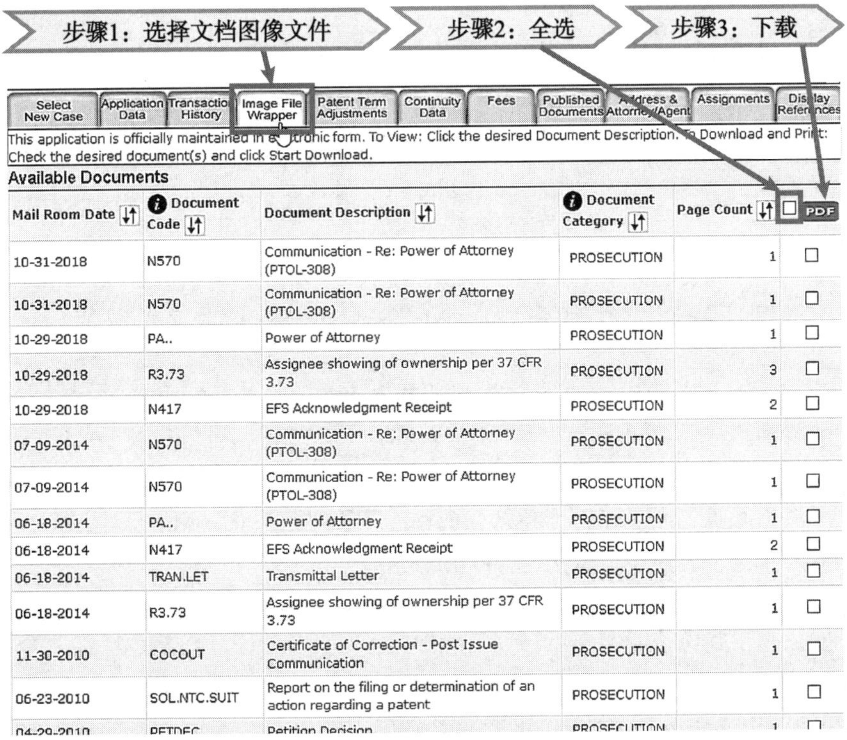

图 4－2－7　美国审查过程文档下载操作示意

这样得到的是一个带有日期和标题书签的 PDF 文件，十分方便查阅。

美国的审查过程文档下载系统提供的信息相当全面，不仅提供审查意见通知书、检索报告等，还附上所有的非美国的相关文件、国际检索报告、检索过程记录等，很值得参考借鉴。

4.2.3 欧洲专利局

欧洲专利局官网上主要有两个系统：Espacenet❶，提供专利文献信息检索；EP Register，则提供欧洲专利局审查过程文档的查询。

这两个系统都提供相互跳转的链接。通常情况下，可以通过 Espacenet 的链接进入 EP Register。以下按步骤进行图示。

第一步：输入 Espacenet 的网址（http://worldwide.espacenet.com/numberSearch?locale=en_EP），打开检索界面，选择合适的检索入口，进行检索。

如果知道申请号或公开号，可以直接选择"Number Search"（参见图 4-2-8）。

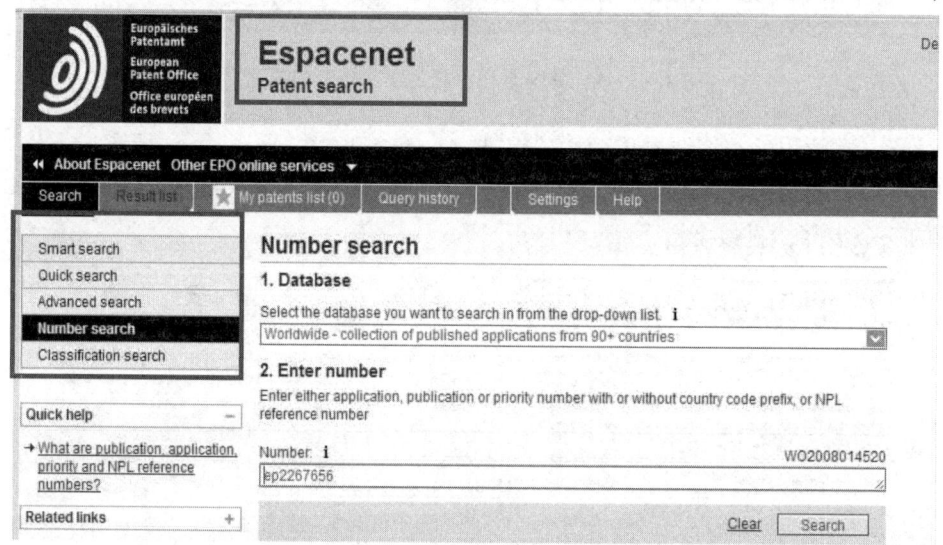

图 4-2-8 欧洲专利局 Espacenet "Number Search" 检索入口界面

第二步：检索到文献后，在文献浏览页面，点击"EP Register"链接即可跳转到 EP Register 页面（参见图 4-2-9）。

这里要提醒的是，只有欧洲专利文献才会有"EP Register"链接，因为欧洲专利局只有欧洲专利的审查过程文档。同时，在这个文献浏览页面，还可以看到许多有用的信息，如同族信息、法律状态信息、翻译工具等。

第三步：在 EP Register 页面，建议如图 4-2-10 所示的三步操作。点选"All

---

❶ 欧洲专利局于 2019 年 11 月 19 日对 Espacenet 网站进行了更新，目前旧版界面和新版界面均可使用，使用逻辑基本相同。本书中涉及 Espacenet 数据库的操作示例均为旧版界面演示，输入 https://worldwide.espacenet.com，点击界面中的"Classic Espacenet"即可进入旧版界面。

document"选项,即可以看到欧洲专利申请当前的全部审查过程。点击全选框,再点击"Selected documents",即可下载到本地。得到的也是和美国专利商标局一样的带有日期和标题书签的 PDF 文档。

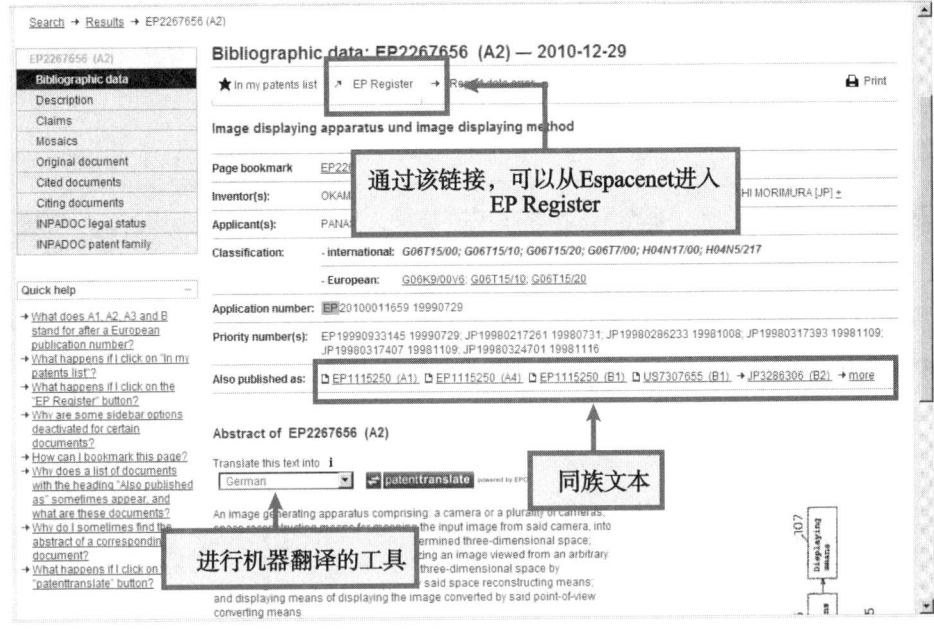

图 4-2-9 欧洲专利局 EP Register 界面

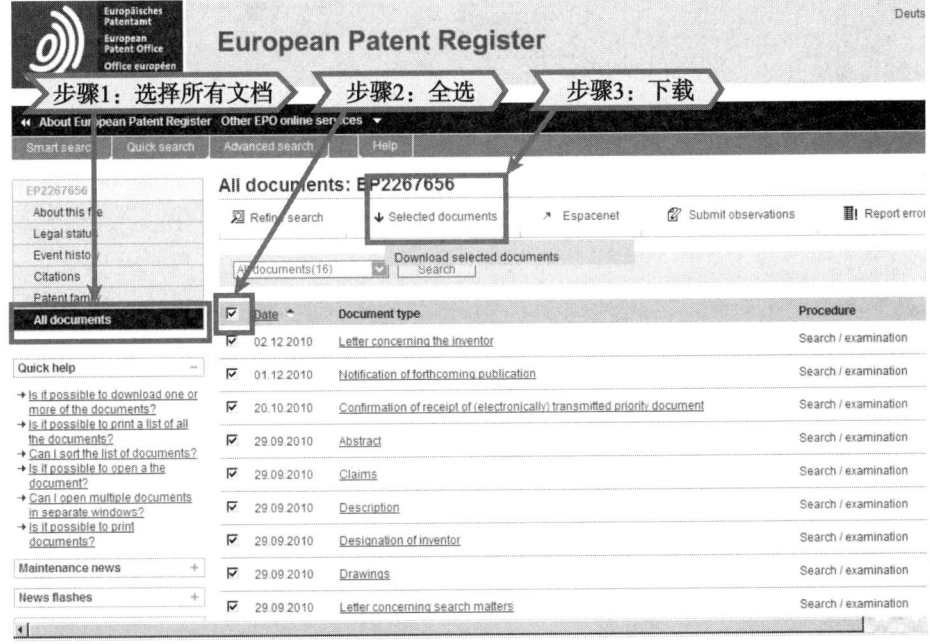

图 4-2-10 EP Register 审查过程文档查询三步操作界面

4.2.4 日本特许厅

可以采用如下步骤查询日本专利的审查过程文档。

第一步：输入 JPO 官网检索网址（https://www.j-platpat.inpit.go.jp/p0000），打开检索界面，在检索对象一栏中点选"OPD 照会"，并输入申请号或公开号等相关信息，点击"照会"，开始检索（参见图 4-2-11）。

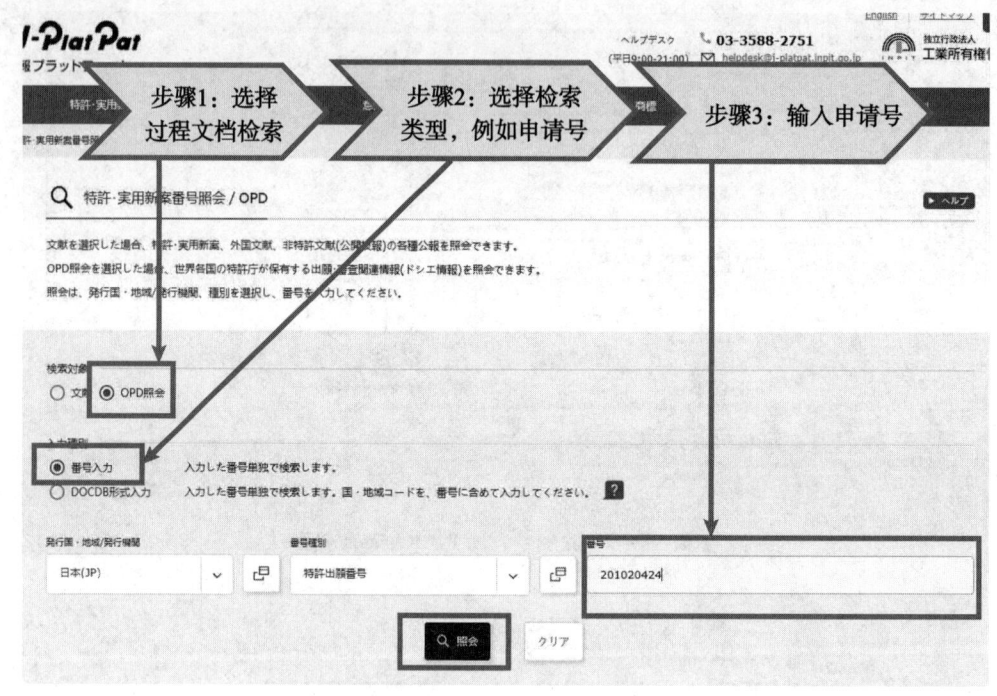

图 4-2-11 JPO 官网检索界面

第二步：在检索结果界面，找到想要的日文文献，点击其公开号，之后就能看到相关文献的具体内容（参见图 4-2-12）。

图 4-2-12 检索结果界面

第三步：在文献具体内容页面的中部，点击"经过情报"，即可进入审查过程界面（参见图4-2-13）。

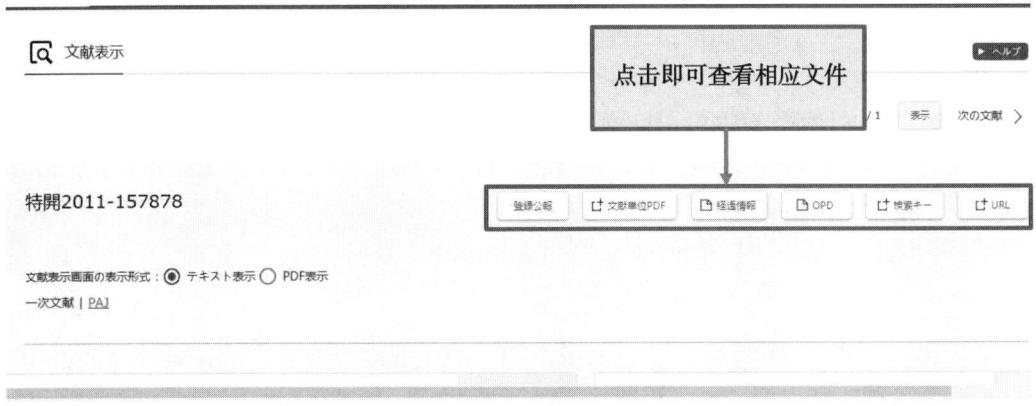

图4-2-13　相关文献具体内容界面

第四步：在"经过情报照会"界面，点击相应条目即可根据需要查看或下载（参见图4-2-14）。

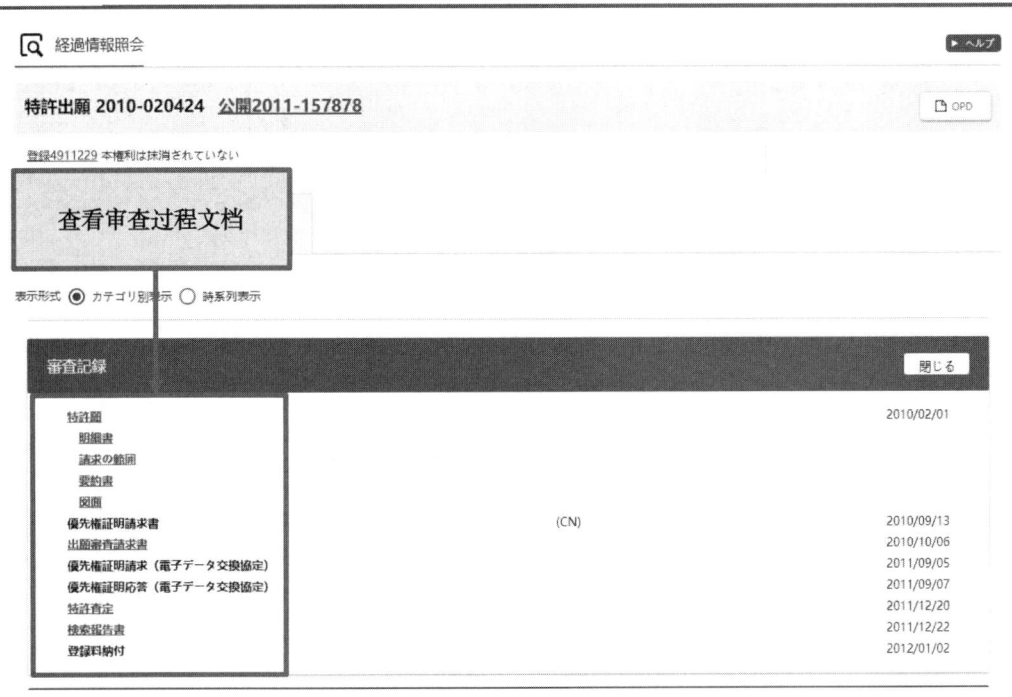

图4-2-14　审查过程文档界面

4.2.5 韩国知识产权局

韩国知识产权局查询文档服务仅供与外国知识产权局合作的审查员使用，并且限制个人或实体从私营部门访问，因此，建议非审查员从 Global Dossier 查询韩国知识产权局审查过程文档。

可以采用如下步骤查询韩国专利的审查过程文档。

第一步：输入 KIPO 官网检索网址 http://kposd. kipo. go. kr:8088/up/kpion，进入韩国知识产权局检索界面。

第二步：在 Type of Document 选择 “Unexamined Publication” （未审查申请），在 Number 输入框中输入韩国专利公开号，点击“Search”查询（参见图 4－2－15）。

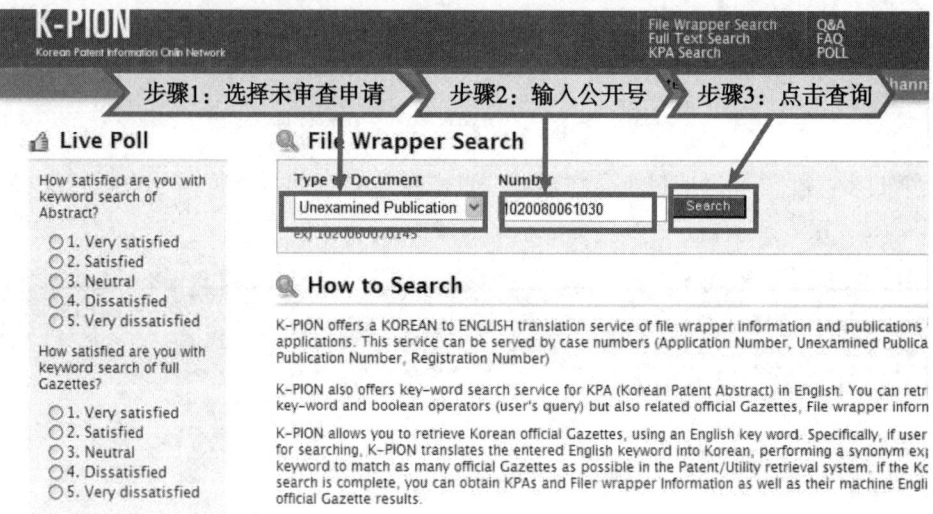

图 4－2－15 KIPO 官网检索三步操作界面

第三步：点击“Transaction History”，提供韩文与英文翻译两种格式，且提供 PDF 的转换功能（参见图 4－2－16）。

ex) 1020040108790

Unexamined Publication No. 1020080061030 Method for forming the metal interconnection of a semiconductor device

Bibliography Data | Transaction History | Publication Document

Date (DD/MM/YYYY)	English Doc Name	Korean Doc Name	Status	View	Download
14/11/2008	Notice of Result of Application for Reconsideration by Examiner before Appeal	심사전치출원의 심사결과통지서	DISP	KR EN	KR EN
20/10/2008	Amendment including Specification etc. (reconsideration by Examiner before Trial)	명세서 등 보정서(심사전치)	ACAM	KR EN	KR EN
26/08/2008	Notice of Final Rejection	거절결정서	DISP	KR EN	KR EN
28/04/2008	[Opinion according to the Notification of Reasons for Refusal] Written Opinion(Written Reply, Written Substantiation)	[거절이유 등 통지에 따른 의견]의견(답변, 소명)서	ACPT	KR EN	KR EN
28/04/2008	[Amendment of Specification etc.] Amendment	[명세서등 보정]보정서	RGAA	KR EN	KR EN
27/02/2008	Notice of Submission of Opinion	의견제출통지서	DISP	KR EN	KR EN

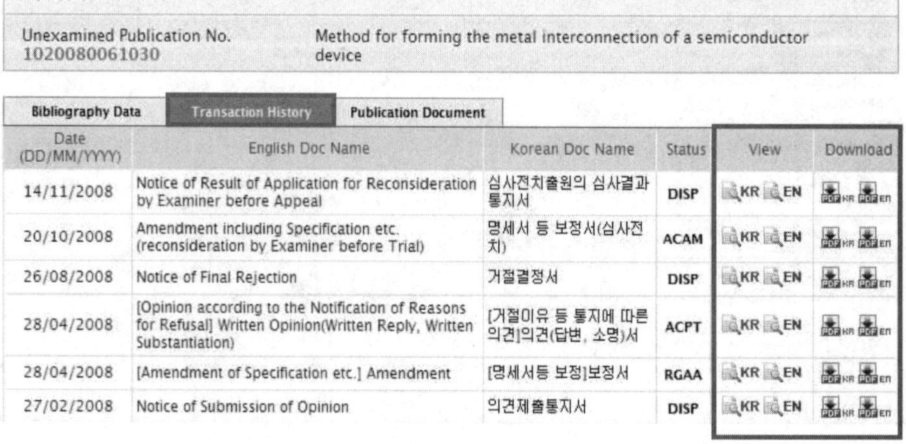

图 4－2－16 KIPO 官网审查过程文档查询界面

4.3 其他专利局官网中的查询

4.3.1 WIPO

在 WIPO 网站上，可以方便地查看或下载 PCT 国际申请的国际检索报告、国际初审报告、优先权文本。

第一步：输入网址（https://patentscope.wipo.int/search/zh/structuredSearch.jsf）后，在"字段组合"中填写相应信息，然后点击检索（参见图 4-3-1）。

图 4-3-1 WIPO 官网检索界面

第二步：在跳转的页面中，选择"文件"，在"检索和审查-相关文件"就可以看到该申请的国际检索和国际初审报告。

WIPO也提供所有审查过程文档的下载功能，在"国际局存档的相关文件"一栏中找到"优先权文件"一项，即可在线查看或者下载优先权文件（参见图4-3-2）。

图4-3-2 WIPO审查过程文档查询界面

知识拓展——只有国际申请，没有国际授权专利

专利制度的一个特征是地域性保护。通俗地说，各国自己玩自己的专利，互不认可。这给申请人带来很大困扰。

继《巴黎公约》之后，各国又签署了一个条约《专利合作条约》，一般称为PCT。那么，申请交给WIPO，WIPO初审之后公布，然后可以选择进入各个国家的国家阶段分别予以审查。这种方式能简化申请阶段,但无法简化审查和授权阶段。也就是说,只要递交一次申请就在所有国家都获得专利保护的想法是错误的。

于是,只有国际申请,即向 WIPO(或国际受理局)提交申请;只有国际公开,即 WIPO 将申请文本审核通过予以国际公布(A 文献);而没有国际授权专利(WO 没有 B 文献),即必须分别进入各国的国家阶段,经各国审查员审查并授权后才能在相应国家获得专利保护。例如,在中国,即使在 WIPO 提交申请,但该申请仍需进入中国国家阶段,进行中文文本的公开,再按照中国《专利法》进行实质审查。

PCT 规定,WIPO 应出具国际检索报告和国际初步审查报告。如图 4-3-2 所示,WO2016134973A1 公开文本的最后几页,会附上国际检索报告。而有时候,国际检索单位来不及作出国际检索报告,那么其公开文本的种类代码将不是 A1,而是 A2,表明是不带检索报告的公开。那么,过段时间,WIPO 会继续公开 A3 文本,即国际检索报告的公开。

4.3.2 英国知识产权局

可以采用如下步骤查询英国专利的审查过程文档。

第一步:输入网址 "http://www.ipo.gov.uk/types/patent/p-os/p-find/p-ipsum.htm"进入英国知识产权局,选择 "Publication Number" 并在其后输入框填写专利公开号,然后点击 "Go" 进行查询(参见图 4-3-3)。

图 4-3-3 英国专利查询界面

第二步:在 "Select case view" 栏选择 "Document",并在 "Filter" 栏选择 "Exam report"(审查意见通知书)或 "Search report"(检索报告)即可查询(参见图 4-3-4)。

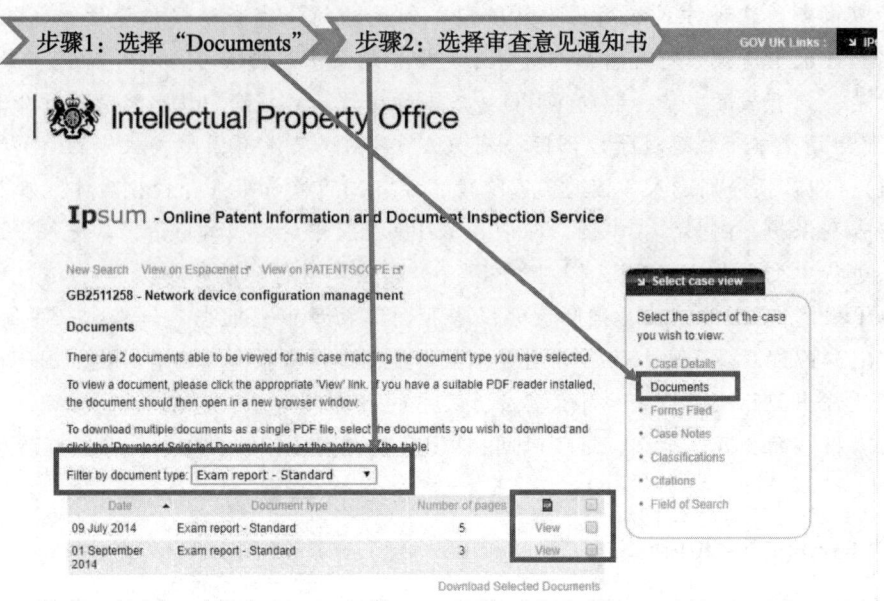

图4-3-4 英国专利审查过程文档查询界面

4.3.3 德国专利商标局

可以采用如下步骤查询德国专利的审查过程：

第一步：输入"https://register.dpma.de/DPMAregister/pat/einsteiger"进入德国专利商标局网站。

第二步：按照网站给出的格式输入公开号，点击"Start search"查询（参见图4-3-5）。

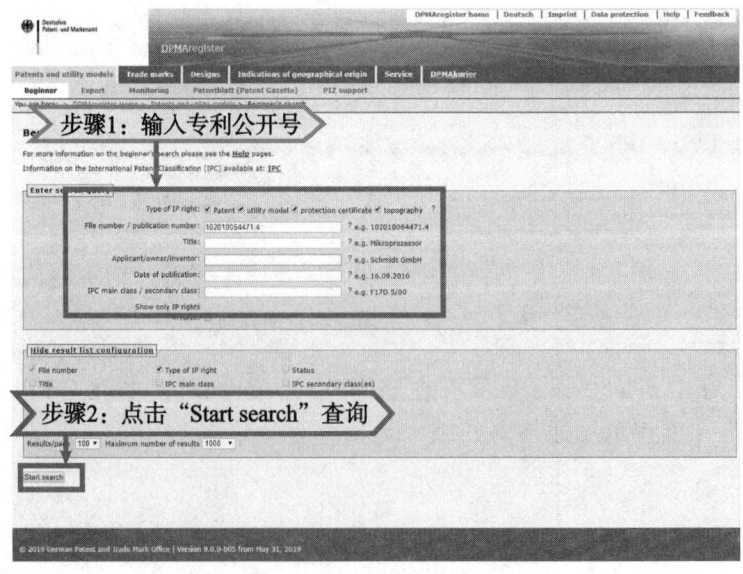

图4-3-5 德国专利查询界面

第三步：页面跳转后就可以看到想要查询的审查过程，点击"show detail"即可查看相应过程的具体文档信息（参见图4-3-6）。

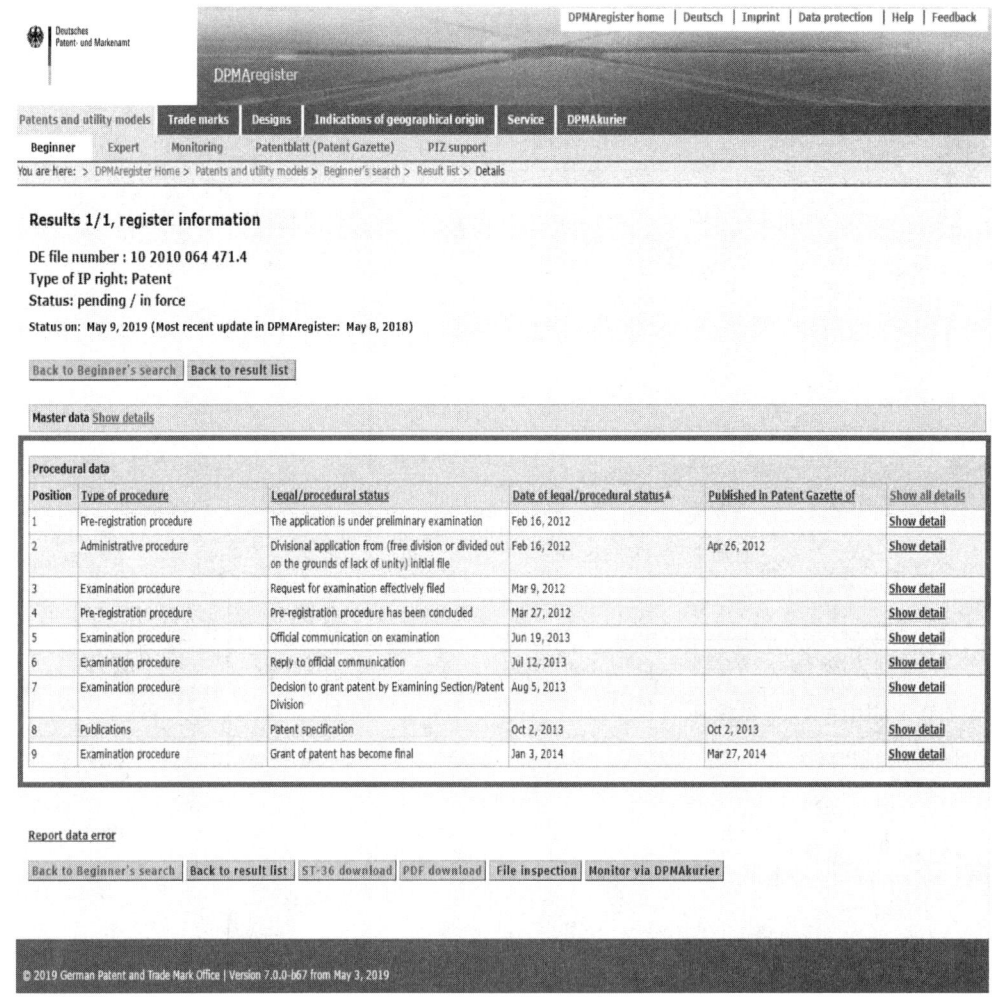

图4-3-6　德国专利审查过程文档查询界面

4.4　审查过程文档的阅读

下载审查过程文档之后，就可以详细阅读审查过程文档来获取有用的信息。

各国的专利制度颇有差异，语言也各不相同，阅读这些审查过程文档并不是毫无障碍的。因此，本书列出中、美、欧、日、韩五局的主要审查过程文档的名称以及重要专利法条款的对应关系，以利于读者对照阅读（参见表4-4-1）。

表4-4-1 中美欧日韩五局主要审查过程文档的名称及重要专利法条款的对应关系

		中国	美国	欧洲	日本	韩国
主要审查过程文档		检索报告	List of References Cited by Examiner	European Search Report	検索報告書	선행기술조사보고서
		第一次审查意见通知书	Nonfinal Rejection	European Search Opinion	拒絶理由通知書	의견제출통지서
		驳回决定	Final Rejection	Decision to refuse the application	拒絶査定	특허거절결정서
		授予发明专利权通知书	Notice of Allowance and Fees Due	Decision to grant a European patent	特許査定	특허결정서
重要专利法条款	新颖性	A22.2	35 U.S.C. 102	A54	A29.1	A29.1
	创造性	A22.3	35 U.S.C. 102	A56	A29.2	A29.2
	实用性	A22.4		A57		
	不授权客体	A25		A52.2	A32	A32
	说明书公开不充分	A26.3	35 U.S.C. 112	A83	A36	A42.3
	权利要求清楚、支持和简要	A26.4		A84		A42.4
	单一性	A31.1	35 U.S.C. 121	A82	A38	

注：A25表示对应国家（地区）专利法（专利条约）的第25条，其中A22.3表示第22条第3款；对于美国，35 U.S.C. 102表示《美国法典》第35编第102条。

4.4.1 审查意见通知书

虽然不同国家（地区）的审查意见通知书的格式不同，但是审查过程大体相同，申请人提交的发明专利申请都需要经过实质审查才能确定是否能够被授予专利权。

在这个过程中，审查员会针对发明专利申请的权利要求书的内容进行检索和审查，同时也会审查说明书以及说明书附图。

基于审查结果，审查员发出审查意见通知书。根据具体案情和申请人的答复和修改情况，审查员有时还会发出多次审查意见通知书，如第二次审查意见通知书、第三次审查意见通知书等。

中华人民共和国国家知识产权局

100037

北京市阜成门外大街 2 号万通新世界广场 8 层 中国国际贸易促进委员会专利商标事务所

发文日：

2011 年 07 月 26 日

申请号或专利号：

发文序号：

申请人或专利权人：

发明创造名称：

第 一 次 审 查 意 见 通 知 书

1. ☒ 应申请人提出的实质审查请求，根据专利法第 35 条第 1 款的规定，国家知识产权局对上述发明专利申请进行实质审查。
   ☐ 根据专利法第 35 条第 2 款的规定，国家知识产权局决定自行对上述发明专利申请进行审查。
2. ☒ 申请人要求以其在：
   US 专利局的申请日 2005 年 12 月 23 日为优先权日。
   ☒ 申请人已经提交了经原受理机构证明的第一次提出的在先申请文件的副本。
   ☐ 申请人尚未提交经原受理机构证明的第一次提出的在先申请文件的副本，根据专利法第 30 条的规定视为未要求优先权要求。
3. ☐ 经审查，申请人于＿＿＿提交的修改文件，不符合专利法实施细则第 51 条第 1 款的规定，不予接受。
4. 审查针对的申请文件：
   ☐ 原始申请文件。 ☒ 分案申请递交日提交的文件。 ☐ 下列申请文件：

   〔审查文本〕

5. ☐ 本通知书是在未进行检索的情况下作出的。
   ☒ 本通知书是在进行了检索的情况下作出的。
   ☒ 本通知书引用下列对比文件（其编号在今后的审查过程中继续沿用）：

编号	文件号或名称	公开日期（或抵触申请的申请日）
1	US 5821933A	19981013
2	WO 2005041020A1	20050506

   〔对比文件〕

6. 审查的结论性意见：
   关于说明书：
   ☐ 申请的内容属于专利法第 5 条规定的不授予专利权的范围。
   ☐ 说明书不符合专利法第 26 条第 3 款的规定。
   ☐ 说明书不符合专利法第 33 条的规定。

210401 纸件申请，回函请寄：100088 北京市海淀区蓟门桥西土城路 6 号 国家知识产权局专利局受理处收
2010.2 电子申请，应当通过电子专利申请系统以电子文件形式提交相关文件。除另有规定外，以纸件等其他形式提交的文件视为未提交。

图 4-4-1 中国专利审查意见通知书的扉页（第 1 页）示例

审查意见通知书由通知书扉页和通知书正文组成。针对每次审查，通知书扉页都给出本次实质审查依据的文本、引用的对比文件、审查的结论性意见以及答复期限等，通知书正文包括具体审查意见。

图4-4-1和图4-4-2为苹果公司在中国申请的关于滑动解锁的申请号为200910175855.7的专利文献的第一次审查意见通知书扉页。

图4-4-2 中国专利审查意见通知书的扉页（第2页）示例

在阅读审查意见通知书时，重点关注对比文件、审查的结论性意见，再对应查看其意见正文。阅读时，可将引用的对比文件利用检索系统检索出来进行对照阅读。审查员在撰写审查意见通知书时，通常也会将对比文件公开的重点内容直接摘录到通知书中，能让阅读者很便利地领会通知书内容。

通知书正文内容包括权利要求书和/或说明书存在的实质性问题，以及结合对比文件的技术方案对权利要求书的实质性问题进行的评述说理。

对于有授权前景的专利申请，通知书正文部分还包括专利申请文件中存在的其他问题。阅读时，要明确审查意见通知书中对专利申请文件的总体倾向性意见，尤其要注意对权利要求书的评述意见。

其他国家或地区专利申请文件的审查意见通知书格式与中国的审查意见通知书格式虽然不尽相同，但基本上也包括实质审查依据的文本、引用的文件、审查意见等。

图4-4-3示出了苹果公司滑动解锁的欧洲专利申请EP10194359的审查意见通知书（European Search Opinion）。

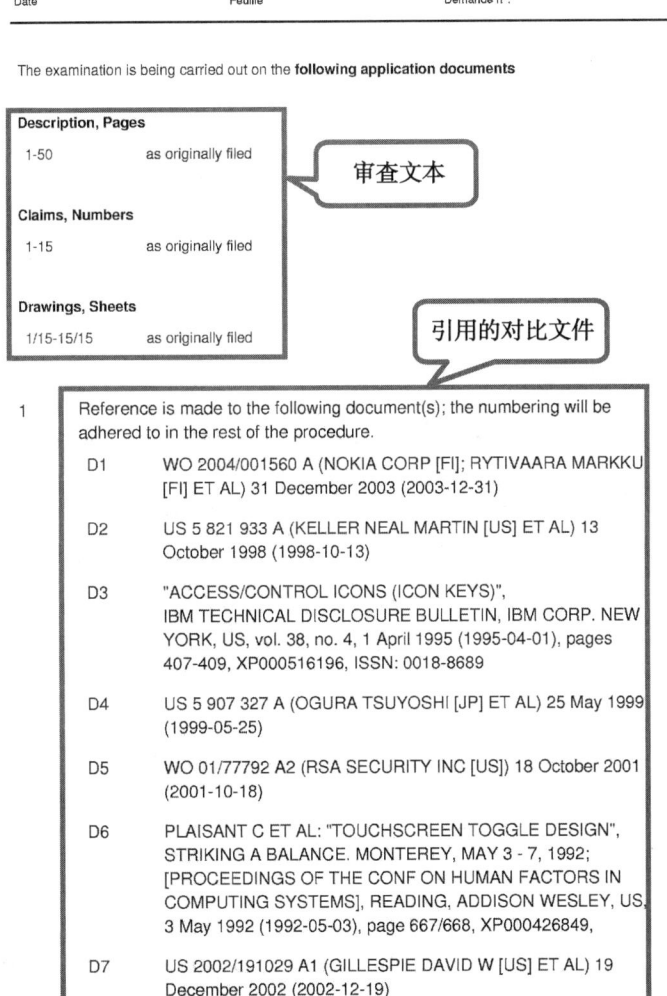

（a）第1页

图4-4-3　EP10194359的审查意见通知书示例

| Datum Date Date | cf Form 1507 | Blatt Sheet Feuille | 2 | Anmelde-Nr: Application No: Demande n°: | 10 194 359.5 |

2. The present application does not meet the requirements of Article 76(1) EPC because it introduces subject-matter which extends beyond the content of the parent application as filed.

2.1 The following sections of the description correspond to amended claims 2, 9, 13, 15, 17 and 19 in the parent application EP 06 846 405.6, filed with its entry into the regional phase before the EPO, which introduced subject-matter which extended beyond the content of the parent application as filed, contrary to Article 123(2) EPC, and to which an objection has been raised.

2.2 Said amended claims of the parent application, transformed into enumerated embodiments, formed no part of the parent application EP 06 846 405.6 from which the current application is divided. The applicant should therefore excise these sections of the current application to remedy this:
page 41, line 20-page 42, line 5,
page 43, lines 5-25,
page 44, lines 11-27,
page 45, lines 9-25,
page 46, lines 6-21, and
page 47, lines 2-17.

> 审查意见

3. Since it has been assumed that the non-compliance with Article 76(1) EPC may be resolved in a relatively straightforward manner, the examining division has been prepared to continue with other aspects of substantive examination.

4. The present application does not meet the requirements of Article 52(1) EPC, as the subject-matter of independent claim(s) 1, 6 and 11 does not involve an inventive step in the sense of Article 56 EPC, for the following reasons:

4.1 Document (D6) discloses the following features of independent claim 1: a computer-implemented method, comprising: while an electronic device is in a first user-interface state, detecting progress towards satisfaction of a user input condition needed to transition to a second user-interface state; while the device is in the first user-interface state, indicating progress towards satisfaction of the condition by transitioning an optical intensity of one or more user interface objects associated with the second user-interface state without being associated with the first user interface state, and, wherein transitioning the optical intensity includes the one or more user interface objects associated with the second user-interface state appearing and increasing in optical intensity; and transitioning the device to the second user-interface state if the condition is satisfied (figure 2, page 667, right-hand column, paragraphs 1 and 2, page 668, left-hand column, paragraphs 2 and 5, and page 668, right-hand column, paragraph 1).

(b) 第 2 页

图 4-4-3　EP10194359 的审查意见通知书示例（续）

欧洲专利局的审查意见通知书中引用的文件以 D1、D2……表示。事实上，中国的审查员也喜欢用相同的代号：对比文件 1，其代号为 D1；对比文件 2 的代号为 D2；以此类推。图 4-4-3 中的欧洲申请，审查员就使用 7 篇对比文件。

美国专利商标局的审查意见通知书由通知书表格和通知书正文组成，通知书表格给出专利申请的基本信息、答复期限以及审查的结论性意见等，通知书正文包括具体评述内容，最后还会有结论（Conclusion）。美国的第一次审查意见通知书一般被命名为"Non-Final Rejection"（非最终驳回），而要是驳回通知书，就是"Final Rejection"（最终驳回）。

图4-4-4展示了苹果公司滑动解锁的美国专利申请US13/250659的审查意见通知书。

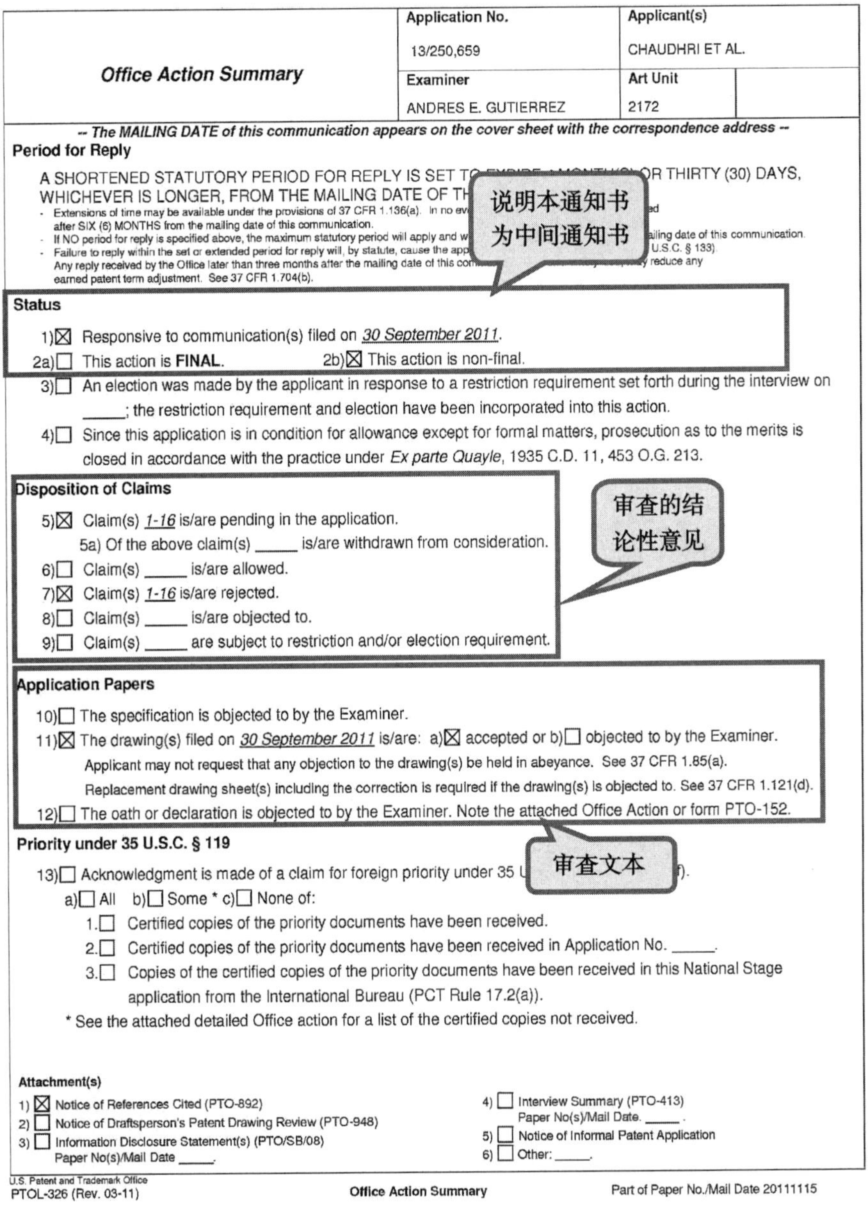

(a) 表格部分

图4-4-4 US13/250659的审查意见通知书示例

Application/Control Number: 13/250,659　　　　　　　　　　　　　　　　　　Page 2
Art Unit: 2172

DETAILED ACTION

1. This action is in response to the communication filed on 09/30/2011 having an effective filing date of 12/23/2005.

2. Claims 1-16 are pending

> 审查意见

Double Patenting

> 3. A rejection based on double patenting of the "same invention" type finds its support in the language of 35 U.S.C. 101 which states that "whoever invents or discovers any new and useful process ... may obtain a patent therefor ..." (Emphasis added). Thus, the term "same invention," in this context, means an invention drawn to identical subject matter. See *Miller v. Eagle Mfg. Co.*, 151 U.S. 186 (1894); *In re Ockert*, 245 F.2d 467, 114 USPQ 330 (CCPA 1957); and *In re Vogel*, 422 F.2d 438, 164 USPQ 619 (CCPA 1970).
>
> 　　A statutory type (35 U.S.C. 101) double patenting rejection can be overcome by canceling or amending the conflicting claims so they are no longer coextensive in scope. The filing of a terminal disclaimer <u>cannot</u> overcome a double patenting rejection based upon 35 U.S.C. 101.
>
> 4. Claims 1-16 are provisionally rejected under 35 U.S.C. 101 as claiming the same invention as that of claims 1-16 of copending Application No. 13/204572. This is a <u>provisional</u> double patenting rejection since the conflicting claims have not in fact been patented. .

Claim Rejections - 35 USC § 103

> 5. The following is a quotation of 35 U.S.C. 103(a) which forms the basis for all obviousness rejections set forth in this Office action:
>
> (a) A patent may not be obtained though the invention is not identically disclosed or described as set forth in section 102 of this title, if the differences between the subject matter sought to be patented and the prior art are such that the subject matter as a whole would have been obvious at the time the

(b) 正文部分

图 4-4-4　US13/250659 的审查意见通知书示例（续）

　　与欧洲专利局的审查意见通知书不同，美国专利商标局的审查意见通知书并不会将引用的文件单列出来，其所引用的文件只在通知书的正文部分出现。阅读时，需要仔细浏览通知书的正文内容才能确定申请文件在本次被拒绝的原因，例如是因为新颖性或创造性被拒绝，还是因为某些权利要求不清楚而被拒绝。

4.4.2 申请人意见答复

申请人收到审查意见通知书后可以针对审查意见通知书中的相关内容进行答复,例如进行意见陈述和修改申请文件,也可仅进行意见陈述。意见陈述是申请人与审查员沟通的主要方式。无论在哪个专利管理机构,意见陈述都没有规定的格式,申请人只需要针对审查意见通知书指出的问题进行意见陈述,阐述观点或者对技术方案进行解释。

4.4.3 检索报告

对于专利信息检索,审查员给出的检索报告是一个非常重要的参考信息。从检索报告中可以很直观地找到检索相关信息。一份典型的专利检索报告如图4-4-5所示。

图4-4-5 专利检索报告

（1）检索报告中第一部分，主要记录检索所针对的案卷的信息，包括其申请人、申请号、申请日、优先权、权利要求数、说明书段数等，并明确该检索报告是首次检索报告还是补充检索报告。

该部分还给出审查员确定的 IPC 分类号。该申请公开之前，分类员已经给出该申请的分类号。进入实审阶段，审查员阅读该申请内容并着手检索之时，也可以对分类号给出自己的建议。其建议的分类号就填写在这一栏中，可以与分类员给的分类号相同，也可以不同。

（2）检索报告的第二部分，记录相关文献的检索信息，一般以如下格式给出：

文献号： 命中记录数 数据库 检索式

例如：CN101697181：213 CNABS （手势 S 解锁）AND G06F21/ic

其含义为：在 CNABS 数据库中，执行检索式（手势 S 解锁）AND G06F21/ic，得到 213 个记录，其中筛选出 CN101697181。

知识拓展——内部数据库的解读

中国审查员一般使用国家知识产权局内部的检索系统——专利检索与服务系统（S 系统），该系统中拥有大量数据库，目前的数据库数为 63 个。

那么，如何解读这些数据库呢？

对于专利库，名称带 ABS，就是摘要库；名称带 TXT，就是全文库；少数几个不带 ABS 或者不带 TXT 的，基本都是摘要库。

对于非专利库，就不用内部检索系统，而使用通用的互联网系统，例如 CNKI、万方、ISI_Web Of Knowledge 等。

表 4-4-2 是经常使用的 S 系统数据库。

表 4-4-2　经常使用的 S 系统数据库

数据库	中文	说明
CNABS	中国专利摘要库	关于中国专利文献的所有信息，除了说明书全文外
CPRSABS	中国专利检索系统摘要库	其内容被包含在 CNABS 中，2019 年 7 月起已被取消
CPEA	中国专利的英文翻译摘要库	
CNTXT	中国专利全文库	说明书全文和权利要求书全文
SIPOABS	外文摘要库	各国专利文献摘要库，约 1.2 亿篇文献
DWPI	德温特世界专利索引	对 40 多个主要国家专利文献重新改写后形成的英文摘要库
VEN	SIPOABS 与 DWPI 的组合摘要库	

续表

数据库	中文	说明
USTXT	美国全文库	
EPTXT	欧洲全文库	
WOTXT	WIPO全文库	
TWTXT	中国台湾省全文库	
JPABS	日本摘要库	
CJFD	CNKI的期刊库	不包括文史哲和硕博论文

（3）检索报告第三部分是关键部分，主要记录审查员给出的相关文献，包括相关度（即文献类型）、文献号、相关段落和涉及的权利要求。

对于每一份相关文献，检索报告中都会记录其类型、文献号、公开日期、IPC分类号以及审查员所引用的相关段落及被检索专利中所涉及的权利要求，其中文献类型与文献号末尾的A、B1等标识的文献种类不同，这里的文献类型所表达的是相关文献与被检索专利之间的相关程度。

（4）第四部分是检索报告的说明部分，说明不同相关度字母的含义。在专利检索报告中常出现的相关文件的类型包括以下几种。

X：表示单篇文献就可以影响权利要求的新颖性或创造性。

Y：表示该文献需要与检索报告中的其他Y类文献组合后才能影响权利要求的创造性，因此检索报告中不可能出现单篇Y类文献。

A：背景技术文献，这种文献只反映权利要求的部分技术内容或者属于有关的现有技术的文献。

R：申请日当天向专利局提交、在申请日后公开的属于同样的发明创造的专利或专利申请文献。也就是说，该篇文献与待检索的专利是同一天向专利局提交，所提交的技术方案相同，并且相应权利要求的保护范围也相同。

E：能够单独影响权利要求的新颖性的抵触申请文件。

P：表示该文献的公开日在申请的申请日与所要求的优先权日之间的文件，或者会导致需要核实该申请优先权的文件，因此P只表示对比文件与权利要求在时间上的关系，其需要与符号X、Y、E或A连用以表示相应的相关程度。

（5）检索报告的第五部分是作出该份检索报告的审查员姓名、审查部门及检索时间。

这里需要强调三点内容。

第一，**检索报告中的Y类文献至少有两篇**，因为一篇Y类文献需要与另一篇或多篇Y类文献结合才能够评价技术方案的创造性；

第二，**E类文献和R类文献只能是本国专利文献**，也即对于中国专利申请，E类文献和R类文献只能是中国专利文献；

第三，检索报告中没有 P 文献，只有 PX、PY、PE 或 PA 文献。**P 表示相关文献在时间上的相关性**，因此 P 必须与 X、Y、E 或 A 组合使用。

知识拓展——相关文献的价值

情况 A：首次检索报告引用多篇相关文献，审查员据此评述新颖性和/或创造性；

情况 B：首次检索报告中并未引用 X、Y、R、E 等影响新颖性和/或创造性的相关文献，审查员认可其新颖性和创造性。

这两种情况，哪种更好呢？

肯定很多申请人都希望自己的专利申请遇到的是情况 B，毕竟这样离授权就咫尺之遥了。甚至有时候审查员都没有发出第一次审查意见通知书，而是直接进行授权。

然而，从申请人利益出发，情况 A 反而是更好的。

（1）专利审查过程，实际上是申请人的利益与公众利益进行划界博弈的过程。申请人当然希望保护范围越大越好，审查员则代表公众利益将保护范围加以合理限定。因此，如果审查员未要求进行这种博弈，有可能是因为申请人要求的保护范围偏小。

（2）在新颖性、创造性的博弈过程中，往往会涉及关键技术的讨论，其中评判和反驳的理由均会记录在审查过程文档中。那么在后续可能出现的复审和无效程序中，就能避免很多无谓的纠缠。授权权利要求的稳定性就更强。

（3）专利的价值可以在新颖性、创造性的比较中得到体现。专利价值的一种判断方法就是比较法，引用的文献在很大程度上可以作为其价值的参照物。

综上所述，正确的方式应该是，申请时，尽量合理地拓展权利要求的保护范围；审查时，与审查员一起努力，确定合理且稳定的保护范围。

第5章 快速认识检索系统

工欲善其事，必先利其器。

检索之前，有必要先认识一下检索系统。近年来，网络上涌现出大批专利检索系统。这些系统界面多变，风格各异，各有各的独门绝技，但本质上的检索逻辑都是相同的，使用方法也是类似的。

它们都提供了大同小异的检索入口，也有大同小异的检索截词符和算符。它们的检索数据库也都大同小异，都包括各主要国家或地区的专利数据。

以下将介绍如何快速认识一个专利检索系统，进而如何选择其中的数据库和检索入口。

5.1 认识专利检索系统

一个专利检索系统主要由两大块组成，即数据库和检索工具。

专利检索系统就是以专利数据库为数据基础，通过检索工具来获取目标专利文献的检索系统。专利检索系统和一般的搜索引擎（如百度、谷歌）或者非专利信息检索系统（如CNKI、万方、ISI_Web of Knowledge）最大的区别在于，专利检索数据库的检索入口更加规整，著录项目数量更多更规范，不仅有摘要、标题、作者（发明人）等信息，还有审查和法律方面的信息。

那么，要了解一个专利检索系统，主要了解其两个方面——数据和工具。

图5-1-1所示的专利检索系统，包含中国专利库、美国专利库、日本专利库、欧洲专利库四个数据库。

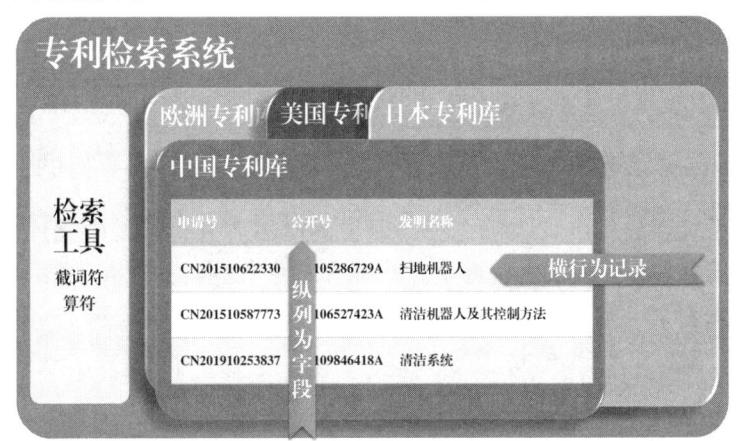

图5-1-1 专利检索系统示意

每个数据库都可看作一张表格，横行为记录，纵列为字段。有多少行，那么这个数据库就有多少记录。每个记录包含多少字段，就有多少列。

图 5-1-1 所示的中国专利库中包含三个记录，每个记录有三个字段，分别是申请号、公开号和发明名称。

实际的数据库当然包含的字段数目更多，构成更为复杂。

从横行而言，就有至少三种组织方式：

(1) 一个文本一个记录。一个记录仅收录一个文本。
(2) 一个申请一个记录。一个记录中可能收录有两个文本：公开文本和公告文本。
(3) 一个同族一个记录。一个记录中收录有不同国家或地区的不同文本。

从纵列的字段而言，这些字段主要对应于著录项目，例如申请号、优先权号、文献号、公开日、申请人、发明人、发明名称、摘要等。

知识拓展——专利数据库的种类

数据库的分类有许多种，如表 5-1-1 所示。通常我们在互联网上遇到的检索系统，都是简单地按类型或国别进行分类。

表 5-1-1 数据库的分类

划分依据	名称	说明
按类型	专利文摘库	包含除了说明书全文之外的各种字段
	专利全文库	主要包含说明书全文和权利要求全文
按国别	中国专利库	中国专利局的专利文献信息
	欧洲专利库	欧洲专利局的专利文献信息
	美国专利库	美国专利商标局的专利文献信息
按内容	专利文献库	通常意义上的专利数据库；上面几种指的均是文献库
	审查过程文档库	各大专利局提供的审查过程文档查询库；一般不能检索只能查询，参见第四章审查过程文档查询

5.1.1 收录范围和记录数

每个检索系统都会列出其收录范围，即告诉使用者其包含的数据库有多少数据。下面就以中国国家知识产权局的官方检索系统——专利检索及分析系统（Patent Search and Analysis，PSS）为例，对专利检索系统进行介绍。PSS 系统收录了 103 个国家、地区或组织的专利数据（参见图 5-1-2）。

第 5 章 快速认识检索系统

专利检索及分析系统共收集了103个国家、地区和组织的专利数据，同时还收录了引文、同族、法律状态等数据信息。
主要国家的收录数据范围说明如下：

国家/地区/组织	数据范围	数据量	国家/地区/组织	数据范围	数据量
CN	19850910~20190517	53210471	US	17900731~20190418	16970219
JP	19130206~20190418	41493014	KR	19731023~20190329	5218408
GB	17820704~20190424	3749094	FR	18550227~20190412	3161593
DE	18770702~20190425	7693351	RU	19921015~20190410	1348565
CH	18880109~20190415	727440	EP	19781220~20190424	6524846
WO	19781019~20190418	5044855	其他	18270314~20190419	16879374

图 5-1-2　PSS 系统数据收录范围

记录数代表着一个数据库中收录的文献记录数量。以 PSS 系统为例，可以通过一个非常简单的方式来了解一个数据库的记录数。

由于在 PSS 系统中"+"代表任意字符，因此，可以在任意一个检索入口，例如"申请号""公开（公告）号""发明名称"等输入"+"，理论上会命中所有的记录，因此，这个检索的结果实际上就代表一个数据库的记录数量。

例如，在 PSS 中选择"中国发明申请"数据库，使用检索式"公开(公告)号＝(＋)"执行检索，共得到 **20807248** 条记录，如图 5-1-3 所示。

图 5-1-3　PSS 系统检索界面

 知识拓展——PSS 的号码自动截词匹配

"+"表示任意个字符。我们在使用 PSS 系统时会发现，检索某些位数较少的公开号或申请号，而恰好该国在历史上曾经给编号升过位数，就会导致检索结果大大增多。这是为什么呢？

例如，JP 昭 60-1767（JPS601767）这篇日本文献，在 PSS 高级检索的公开号入口中输入"JPS601767"后检索，结果多达 242 篇。

此时，若点击检索式编辑区中的"生成检索式"而不是直接进行检索，就会发现其中的原因。

原来，PSS 系统在检索文献号时，会自动在用户输入内容后加入截词符"+"（如图 5-1-4 所示）。因此，对于公开号为"JPS601767"的专利文献，PSS 系统实际上检索的是文献号以"JPS601767"开头的那些记录，一共得到 242 篇。

图 5-1-4　PSS 系统"生成检索式"界面

所以，若要直接获得与"JPS601767"对应的文献，可将生成的检索式"公开 (公告)号=(JPS601767+)"中的截词符"+"直接删除，明确要求系统检索"JPS601767"这篇文献。

细心的读者可能会发现，似乎"中国发明申请"数据库的记录数要远多于中国发明申请实际的专利申请数量，这是因为在 PSS 的"中国发明申请"数据库中，除了常规的中文专利数据之外，还隐藏了一个"中国专利英文文摘（CPEA）数据"，CPEA 数据包括中国专利文献的英文著录项目和文摘数据。

同样地，可以用下面的方式来验证 CPEA 的存在。

选定"中国发明申请"库，使用检索式"公开 (公告)号=(CN101371258)"，会得到 4 条内容相同但分别使用中英文记录的检索结果，如图 5-1-5 所示。

图 5-1-5　PSS 系统"中国发明申请"数据库的检索结果

很明显，一条记录是 CN101371258A，是公开文本；一条记录是 CN101371258B，是授权公告文本。而其余两条分别是这两条记录的英文翻译，即 CPEA 的内容。

因此，可以了解到，"中国发明申请"这个选项对应的有中国专利的中英文信息，并且均以一个文本一个记录的方式进行组织。

再选择"EPO"库，简单检索一下"公开(公告)号=(EP1234567)"，得到 3 条记录。可以看到，它们是同一个申请号下的不同文本（参见图 5-1-6）。因此，这个数据库也是一个文本一个记录的组织方式。

图 5-1-6 PSS 系统"EPO"库检索结果

在"EPO"库用"公开(公告)号=(+)"的检索式，可以得到 6533001 个记录，可见该数据库收录有 653 多万个欧洲专利文本。

知识拓展——数据的比较指标

专利数据的比较有很多维度，可以简单地从广度、厚度和深度三方面来衡量。

从收录广度来讲，收录的国家和地区越多，收录的时间跨度越大，那么数据的覆盖面即广度就越大。

从数据厚度来讲，收录的项目越多，那么厚度就越大。相应地，收录的项目越少，厚度越小。例如，很多数据库只收录公开文本信息，没有收录授权文本信息；只收录 IPC 分类号，没有收录 CPC、FI/FT 等分类号；只收录首页的著录项目，没有收录全文的权利要求和/或说明书；只收录部分引文文献，而没有收录整个审查过程的引文信息。

从数据的深度来讲，相较于只收录原始公布的文本信息，在对数据进行深度加工后，比如重新用规范的术语和格式来撰写发明名称、摘要，给出核对过的 IPC 分类号，给出准确的关键词等，数据的深度就会增大。这个维度是最难的维度，因为需要专业的数据开发人员对原始文本进行阅读理解后再进行改写。在这个维度做得很好的屈指可数：英文有德温特公司，中文有中国专利开发公司。

不过，国内大部分检索系统，其数据追根究底都来自于几个主要官方数据源（中美欧日韩五局及WIPO）以及一些商业公司，如德温特公司。对这些原始数据的收集、加工和标引的不同，就会导致各检索系统的数据在广度、厚度和深度三方面有所区别。

 知识拓展——专利的件、项和族

不同数据库组织信息的做法也不一样。

有的数据库按照一件申请一个记录的方式进行，那么记录数就等于申请数；

有的数据库按照一个文本一个记录的方式进行，那么记录数就等于文本数；

有的数据库按照一个同族一个记录的方式进行，那么记录数就等于同族数。

这在专利分析统计中十分重要，往往会约定：

项：同一项发明可能在多个国家或地区提出专利申请，某些数据库将这些相关的多件申请作为一条记录收录。在进行专利申请数量统计时，对于数据库中以一族（这里的"族"指的是同族专利中的"族"）数据的形式出现的一系列专利文献，计算为"1项"。

件：在进行专利申请数量统计时，例如为了分析申请人在不同国家、地区或组织所提出的专利申请的分布情况，将同族专利申请分开进行统计，所得到的结果对应于申请的件数。1项专利申请可能对应于1件或多件专利申请。在PSS系统中，1条检索结果记录一般对应1件专利申请。

5.1.2 检索入口

检索入口的数量和内容决定了具体哪些字段可以进行检索。在PSS系统的"高级检索"一栏中，可以看到有申请号、申请日、公开号、公告号、发明名称、IPC分类号等一系列可输入项目，这些项目就是中国发明申请这个数据库所提供的检索入口，通过这些检索入口就可以检索出含有对应信息的专利申请。

通常情况下，每个字段都会有与其同名的索引，例如"申请号"字段就有"申请号"索引。而有些索引则包含多个字段，称为复合索引，例如"关键词"这个检索入口，其对应的是"发明标题""摘要"和"权利要求"这三个字段，在这个检索入口输入一个关键词时，实际是在以上三个字段中同时进行检索（参见图5-1-7）。

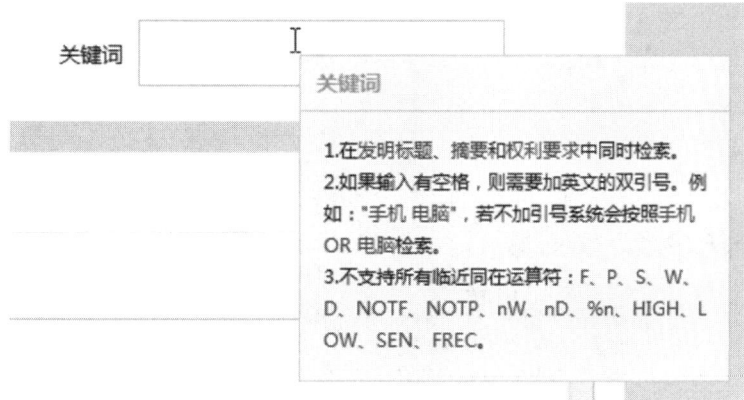

图 5-1-7　PSS 系统"关键词"检索入口

那是不是所有检索入口都进行标引呢？事实也并非如此。检索入口的标引情况是与数据库的种类密切相关的。例如，在"中国发明申请"这个数据库中，也可以看到"FT 分类号"这个检索入口，但是当输入相应的 F-term 分类号，如第 3 章中出现的"5B068 AA31"进行检索时，却得不到任何结果（参见图 5-1-8）；而选择日本专利数据库时，用同样的分类号检索可以得到 30207 条结果（参见图 5-1-9）。这说明"中国发明申请"数据库并没有对 F-term 分类号进行标引，而在日本专利数据库中则进行相应的标引。

图 5-1-8　PSS 系统"中国发明申请"数据库 F-term 分类号检索结果页面

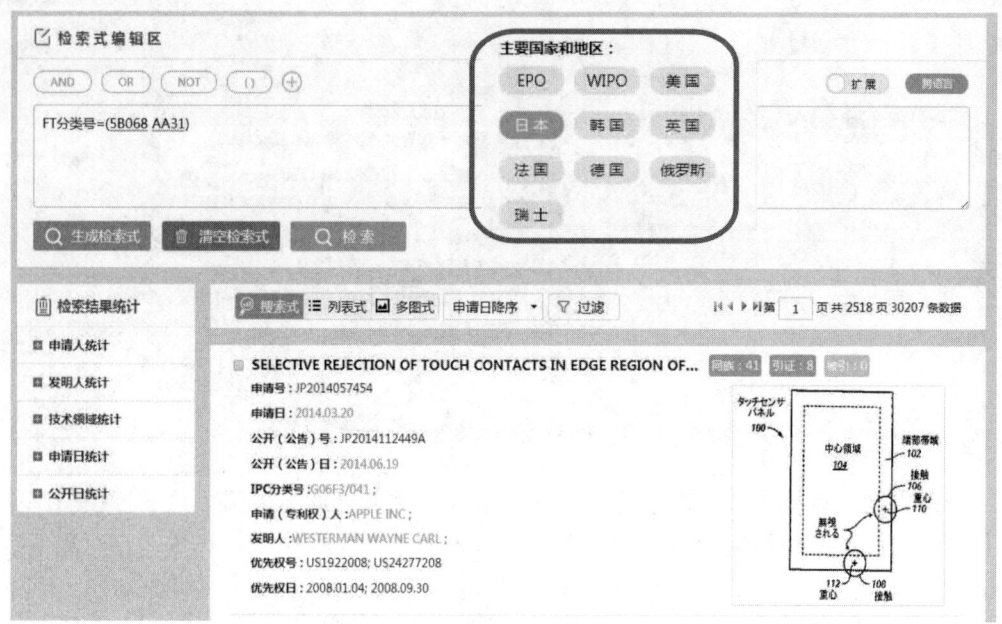

图 5-1-9　PSS 系统"日本专利"数据库 F-term 分类号检索结果界面

因为检索入口数量繁多，很多检索系统都只显示一部分常用检索入口，更多的检索入口需要使用者来配置打开。如图 5-1-10 所示，PSS 系统中的"配置"按钮显示更多的检索入口，包括代理机构、申请人邮编等不常见的检索入口。

图 5-1-10　PSS 系统的检索入口

而要更深入掌握一个专利检索系统，除了熟悉检索系统所包含的数据库及其构成外,还要了解该检索系统提供哪些检索工具,尤其是算符工具,以及如何对检索结果进行浏览。

5.2 专利检索系统的界面

5.2.1 检索模式的选择

如果使用过几个专利检索系统,很快就能发现它们的界面都大同小异。一般都会提供以下几种检索模式。

(1)类似百度一样的简单检索模式,用户不需要选择数据库和检索入口,直接输入检索词进行检索,PSS 系统称为常规检索;

(2)罗列大量检索入口的表格式检索,用户根据需要选择数据库和检索入口进行检索,PSS 系统称为高级检索;

(3)分类号检索,例如通过 IPC 分类号进行检索,PSS 系统称为导航检索;

(4)智能语义检索。

图 5-2-1 是 PSS 系统常规检索模式的界面。从页面下方的"数据收录范围"链接可以看到,PSS 系统共收录了 103 个国家、地区和组织的专利数据,同时还收录了引文、同族、法律状态等数据信息,同时专利数据能做到每周更新,能满足绝大部分检索需求。

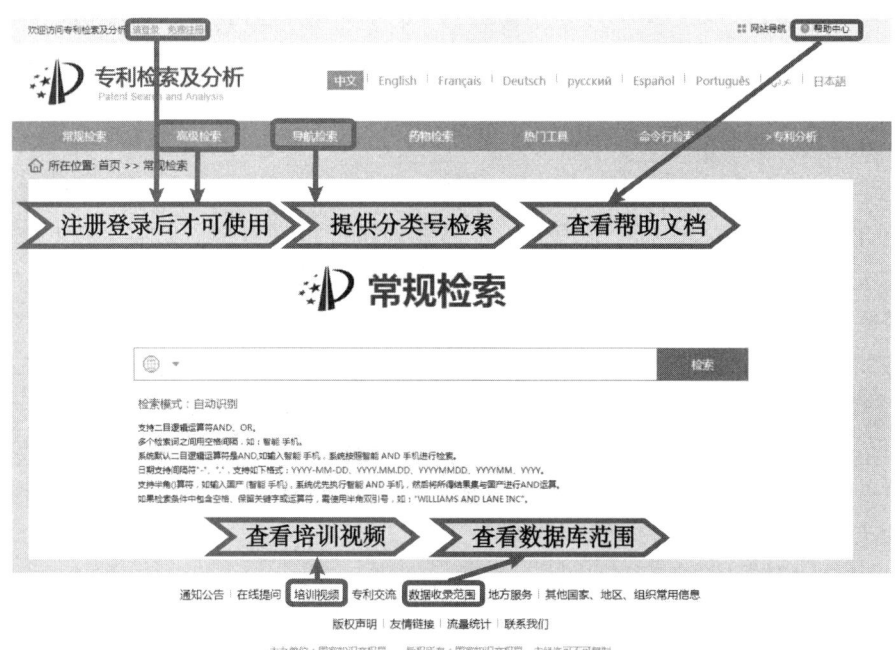

图 5-2-1 PSS 系统主界面

网页的正中央是常规检索的入口。常规检索可以根据输入的内容，自动匹配入口进行检索，因此只能满足一些简单的检索需求。功能栏中还包括"导航检索"，实际上就是 **IPC 分类号检索**。在这种模式下，可以轻松浏览和查询 IPC 分类号信息和中英文含义，并直接点击分类号后的"检索"链接进行对应分类号的检索。

"热门工具"是一些检索小工具的快速入口，包括**同族**、**法律状态**、**引文**等数据信息的查询。

如果对 PSS 系统的使用有任何疑问的话，可以通过主界面右上方的"帮助中心"查看帮助文档，也可以通过下方的"培训视频"来跟着视频学习操作。

5.2.2　高级检索模式

在 PSS 系统的高级检索模式下，可以很方便地选择数据库和检索入口，构建检索式，进行检索式的运算，并浏览检索结果。

在第 6 章中，将通过实例详细展示高级检索的使用过程。

在这里简单介绍一下 PSS 系统高级检索模式，以及其中的附加工具。

由图 5-2-2 可以看到，页面上方是系统保存的检索式历史，只要是登录用户，系统都会自动记录检索式，并支持对历史检索式的浏览、编辑以及逻辑运算。在进行检索式运算时，请甄别检索式编号，不要对不同数据库下的检索式进行运算。

左边是数据库的选择区域，可以直接通过鼠标单击的方式选择一个或多个数据库。如果不进行任何选择的话，系统就默认在全部数据库下进行。

右边则是高级检索的主要检索字段入口，将鼠标移至检索表格项区域查看检索字段的应用说明信息，可以了解各个字段的填写格式。如果还需要更多的字段入口，可以点击右上角的"配置"，然后根据需求选择想要的检索入口。这个部分其实是为下方的检索式编辑区服务的。

下方是检索式编辑区，当熟悉检索字段、算符之后，**直接通过输入检索式**的方式可以更方便地对检索式进行修改编辑，更高效地执行检索命令。如果不熟悉检索字段也没有关系，可以**先在表格区域输入相应的字段，再通过点击"生成检索式"来让系统生成检索式**，然后对检索式进行编辑。

除此之外，PSS 系统还提供一定的智能扩展功能，点击检索式编辑区域右上角的"扩展"和"跨语言"后，系统可以对用户输入的关键词进行自动扩展，其中"扩展"功能可以自动扩展含义相近的关键词，"跨语言"则能够将关键词自动翻译成英文或日文。这两个工具后台都对应着系统内置的扩展词库和中英/中日术语库，**在使用时可以将其作为参考，但不要依赖这两个工具**。

第 5 章 快速认识检索系统

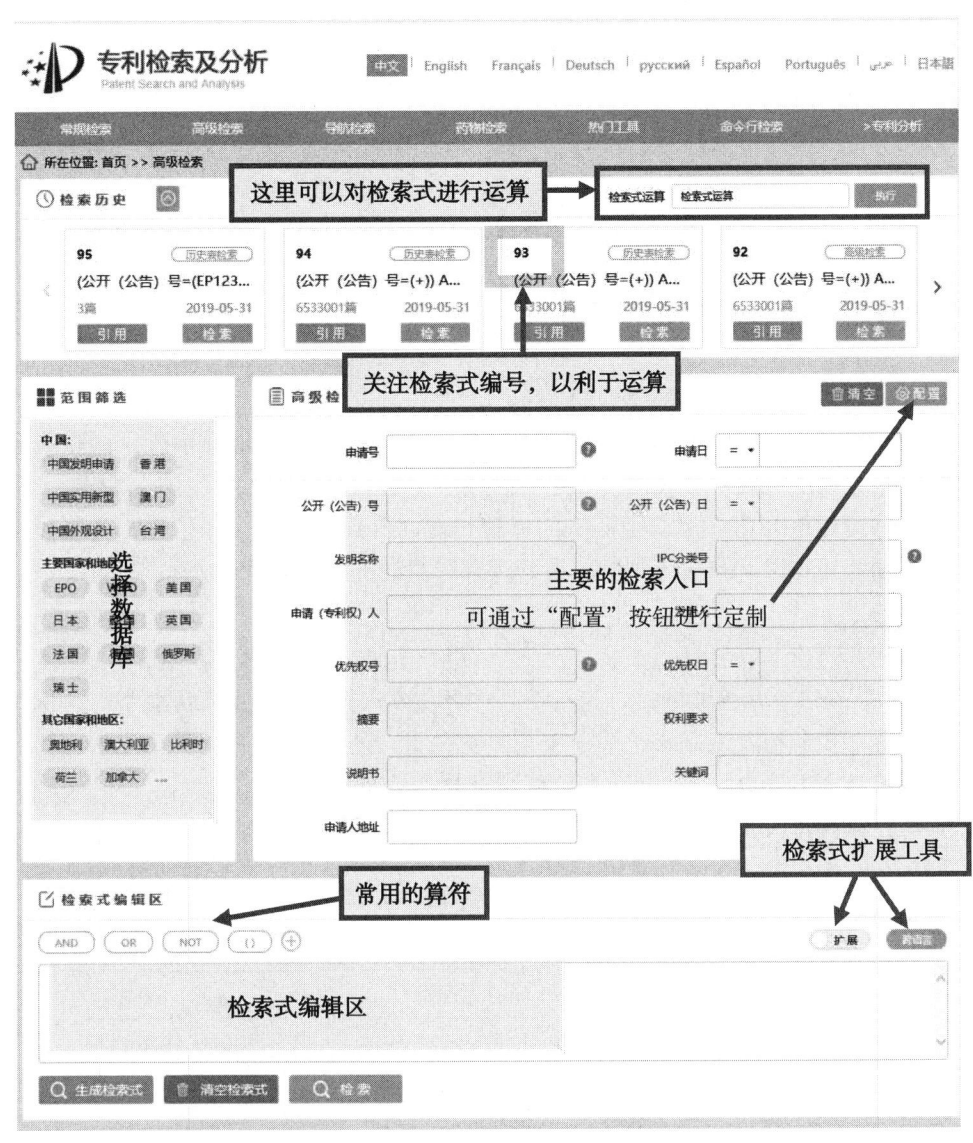

图 5-2-2 PSS 系统高级检索界面

知识拓展——为什么选用 PSS 系统来作为介绍样本

(1) 它是免费的

PSS 系统是中国国家知识产权局官方的公共检索服务系统，完全免费，只要注册就可以使用绝大部分功能，还能自动保存检索式。

(2) 提供较完备的算符工具

PSS 使用与国家知识产权局内部检索系统（S 系统）相同的内核，有一样的算符体系和检索模式，其功能相对完备，同在算符、临近算符、频率算符等应有尽有，并且对算符支持完善，能有效地提高检索效率。

（3）数据权威全面，更新及时

这是官方系统的一大优势，PSS 系统收录世界上大部分国家、地区和组织的专利数据，同时还收录引文、同族、法律状态等数据信息，并且更新及时，保证用户能获取最新的专利信息。更重要的是，检索文献范围和审查员使用的 S 系统是基本一致的。

5.3 检索工具——截词符和算符

要想检索快又好，截词符和算符少不了。

利用检索系统对截词符和算符完善的支持，再配合不同的检索字段，往往只需要一两个检索式就能高效、准确地找到想要的参考文献。

那这些可称得上是"检索秘籍"的算符、截词符到底长什么样子呢？又该如何使用呢？下面，还是以 PSS 系统为例，揭开算符和截词符的神秘面纱。

5.3.1 截词符

PSS 系统提供了几种截词符，当对于某种表达方式不确定或者无法穷举时，例如某个单词可能存在多种表达方式、某个申请号或公开号不确定某一位或几位时，都可以利用截词符来完美解决困境。PSS 系统截词符及含义如表 5-3-1 所示。

提醒：截词符应当使用半角格式来输入，且不区分大小写。

表 5-3-1 PSS 系统截词符及含义

截词符	含义	实例
#	1 字符通配符	beg#n
?	0~1 字符通配符	Colo?r
+	任意字符通配符	CN2017+

知识拓展——截词符

截词符也被称为通配符，几乎所有的检索系统都会提供截词符工具。

需要注意的是，截词符一般用在外文数据库中。最典型的用法是，在所有的英文名词后加上一个截词符，来表示单复数形式。

例如，dog?，目标是检索 dog 和 dogs。

但在中文数据库中，一般不使用截词符。不使用，不是因为不能用，而是不需要用。

因为中文数据库中，其实并没有"词"的概念，而只有"字"的概念。

中文的分词一直是人工智能想要突破的难点。例如，在申请人中检索"京东方"公司，会得到"北京东方雨虹""南京东方化工"之类的噪声。

5.3.2 布尔算符、同在算符和临近算符

（1）布尔算符（Boolean Operator）

布尔算符又称布尔逻辑运算符，是所有检索系统都支持的算符。布尔算符及其关系如表5-3-2所示。

表5-3-2 PSS系统布尔算符及其关系

布尔算符	由算符连接的两个检索项的关系	实例
OR	A和B的"并"集	Tin OR Can
AND	A和B的"交"集	Water AND Glass
NOT	从A中排除B的内容	Game NOT Video

其中，OR算符常用来将同义词或相近的检索内容合并起来以便查全；AND算符常用于连接若干个不同的检索内容进行限定以便查准；NOT算符常用于排除某些明显的噪声关键词，或者用来从一个检索结果中排除之前已经浏览过的检索结果。

（2）同在算符（Co-occurrence Operator）

同在算符的作用是限制两个或多个检索词的位置。同在算符及其关系如表5-3-3所示。

表5-3-3 PSS系统同在算符及其关系

同在算符	由算符连接的两个检索项的关系	实例
F	A和B在同一字段中	Tin F beverage
P	A和B在同一段落中	Tin P beverage
S	A和B在同一句子中	Tin S beverage
NOTF	A和B不在同一字段中	Tin NOTF beverage
NOTP	A和B不在同一段落中	Tin NOTP beverage
NOTS	A和B不在同一句子中	Tin NOTS beverage

同在算符的限定条件较"AND"算符严格一些。

对说明书全文和权利要求全文的检索中，**如果限定两个检索词在同一个段落（P，Paragraph）中出现，或者限定两个检索词在同一个句子（S，Sentence）中出现，与"AND"算符相比，可以有明显的去噪效果。**

NOTF、NOTP、NOTS这三个NOT系列的同在算符一般用在系统自动生成的化学结构检索式中，日常检索极少使用。

（3）临近算符（Proximity Operator）

临近算符的作用是限制两个或多个检索词的相互距离和位置关系。临近算符及其关系如表 5-3-4 所示。

表 5-3-4 PSS 系统临近算符及其关系

临近算符	由算符连接的两个检索词的关系	实例
W	A 和 B 紧接着，先 A 后 B，且词序不能变化	Vitamin W B??
nW	A 和 B 之间有 0~n 个词，且词序不能变化	X 1W ray?
=nW	A 和 B 之间只能有 n 个词，且词序不能变化	Air =5W pump?
D	A 和 B 紧接着，但 A 与 B 的词序可以变化	alloy? D aluminum?
nD	A 和 B 之间有 0~n 个词，词序可以变化	Heat +3D Electric +
=nD	A 和 B 之间只能有 n 个词，词序可以变化	Camera =2D len?

临近算符常用于较为精确的限定。W 算符一般用于检索固定的词组，例如，如果检索 X 射线，考虑到可能会出现"X-ray""X ray"等不同的表达方式，可输入检索式"X 1W ray"进行检索。

D 算符与 W 算符类似，但前后两个词的词序可以变化，使用"AC 1D DC"，就可以检索"AC/DC""DC/AC""AC to DC""DC to AC"等。

要说明的是，"X-ray"这个词组，对 PSS 系统而言，会被识别为三个词："X""-""ray"，于是必须用 1W 来连接"X"和"ray"，表示这两个词之间可以有 0~1 个词，且"X"在前，"ray"在后。

如果输入"X W ray"呢，PSS 系统会解析为"X"和"ray"之间有 0 个词，于是就检索出一系列"X ray"的记录。

PSS 系统算符关系如图 5-3-1 所示。

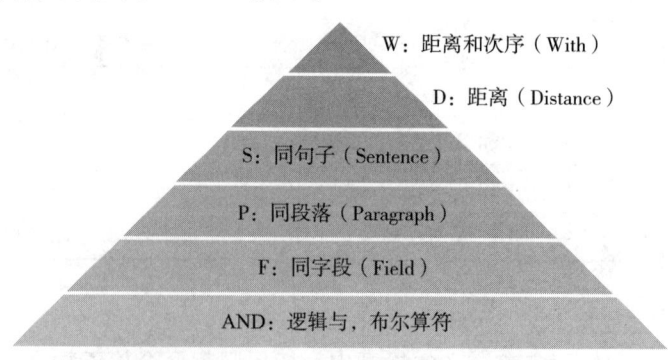

图 5-3-1 PSS 系统算符关系示意

综上所述，从限定严格程度来看，AND < F < P < S < D < W 的关系依次提升。这就好像一套从大到小十分完整的螺丝刀套装，读者可根据实际情况选择合适的算符来构建检索式。

构建检索式,是为了描述要检索的目标。

要检索的目标是什么样子的,就用什么样的检索式去寻找。因此,这套完整、强大的算符工具,非常有利于构建高效合理的检索式。本章第5.4节将给出这些算符使用技巧的实例。

5.3.3 关系算符和频率算符

(1) 关系算符 (Relational Operator)

关系算符一般用于日期型和分类号型的检索入口中,用来限定数值或分类号的范围。注意,在 PSS 系统中,表示日期或分类号范围,请用半角的冒号。关系算符、含义及实例如表 5-3-5 所示。

表 5-3-5 PSS 系统关系算符、含义及实例

关系算符	含义	实例(日期型)	实例(分类号型)
=	等于	申请日 = 19810104	IPC = C08L
! =	不等于	申请日! = 19871020	IPC! = C08G63/00
<	小于	申请日 < 1997	
>	大于	申请日 > 199312	
<=	小于等于	申请日 <= 1985	
>=	大于等于	申请日 >= 19941030	
:	在一定范围内	申请日 = 199401:199408	IPC = C08L63/00:C08L65/00

(2) 频率算符

频率算符 (FREC) 表示检索词出现的频率。例如:"计算机/FREC > 1"表示检索"计算机"出现超过 1 次的文献,"clock/FREC = 4"表示检索"clock"出现次数等于 4 次的文献。

以上主要针对 PSS 系统中的算符和截词符进行了介绍。需要注意的是,不同的检索系统中,算符和截词符的表示方式、使用方法、支持程度均有一定的差异。

例如,Patentics 系统中,布尔算符中的"非"算符是"ANDNOT"而不是常用的"NOT"。如果想了解不同检索系统中算符的具体使用规则,可以参考附录 3 "字段与算符"部分。

5.4 算符使用技巧实例

5.4.1 通过临近算符降低噪声

临近算符的意义就是使得限定更加精确,但是,临近算符需要与检索字段配合使用才能发挥更大的效果。

【实例1】

检索目标：

一种电池盖组，包括正极盖和正极柱，正极盖下方的正极柱的外表面设置有凸凹不平的纹路。

检索分析：

该技术采用凸凹的表面使极柱增大接触面积。尝试先检索关键技术点，也就是正极柱的外表面设置有凸凹不平的纹路。虽然在关键词提取的时候，尽量扩展"凸凹"这一关键词，但可能由于扩展不够充分，并没有获得相关的文献。之后，可以尝试从产生的作用效果来进行扩展，即采用凸凹的表面使极柱增大其接触面积，采用如下的检索式：

关键词=(极柱 S 接触面积)

得到127篇结果，其中就有很相关的文献CN201503883U。

相对应地，如果将中间的同在算符"S"替换成"AND"，结果则增加为207篇，显然，**同句算符S的使用可以减少一半的浏览工作量**。

【实例2】

检索目标：

一种高品质大豆油的加工方法，包括以下步骤：

（1）大豆预处理：将大豆依次经风选、干燥和粉碎，得到大豆粉；

（2）制大豆压榨油：将大豆粉、**苦丁茶干茶和山茶籽**混合后送入双螺旋低温榨油机中**压榨**，获得压榨油；

（3）精制大豆油：压榨油过滤后，进行光照处理，接着蒸馏脱臭，最后在一定温度和真空度下处理至压榨油中的游离脂肪酸含量低于2.0%，即获得大豆油成品。

检索分析：

该技术是在传统压榨法制备大豆油的基础上改进以提高大豆油的出油率和品质，加入苦丁茶干茶和山茶籽的具体作用分别在于延长大豆粉的压榨停留时间，提高出油率，并赋予茶香和茶多酚。由于这些效果性、原理性的描述通常会出现在说明书，因此在说明书中检索是更好的选择。仅使用"提高出油率"来检索，恐怕噪声比较大，"延长停留时间"这一点有其他表达，可联想到速度变慢，因此扩展关键词为"速度""慢""压榨""提高""出油率""茶籽"，并通过S算符降噪检索：

说明书=(提高 S 出油率 S 压榨 S (茶籽 OR 干茶) S 慢 S 速度)

仅得到3篇文献，其中获得相关文献CN103725408A。该文献公开一种山茶油的加工工艺，包括在低温压榨茶籽粉时添加**谷糠或者茶籽**，可使山茶籽减慢滑动速度，故能多榨油，提高出油率和压榨效率。

相对应地，如果将中间的同在算符"S"替换成"AND"，则结果会增多到62篇。

继续检索压榨增加茶香的文献，尝试"茶香 S 压榨"，得到28篇文献，其中获得的CN102766523A，也十分相关。该文献公开了山茶油的制备方法，包括在压榨时添加绿茶干茶，其作用在于增加了油性茶多酚、咖啡碱等这些成分，更健康，更营养，并具有独特的绿茶茶香味。

相对应地，如果将中间的同在算符"S"替换成布尔算符"AND"，则命中数增加到 391 篇。这就明显增加阅读工作量。

"茶香"和"压榨"都是常见的词语，说明书中同时出现这两个词的概率是很高的，而且往往出现在不同的段落中，彼此之间并没有任何关联性。

如果使用同句算符"S"连接的话，则意味着它们必然出现在同一个句子中，那么，这两个词之间的关联性会大大增加，就更容易将那些与"通过压榨来获取茶香"有关的文献筛选出来。

如果选择在关键词而不是在说明书中检索，分别尝试下面的检索式：

关键词 = (提高 S 出油率 S 压榨 S 茶籽)

关键词 = ((提高 S 出油率) AND 压榨 AND 茶籽)

则可分别获得 26 篇和 64 篇文献，但都没有命中上述两篇相关文献。这是因为效果性、原理性的描述通常会出现在说明书中而不出现在发明标题、摘要或者权利要求书中。

5.4.2 通过截词符一次扩展多个检索词

PSS 系统对截词符的支持非常完善，尤其支持在检索词开头使用截词符，例如使用"+apple"可以检索到"apple""pineapple"等。其他大部分检索系统，例如 Patentics、非专利数据库的 ISI_Web of Knowledge 等均不支持截词符的前置使用。

截词符，尤其是截词符的前置使用，在对化学领域的分子式进行扩展上非常有效，往往几个甚至十几个化合物，一个检索式就能有效表达。

【实例3】

检索目标：

一种荧光体，其组成为

$A_aB_bC_cD_dX_x$ …… 式 [1]

A 表示 1 种以上的碱金属元素，

B 表示 1 种以上的碱土金属元素，

C 表示选自由元素周期表第 3 族元素，

D 表示选自由元素周期表第 4 族元素，

X 表示 1 种以上的卤素元素，

其中，$0 \leq a < 1$、$0 < b < 1$、$0 < c < 1$、$0 \leq d < 1$ 和 $0 < x < 1$ 且 $a+b+c+d+x=1$。

检索分析：

目标中仅限定相关元素的价态（族）而未限定元素的具体种类，导致其包含有大量并列技术方案，如使用所有可能的元素作为关键词，则会导致噪声太大而无法筛选相关文献。此外，由于通式没有限定不同元素的比例，不存在具体的分子式，也无法通过化学式进行检索。因此，使用 STN 中 REGISTRY 数据库中的元素组分检索是目前最有效的检索手段。但是，经尝试后发现，使用 STN 检索并未获得相关文献。

通过浏览说明书，可以发现其中对这个化学式结构进行了如下优选："作为本发明的荧光体，优选可以举出 $CaAlF_5$、$SrAlF_5$、$BaAlF_5$、Ca_2AlF_7、Sr_2AlF_7、Ba_2AlF_7、Ca_3AlF_9、Sr_3AlF_9、Ba_3AlF_9、$BaMgAlF_7$、Ba_2MgAlF_9、$LiMgAlF_6$、$LiCaAlF_6$、$LiSrAlF_6$、$LiBaAlF_6$、$NaCaAlF_6$、$NaSrAlF_6$、$NaBaAlF_6$、$NaMgAlF_6$、Na_2MgAlF_7、$Na_3CaMg_3AlF_{14}$、$KMgAlF_6$、$KCaAl_2F_9$、$RbMgAlF_6$、$(Na, K, Rb)MgAlF_6$ 等"。

从这些优选结果中可以发现，同时含有二价、三价元素的锰激活的氟化物红光材料属于核心技术方案。此外，在说明书中给出的所有优选化合物中，三价元素（即式［1］中的 C）均为 Al，卤素（即式［1］中的 X）均为 F，但一价元素（碱金属元素）和二价元素（碱土金属元素）都是可变的。因此，针对这些具体的化学式利用截词符进行扩展，可以提炼出合适的化学式检索式：

　　+Mg?AlF+OR+Sr?AlF+OR+Ca?AlF+OR+Ba?AlF+

结合分类号在说明书中进行检索：

　　公开(公告)日<=20121226 AND IPC 分类号=C09K11 AND 说明书=(+Mg?AlF+OR+sr?AlF+OR+ca?AlF+OR+ba?AlF+)

得到 73 篇结果，中文库中为 13 篇，获得 CN102827601A。其在权利要求中公开了化合物 $ACaAlF_6：Mn^{4+}$（A=Li, Na, K, Rb, Cs）、$ACa(Ga, In)F_6：Mn^{4+}$（A=Li, Na, K, Rb, Cs）、$MAlF_5：Mn^{4+}$（M=Mg, Zn, Ba, Sr, Ca），是很完美的相关文献。

从这个实例可以看出，**如果利用截词符，使用 4 个关键词"+Mg?AlF+OR+Sr?AlF+OR+Ca?AlF+OR+Ba?AlF+"就能表达出说明书中的数十个结构组成各异的化学物**，再配合分类号，就能轻松地检索到特别相关文献。

5.5 其他检索系统介绍

近年来，专利检索工具的发展处于井喷期，涌现出大量检索系统，同时这些系统都在不断地迭代发展中。

不过，这些检索系统的主要特点基本相同。

（1）数据源基本一致

数据基本来自中美欧日韩五局以及 WIPO。这些专利机构也非常乐意向全社会提供其专利信息。例如，2014 年 12 月，中国国家知识产权局就宣布开通"专利数据服务试验系统"，免费为社会公众提供中美欧日韩五局的现存档案专利数据的下载和更新。

（2）界面和功能基本相同

布尔逻辑检索是检索系统的标配。这些检索系统均会提供不同的检索模式（简单检索、高级检索、分类表检索等），并且也都会推出自己的智能检索，或称为语义检索。在算符和截词符方面，也都会提供临近算符、同在算符等常用算符。事实上，在掌握 PSS 系统之后，对其他系统会触类旁通，迅速上手。

本节遴选一些常见的检索系统，重点介绍其特色之处。

5.5.1 索意互动 Patentics

Patentics 智能化专利检索和分析系统可以提供传统布尔检索、通配符、位置算符和截词符。其检索字段涉及专利信息各个方面，结构完整，数目繁多。

在数据方面，Patentics 收录全球 100 多个国家的摘要数据和主要国家的专利全文资源，还将美国、日本等文献通过机器翻译为中文，以利于检索和浏览。

Patentics 的独特优势在于智能语义检索功能。用户只要输入一个词语、一段话、一篇文章，甚至一个专利号码，系统就会自动抽取相关概念，然后将检索结果按照相关度从高到低排序展示。只要是含义相同或相似的专利文献，就会按相关度排序来呈现给用户，而不必考虑文本中是否包含该检索词。

基于其智能语义引擎，Patentics 系统可以实现许多独特的功能，例如专利攻防、智能标引、专利特征度计算、专利价值谱等。

第 9 章将以 Patentics 系统为例进行详细介绍。

5.5.2 佰腾 Baiten

除了常规的检索方式外，在表达式检索中，Baiten 还提供一些非常规的高级检索字段，例如主权项、主 IPC 号、CPC 分类号、变更前申请人、当前申请人等。Baiten 的检索仅提供截词符（模糊搜索）功能，没有提供临近算符。图 5-5-1 展示了部分 Baiten 提供的特殊检索字段。

代理人	agt	：黄志华
代理机构	agc	：北京同达信恒知识产权代理有限公司
主权项	ac	：一种控制方法
权利要求	clm	：一种过滤短信时的数据传送方法
说明书	des	：一种控制方法
优先权项	pr	：US11425395
国际申请号	ian	：PCT/US2006/039094
国际申请日	iad	：20061005
国际公开号	ipn	：WO/2007/075210
国际公开日	ipd	：20070705
进入国家日	icd	：20080729

图 5-5-1 Baiten 的特殊检索字段

此外，Baiten 还免费提供法律检索，包括专利转让检索、专利许可检索、专利质押检索、专利法律状态以及复审无效检索。Baiten 的检索结果浏览界面较为友善，可以提供多种不同类型的筛选过滤功能（参见图 5-5-2）。Baiten 还有多种排版方式，如列表式、图文式、首图式、多图式，其中多图式可以展示所有附图，方便对结构类的专利文献进行浏览。另外，也提供关键词高亮功能。批量导出著录项目及 PDF 功能需要付费。

图 5-5-2 Baiten 的检索结果浏览界面

Baiten 对检索结果提供一定的分析功能，如时间趋势、申请人、发明人、地域、分类、代理等，还能对检索结果自动生成一份包含几项基础分析内容的报告（参见图 5-5-3）。

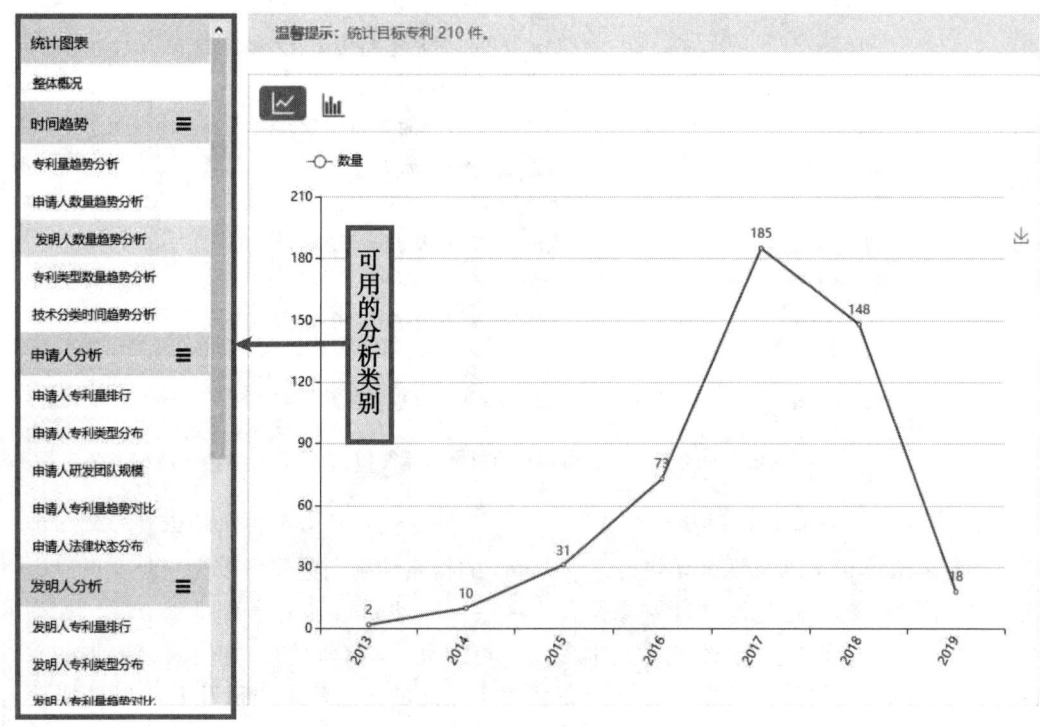

图 5-5-3 Baiten 检索结果的分析功能

在专利的详览页面中,Baiten 能够提供该专利的基本法律信息、引证文献、同族数据,以及相似专利,并提供跳转至官方网站查询审查过程的链接。另外,专利内容翻译需要付费使用。Baiten 还提供专利价值度信息,根据其内在的算法从技术、经济、法律角度对该专利的价值进行评分。

5.5.3 大为 Innojoy

除了常规的检索方式外,在高级检索(DPI 检索)或表达式检索中,大为还提供更多的高级检索字段,例如权项数、主 IPC 号、CPC 分类号、申请人类型(企业、院校、组织、个人)、申请方式(一案双申、分案申请)、技术来源国等。图 5-5-4 展示了部分大为提供的特殊检索字段。

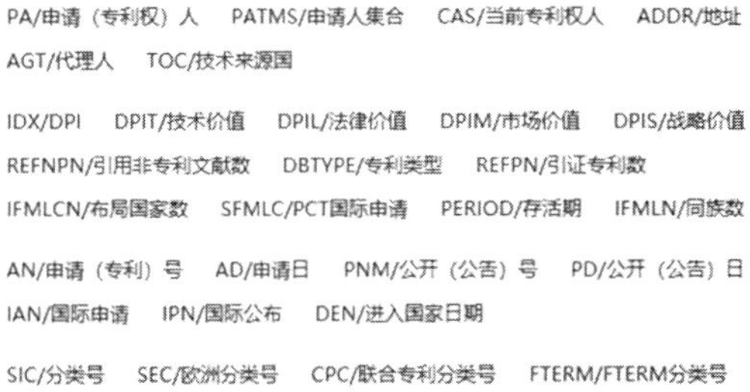

```
PA/申请(专利权)人      PATMS/申请人集合     CAS/当前专利权人      ADDR/地址
AGT/代理人             TOC/技术来源国

IDX/DPI     DPIT/技术价值    DPIL/法律价值    DPIM/市场价值    DPIS/战略价值

REFNPN/引用非专利文献数    DBTYPE/专利类型    REFPN/引证专利数

IFMLCN/布局国家数    SFMLC/PCT国际申请    PERIOD/存活期    IFMLN/同族数

AN/申请(专利)号    AD/申请日    PNM/公开(公告)号    PD/公开(公告)日
IAN/国际申请        IPN/国际公布    DEN/进入国家日期

SIC/分类号    SEC/欧洲分类号    CPC/联合专利分类号    FTERM/FTERM分类号
```

图 5-5-4 Innojoy 的部分特殊检索字段

Innojoy 可以提供 DPI 大为专利指数,根据其内在的算法从技术、经济、法律角度对该专利的价值进行评分。同时,大为还有其特有的 DPI 检索,其中针对 Innojoy 专利指数,Innojoy 可以提供更多的相关检索字段,如法律价值、市场价值、经济价值等。

Innojoy 可以为其检索提供截词符(模糊搜索)以及临近算符功能,同时,除了常规的"或"(OR)"与"(AND)等逻辑关系外,Innojoy 还可以提供"异或"(XOR)的逻辑运算符。

此外,Innojoy 还免费提供法律检索,包括专利转让检索、专利许可检索、专利质押检索、专利法律状态以及复审无效检索。

在中国外观专利库中,Innojoy 提供了图片检索功能(参见图 5-5-5)。在页面右上角,Innojoy 的帮助页面相对完善友好。

Innojoy 的检索结果浏览界面较为友善,其提供了多种不同类型的筛选过滤功能,还有多种排版方式,如列表式、图文式、首图式、三栏式、表格式,也可以提供关键词高亮功能。

Innojoy 还支持自定义显示字段。批量导出著录项目及 PDF 格式文件功能仅免费提供对 10 个结果条目的导出,超出部分需要付费。

Innojoy 的检索结果分析及聚类分析功能需要付费使用。在专利的详览页面中,Innojoy 能够提供该专利的基本法律信息、同族数据(需付费)、引证文献,若有复审无效信息还能直接查看决定全文,并提供跳转至官方网站查询审查过程的链接。另外,

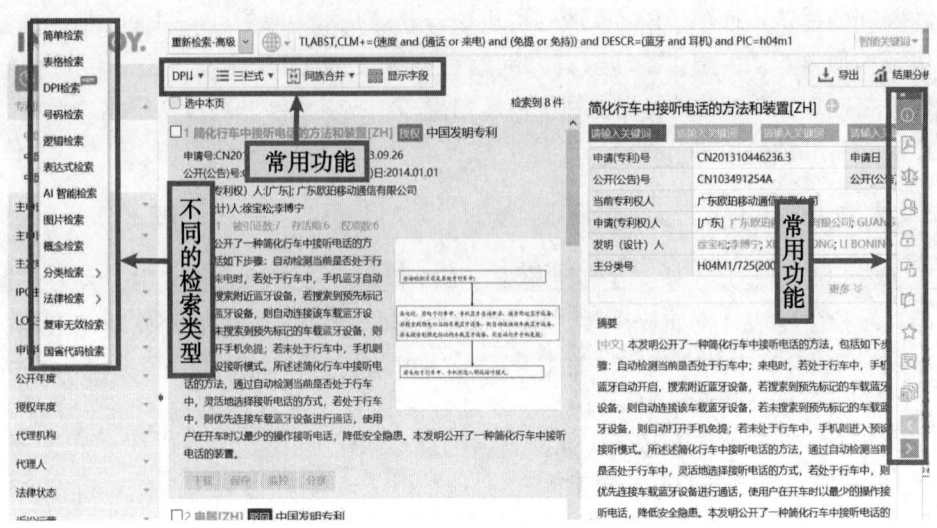

图 5-5-5　Innojoy 的图片检索功能

Innojoy 还免费提供专利内容的翻译功能（包括英译中、日译中、韩译中）。Innojoy 的日译中翻译功能如图 5-5-6 所示。

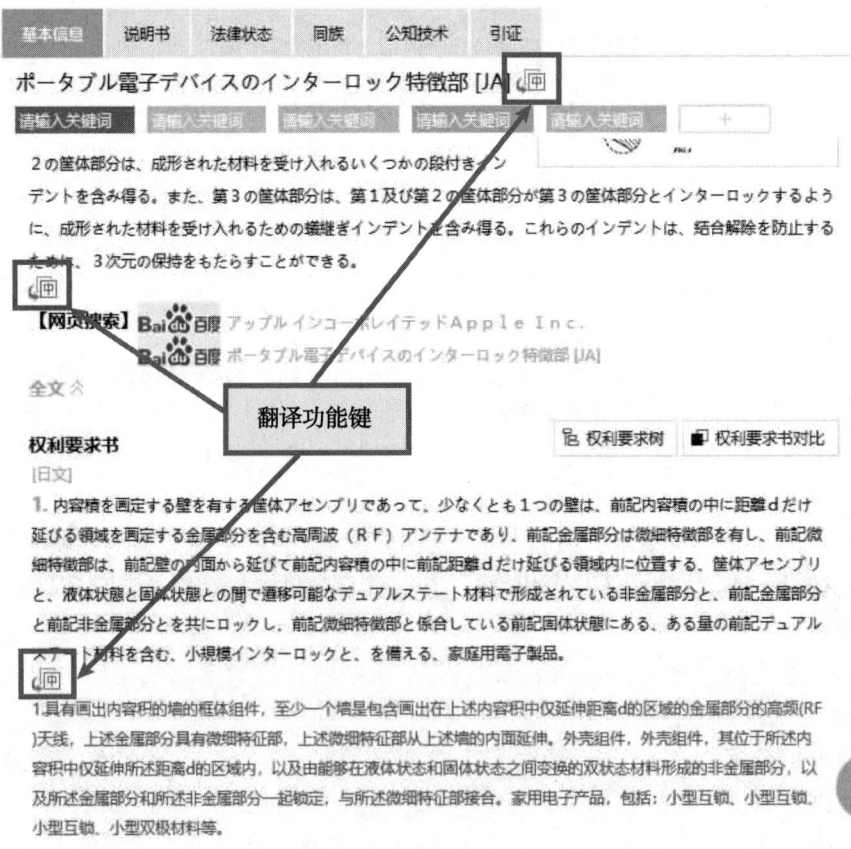

图 5-5-6　Innojoy 的日译中翻译功能

5.5.4 灵盾搜索 LindenPat

除了常规检索字段，在表达式检索中，LindenPat 还提供更多的高级检索字段，如主 IPC 分类号、CPC 分类号、历史法律事件、标签名称（发明目的或技术问题）及标签内容等。表 5-5-1 展示了部分灵盾提供的特殊检索字段。

表 5-5-1 LindenPat 的特殊检索字段

主 IPC 分类号（MIPC =） 国际专利分类号（IPC =） FI 专利分类号（FIC =）	CPC 专利分类号（CPC =） F-term 专利分类号（PTC =）
当前法律状态（LS =）	历史法律事件（LSE =）
优先申请国（PRC -）	优先申请号（PRN -）
同族专利号（PFN =）	同族专利数（CNT（PFN）=）
引证专利号（CTN =）	被引证专利号（CDN =）
专利代理机构（AGC =）	代理人（AGT =）

LindenPat 为其检索提供截词符（模糊搜索）以及临近算符功能。同时，LindenPat 还提供化学结构检索工具（参见图 5-5-7）。在页面右上角，LindenPat 还为用户提供了一个相对完善的帮助页面。

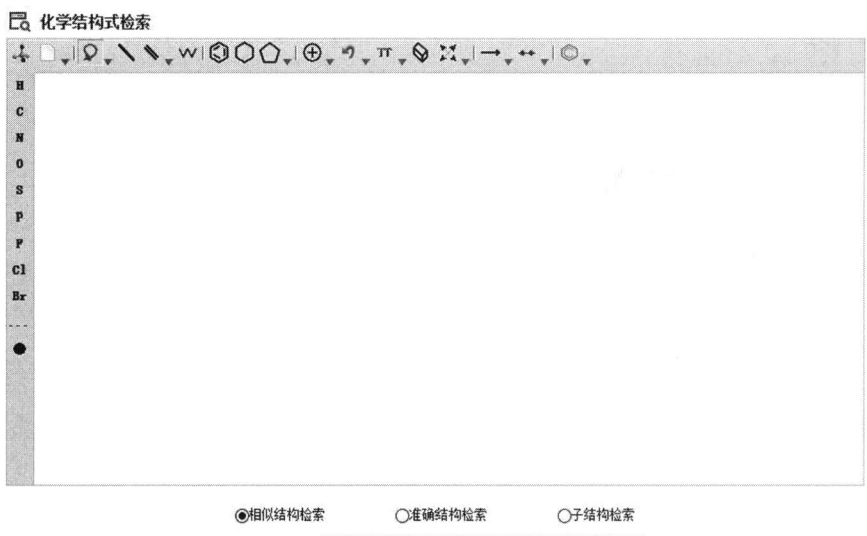

图 5-5-7 LindenPat 的化学结构检索工具

LindenPat 的检索结果浏览界面相对简洁，也提供多种不同类型的筛选过滤功能（参见图 5-5-8），还有多种查看方式，如列表式、图文式、首图式、图片式。

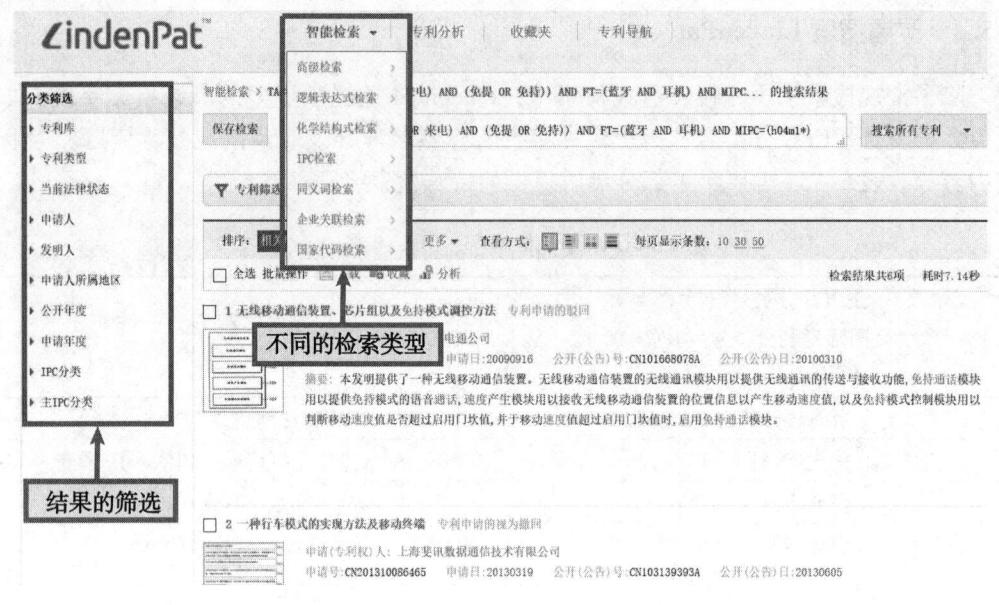

图 5-5-8　LindenPat 的检索结果浏览界面

　　LindenPat 也支持自定义显示字段。批量导出著录项目功能以及查看或下载 PDF 格式文件均需要消耗账户余额中的金币（积分）。LindenPat 对检索结果提供具有预设模板的基础分析功能，如日期分布、地域分布、领域分布、申请人分布等，高级分析功能需要消耗金币（积分）。

　　在专利的详览页面中，LindenPat 能够提供该专利的基本法律信息、同族数据、引证文献。

5.5.5　专利汇 PatentHub

　　在指令检索中，PatentHub 提供除常规字段外的更多高级检索字段，例如申请人类型（学校、科研院所、企业、其他）、主 IPC 号、CPC 分类号、专利有效性等。专利汇的检索仅提供截词符（模糊搜索）功能，未提供临近算符功能。图 5-5-9 展示了部分专利汇提供的特殊检索字段。

图 5-5-9　PatentHub 的特殊检索字段

此外,PatentHub 还提供法律检索,包括专利转让检索、专利许可检索、专利质押检索、专利诉讼检索以及复审无效检索,不过这些法律检索均需要付费使用(参见图 5-5-10)。在页面右上角有一个系统帮助和检索帮助页面。

图 5-5-10　PatentHub 的法律检索

PatentHub 的检索结果浏览界面较为友善,提供多种不同类型的筛选过滤功能,还有多种排版方式,如列表式、图文混合式、图片式、双联式。高亮、批量导出著录项目及 PDF 格式文件等功能需要付费。

PatentHub 对检索结果提供基础的分析功能,如申请人、发明人、地域、分类等,高级分析功能需要付费。

在专利的详览页面中,PatentHub 能够提供该专利的基本法律信息、引用情况、同族数据,以及相似专利,支持跳转至查询审查过程,同时还提供直接跳转至 Espacenet(Espacenet 的相关介绍可以参考本书第 4.2.3 节以及第 10.1.1 节)和 Global Dossier(Global Dossier 的相关介绍可以参考本书第 4.1 节)的链接(参见图 5-5-11)。另外,专利内容翻译需要付费。

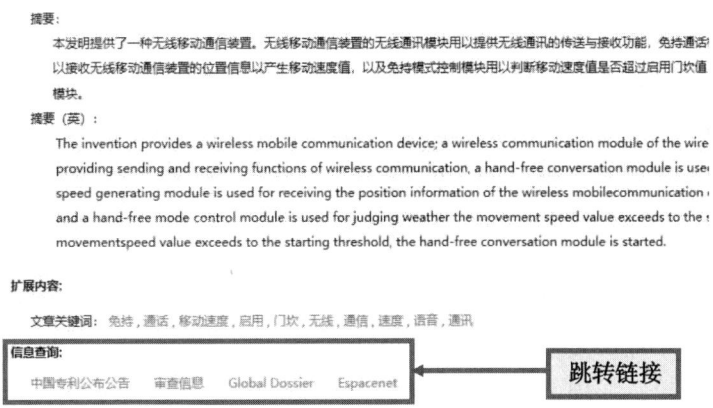

图 5-5-11　PatentHub 的专利详览界面

5.5.6 中国军民融合平台 SOOIP

SOOIP 提供常规的简单检索和高级检索（表格检索）等检索方式，还提供具有其特色的军民融合导航检索以及特色行业导航检索（参见图 5-5-12）。

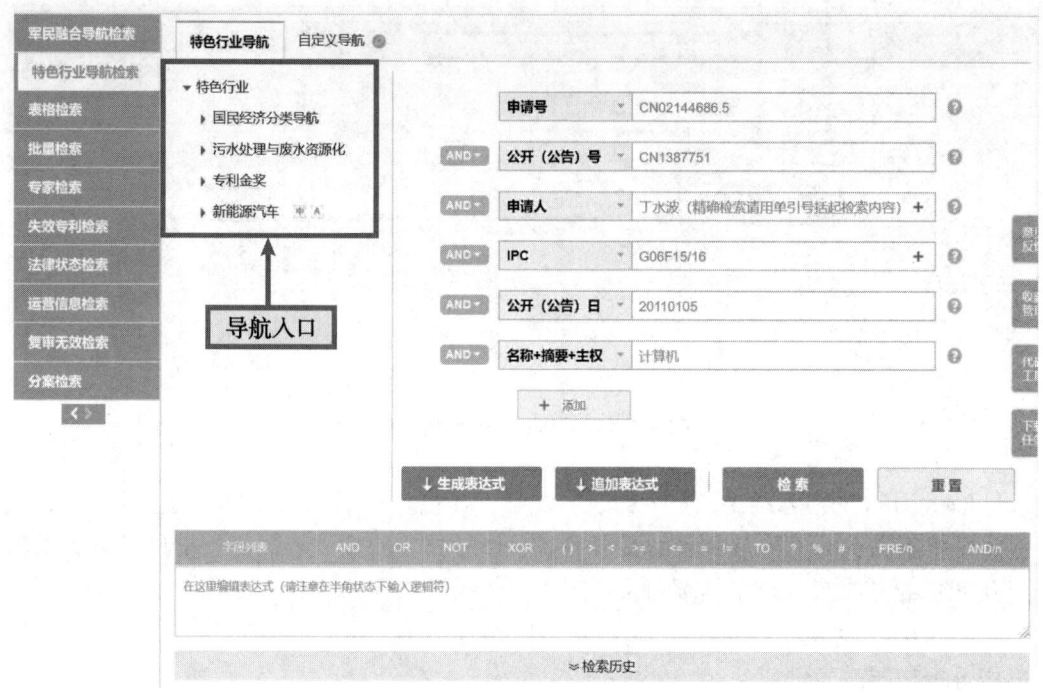

图 5-5-12 SOOIP 的检索界面

在表格检索中，SOOIP 还提供更多的高级检索字段，如进入国家日、CPC 分类号、审查员、背景技术、附图说明等。

SOOIP 为其检索提供截词符（模糊搜索）以及临近算符功能，同时，除了常规的"或"（OR）、"与"（AND）等逻辑关系外，还提供"异或"（XOR）的逻辑运算符。

此外，SOOIP 还提供法律检索、运营信息检索、复审无效检索以及判例检索。在页面右上角，SOOIP 还为用户提供了一个较为完善的帮助手册页面。

SOOIP 的检索结果浏览界面较为友善，提供多种不同类型的筛选过滤功能（参见图 5-5-13）。检索结果有多种排版方式，如图文式、表格式、多图式、概细览式。关键词高亮仅在详览界面提供。

SOOIP 批量导出著录项目及 PDF 格式文件等功能在超出一定数量时需要付费。

SOOIP 对检索结果提供基础的分析功能，如申请人、发明人、地域、分类等，同时还提供关联分析和聚类分析。

在专利的详览页面中，SOOIP 提供该专利的法律信息、引证专利及分析、同族数据，并支持跳转至查询审查过程。

第 5 章 快速认识检索系统

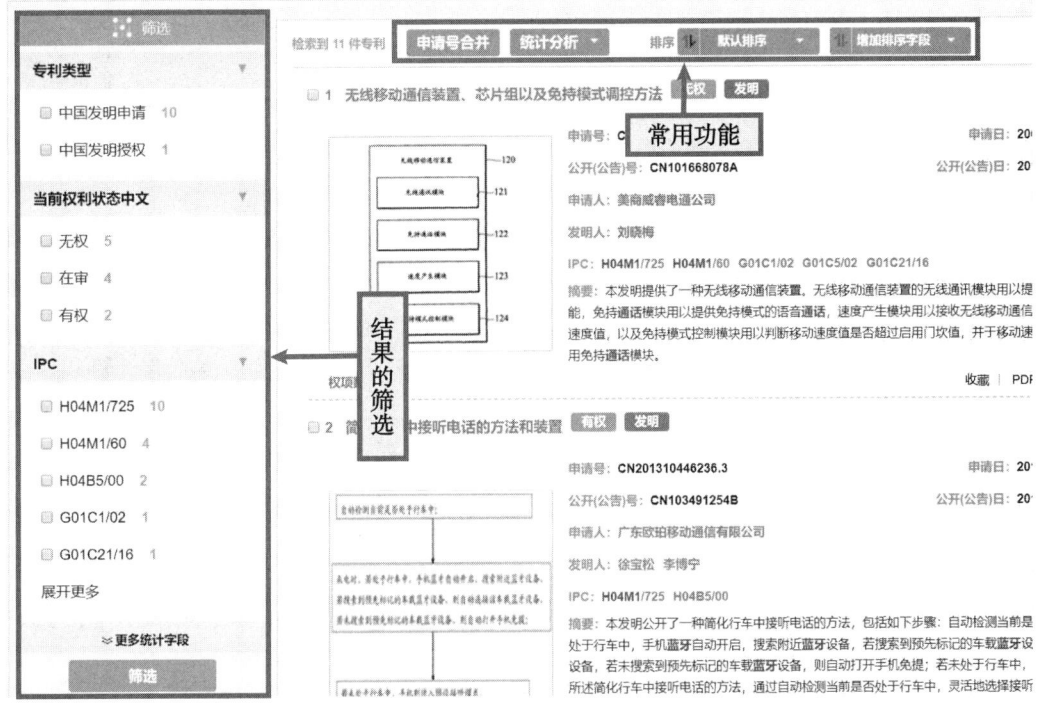

图 5-5-13 SOOIP 检索结果浏览界面

5.5.7 专业领域的检索工具/数据库

很多专业领域都有自己独特的术语和独特的检索需求，由此也产生了具有领域特色的专业检索系统。以下简单介绍一些专业检索系统。

（1）3GPP 协议数据库

3GPP（3rd Generation Partnership Project，www.3gpp.org）是一个成立于 1998 年 12 月的标准化机构。目前其成员包括欧洲的 ETSI、日本的 ARIB 和 TTC、中国的 CCSA、韩国的 TTA、北美洲的 ATIS 和印度的电信标准开发协会。

3GPP 是开发移动电话协议的标准组织。其最著名的工作是开发和维护以下标准：GSM 和相关的 2G 和 2.5G 标准，包括 GPRS 和 EDGE；UMTS 和相关的 3G 标准，包括 HSPA；LTE 和相关的 4G 标准，包括 LTE Advanced 和 LTE Advanced Pro；下一代标准，如 5G 的相关标准等。

通信领域公司在参与 3GPP 的通信标准化过程中，通常会预埋相关专利，其专利申请所涉及的技术问题通常在 3GPP 标准组织中也对应着很多提案。当专利申请的背景技术中提到相关协议时，就需要特别留意是否需要在 3GPP 数据库进行检索。

（2）IEEE Xplore

IEEE Xplore（https://ieeexplore.ieee.org/Xplore/home.jsp）是一个学术文献数据库，它收录了美国电气电子工程师学会（IEEE）和英国工程技术学会（IET）的所有出版物，是 IEEE 旗下最完整、最有价值的在线数字资源，其权威内容覆盖电气电子、航空航天、计算机、通信工程、生物医学工程、机器人自动化、半导体、纳米技术、电力等各种技术领域。

IEEE Xplore 具体收录内容包括：IEEE 学报、IEEE 期刊、IEEE 杂志、IEEE 函件、IEEE 会议录、IEEE 标准、IEEE 期刊、IEEE 会议。

（3）ACM 数据库

ACM（Association for Computing Machinery，网址为 https://dl.acm.org）是指美国计算机学会，于 1947 年在纽约成立的非营利机构，致力于在全球范围内促进计算机科学的发展。

ACM 主要学术出版物包括期刊、杂志、会议记录等，其内容覆盖所有计算机学科及相关领域，如计算机安全、计算机图像学、信息检索、通信、移动计算、数据挖掘、软件工程以及电子商务等。ACM 数据库包括全文数据库以及二次文献数据库，同时 ACM 还拥有相应的 CCS 分类系统对其文献进行分类索引，IPC 计算机分类正是以 CCS 分类为主要参考标准之一。

（4）中国中药专利数据库

中国中药专利数据库（CTCMPD）是世界上唯一进行深度加工标引的中国中药专利数据库。

它吸取了 DIALOG、STN 等国际联机检索系统和 CA/PHARM/WPI 等世界权威数据库的优点和先进的检索功能，且具有强大的辅助文档——中药词典，可进行中药材名称的多文种检索、同义词检索、模糊检索和高级精确检索，并提供中药材名称对应的英文名称、拉丁名称、拉丁植物名称。

它同时还支持包含多种中药材的方剂相似性检索。通过 PSS 检索系统注册登录后，点击"药物检索"，即可进行"方剂检索"和查看"中药词典"及"西药词典"。

（5）STN 数据库检索平台

STN 数据库是 Scientific and Technical Network 的简称。STN 是由全球 3 个机构（美国化学文摘社 CAS、德国卡尔斯鲁厄专业信息中心 FIZ-Karlsruhe 和日本科技情报中心 JST）以跨国合作的经营方式成立的在线资料库。

STN 检索系统收录了 200 多个资料库，涵盖化学、生物科学、材料科学、物理、生物技术、医药、石油、商业信息、药学、电子、毒理、食品、能源、制剂、染料、工程、地球科学、农学、健康与安全、建筑等各个领域，以化学和生命科学领域的文献收录最全，尤其是化学结构式检索的首选工具。

（6）UniProt 数据库检索平台

UniProt 是 Universal Protein 的简称，是信息最丰富、资源最广的蛋白质数据库。

它通过整合 Swiss-Prot、TrEMBL 和 PIR-PSD 三大数据库的数据而形成。它的数据主要来自基因组测序项目完成后，后续获得的蛋白质序列。它包含大量来自文献的蛋白质的生物功能的信息。

(7) GenBank 数据库检索平台

GenBank 是美国国家生物技术信息中心（NCBI）建立的 DNA 序列数据库，从公共资源中获取序列数据，主要是科研人员直接提供或来源于大规模基因组测序计划。

为保证数据尽可能完整，GenBank 与 EMBL（欧洲 EMBL-DNA 数据库）、DDBJ（日本 DNA 数据库）建立了相互交换数据的合作关系。

第 6 章　查新检索

6.1　查新检索的意义

查新检索，重点在"查新"二字。顾名思义，查新检索就是专利申请人、专利审查员、专利代理人以及有关人员在申请专利、审批专利以及申报国家各类奖项等活动之前，为判断该发明创造是否具有新颖性、创造性，对各种公开出版物上的有关现有技术进行的检索。查新检索通常也被称为新颖性检索。

查新检索应检索所有的现有技术，包括专利数据库（中文和外文）、非专利数据库（例如期刊、硕博论文、会议论文以及其他公开出版物等）。

查新检索之前，必须设定一个检索对象，可以是权利要求书的技术内容，也可以包括说明书中的其他技术内容。

需要注意的是，查新检索是有明确时间界限的，必须设立一个时间点，在此之前公开的文献才能是"新"的。对于专利实质审查中的查新检索而言，申请人向专利局提交申请的日期即申请日是十分关键的，**在申请日前公开的，才属于现有技术**。

查新检索的目的在于充分了解现有技术，判断拟提交申请文件的授权前景，是否需要对权利要求进行修改以规避现有技术，或者根据检索到的现有技术在说明书中补充相应的对比实验、效果数据等来增加授予可能性。

在专利审查过程中，经常会出现这样的专利申请：申请文件的撰写水平很高，权利要求层次分明设定合理，但偏偏核心技术内容被现有技术公开，导致申请无法得到授权，造成大量精力和金钱上的损失。这种情况一般都是因为没有进行查新检索，或者查新检索不够充分。

因此，自己动手进行查新是一个很不错的选择。本章将通过一个实际案例，介绍查新检索的基本流程，包括检索具体操作和浏览操作。同时介绍典型的块检索策略，以及专利信息检索中最重要的一个概念——基本检索要素。

知识拓展——查新检索服务

在专利申请之前，对申请文件进行查新检索，是非常值得推荐的做法，可以有效地规避明显的新颖性和创造性缺陷，更能为合理设置权利要求的范围提供重要信息。很多专利申请在提交申请文件的时候甚至会同时提交新颖性检索报告，以供审查员参考。

国家知识产权局专利检索咨询中心提供查新检索服务，或者称为新颖性检索服务。其检索报告实际上是由对应领域的审查员作出的。社会上许多知识产权服务机构也会提供查新检索服务。例如，各地陆续成立的知识产权保护中心、各家专利代理和咨询机构等都能提供查新检索服务。

6.2 检索流程和基本策略

首先从一个检索实例入手来谈谈查新检索的基本流程。

针对这个实例，该**如何找到与其最相关的文献呢**？在哪里检索、输入什么检索式进行检索，又是如何进行浏览来筛选最相关文献呢？

> 权利要求1：
> 一种家庭机器人，其特征在于，包括：
> A. 壳体；
> B. 设置在所述壳体之上的至少一个超声波传感器，所述超声波传感器用于检测家庭机器人运动方向上的物体，并获取所述家庭机器人与所述物体之间的距离；以及，
> C. 控制器，所述控制器与所述超声波传感器相连，所述控制器根据所述距离对所述家庭机器人进行控制。

通常，可按照如图6-2-1所示的步骤展开检索。

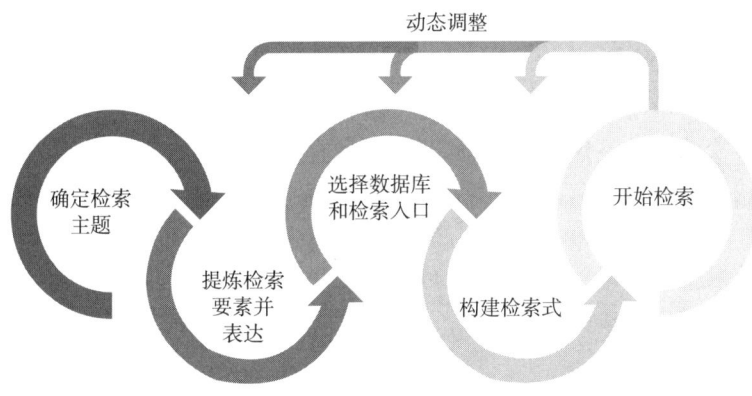

图6-2-1 专利信息检索的基本流程

6.2.1 确定检索主题

首先需要确定检索主题，也就是需要明确检索所针对的文本以及技术方案。

在这个实例中，检索针对的文本就是上面这段权利要求1的文本内容。

从这段文本中可以提炼出其中的技术构思。简单地说，这个技术构思就是带有壳体、超声波传感器和控制器的家庭机器人。

这样，检索主题就确定了，要寻找的就是那些带有壳体、超声波传感器和控制器

的"机器人"的技术内容。

检索主题的确定对于专利审查中的检索而言是十分重要的，毕竟如果选错主题，就可能使整个检索功亏一篑。但是，对于非审查的专利信息检索而言，确定检索主题不需要特别强调，但明确检索主题后对于检索结果会具有更明确的预期，因此仍然有必要认真做好这一步。

6.2.2 从检索角度进行分析，提炼检索要素

明确检索主题之后，该如何展开检索呢？毕竟检索时不能把这一大段文字直接复制、粘贴到检索系统的输入框中去。这时，就需要**从检索角度来分析技术方案，提炼出检索要素**。

在这里，可以引入一个工具——**检索要素表**。

简单阅读上面那段权利要求 1 的文本内容，就可以很轻松地将其中的名词提炼出来作为检索要素。现在确定的检索主题中，家庭机器人总共有三个部件，它们共同构成四个检索要素，如表 6-2-1 所示。

表 6-2-1 检索要素表

检索要素	检索要素1 "家庭机器人"	检索要素2 "壳体"	检索要素3 "超声波传感器"	检索要素4 "控制器"
分类号				
中文关键词				
英文关键词				

当然，**检索要素并不仅限于名词**。很多情况下，动词、形容词具体描述了技术手段，能够反映出具体的技术特征，因此动词、形容词也会被选作检索要素。

例如，在检索浏览中，如果发现超声波传感器是机器人的标配，但现有的超声波传感器无法获取距离数据，仅能检测物体存在与否，那么，必然要检索现有技术中有没有能检测距离数据的超声波传感器，此时，"检测距离"就应该作为一个检索要素罗列在表中。

总之，在开始检索前，**可以基于对检索主题的初步理解来提炼出我们认为的检索要素，并将它们列在检索要素表中**。

 知识拓展——检索要素与关键词

检索要素是一个抽象的概念，其与检索关键词是不同的。

在这个例子中，只是用"家庭机器人"这个关键词来命名"家庭机器人"这个检索要素。

实际上，也可以采用"Robot"这个英文单词或者以"B25J 11/00"这个分类号来命名这个检索要素，甚至直接称之为"检索要素1"。

关键词只是表达检索要素的一种方式。在下文中会介绍，检索要素的表达有两种手段，一为关键词，二为分类号。

在这个步骤中，**检索要素的初步确定并不需要十分准确**，因为在检索和浏览中我们将会逐步深化对技术内容的理解，从而不断修正这张检索要素表。根据检索的功利性原则，实际检索过程中，可能删掉一些检索要素，也可能补充一些检索要素。

6.2.3 表达检索要素

提炼出检索要素后，就需要对它们进行表达。

表达检索要素有两个途径：分类号和关键词。首先，直接查看检索要素表（参见表6-2-2）。

表6-2-2 检索要素的表达

检索要素		检索要素1 "家庭机器人"	检索要素2 "壳体"	检索要素3 "超声波传感器"	检索要素4 "控制器"
分类号	IPC	B25J 11			
	CPC	A47L 11/24 A47L 11/4061			
	FI	A47L 11/24			
	F-term	3B073			
关键词	中文	扫地机器人、清洁机器人、自动打扫机、智能清洁装置、智能吸尘、机器人吸尘器	外壳、壳体	超声波传感器、超声传感器、超声感应、超声测距	控制器、控制单元、控制模块、操纵模块、操纵单元
	英文	cleaner、robot	shell	ultrasonic sensor	control

对于分类号，可以用不同的分类体系来表达它们，例如表中列出的IPC、CPC、FI/F-term，当然还可以采用UC、EC等。

对于关键词，可以用英文关键词，也可以用中文关键词，根据需要，还可以用日文、法文、德文等不同语言的关键词。

除了采用不同语言进行关键词的表达外，在同一种语言下，还需要对关键词的表达进行扩展，例如近义词、反义词、上下位概念、缩写，甚至还包括错别字等。例如，"超声波传感器"这个检索要素，也可以表达为"超音波传感器"。

同样地，在这个步骤中，对于检索要素的表达，不需要做到尽善尽美，不需要将各种表达方式全部罗列出来。在后续的检索和浏览中，我们会有意识地不断地寻找新的表达方式，不断扩展和完善这张表。

知识拓展——关键词的扩展途径

关键词扩展具有一定的扩展途径，通常可以从三个方面来扩展关键词：形式、意义和角度。

形式上的扩展主要是考虑关键词表达的不同形式，例如英文单词中的单复数、英美不同拼写形式、常见的错误拼写形式等，如 vapor 和 vapour、customize 和 customise、二氧化硅和二氧化矽等。对于形式上的扩展，通常也可以采用各种截词符来实现关键词表达形式上的完整。例如，对于 vapor 和 vapour，我们可以采用 vapo?r 来表示，其中截词符"？"代表 0 个或 1 个字符。截词符在各个检索系统中会有所差别。

意义上的扩展主要是考虑每个技术特征的不同术语表达，其中最基本的扩展方式就是同义词和近义词扩展。例如，对于"扫地"的扩展，可以考虑"吸尘""清扫"等同义词的表达。基于专利文献的特点，还可以从反义词、上位概念、下位概念以及等同特征这些角度来进行关键词扩展，以进一步实现检索的准确和全面。通常，意义上的扩展难以一次性扩展全面，需要在检索过程中借助于对检索结果的浏览来不断补充和调整。

角度上的扩展主要是考虑技术方案所涉及的各个方面，例如技术问题、技术特征的功能和作用、技术效果等，因为这些角度通常都是与具体的技术手段直接相关的。例如，对于"扫地机器人中的感测技术"这一检索主题，如果待检索的感测技术是用来提高扫地机器人的定位精准度，那么就可以进行技术效果上的扩展，如"定位 S 精准"。

6.2.4 选择数据库和检索入口，构造检索式

画好了一张检索要素表，绞尽脑汁写了一堆关键词和分类号后，终于可以坐到电脑面前，准备输入检索式开始检索。

那么问题来了：要选择什么数据库？该在哪里输入检索式？又应该用什么检索式呢？

答案很简单：目标导向。也就是说，**要检索的目标是什么样子的，预计会在哪里出现，就用什么样的检索式去那个会出现的地方进行检索。**

在这个实例中，我们以 PSS 系统中的中国发明申请数据库来进行介绍，目标文献是中国发明专利文献。

输入网址 pss-system.cnipa.gov.cn 进入 PSS 系统的主页（参见图 6-2-2）。

阅读本书的读者，建议毫不犹豫地选择**上方功能栏中的"高级检索"进入高级检索模式**（参见图 6-2-3）。事实上，当你熟悉使用这个系统后，会发现高级检索模式更加友好方便。

第6章 查新检索

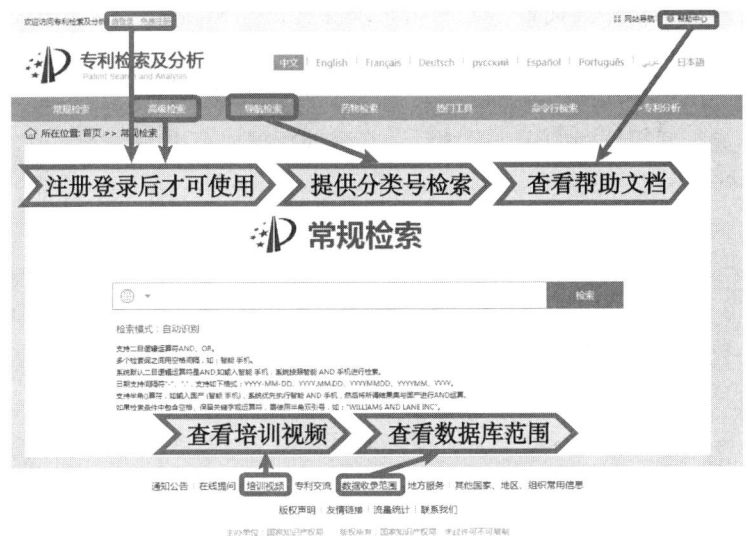

图 6-2-2 PSS 系统主页

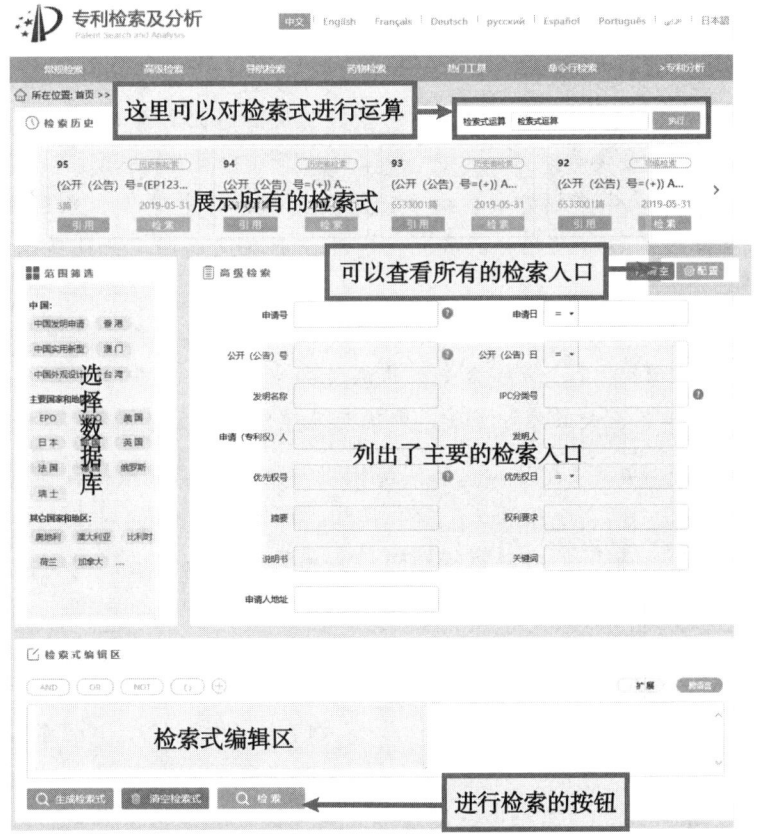

图 6-2-3 PSS 系统的高级检索模式

129

在高级检索模式下,页面最上方的是系统保存的检索历史,只要是登录用户,系统会自动记录其输入过的检索式,由此可以对检索式进行编辑和逻辑运算。

页面左边列出了全部的数据库,可以直接通过鼠标单击的方式选择一个或多个数据库。如果不进行任何选择的话,系统默认在全部数据库下进行。

 知识拓展——数据库的选择

要检索的目标会在哪里出现,就去哪个地方进行寻找。

这就是选择数据库的原则。在这里谈论几个常见的应用场景。

如果想了解该技术在中国的现状,那么就用中文关键词在中文专利文献库中检索;

如果想了解该技术在外国的现状,那么就用外文关键词在外文专利文献库中检索;

如果想要检索技术细节、实施例内容或背景技术内容,那么就用这些检索词在全文库中检索;

如果想要检索欧美文献,那么可以在包含欧美国家的外文库中利用 CPC 分类号进行检索;

如果想要检索日文文献,那么可以在日文库中,利用 FI/F-term 分类号进行检索。

哪个国家在这个行业发展较为完善先进,其专利文献数量会相对较多,就应该重点进行检索。例如,日本在碳纤维领域申请量较为突出,则检索时应优先考虑日本专利库和日本 FI/F-term 分类号。

例如,在移动多媒体广播方面,由于欧洲、美国、日本等各自采用不同的标准,要分析与移动多媒体广播标准相关的专利,则就分别在这些国家或地区的专利数据库中进行针对性检索。

例如,苹果公司是多点触摸屏智能手机的开创者,美国专利文献中会有不少与智能手机控制有关的专利申请。而智能手机的制造和生产主要集中在中国,因此,检索与智能手机结构、工艺有关的专利申请,则优先选择中国专利数据库。

右侧则列出了主要检索入口。这个系统相当友好,只要将鼠标移至表格项区域,就可以显示帮助信息。而右上角的"配置"按钮,可以对检索入口进行增加和删减。

在下方的检索式编辑区,可以**直接通过输入检索式**的方式进行检索,也可以**先在表格区域输入相应的字段,再通过点击"生成检索式"来让系统帮助生成检索式**,然后执行检索。

例如,针对检索要素1——"家庭机器人",理想中的目标文献应该在摘要中提及"家庭机器人",并且中文文献应该很多。于是,应选择中国发明申请库,在"摘要"这个检索入口中输入与"家庭机器人"这个检索要素有关的检索词。由于这些检索词很多,因此可以用"OR"算符把这些词连接成一个检索式,于是得到检索式1(参见图6-2-4):

1 >> 摘要=(扫地机器人 OR 清洁机器人 OR 智能清洁装置 OR 自动打扫机 OR 智

能吸尘 OR 机器人吸尘器)

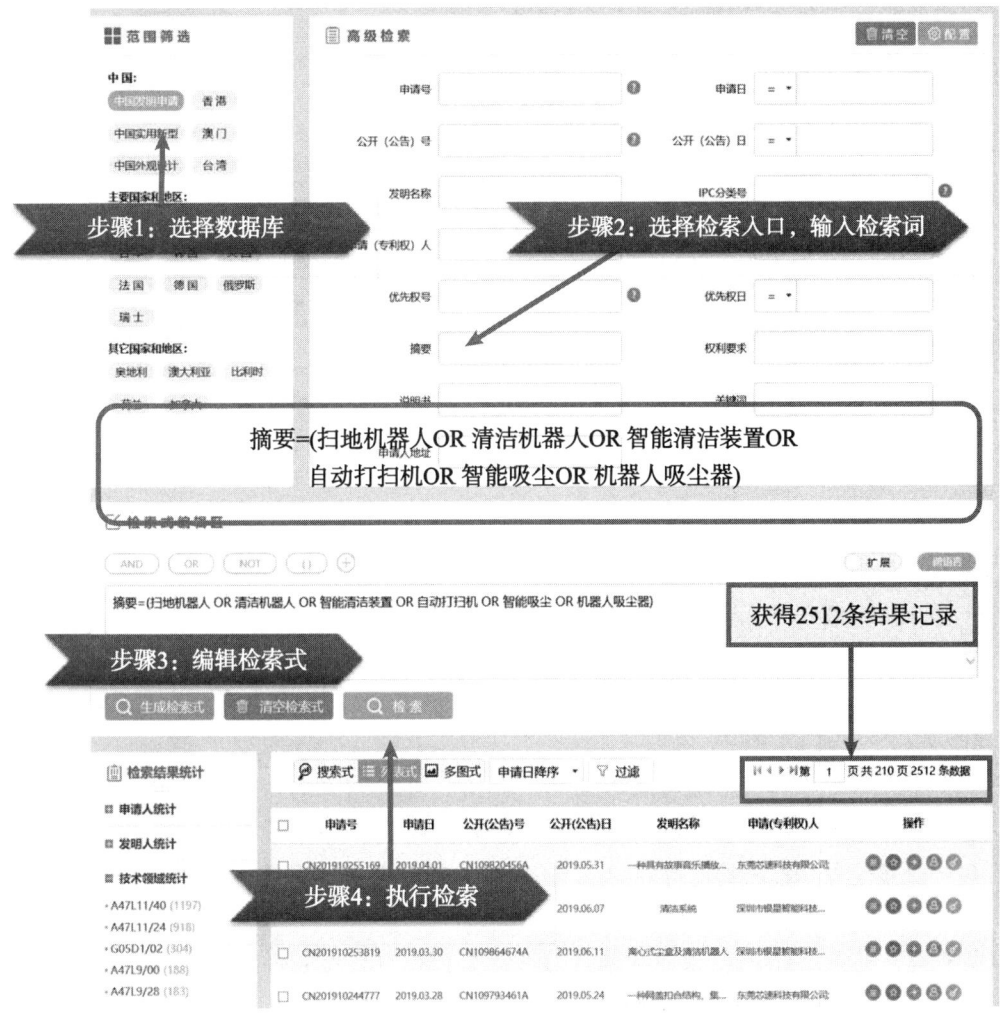

图 6-2-4　PSS 系统的检索步骤及结果

表 6-2-3 是 PSS 系统中常见的检索入口及其缩写。

表 6-2-3　PSS 系统中的常见检索入口

检索入口	说明	通用英文缩写	英文全称
SQH	申请号	AP	Application Number
GKGGH	公开/公告号	PN	Publication Number
YXQH	优先权号	PR	Priority Number
SQR	申请日	APD	Application Date
GKGGR	公开/公告日	PD	Publication Date

续表

检索入口	说明	通用英文缩写	英文全称
FMR	发明人	IN	Inventor
SQZLQR	申请/专利权人	PA	Patentee/Applicant
FMMC	发明名称	TI	Title
ZY	摘要	AB	Abstract
IPC	IPC分类号	IC	International Classification
SMS	说明书	DESC	Description
QLYQ	权利要求	CLMS	Claim
GJC	关键词	KW	Keyword
	基础索引	BI	Basic Index

知识拓展——检索入口的概念

检索入口是一种偷懒的说法。实际上，这个概念后面隐藏着两个概念：字段和索引。

字段，英文是 Field。数据表的"列"称为"字段"，"行"即为"记录"。每个字段包含某一著录项目的信息。就像第 2 章中所介绍的，"申请号""发明名称"这些都是表中所有行共有的属性，所以把这些列称为"申请号"字段和"发明名称"字段。字段用于存储和显示。

索引，英文是 Index。索引提供指向存储在表的指定列中的数据值的指针，其作用相当于图书的目录，可以根据目录中的页码快速找到所需的内容。当文献被存储到数据库中时，其字段中的内容必须被计算形成索引（即标引）才能被检索出来。因此索引主要服务于检索。

通常每个字段都会有与其同名的索引，例如"申请号"字段就有"申请号"索引，"发明人"字段就有"发明人"索引。

而有些索引则包含多个字段，称为复合索引。

最典型的是每个数据库一般都有的基础索引（Basic Index，BI），它通常包含发明名称、摘要等文本类型的字段。在检索输入框中进行检索时，如果不显示地提供检索入口，那么默认都在这个基础索引下进行检索。

对于 PSS 系统而言，其基础索引被命名为关键词，包括发明名称、摘要和权利要求。而对于 CNKI 而言，主题检索入口，则是包含中英文摘要、中英文标题和中英文关键词六个字段组成的复合索引。

表格中第三列的通用英文缩写是很多检索系统通用的检索入口缩写形式，也是审查员都熟记的英文缩写。而第一列的拼音缩写则是 PSS 系统为了便于公众使用而特意在命令行检索模式中使用的。

同样，对于检索要素 2——"壳体"，可以选择在"说明书"这个检索入口中输入与"壳体"这个检索要素有关的检索词。于是，就得到检索式 2：

2 >>说明书＝(壳体 OR 外壳)

对于检索要素 3——"超声波传感器"和检索要素 4——"控制器"，同样可以选择在"说明书"这个检索入口中输入有关的检索词。于是，得到检索式 3 和检索式 4：

3 >>说明书＝(超声波传感器 OR 超音波传感器 OR 超声传感器)

4 >>说明书＝(控制器 OR 控制单元 OR 控制模块)

很明显，**在每个检索要素内部，这些检索词之间都用布尔算符"OR"来连接，而在不同检索要素之间，就应该用布尔算符"AND"来连接。**

目标文献应该在检索式 1~4 的结果的交集中：

5 >>(摘要＝(扫地机器人 OR 清洁机器人 OR 智能清洁装置 OR 自动打扫机 OR 智能吸尘 OR 机器人吸尘器))AND(说明书＝(壳体 OR 外壳)) AND (SMS＝(超声波传感器 OR 超音波传感器 OR 超声传感器)) AND(说明书＝(控制器 OR 控制单元 OR 控制模块))

至此就完成一个典型的块检索过程。现在就可以在这个检索式的结果中进行浏览，寻找和实例一样技术内容的文献。事实上，在中国发明申请库中，这个检索式获得 51 条记录（2019 年 6 月 22 日检索结果）。

回过头来看检索要素表，很明显，这 5 个检索式正是按照检索要素表的结构进行构建的。

检索要素表反映了非常典型和常用的一种检索策略——块检索策略。构建块的时候用"OR"来连接，组合块的时候用"AND"来连接。根据情况，可以调整块内部的表达和块之间的选择。

 知识拓展——检索式的运算

在上文中，将 4 个块直接用"AND"算符连接起来，形成一个长长的检索式，检索得到了 51 篇文献。

那么如果使用检索式的运算功能，就不需要使用长长的检索式。

1 >>摘要＝(扫地机器人 OR 清洁机器人 OR 智能清洁装置 OR 自动打扫机 OR 智能吸尘 OR 机器人吸尘器)

2 >>说明书＝(壳体 OR 外壳)

3 >>说明书＝(超声波传感器 OR 超音波传感器 OR 超声传感器)

4 >>说明书＝(控制器 OR 控制单元 OR 控制模块)

对于这 4 个编号为 1~4 检索式的"与"运算，可以使用编号直接进行。

在检索式运算区，输入"1 and 2 and 3 and 4"，即可获得这 4 个检索式的"与"运算结果。

| 检索式运算 | 1 and 2 and 3 and 4 ✕ | 执行 |

审查员在学习检索时，都会被告知，尽量使用简洁的检索式，避免结构复杂的冗长检索式：一是因为检索式的运算，块检索变得更加方便；二是因为明晰简短的检索式更不容易出错，不仅可以避免输入错误，也可以避免计算机系统解析错误。

6.2.5 动态调整

一个有经验的检索员应该能够根据检索结果的情况，对检索过程进行动态调整。

例如，对于检索式1，选择"摘要"这个检索入口，目的是尽量保证不属于机器人这个技术领域的文献不会出现在检索结果中，但是仍有可能带入一些检索噪声。例如，检索结果中有"一种充电方法及相关设备"，这与机器人完全无关。此外，在对这个检索要素扩展至六个关键词后，仍然有可能遗漏一些关键词表达，例如"智能除尘"。

此时可以对检索式1作如下调整：

6 >> 发明名称=(扫地机器人 OR 清洁机器人 OR 智能清洁装置 OR 自动打扫机 OR 智能吸尘 OR 机器人吸尘器 OR 智能除尘) OR IPC=(A47L11/24 OR A47L11/40)

可以看到，将关键词的检索入口限定为"发明名称"，同时用分类号来完善其表达，这样就能够既准确又全面地检索到关于"家庭机器人"的专利文献。

知识拓展——块检索策略

块检索一般包括构造块和组合块两个过程。

（1）块构造

在分析权利要求并列出检索要素表之后，对于一个检索要素，完整的块构造模式为：

关键词 OR 分类号 OR 其他表达方式

即分别将一个检索要素的不同表达形式"或"（OR）起来，查找与该检索要素相关的所有文献；也可以先对一个检索要素的一个表达形式进行检索，最后再将该检索要素不同表达形式的检索结果合并在一起，作为该检索要素的一个块构造。

（2）块组合

在构造每个块之后，结合被检索技术方案的技术特点和检索结果情况对块进行组合。

理论上来讲，我们可以进行全要素组合检索（即要素1 AND 要素2 AND 要素3 AND 要素4）、三要素组合检索、双要素组合或者单要素分别检索，其中非全要素组合又可以依据具体技术方案采用不同的组合。

全要素组合检索到X类文献的可能性最大，但是结果最少，一般是检索中首先采用的组合方式。在全要素组合没有检索到合适的专利文献的情况下，可以尝试去掉一个检索要素再继续进行检索。在块组合中，采用何种组合方式除了需要考虑检索结果的多少外，还需要从技术上考虑结合的可能性。

此外，在实际检索过程中，每个要素块内部也不是每次都必须采用所有的表达方式来构建完整的表达，可以根据实际情况可以进行不同的选择和简化。

检索式2对应于检索要素2——"壳体"。但是应该清楚，机器人通常都会有壳体，在检索过程中即使不限定"壳体"这一检索要素，最终的检索结果中涉及机器人的绝大多数专利文献也都会包含"壳体"这一技术特征。因此，这个检索要素相对于整个技术方案而言，并没有特别的技术含义，那么就可以直接删除关于"壳体"的检索式。

检索式3对应于检索要素3——"超声波传感器"。如果我们在浏览结果的时候发现，很多机器人中都安装了这种传感器，但是并未提及这种传感器在感知的同时能够测距，那么实际要检索的目标文献应该记载有能够测距的超声波传感器。自然地，现在就应该追加一个检索要素"测距"。表6-2-4是调整后的检索要素表达。

表6-2-4 调整后的检索要素表达

检索要素		检索要素1 "家庭机器人"	检索要素2 "测距~~壳体~~"	检索要素3 "超声波传感器"	检索要素4 "控制器"
分类号	IPC	B25J 11 A47L 11/24 A47L 11/40			
	CPC	A47L 11/24 A47L 11/4061			
	FI	A47L 11/24			
	F-term	3B073			
关键词	中文	扫地机器人、清洁机器人、自动打扫机、智能清洁装置、智能吸尘、机器人吸尘器、智能除尘	~~外壳~~、~~壳体~~、测距、距离检测	超声波传感器、超声传感器、超声感应、超声测距	控制器、控制单元、控制模块、操纵模块、操纵单元
	英文	cleaner、robot	~~shell~~	ultrasonic sensor	control

注：下画线部分为增加的检索要素，删除线部分为删除的检索要素。

可以看到，对于"家庭机器人"这个检索要素，增加了一些关键词表达，删除了"壳体"这个无关的检索要素，增加了"测距"这个新的检索要素并进行相应的关键词表达。基于调整后的检索要素表，现在可以构建一个新的检索式：

7 >>(发明名称＝(扫地机器人 OR 清洁机器人 OR 智能清洁装置 OR 自动打扫机 OR 智能吸尘 OR 机器人吸尘器) OR IPC＝(A47L 11/24 OR A47L 11/40)) AND 说明书＝(超声波传感器 OR 超音波传感器 OR 超声传感器)AND 说明书＝(控制器 OR 控制单元 OR 控制模块) AND 说明书＝(测距 OR 距离检测)

事实上，这个实例十分简单，带有测距功能的超声波传感器的扫地机器人有很多相关文献，截至 2019 年 6 月 22 日，在中国发明申请库中，共检索到 88 篇文献，在这里就不一一列出了。

 知识拓展——检索要素表

块检索策略是建立在检索要素表基础上的。在检索要素表中，第一行罗列出不同检索要素，它们相互之间应该以逻辑"与"的关系组合；以下的各行则是每个检索要素的不同表达方式，不同表达方式之间则以逻辑"或"的关系组合。

检索要素表是技术方案转化为检索式的重要桥梁。检索要素划分准确，关键词、分类号扩展合理的一张检索要素表，有助于准确高效地将技术方案翻译成检索式，表达在检索系统中。

在专利审查员的培训期间，对于首批检索案例，他们都会在指导老师的要求下，认认真真地列出长长的检索要素表，指导老师也会仔细阅读并予以指导。

但是培训结束后，在平时的审查工作中，专利审查员基本上就不列检索要素表了。然而，检索要素表体现了十分常用也十分有用的一种检索策略，审查中的大部分检索其实都遵循这种块检索的策略。尽管专利审查员在培训结束后不会特意去列一张检索要素表，但是专利审查员会用各种颜色的笔在权利要求书上做出各种标记。事实上，他们就是在划分出检索要素，并在纸上写上各种术语、分类号和英文单词。他们在心里构建出检索要素表，并以此为依据，输入并调整检索式。

因此，也建议读者在刚开始练习检索的时候，试着列一张检索要素表，掌握这种块检索策略，让自己对技术方案的理解能高效准确地表达在检索式中。

实际上，检索式 7 也并非最优的表达方式，但是因为检索结果已经足够，根据**功利性原则**，也没有必要再花精力对检索式进行调整。

 知识拓展——动态调整

当检索结果中的文献大多数与检索主题不相关时，不应当草率作出终止检索的结论或者按照原来的检索思路继续进行检索，而应当考虑检索的各个步骤和选择的检索策略是否恰当，例如对技术方案的理解是否准确、选择的检索领域是否准确、划分的检索要素是否合适、每个检索要素的表达是否全面、选择的数据库是否合适、选用的检索入口是否正确。

在动态调整中，要善于从检索结果反馈得到新的检索信息，例如关键词、分类号、申请人、发明人、同族专利及引用文献信息等，然后再利用这些信息调整检索策略。

动态调整一般可以从以下两方面入手：

（1）根据检索结果调整检索策略以及检索要素表达方式；
（2）根据检索结果找到新的检索入口。

例如，通过浏览已经检索到的文献，从某些与发明主题比较相关的某些文献中可以筛选出特别相关的分类号和/或关键词，这些分类号可以用于扩展检索领域，而关键词可以用来与分类号结合创建新的检索式。

当检索到某一相关的文献时，还可以进一步利用该文献的引用文献信息、申请人和发明人信息等进行追踪检索。检索时，一般从中国文献库开始，利用理解发明后得出的基础检索式进行检索，检索到比较接近的文献后进行分析和追踪，对原始的关键词、分类号及其他信息进行修正和补充，在中文检索的基础上转入外文库检索，利用中文检索结果获得英文关键词、各国（地区）分类号以及申请人信息，然后针对各个数据库的特点分别利用不同的分类体系对各国（地区）文献进行检索，从而实现较为全面准确的检索。

6.3 基本检索要素

第 6.2 节一直在介绍检索要素，本节更进一步来介绍基本检索要素。在《专利审查指南 2010》中，因为其与《专利法》的新颖性、创造性息息相关，基本检索要素是检索章节中最重要的一个概念。

本节内容理论性较强，也比较抽象。实际上，只需阅读第 6.2 节的内容而跳过本节介绍的内容，也可以大致了解专利检索的基本流程，完成自己的检索任务。**如果想更加深入了解专利信息检索，那么可以阅读本节内容来精进一步。**

通常，一个技术方案包括多个技术特征，从这些技术特征中可提炼出多个检索要素。在一个技术方案的全部检索要素之中，**确定该技术方案的基本构思所对应的检索要素即是基本检索要素。**

继续以第 6.2 节的"家庭机器人"为例，该如何确定哪些检索要素是基本检索要素呢？

很简单，哪些检索要素体现技术方案的基本构思，哪些要素就是基本检索要素。

在第 6.2 节中，一开始选定四个检索要素，其中检索要素 2——"壳体"是机器人一般都会有的结构，并且这个机器人的壳体并无特别之处，因此，检索要素 2——"壳体"不是基本检索要素。

同样地，检索要素 4——"控制器"也不是基本检索要素。因为如果超声波传感器检测到距离参数，必然会传给机器人的控制模块进行控制。也就是说，"控制器"也是机器人一般都会有的结构，并且技术方案中"控制器"的功能即是它的固有功能，该"控制器"也没有特别之处。

因此，即使检索到的文献中没有提到"壳体"和"控制器"这两个检索要素，但是只要描述了"利用超声波传感器进行测距的机器人"这样的技术方案，那么这类文献也是要找的目标文献。因为"壳体"和"控制器"这两个技术特征是不言自明的，是显而易见的。**由于它们不是基本检索要素，因此不需要在检索中表达这两个检索要素。**

相比之下，检索要素 3——"超声波传感器"部分体现这个技术方案的发明构思，应该被认定为基本检索要素。同时，在检索浏览时，可以发现并不是所有的超声波传感器都会进行测距，有的只是用来避障。很明显，有必要将"测距"这个检索要素加以补充，**明确限定"利用超声波传感器进行测距"才是技术方案的基本构思，因此认定"测距"也是一个基本检索要素。**

同时，检索要素 1——"家庭机器人"限定该技术方案的领域，也属于基本检索要素。

因此，根据在检索浏览中对这个领域技术状态的理解，可以确定以下三个检索要素是基本检索要素：

检索要素 1：家庭机器人；

检索要素 2：超声波传感器；

检索要素 3：测距。

如果目标文献包含这三个基本检索要素，就有很大的可能性成为对本实例的新颖性和/或创造性产生影响的相关文件。

基于此，可以构建一个更简洁高效的检索式：

8 >> 说明书 =(测距 S 超声) AND (FMMC =(扫地机器人 OR 清洁机器人 OR 智能清洁装置 OR 自动打扫机 OR 智能吸尘 OR 机器人吸尘器) OR IPC =(A47L11/24 OR A47L11/40))

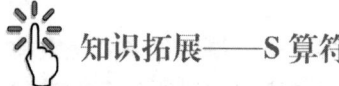

知识拓展——S 算符

在 PSS 系统中，S 是类似于 AND 算符的一种算符。

检索式"说明书 =(测距 S 超声)"的意思是，在说明书检索入口中，检索在同一个句子中包含"超声"和"测距"这两个关键词的记录。

S 是 sentence 的缩写，即同句算符，属于同在算符的一种。

这是非常强大的工具，第 5 章对常见的算符进行了系统性的介绍。

在这里，用 S 连接测距和超声两个要素，非常高效简洁地表达了这两个要素之间的内在联系，可得到相关度更高的结果。

在 PSS 系统中得到 165 篇文献，这些结果相关度明显就更高。

从专利法的角度来看，如果检索得到的文献中包含所有的基本检索要素，那么其评述相关技术方案的新颖性或创造性的可能性就很高了。

 知识拓展——检索的中止

什么时候可以停止检索呢？

找到最相关文件就可以停止。或者按照审查员的话来说，找到能够评价其新颖性创造性的对比文件就可以停止检索。

但是如果没有找到相关文件呢？

这是检索时永恒的一个问题，没找到怎么办，继续找吗？

初学检索的审查员最纠结的问题也是这个，什么时候才能停下寻觅的脚步？想停下来，又担心错过那个冥冥中存在的相关文件。

解决的答案就在检索要素表和基本检索要素中。

（1）当你的检索要素表中每个基本检索要素的扩展都足够充分，构建了准确全面的块；

（2）当你尝试过所有的基本检索要素组合，在各类型的数据库中都圈定了足够的文献；

（3）当你耐心地阅读和筛选过基本检索要素组合所圈定的所有文献。

注意一点，我们强调的是基本检索要素，而不是检索要素。

此时，即使还没有找到预期的相关文件，也可以有信心地说，可以停止检索，这个技术方案是具有新颖性和创造性的。

而什么程度才能称为足够，这就要根据领域和经验积累进行判断。初学检索的审查员往往会对最初的十余件检索任务拼命检索，有的甚至长达一个月，就是在深化对基本检索要素概念的理解和运用，积累对检索的认识和经验。

6.4 高效地进行浏览

检索的首要原则是功利性原则。检索结果是我们最关注的，必须时时进行浏览才可以确认检索结果的有效性。不论检索系统提供了什么样的工具，只要能够提高浏览和筛选效率，就应毫不犹豫地使用。

6.4.1 检索结果的浏览

下面看一下检索结果的浏览页面。许多检索系统都提供不同的结果显示方式。图 6-4-1 以"列表式"显示检索结果。

图 6-4-1 "列表式"显示检索结果

而如果改为默认的"搜索式",则能直接看到命中记录的更多信息。这个模式显示每一篇文献的著录项目信息,可点击"过滤"来自定义著录项目,也可采用"申请日降序"功能来优先显示最新的专利文献(参见图 6-4-2)。

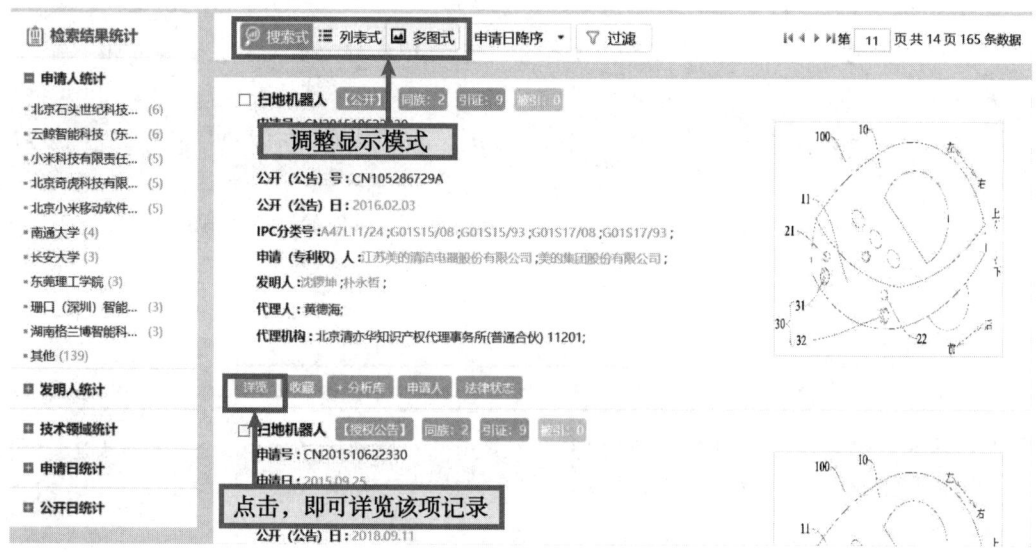

图 6-4-2 "搜索式"显示检索结果

不管显示模式有几种,都应该根据功利性原则来选择使用。

例如,只是想看看结果是不是符合预期,那么可以快速批量显示标题的列表式能让我们从发明名称中快速判断结果的契合度。

例如,善于使用左侧的"检索结果统计",有助于对检索结果形成概要印象,提取关键申请人和有用的分类号信息。

例如,在检索机械结构等图像相关信息时,可以切换到多图式显示模式,批量浏览附图。

在每个命中文献中,系统都提供"详览""收藏""加入分析库""申请人""法律状态"等工具按钮。其使用都十分简单易懂。

6.4.2 文献的详览界面

点击某项记录下方的"详览"按钮，进入文献浏览（即详览）界面（参见图6-4-3），可以浏览其著录项目、全文文本、全文图像、法律状态、审查信息等更细节深入的信息。

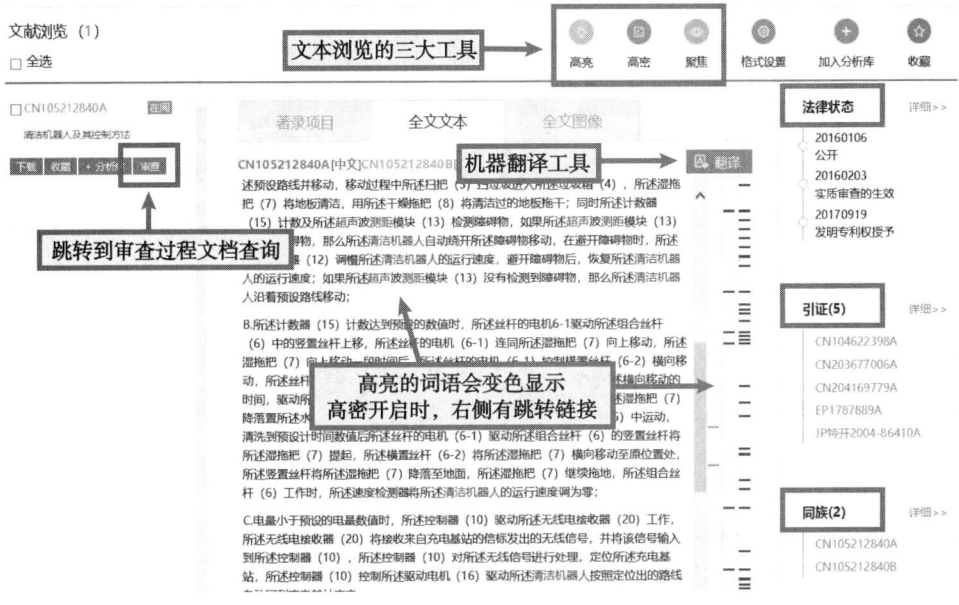

图6-4-3 专利文献的浏览界面

可以看到，关于当前记录文献的信息一览无余，可按需浏览。

提高文本浏览效率的关键工具在界面的右上方：高亮、高密和聚焦。

高亮就是将关键词用不同颜色来表示；

高密就是在右侧提供关键词的跳转链接，该功能可以快速统计出全文文本中高亮关键词的分布情况，并进行快速定位；

聚焦就是省略掉其他部分，只显示关键词周围数行的内容。

如果需要将文献下载保存，可以点击页面左侧的"下载"按钮，对许多中文文献而言，下载得到的内容如图6-4-4所示。

图6-4-4 中文文献的下载内容

其中，Full Text Images 中有文献的 **PDF 格式全文**，Full text 则是含有文字全文的

HTML格式文件,方便对文本内容进行拷贝处理。

在PSS系统中,不仅可以收藏一些记录,而且还可以对检索结果批量进行初步的专利分析。在图6-4-5所示的页面右侧有一串图标,给出了全选、全部详览、全选加入分析库等批量工具。

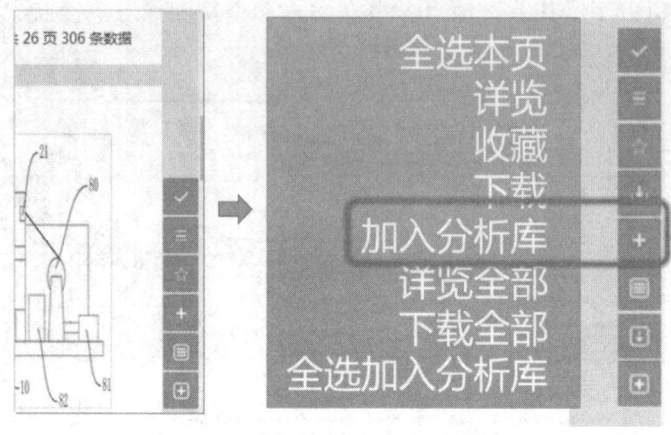

图6-4-5　PSS系统中的批量工具

6.5　基本检索策略

上文介绍的是常用的块检索,其将各检索要素视为一个"块",块的内部用"OR"算符连接,块之间用"AND"算符连接。而检索策略并不止这一种,存在无数种检索策略。

但不论策略有多复杂,这些策略都可以被拆分为三种:简单检索、块检索(并列式块检索和渐进式检索)以及追踪检索(参见表6-5-1)。

这三种基本检索策略可以随意组合形成无数复杂的检索策略。但是不管怎样,都请记住检索的原则——功利性和实践性原则。不管黑猫白猫,抓到老鼠就是好猫。检索时所要做的就是,合理选择策略,又快又准地达成检索目标。

表6-5-1　基本检索策略

检索策略		介绍
简单检索		初步检索,试探性检索; 用来初步了解检索主题;获取分类号等有助于检索的信息;得到可追踪的相关文献
块检索	并列式块检索	全部或部分检索块进行组合
	渐进式块检索	逐级限制,先以一个检索要素构造第一检索式,再用其他检索要素的检索式对第一检索式进行进一步的限定
	追踪检索	从一个较相关的文献出发,利用文献之间的同族关系及某些文献的检索报告和背景技术信息,检索其他相关文献

6.5.1 简单检索

简单检索是指通过较准确的分类号或关键词对检索主题进行试探性的检索，**无须进行分类号或关键词的扩展**。对于几乎所有的检索而言，**简单检索都是一个首选的检索策略**。

"有枣没枣先打一竿子。"

例如，对于"扫地机器人中的感测技术"这一检索主题，当只是想了解该技术方案的现有技术状况或者初步查找相关文献时，就可以采用分类号"A47L 11/24"来表示扫地机器人这一检索要素，而采用"感测"来表示感测技术这一检索要素，因此，简单输入检索式：

IPC =（A47L11/24）AND 摘要 =（感测）

这样的检索表达式更加简洁直接，而浏览该检索结果必然能得到大量的相关信息，甚至能直接找到相关文件，从而完成检索。

6.5.2 并列式块检索与渐进式块检索

由于简单检索只是试探性检索，并没有对关键词或分类号进行扩展，因此检索结果是不全面的。为了获得更加全面的检索结果，需要对各个基本检索要素的表达方式进行扩展，然后将这些不同的表达方式采用逻辑"或"进行组合，例如：

关键词 OR 分类号 OR 其他表达方式

像上面这样将一个基本检索要素的不同表达方式通过 OR 算符连接起来即构成一个检索块。每一个基本检索要素都可以构成一个检索块。通过一个检索块就可以查找与相应基本检索要素相关的所有文献，而通过对各个检索块及其组合的检索就可以实现对特定检索主题的检索，这就是块检索。

例如，对于"扫地机器人中的感测技术和充电技术"这一检索主题，可以构建如下所示的三个检索块。

块 1 对应"扫地机器人"这一基本检索要素：

摘要 =(扫地机器人 OR 清洁机器人 OR 智能清洁装置 OR 自动打扫机 OR 智能吸尘 OR 机器人吸尘器) OR IPC =(A47L 11/24 OR A47L 11/40)

块 2 对应"感测技术"这一基本检索要素：

摘要 = 感测 OR 侦测 OR 监测 OR 传感 OR 超声波 OR 红外线

块 3 对应"充电技术"这一基本检索要素：

摘要 = 充电 OR 续电 OR 续航 OR 电池

不同检索块之间通过 AND 算符进行组合，通过不同的组合方式，可以获得包含不同基本检索要素的相关文献，例如：

块 1 AND 块 2 => 扫地机器人中的感测技术

块 1 AND 块 3 => 扫地机器人中的充电技术

块 2 AND 块 3 => 感测技术和充电技术

块 1 AND 块 2 AND 块 3 => 扫地机器人中的感测技术和充电技术

可以看到,通过构建相应的检索块,可以按顺序从一个基本检索要素到另一个基本检索要素开始检索,直至得到最后的结果,检索逻辑清晰,也容易根据检索结果对检索策略进行修正。

例如,在进行全要素检索时,如果上例中"块 1 AND 块 2 AND 块 3"的检索式没有获得合适的结果的话,可以考虑**部分要素的组合检索**,即考虑使用"块 1 AND 块 2"或者"块 1 AND 块 2"进行检索。

在进行检索块的组合时,又可以采用两种组合方式。

第一种方式是**并列式块检索**。这种组合方式是在不同检索块分别构造完成之后再根据需要采用全部或部分检索块进行组合。例如,在进行新颖性检索时,通常需要采用全部检索块进行组合检索,例如上例中"块 1 AND 块 2 AND 块 3",这也称为全要素检索;而采用部分检索块进行组合的检索则称为部分要素组合检索(参见图 6-5-1)。当然,根据实际情况,也可以采用单个检索块进行检索,这也称为单要素检索。

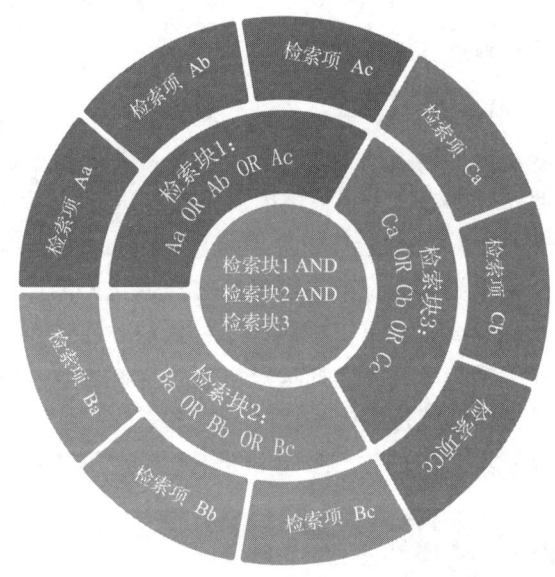

图 6-5-1 并列式块检索的典型示例

第二种方式是**渐进式块检索**。这种组合方式是通过逐渐增加检索块来逐步缩小检索范围,直至获得检索结果。例如,上例中先采用"块 1 AND 块 2"进行组合,从而获得新的检索块"块 12",然后可以继续添加第三个检索块进行检索,例如"块 12 AND 块 3",这就是渐进式块检索中逐步增加检索块的过程(参见图 6-5-2)。

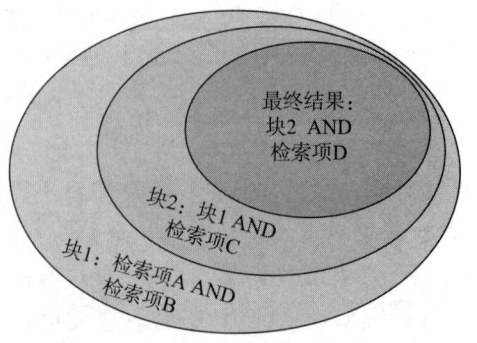

图 6-5-2 渐进式块检索的典型示例

6.5.3 追踪检索

追踪检索是指从一份文献出发,通过文献之间的某些联系,检索获得与这一份文献相关的其他文献。根据这些联系的种类,追踪检索可以包括发明人追踪检索、申请人追踪检索以及引用或被引用文献追踪检索。

在第4章中介绍了如何查询审查员的检索报告和审查意见通知书,由此就可以进行引用文献追踪。

而很多检索系统也将检索报告中的引用文献等录入数据库中,形成可以检索的引用或被引用文献检索入口。例如,Patentics 系统的"RIF"专利引用检索入口和"CITE"被引用专利检索入口。

第7章 技术主题检索

7.1 什么是技术主题检索

技术主题检索是以一个技术主题为目标进行检索，从而找出一批相关文献的过程。技术主题检索是希望找到记载相同技术主题的目标文献的集合。该目标文献集合，在理想情况下应当包含与该技术主题相关的所有专利文献，而不包含任何噪声文献。

技术主题检索作为一种检索类型，越来越被广大科研、生产、设计、贸易人员所认识和重视。在科研立项、技术创新、制定企业专利战略、评价一项要授予许可或考虑收购的特定技术等具体工作中，科研工作者或企业研发人员都会进行相应的技术主题检索，这样能够为上述活动提供极其重要的背景技术信息或参考技术信息。

技术主题检索与查新检索有很多区别，简单地将其列在表7-1-1中。

表7-1-1 技术主题检索与查新检索

项目	技术主题检索	查新检索
检索执行	一般由小组/团队协作完成	个人独立检索
检索目的	获取目标专利文献集合，了解技术领域的发展情况	获取最接近现有技术，并评价专利申请的新颖性和创造性
检索对象	技术领域或技术主题	具体技术方案
检索准备	确定目标技术领域的边界	理解技术方案
检索范围	专利文献数据库、非专利文献数据库	
检索过程	查全检索	查准检索
终止条件	查全	找到最接近的相关文件
成果	专利文献和非专利文献集合	数个相关文件

7.2 技术主题检索的主要流程

完整的技术主题检索过程和查新检索过程基本一致，都包括确定检索主题、提炼检索要素并表达、检索、浏览检索结果并评估结果等步骤（参见图7-2-1）。

与查新检索一致，在技术主题检索中，检索要素表也是不可缺少的辅助工具。

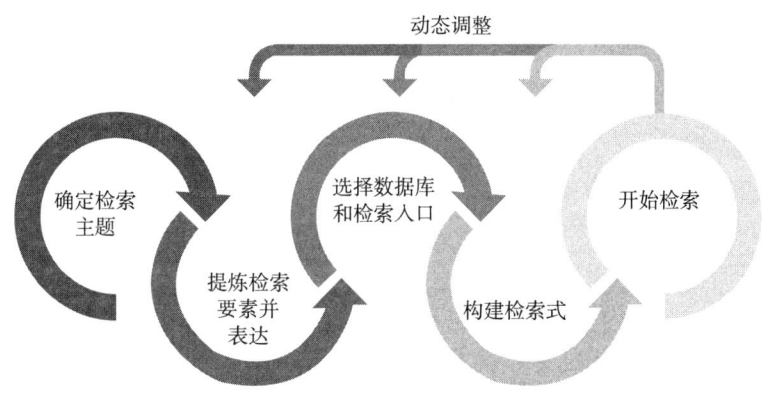

图 7-2-1 技术主题检索的基本流程

7.2.1 确定检索主题

在着手进入数据库进行检索前,需要确定技术主题,并对该技术主题进行分解,以获得对应的基本检索要素。

技术主题的确定根据实际需求而定。例如,在进行科研立项、技术创新、制定企业专利战略、评价一项要授予许可或考虑收购的特定技术等活动时,科研工作者或企业研发人员需要熟悉某个特定技术领域中的技术现状,由此确定相应的技术主题。

例如,某扫地机器人生产企业的研发人员,需要了解在我国国内的扫地机器人行业内,家庭扫地机器人在扫地时,一般采用哪种传感器进行路径规划以及躲避障碍。由此可以确定要检索的技术主题为"扫地机器人避障时采用的传感器"。

在确定了要检索的技术主题后,就可以对该技术主题进行分解,以得到对应的基本检索要素。本书第 6 章介绍了检索要素表这个工具,借助检索要素表,对该技术主题进行分解。

对于"扫地机器人避障时采用的传感器"这一技术主题,可以获取如表 7-2-1 所示的检索要素。

表 7-2-1 "扫地机器人避障时采用的传感器"检索要素

检索要素	检索要素 1 "扫地机器人"	检索要素 2 "避障及路径规划"	检索要素 3 "传感器"
分类号			
中文关键词			
英文关键词			

也就是说,根据需要检索的技术主题,可以确定三个基本检索要素——扫地机器人、避障及路径规划和传感器。

7.2.2 选择合适的数据库

对"扫地机器人避障时采用的传感器"这一技术主题进行检索时,可以选取 PSS 检索系统进行检索。

技术主题检索对检索数据库要求十分严格,毕竟其检索目的是查全。因此,技术主题检索一般都选择权威性的数据库。很多技术主题检索,都要求附上详细的检索过程和检索完成时间,以利于追溯查证。

PSS 检索系统中收录了大量数据库。

若仅需了解扫地机器人在中国的技术发展现状,则可选择中国专利数据库进行检索;如果需要了解行业中国外竞争对手的研发情况,则需要选择相应的外国专利数据库,如美国专利数据库或欧洲专利数据库等。

在这个实例中,某扫地机器人生产企业需要了解的是"扫地机器人避障时采用的传感器"这一技术主题在中国国内的技术现状,因此,自然选择中国专利数据库进行检索。

7.2.3 确定关键词与分类号

检索要素的表达有两种方式——关键词和分类号。检索过程中将逐步完善检索要素表,并构建检索式,以便圈定技术主题检索所需要的文献集合。

7.2.3.1 关键词的确定

关键词是专利文献内容最直观的表现,是进行技术主题检索的核心手段之一。关键词也是获得专利信息的基础,直接影响专利信息的全面性和准确性,决定着技术主题检索结果的质量。

根据待检索技术主题的检索要素表确定关键词时,针对检索要素表中的各个要素,应选择能够独立地或者与分类号逻辑运算来较准确和完整地表达该检索要素的关键词。

同时,应当不断地补充和扩展关键词,以保证检索结果的查全。在检索、浏览等过程中,都应该留意补充一些新的关键词,同时积累在典型的噪声文献中频繁出现的去噪关键词,最后结合技术领域以及表达的特点合理确定应用在检索式中的关键词。

扩展关键词的方式对读者应该都不陌生,至少大家都清楚要检索"计算机",就应该扩展到"电脑"。这里从方法论上入手,介绍关键词扩展时的三个要点。

(1)扩展通常应包括检索词的同义词、反义词、近义词、上下位概念等;而考虑意义的准确性的扩展应当在上述考虑全面性扩展的基础上进行必要的取舍和修正。具体来说,应该在进行检索词的同义词、反义词、近义词、上下位概念的扩展后,根据技术领域的特点进行取舍和修正。例如:

近义词:扫地、清扫、打扫、清洁;

反义词:(无法)打开↔(保持)关闭;

上下位概念:"移动终端"是"手机"的上位概念,"位置传感器"是"GPS"的上位概念。

（2）应充分考虑对同一关键词表达的各种可能形式，如英文关键词的不同词性、单复数、简称或缩写、英美拼写差异等，甚至要考虑比较常见的拼写错误；而对于中文关键词应该主要考虑地域用语的差别、曾用语、俗语、俗称或别称等，同样也需要考虑常见的错字或别字。例如：

词性：call、called、calling、callee、caller；

单复数：alarms、notifications；

缩写：UE 代表 user equipment，SoC 代表 state of charge；

英美拼写差异：center 与 centre、color 与 colour；

地域差异："笔记本电脑"在台湾地区叫作"笔电"，"摩托车"在台湾地区叫作"机车"；

常见错字："阈值"与常见错误写法"阀值"。

（3）专利文献往往从多个角度对技术内容进行相关的描述，如专利文献通常会记载发明的背景技术、待解决的技术问题、技术效果、实施方式以及说明书附图等，这些内容之间常常是相互对应的，因此关键词的扩展不局限于对关键词本身直接的扩展，还应考虑采用关键词的方式对该技术特征所解决的技术问题、技术效果或用途进行表述，并将得到的关键词作为检索的关键词。例如，智能手机上的接近传感器/距离传感器通常是用于通话时关闭屏幕以避免误触的，因此可以用"通话中""误触"或"关闭屏幕"的效果来间接表述"接近传感器"这一特征。

对于"扫地机器人避障时采用的传感器"这一技术主题，可以扩展如表 7-2-2 所示的相关检索关键词。

表 7-2-2 "扫地机器人避障时采用的传感器"相关检索关键词

检索要素	检索要素1 "扫地机器人"	检索要素2 "避障及路径规划"	检索要素3 "传感器"
分类号			
中文关键词	(扫地 OR 清扫 OR 清洁 OR 打扫 OR 吸尘 OR 拖地) 1D (机器人 OR 装置)、自动打扫机、智能吸尘	路径 OR 寻路 OR 避障 OR ((躲避 OR 避开 OR 避让) 2W (障碍)) OR 碰撞 OR 防撞	感应器、探测器、探头、感测器、检测器、传感器、雷达、超声波、激光、红外

在这个实例中，采用临近算符 W 和 D 来尽量准确地描述检索要素，并用 OR 算符串起大量的关键词，从而在力求尽可能全地查找文献的基础上，控制噪声水平。关于算符的介绍和使用方法，可参见本书第 5.3 节和第 5.4 节的相关内容。

7.2.3.2 分类号的确定

分类号体现分类员的智力劳动成果，能够克服关键词检索可能导致的片面、错讹、噪声多等缺点。

在技术主题检索中，选择准确的分类号并合理使用，可以弥补因使用关键词检索造成的漏检，大大提高技术主题检索的质量。

技术主题检索时，应找到该技术主题所属的分类号。这些分类号应当包括完全符合该技术主题的分类号，并可以包括不完全符合该技术主题，但是与该技术主题有关的分类号。

同时在进行技术主题检索时，应当全面、充分地考虑各个分类体系的特点，并根据技术领域，尝试在不同的分类体系中寻找与要表达的技术领域相关度较高的分类号。

一项技术主题往往涉及较多的分类号，技术主题分解后得到的同一个基本检索要素也可能涉及不同的多个分类号。

分类号选择通常有三种方式：一是直接查询分类表；二是从其他相关文献，如同族、优先权文件、系列申请等获取相关分类号；三是用统计方式获得相关分类号。具体如何确定分类号可参见本书第3章。

对于"扫地机器人避障时采用的传感器"这一技术主题，可以获取如表7-2-3所示的相关分类号。

表7-2-3 "扫地机器人避障时采用的传感器"相关分类号

检索要素	检索要素1 "扫地机器人"	检索要素2 "避障及路径规划"	检索要素3 "传感器"
分类号	A47L 11/24 A47L 11/00 A47L 5/00	G05D 1/02	
中文关键词	(扫地 OR 清扫 OR 清洁 OR 打扫 OR 吸尘 OR 拖地) 1D (机器人 OR 装置)、机器人吸尘器、自动打扫机、智能吸尘	路径 OR 寻路 OR 避障 OR ((躲避 OR 避开 OR 避让) 2W (障碍)) OR 碰撞 OR 防撞	感应器、探测器、探头、感测器、检测器、传感器、雷达、超声波、激光、红外

其中，G05D 1/02 表示二维的位置或航道控制；A47L 5/00 表示吸尘器的结构特征；A47L 11/00 表示用于清扫地板、地毯、家具、墙壁或墙上覆盖物的机械；A47L 11/24 表示机动扫地机械。

知识拓展——相关 IPC 分类号含义

A部——人类生活必需
A47 家具；家庭用的物品或设备；咖啡磨；香料磨；一般吸尘器

A47L 家庭的洗涤或清扫；一般吸尘器

A47L 1/00 窗的清扫

……

A47L 5/00 吸尘器的结构特征

A47L 5/02·带有由使用者驱动的空气泵或压缩机的

……

A47L 9/00 吸尘器的零件或辅助用具，如控制吸尘作用或产生振动作用的机械装置；吸尘器专用的储尘装置或其部件；专门用于吸尘器的装运车

A47L 11/00 清扫地板、地毯、家具、墙壁或墙上覆盖物的机械

A47L 11/02·地板光面或擦光机

……

A47L 11/22·手动扫地机械

A47L 11/24·机动扫地机械

A47L 11/26·手动的洗涤地板的机械

G 部——物理

G05 控制；调节

G05D 非电变量的控制或调节系统

G05D 1/00 陆地、水上、空中或太空中的运载工具的位置、航道、高度或姿态的控制，例如自动驾驶仪

G05D 1/02·二维的位置或航道控制

G05D 1/03··使用近场传输系统，例如，感应环路式

G05D 1/04·高度或深度的控制

……

7.2.4 构建检索式

得到基本成形的检索要素表后，就可以着手构建检索式并进行检索。

根据第 7.2.1 节的实例，可以确定要检索的技术主题为"扫地机器人避障时采用的传感器"。针对该技术主题，可以分解为三个基本检索要素：扫地机器人、避障及路径规划和传感器。

为了尽可能获得较全面的检索结果，当采用关键词进行检索时，可以选择 PSS 系统中的"关键词"入口进行检索，因为该检索入口能够同时针对发明标题、摘要和权利要求同时进行检索。

首先，针对检索要素 1——扫地机器人，由前文的分析可知，该检索要素可分别由不同的分类号或关键词进行表达。因此，可以通过如下的检索式来表达该检索要素：

1 >> 关键词 =((扫地 OR 清扫 OR 清洁 OR 打扫 OR 吸尘 OR 拖地) 1D (机器人 OR

装置)) OR 自动打扫机 OR 智能吸尘

2 >> IPC 分类号 =(A47L11/24 OR A47L11/00 OR A47L5/00)

同样，对于检索要素2——避障及路径规划，也可以分别采用关键词和分类号进行检索。采用如下检索式：

3 >> 关键词 = 路径 OR 寻路 OR 避障 OR ((躲避 OR 避开 OR 避让) 2W (障碍)) OR 碰撞 OR 防撞

4 >> IPC 分类号 =(G05D1/02)

对于检索要素3——传感器，根据前文获得的关键词，采用如下检索式：

5 >> 关键词 = 感应器 OR 探测器 OR 探头 OR 感测器 OR 检测器 OR 传感器 OR 雷达 OR 超声 OR 激光 OR 红外

根据本书第6章的内容可知，对于一个检索要素，完整的块构造模式为"关键词 OR 分类号 OR 其他表达方式"，即分别将一个检索要素的不同表达形式"或"起来。

因此，对于检索要素1，其完整的检索式应当为：

6 >> (关键词 = ((扫地 OR 清扫 OR 清洁 OR 打扫 OR 吸尘 OR 拖地) 1D (机器人 OR 装置)) OR 自动打扫机 OR 智能吸尘) OR(IPC 分类号 =(A47L11/24 OR A47L11/00 OR A47L5/00))

对于检索要素2，其完整的检索式应当为：

7 >> (关键词 = 路径 OR 寻路 OR 避障 OR ((躲避 OR 避开 OR 避让) 2W (障碍)) OR 碰撞 OR 防撞) OR (IPC 分类号 =(G05D1/02))

在完成块的构造后，需要将三个检索要素的检索表达逻辑相"与"，才能完整体现所要检索的技术主题的内容。

因此，要检索"扫地机器人避障时采用的传感器"这一技术主题，其完整的检索式应表达如下：

8 >> ((关键词 = ((扫地 OR 清扫 OR 清洁 OR 打扫 OR 吸尘 OR 拖地) 1D (机器人 OR 装置)) OR 自动打扫机 OR 智能吸尘) OR (IPC 分类号 =(A47L11/24 OR A47L11/00 OR A47L5/00))) AND ((关键词 = 路径 OR 寻路 OR 避障 OR ((躲避 OR 避开 OR 避让) 2W (障碍)) OR 碰撞 OR 防撞) OR(IPC 分类号 =(G05D1/02))) AND (关键词 = 感应器 OR 探测器 OR 探头 OR 感测器 OR 检测器 OR 传感器 OR 雷达 OR 超声 OR 激光 OR 红外)

最终，采用该检索式在PSS系统中检索，对于"扫地机器人避障时采用的传感器"这一技术主题，截至2019年7月18日，在中国专利库中，共有1504篇文献（参见图7-2-2）。

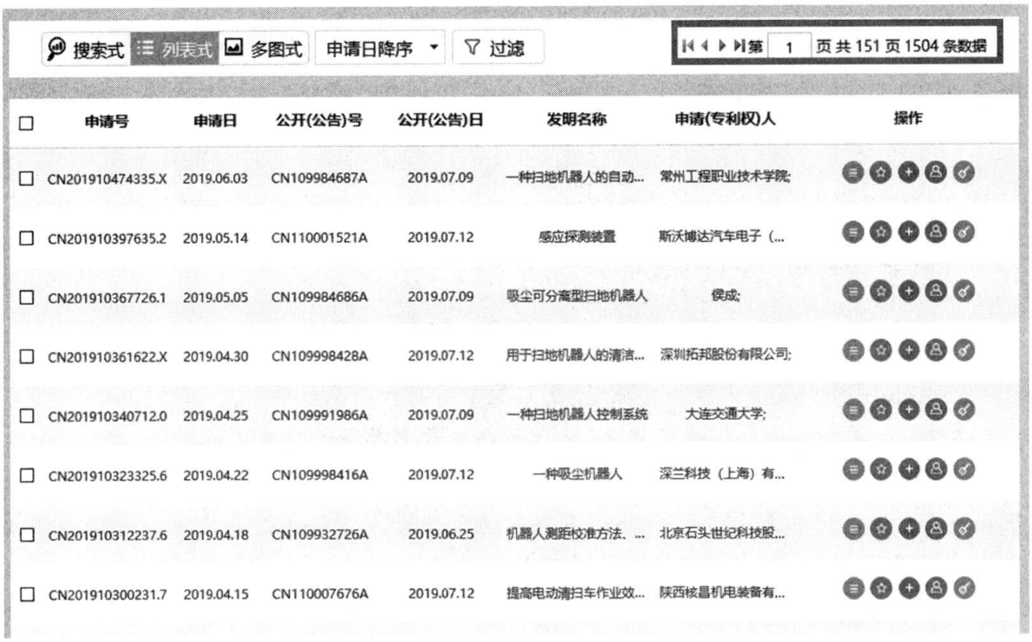

申请号	申请日	公开(公告)号	公开(公告)日	发明名称	申请(专利权)人	操作
CN201910474335.X	2019.06.03	CN109984687A	2019.07.09	一种扫地机器人的自动...	常州工程职业技术学院;	
CN201910397635.2	2019.05.14	CN110001521A	2019.07.12	感应探测装置	斯沃博达汽车电子（...	
CN201910367726.1	2019.05.05	CN109984686A	2019.07.09	吸尘可分离型扫地机器人	侯成;	
CN201910361622.X	2019.04.30	CN109998428A	2019.07.12	用于扫地机器人的清洁...	深圳拓邦股份有限公司;	
CN201910340712.0	2019.04.25	CN109991986A	2019.07.09	一种扫地机器人控制系统	大连交通大学;	
CN201910323325.6	2019.04.22	CN109998416A	2019.07.12	一种吸尘机器人	深兰科技（上海）有...	
CN201910312237.6	2019.04.18	CN109932726A	2019.06.25	机器人测距校准方法、...	北京石头世纪科技股...	
CN201910300231.7	2019.04.15	CN110007676A	2019.07.12	提高电动清扫车作业效...	陕西核昌机电装备有...	

图7－2－2　“扫地机器人避障时采用的传感器”检索结果

7.2.5　评估检索结果

检索的首要原则是功利性原则。因此检索过程中需十分关注检索结果，并随时评估检索结果，看看是否符合预期。

检索结果的评估应当贯穿于整个检索过程，评估结果是调整检索策略、能否中止检索的重要参考。

7.2.5.1　检索结果评估的指标

检索结果评估主要指标是查全率和查准率。

查全率用来评估检索结果的全面性，即评价检索结果涵盖检索主题下的所有专利文献的程度。查准率用来衡量检索结果的准确性，即评价检索结果是否与检索主题密切相关。

通常，具有操作性的专利文献集合的查全率定义如下❶：

设 S 为待验证的待评估查全专利文献集合，P 为查全样本专利文献集合，P 集合中的每一篇文献都必须与待分析的主题相关，即“有效文献”，则查全率 r 可以定义为：

$$r = \mathrm{num}\ (P \cap S)/\mathrm{num}\ (P) \times 100\%$$

其中，$P \cap S$ 表示 P 与 S 的交集，num (X) 表示集合 X 中元素的数量。

通常，查准率的验证通过随机抽样的方式缩小人工阅读核对数量。将专利文献集

❶ 杨铁军. 专利分析实务手册［M］. 北京：知识产权出版社，2012：59－64.

合的查准率定义如下：

设 S 为待评估专利文献集合中的抽样样本，S' 为 S 中与分析主题相关的专利文献，则待验证文献集合的查准率 p 可定义为

$$p = \text{num}(S')/\text{num}(S) \times 100\%$$

知识拓展——查全与查准[1]

在信息检索领域，通常意义上的查全率被定义为：

$R = a/(a+c) = $ (被检出相关文献量/总文献中所有相关文献量)

其中，a 表示被检出相关文献量，c 表示在检索中漏检的相关文献数。

这里"总文献中所有相关文献量"是一个客观存在的理想集合，除非检索目标很确定，例如，指定的某项专利集合，某公司的全部有效专利等；相应地，也除非检索手段特别理想，例如，准确的专利著录项目、准而全的公司名称集合等，即检索环境各方面均为理想状态，通过检索才能够得到该客观存在的理想集合。也就是说，漏检文献数 c 无法客观确定，因此上述定义不适于对技术主题检索结果的评估。

而在信息检索领域中，通常意义上的查准率被定义为：

$P = a/(a+b) = $ (被检出相关文献量/被检出文献总量)

其中，a 表示被检出相关文献量，b 表示被检出不相关的文献量。由于在很多情况下，针对技术主题进行检索时，被检出集合中的文献数量很大，少则几百，多则以万计。当检索结果专利集合中文献数量过大时，通过人工逐篇阅读核对来确定被检出文献中的相关文献数量显然是不实际的。

因此，才提出上述的专门用于评估专利检索结果查全与查准的方法。

图 7-2-3 示例性地表示某一技术主题的检索结果评估操作流程。

检索结果评估在检索的各阶段都有不同的意义。

在初步检索阶段，对查全率和查准率评估的主要目的是通过阅读遗漏文献来积累关键词和分类号，以及通过噪声文献来积累降噪关键词和分类号，完善检索策略，这一阶段，具体的查全率和查准率指标不是关注的重点。

在检索的中期阶段，对查全率和查准率评估的主要目的是修正检索策略，进行补充检索和除噪处理，此时需要开始关注查全率和查准率指标，并在每一步补充检索之后关注查准率，以及在去噪之后关注查全率，这是一个不断循环修正的过程。

在检索后期，查全率和查准率成为评估检索结果是否全面准确的重要指标，以评判是否可以终止检索过程。

---

[1] Wikipedia. Precision and recall [DB/OL]. [2019-06-03]. http://en.wikipedia.org/wiki/Precision_and_recall.

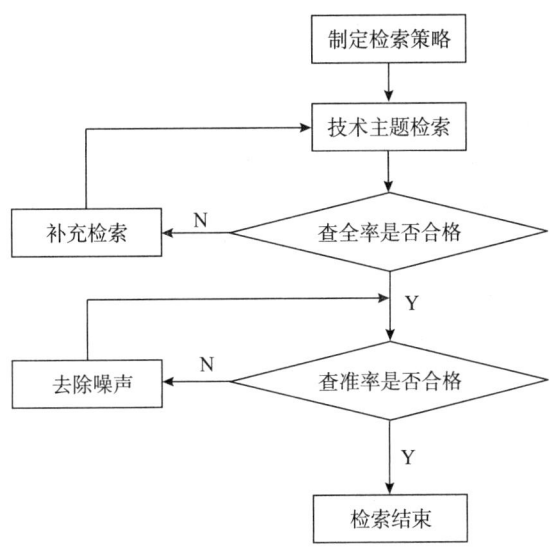

图 7-2-3　技术主题检索结果的评估操作流程

7.2.5.2　查全评估的基本流程

要进行查全的评估，一般通过一个可信的样本专利文献集合来进行。

最常用的方式是基于某些重要申请人/发明人的全部相关专利文献来构建用于查全评估的样本专利文献集合。也就是说，看看这些重要申请人/发明人的专利文献有没有被查全检索式所遗漏。

应当根据待评估集合的数量将样本数量控制在合理的范围内。通常，若待评估查全的专利文献集合的文献量为 5000 篇以下，查全样本专利文献集合的文献量不应少于总量的 10%；若待评估查全的专利文献集合的文献量超过 5000 篇，则查全样本专利文献集合的文献量不应少于总量的 5%。

知识拓展——构建样本专利文献集合的申请人选择

用于构建查全样本专利文献集合的重要申请人应当满足以下条件：

其一，该申请人的申请量应当足够大。如果找不到足够大的样本容量，也可以用多个申请人的专利文献组成样本专利文献集合。

其二，该申请人的专利申请最好有明确的技术领域分别，能够方便地通过简单检索式加以确定。

例如，在扫地机器人领域，科沃斯公司和 iRobot 公司都是专门进行研发和生产扫地机器人的公司，其专利申请集中于该领域，且申请数量较大，可以用来构建查全样本专利文献集合。

通常建议使用多个申请人的文献组合来构建查全样本专利文献集合，提高查全率评估的准确性。

具体来说，根据检索主题下重要申请人的检索结果分析，其查全率可分为如下四个步骤实现。

（1）确定重要申请人

对初步检索结果进行分析能够得到大致的申请人排名，选取排名靠前的申请人为重要申请人。为不失代表性，选定申请人的专利数量不少于一定的样本量，若选取一个重要申请人无法满足数量，可选取多个重要申请人。

（2）确定查全样本检索式

利用选取的重要申请人构建查全样本检索式，若重要申请人的专利申请只分布在该特定技术领域，则直接用申请人确定查全样本数据集，否则，还需要结合分类号或关键词圈出该申请人的专利文献中属于该特定技术领域的专利集来作为查全样本数据集。

注意，用于检索查全专利文献集合的检索要素与用于构建查全样本专利文献集合的检索要素的关键词或分类号之间不能存在交集，否则，将出现用子集检验全集的查全率的现象，而产生逻辑上的谬论。

（3）人工筛选确定查全样本

对通过查全样本检索式进行检索得到检索结果，通过人工浏览进行筛选和去噪，确定与主题相关的全面的、准确的查全样本 P。

（4）计算查全率

计算公式很简单，以样本专利文献集合为基础，其处于查全检索式范围内的文献所占比例，即为查全率。

具体公式如下：

$$r = \text{num}(P \cap S) / \text{num}(P) \times 100\%$$

其中，S 为待验证的待评估查全专利文献集合，P 为查全样本专利文献集合，$P \cap S$ 表示 P 与 S 的交集，$\text{num}(X)$ 表示集合 X 中元素的数量。

在第 7.2.4 小节中，已经完成检索式的构建，并得到对"扫地机器人避障时采用的传感器"这一主题的查全检索结果。

对检索结果进行申请人统计分析，发现检索结果分散在多个不同的申请人中，没有出现集中在某一个申请人上的情况。因此，可以根据实际情况，选取多个申请人作为查全样本的构建对象。

在这里，选取前三位申请人，分别是莱克电气股份有限公司、江苏美的清洁电器股份有限公司、科沃斯机器人股份有限公司（参见图 7-2-4）。

在该技术主题检索的结果中，进一步利用前三位申请人进行限定，得到其中这三位申请人申请的专利文献共 187 篇。

图 7-2-5 中检索式 8 为第 7.2.4 小节中构建的检索式。对该检索结果进行人工阅读、去噪，获得与"扫地机器人避障时采用的传感器"这一主题相关的结果为 153 篇。

第 7 章 技术主题检索

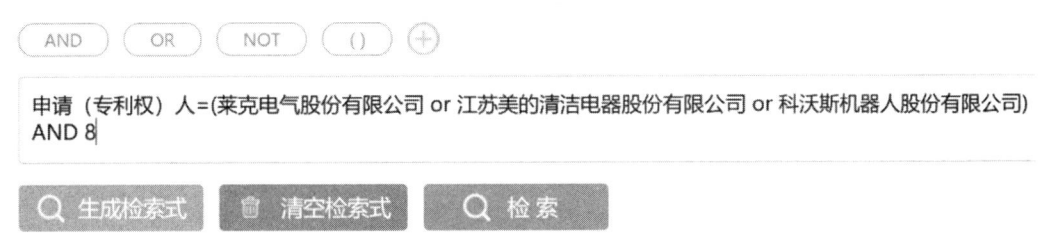

图 7-2-4 查全样本的三位申请人

图 7-2-5 用前三位申请人对检索结果进一步限定

将前三位申请人分别作为检索关键词在 PSS 系统中的申请人入口中进行检索，共获得 2237 篇文献。对该检索结果进行检索，并进行人工阅读、去噪，获得与"扫地机器人避障时采用的传感器"这一主题相关的结果为 214 篇。

计算得到查全率为：$(153 \div 214) \times 100\% = 71.5\%$。

7.2.5.3 查准评估的基本流程

通常，查准率验证通过随机抽样的方式进行，以降低人工阅读核对的工作量，但足够大的样本量是必需的。

一般地，若待评估的专利文献集合中文献数量为 5000 篇以下，则抽样数量不应少于总量的 10%。若数量超过 5000 篇，抽样数量不应少于总量的 5%。

具体而言，根据检索结果分析其查准率可分为如下三个步骤实现：

（1）从检索结果集中抽样

为了保证评估抽样的科学性与客观性，抽样过程应当注意保证抽样的多样性和随机性。常见的抽样方法包括按年代分布抽样、按技术分支抽样、按申请人或发明人抽样、按国家/地区分布抽样、随机抽样。需要注意的是，在抽样过程中，尽量避免采取单一的抽样方法，而应当采取多种抽样方法随机地抽取评估样本，尽可能弱化系统原有排序规则，以保证其客观性。

抽样完成后，在待评估专利文献集合中抽样得到的文献样本为集合 S。

（2）对抽样结果进行筛选去噪

通过人工浏览的方式对抽样结果进行筛选去噪，以在抽样结果集中获得与需要获得的技术主题相关的文献，则该在抽样样本集合中，与分析主题相关的专利文献集合为 S'。

（3）计算查准率

根据如下公式计算待评价检索结果集的查准率：

$$P = \text{num}(S')/\text{num}(S) \times 100\%$$

其中，S 为步骤（1）中待评估专利文献集合中的抽样样本，S' 为步骤（2）中经筛选得到的与分析主题相关的专利文献。num (X) 表示集合 X 中元素的数量。

同样针对之前第 7.2.4 小节的"扫地机器人避障时采用的传感器"这一主题的检索结果。

从该检索结果中（共 1467 篇）任意选取 4 个不同申请年份（例如，2018 年、2016 年、2014 年、2012 年）的专利文献，并进一步从中抽样不同申请人的专利申请。经抽样，获取 2018 年的结果 40 篇，获取 2016 年的 40 篇，获取 2014 年的 40 篇，获取 2012 年的 20 篇，共计 140 篇文献。

对抽取的这些 140 篇文献，进行人工阅读、去噪，最后共获得与"扫地机器人避障时采用的传感器"主题相关有 117 篇文献。

计算得到查准率为：$(117 \div 140) \times 100\% = 83.50\%$。

7.2.6 数据去噪[1]

数据去噪的目的在于提高查准率。

7.2.6.1 数据噪声的来源

根据检索入口的选择，会带来不同的噪声。

很明显，同样的关键词，用说明书入口得到的结果数，与摘要或权利要求入口检索得到的结果数相比会多得多。虽然在说明书入口能够获得更多的命中文献，但这样的检索方式也会引入更多的噪声，因为说明书正文中不仅包含要检索的技术主题内容，还包含其他方面的内容，例如背景技术描述和不同技术之间的对比。

同时，使用关键词检索时，必然都会带来噪声。例如，不同领域可能对同一要素采用相同的关键词进行表达，那么检索时就会将不同领域的噪声数据引入检索结果中。又例如，一个英文缩写可能代表多种含义，这样采用英文缩写作为关键词检索时就会产生噪声。

此外，分类号的检索也会带来噪声。分类号带来噪声主要来源于三个方面：

（1）分类不准导致的噪声，所检索的专利文献超出技术主题检索所需覆盖的范围；

（2）专利文献本身内容丰富导致其具有多个分类号，而这多个分类号中并不一定就是要检索的技术主题；

（3）在分类号版本变动时，未根据分类号对已有文献进行动态的修订和再分类。

---

[1] 杨铁军. 专利分析实务手册 [M]. 北京：知识产权出版社，2012：64 – 68.

对于第（1）种和第（3）种情况，仅仅通过分类号的调整来减少噪声通常比较困难。对于第（2）种情况，可以先筛选出分类号与技术主题不紧密相关的专利文献，对这些文献的技术内容与其分类号的关联度进行分析，通过排除这些文献的分类号（通常是主分类号）以达到去噪的效果。

7.2.6.2 数据去噪的手段

关键词去噪是一种直观的去噪方式。定位出与检索主题不相关的噪声文献，收集噪声文献中出现频率较高的关键词或关键词组合，将其结合到检索式中，排除掉噪声文献。

利用关键词去噪时，部分有效文献会被同时去除，这时需要将其找回。

分类号检索去噪的一种推荐做法是：统计分析各分类号下的噪声率，针对不同噪声率的分类号使用不同的策略进行去噪。

与分析对象直接对应的主要分类号的噪声率相对较小，可以不进行去噪处理。主要分类号的扩展或者次要分类号的噪声率相对较高，可以进行相对宽松的去噪处理。

此外，有些技术的出现有明确的日期，则可以将技术主题出现日之前的所有文献都视为噪声文献。采用申请日筛选的方式，可以将该日期之前的噪声去除。

某些情况下，为了精确圈定技术主题检索的结果或者了解现有技术状况，甚至需要逐篇阅读，通过人工判断来一一去除噪声文件。

7.3 技术主题检索的跟踪

技术主题跟踪检索主要用于对特定检索式的检索结果进行持续跟踪，从时间跨度来看，可以分为按年、按月、按日进行跟踪，检索人员通过设置跟踪检索的时间期限，从而定期获得指定检索式的检索结果，并自动推送给订阅用户。

当前国内专利检索系统中，诸如 Patentics、佰腾 Baiten、大为 Innojoy 等检索系统均可实现跟踪检索，功能上大致相同，但 Patentics 系统整体上更为全面，提供的跟踪检索的方向也更加丰富。本节以 Patentics 系统的跟踪检索功能为例，阐述如何利用 Patentics 系统实现技术主题跟踪检索。

7.3.1 利用 E-mail 实现跟踪检索

在 Patentics 系统中，利用预置的 E-mail 邮箱，系统可将设置的特定检索式的检索结果定期发送到指定邮箱，从而便于检索人员对某一检索主题的跟踪。具体操作步骤如下。

步骤1：如图 7-3-1 所示，点击 Patentics 账号名，对电子邮箱进行设置，这里的邮箱地址即接收监控专利的邮箱地址。

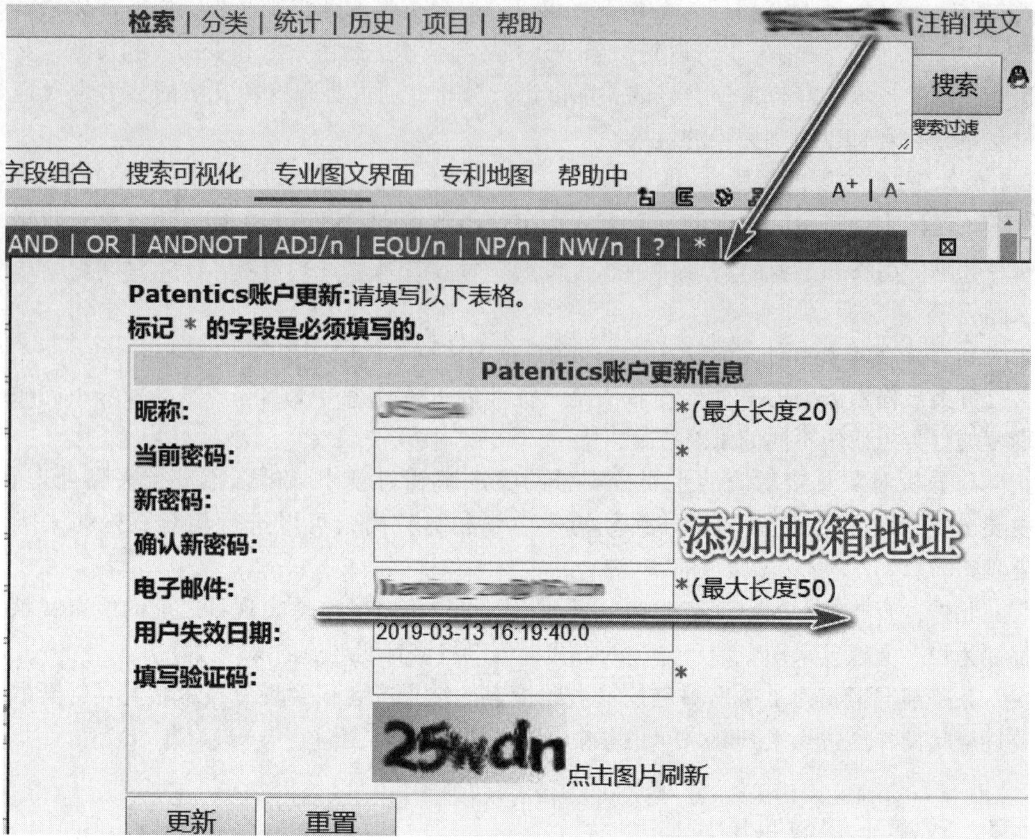

图 7-3-1 Patentics 系统登录邮箱设置

步骤 2：如图 7-3-2 所示，在 Patentics 主搜索框中输入想要监控的检索式，例如想要监控的申请人、发明人、地区、技术领域等。

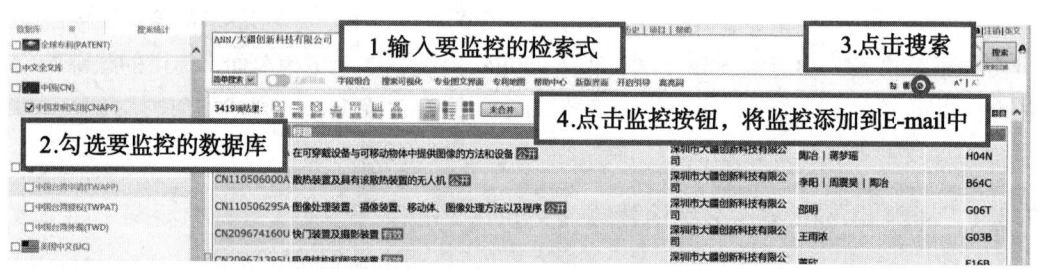

图 7-3-2 Patentics 系统检索式输入

步骤 3：勾选想要监控的数据库。
步骤 4：点击搜索按钮；
步骤 5：点击监控按钮，将查询语句添加到实例 E-mail 中，点击"确定"。此时，监控的检索式和数据库就已经记录在你的监控列表中（参见图 7-3-3）。

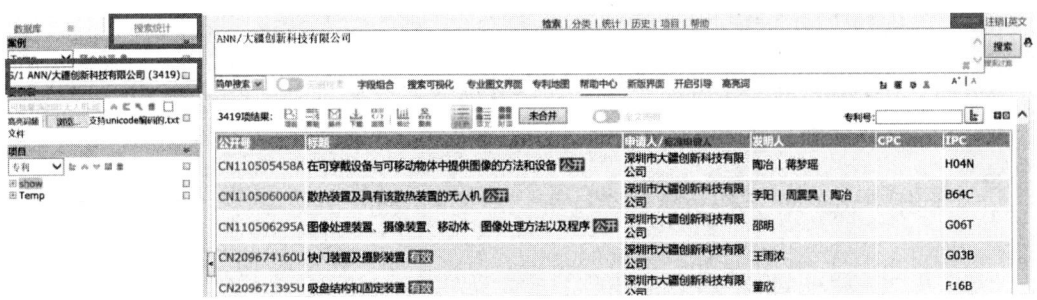

图 7-3-3 Patentics 系统监控检索式检索结果

在设置好监控的检索式之后,点击"搜索统计",在案例下拉框中选择 E-mail,即可查看当前监控的检索式检索结果列表。

每周系统都会自动将监控检索式和数据库的最新检索结果以邮件的形式发送到预设的邮箱中,如果有多个监控,则邮件中会出现多条监控信息。

例如,图 7-3-4 即为接收到的 Patentics 系统发送到指定邮箱的检索式跟踪结果。

图 7-3-4 Patentics 系统检索式跟踪结果

可以看出,监控信息中包括专利公开情况、专利保护情况、专利审查情况和专利运营情况四大类,37个小项。

其中,与专利类型、法律状态和专利运营信息相关的小项目前只适用中国专利。点击相应的统计数字可直接跳转专利列表,查看相应专利。

7.3.2 利用 Patentics 系统进行跟踪检索

需要指出的是,利用邮件实现跟踪检索只监控固定一周的专利,而且需要登录邮箱,不能实时查看,因此,Patentics 系统还具有在系统内直接进行跟踪检索的功能,得益于 Patentics 的临近日期检索功能,专利监控不再受时间变更的限制,检索人员可以任意构建监控检索式和监控时间区间。

首先来了解一下临近日期检索。如图 7-3-5 所示,临近日期检索是跟在日期类检索字段后的时间区间,但是,这个时间区间不需要写具体的日期,只需要写 lastNdays、lastNmonths、lastNyears,利用这些限定词用来限定临近日期的表达。例如 lastNdays 即为最近 N 天,lastNmonths 为最近 N 月,lastNyears 为最近 N 年的意思,其中 N 为自然数。

| ISD/ | 公开日 | 0 | 公开日检索字段,为一时间或者时间段,取公开日在该时间或者时间段的专利
时间格式:YYYYMMDD YYYYMM YYYY
R/computer and ISD/20021011,日
R/computer and ISD/200210,月
R/computer and ISD/2002,年
R/computer and ISD/2000-2010,R/computer and ISD/200012-201005 时间段
ISD/lastNdays
公开日为最近N天的专利(支持lastNmonths最近N月、lastNyears最近N年,N为数字) |

图 7-3-5 Patentics 系统临近日期检索

例如,要检索最近 15 天京东方公开的中国申请数据,勾选中国发明实用库,在输入框键入"ISD/last15days AND ANN/京东方",即检索 15 日内京东方公开的中国专利文献,如图 7-3-6 所示。

图 7-3-6 10 日内京东方公开的中国专利文献

临近日期检索最典型的应用就是专利跟踪检索，以下仍然以京东方为例，构建专利跟踪检索式。给出如下 Patentics 系统支持的跟踪检索的检索式。

（1）近 15 日公开发明申请：ANN/京东方 AND ISD/last15days AND DB/cnapp AND NA/1；

（2）近 15 日公开实用新型：ANN/京东方 AND ISD/last15days AND DB/cnapp AND NA/2；

（3）近 15 日公开外观设计：ANN/京东方 AND ISD/last15days AND DB/cn AND NA/3；

（4）近 15 日授权发明：ANN/京东方 AND ISD/last15days AND DB/cnpat；

（5）近 1 月驳回发明：ANN/京东方 AND RLD/last1months AND DB/cnapp；

（6）近 1 月撤回发明：ANN/京东方 AND WLD/last1months AND DB/cnapp；

（7）近 1 月复审专利：ANN/京东方 AND LTD/last1months AND DB/cnapp AND LIT2/1；

（8）近 1 月无效专利：ANN/京东方 AND LTD/last1months AND DB/cnapp AND LIT/1；

（9）近 1 月交易专利：ANN/京东方 AND LSD/last1months AND DB/cn；

（10）近 1 月许可专利：ANN/京东方 AND LXD/last1months AND DB/cn；

（11）近 1 月质押专利：ANN/京东方 AND LZD/last1months AND DB/cn；

（12）近 1 月保全专利：ANN/京东方 AND LBD/last1months AND DB/cn；

（13）1 年内届满发明：ANN/京东方 AND APD/last20years ANDNOT APD/last19years AND DB/cnpat AND LS/2；

（14）1 年内届满实用新型：ANN/京东方 AND APD/last10years ANDNOT APD/last9years AND DB/cnapp AND NA/2 AND LS/2；

（15）1 年内届满外观设计：ANN/京东方 AND APD/last10years ANDNOT APD/last9years AND DB/cn AND NA/3 AND LS/2。

那么，如何在 Patentics 中利用这些检索式实现随时跟踪检索的功能呢？具体操作方法如下。

步骤1：使用分类中的个人定制分类，点击"个人定制分类"，在空白处点击右键，选择"分类操作—添加类"，先添加一个名为京东方专利监控的分类（参见图 7-3-7）。

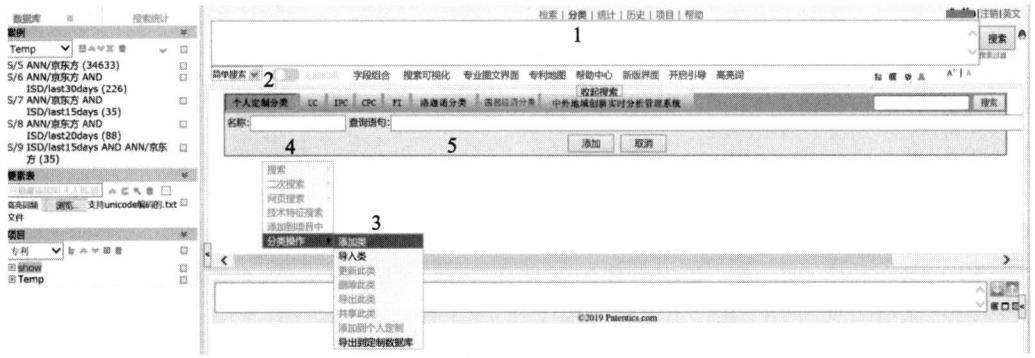

图 7-3-7　个人定制分类界面

步骤2：在已有的京东方专利监控分类节点上再次右击，重复上一次操作，将想要跟踪监控的专利信息和想要的查询语句分别填入输入框点击"添加"，即生成一个新的跟踪监控节点（参见图7-3-8）。

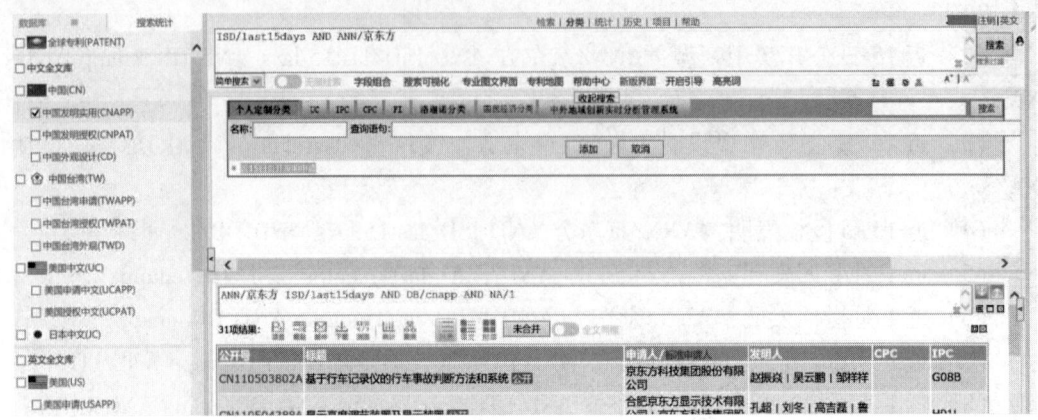

图7-3-8　生成新的跟踪监控节点界面

步骤3：重复以上步骤，即可将想要跟踪监控的信息都记录在个人定制分类中，点击相应的节点，即可实时查看最新专利信息，如图7-3-9所示。

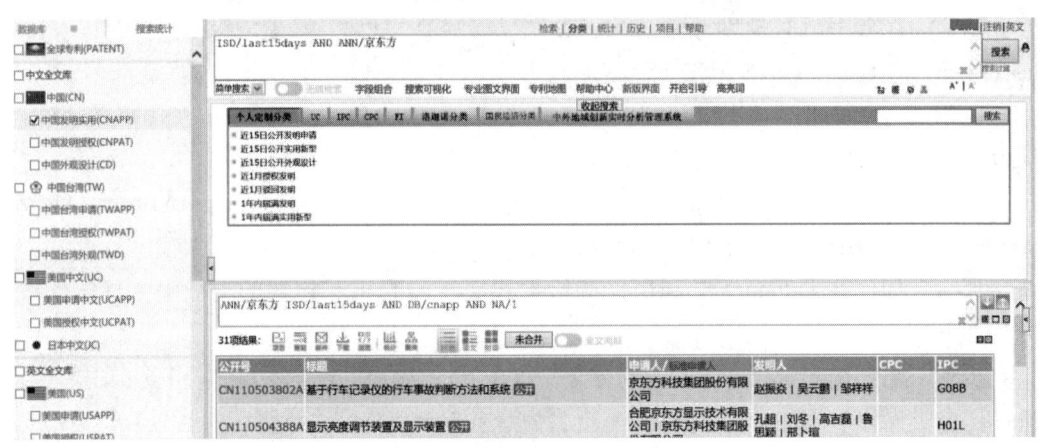

图7-3-9　最新专利信息界面

临近日期检索支持以下日期检索字段：申请日、公开日、授权日、优先权日、专利失效日期、驳回日、许可日、保全日、质押日、最后转移许可登记日、复审无效决定日、上市日期。检索人员可以根据实际跟踪检索的需求编辑跟踪检索的检索式，从而实现定期监控的检索工作。

以上即为利用Patentics系统实现跟踪检索的两种方法，检索人员可以根据实际跟踪检索的任务需求进行选择，从而完成跟踪检索主题的定期监控。

第 8 章　侵权检索和无效检索

8.1　侵权检索

8.1.1　什么是侵权检索

当一件专利申请经过审查符合授权条件时，便会被授予对应的专利权，权利要求便限定了专利权的保护范围。专利权是发明创造人或其权利受让人对特定的发明创造在一定期限内依法享有的独占实施权，专利权具有时间性、地域性及排他性的特点，即专利权有特定时间期限限制、在特定地域范围内有效，且未经专利权人许可或者出现法律规定的特殊情况，任何人不得使用，否则即构成侵权。

知识拓展——《专利法》中关于专利侵权的规定

第十一条　发明和实用新型专利权被授予后，除本法另有规定的以外，任何单位或者个人未经专利权人许可，都不得实施其专利，即不得为生产经营目的制造、使用、许诺销售、销售、进口其专利产品，或者使用其专利方法以及使用、许诺销售、销售、进口依照该专利方法直接获得的产品。

外观设计专利权被授予后，任何单位或者个人未经专利权人许可，都不得实施其专利，即不得为生产经营目的制造、许诺销售、销售、进口其外观设计专利产品。

第五十九条　发明或者实用新型专利权的保护范围以其权利要求的内容为准，说明书及附图可以用于解释权利要求的内容。

外观设计专利权的保护范围以表示在图片或者照片中的该产品的外观设计为准，简要说明可以用于解释图片或者照片所表示的该产品的外观设计。

第六十二条　在专利侵权纠纷中，被控侵权人有证据证明其实施的技术或者设计属于现有技术或者现有设计的，不构成侵犯专利权。

那么，当研发或收购一个新技术或新产品，或将新技术、新产品出口到其他国家，怎么样才能确定是否侵犯他人的专利权呢？或者，当接收到侵权诉讼时，怎样才能避免被认定为侵权呢？在这两种情形下，就需要进行侵权检索。

侵权检索是一种重要的检索类型，根据检索时机的不同，可以划分为**防止侵权检索和被动侵权检索**两种类型。防止侵权检索是在侵权诉讼发生之前，为了避免发生专利纠纷而主动对某一新技术、新产品进行专利检索,找到可能存在侵权风险的专利;被动侵权检索则发生在侵权诉讼发生之后,是指被别人指控侵权时进行的专利检索,其目的是要找出对受到侵害的专利提无效诉讼的依据,即由于侵权诉讼而触发的无效检索就是被动侵权检索。可以看出,有效的侵权检索可以帮助预判侵权风险,或者在受到侵权指控后采取一定的补救措施。

知识拓展——侵权检索用于评估专利权的价值

现在,专利交易越来越普遍,对交易专利的价值进行评估是专利交易过程中最为重要的一个环节。

一般情况下,专利交易的买家可从多个维度来对专利进行评估,比如专利的对应性和稳定性。对应性是指专利某项权利要求所记载的技术特征与某项标准或者某一商用化产品中相应技术特征的对应情况,有价值专利的首要特质就是其相对于某项标准或者某一商用化的产品存在对应性。稳定性又称可专利性,是指授权专利被无效的可能性,对专利的稳定性进行评估就是审视专利是否存在不符合专利法授权条件的缺陷,稳定性检索其实是与被动侵权检索类似的,主要区别是发生的时间节点不同。

而除了对应性和稳定性,专利权的侵权诉讼风险也可以作为一项衡量专利权价值的指标。我们知道,专利审查过程中对专利申请进行可专利性检索时,需要查看专利申请是否符合新颖性和创造性的规定,并不审查专利权的实施是否侵犯在先专利,即在对专利申请授予专利权后,如果专利权落入在先专利的保护范围内,且在先专利仍在保护期限内,则专利权的实施仍会侵犯在先专利,此时,专利权的侵权诉讼风险就较高,专利权的价值也会受到影响。因此,对专利权进行防止侵权检索有助于专利价值的评估,为专利交易提供客观的参考依据。❶

由于被动侵权检索和无效检索以及查新检索的基本思想是一致的,因此,这里将主要介绍防侵权检索的方法。

8.1.2 防侵权检索的主要流程

防侵权检索的主要流程和专利信息检索的基本流程一致,但在各个步骤又有其自身的特点,以下结合具体实例进行说明。

8.1.2.1 确定检索主题

在此仍以"扫地机器人"为例。假设某公司 A 正在研发一款同时具有超声波测距功能和智能语音提示功能的扫地机器人,其中,研发人员表示,其主要改进点在于设置智能语音提示功能,智能语音提示功能可以根据扫地机器人当前的工作状态播放对应的语音或音乐,从而使扫地机器人的功能更加丰富和智能化。

---

❶ 李秀娟. 专利价值评估中的风险因素分析 [J]. 电子知识产权,2009 (12): 66 - 69.

采用完整的方案描述扫地机器人的结构和功能如下。

> **【实例】**
> 一种扫地机器人,其特征在于,包括:
> A. 壳体;
> B. 设置在所述壳体之上的至少一个超声波传感器,所述超声波传感器用于检测家庭机器人运动方向上的物体,并获取所述家庭机器人与所述物体之间的距离;以及,
> C. 控制器,所述控制器与所述超声波传感器相连,所述控制器根据所述距离对所述家庭机器人进行控制,并根据扫地机器人的工作状态控制扬声器播放提前语音录入或下载的提示语音或音乐。

需要针对具备以上功能的扫地机器人进行防侵权检索。

检索开始时首先要确定检索主题。在查新检索中,检索主题是欲申请专利的技术方案的雏形,或是专利申请文件中明确记载的技术方案。也就是说,在可专利性检索中,检索主题一般是确定的,只要针对确定的检索主题进行检索就可以。相对于可专利性检索,防侵权检索的检索主题确定有些复杂,**需要对防侵权检索的对象进行分析,将其进行特征分解以及特征组合,以确定检索主题**。例如,当防侵权检索的对象是产品时,则需要对产品所包含的技术方案进行分析,即需要对产品的技术特征进行分解,并组合成对应的技术方案,从而确定对应的检索主题。例如,产品包含 A、B、C 三个特征,那么仅考虑相同侵权时,可能有侵权风险的目标技术方案应该有 A、B、C、(A、B)、(A、C)、(B、C) 和 (A、B、C) 7 种可能,检索时应针对上述 7 种检索主题进行检索。

而产品通常包括多个零部件或技术方案,对产品进行特征分解以及特征组合后,根据以上方法所确定的防侵权检索的检索主题会非常多,那是否需要针对每个检索主题都进行防侵权检索呢?实际上,任何一个检索主题如果构成侵权的话,对产品整体都会产生影响,但在成本有限的情况下,又很难做到对每一个检索主题都进行检索,这时,就需要对各个检索主题的侵权风险进行判断。选择待检索的重点技术方案可以考虑风险的高低、可转移程度、对于整体产品的重要程度、技术的来源等因素。例如,通过知识产权约定能够将侵权风险责任转移到供应商上的外购零件等通常无须检索;❶也可以由研发人员或产品制造商提供一些技术信息,以增加对现有技术的了解,并确定自主研发或创新的方案的核心技术点作为待检索的重点技术方案。

针对以上实例,确定防侵权检索对象为扫地机器人后,首先需要根据扫地机器人的结构和功能,将其进行特征分解。通过第 6 章可知,"壳体""控制器"是扫地机器人一般都会有的结构,可以不作为检索的特征。对于其余部分,可以选择"超声波传

---

❶ 李慧. 利用防侵权检索防范中国市场知识产权风险 [EB/OL]. [2015-08-14]. http://www.worldip.cn/index.php?m=content&c=index&a=show&catid=105&id=779.

感器（感测距离）""扬声器（播放音乐或语音进行工作状态提示）"作为能代表其功能的特征，加上"扫地机器人"作为产品主题特征。

首先要明确的是，对于超声波传感器和扬声器，其本身已经是成熟应用多年的技术，仅对单个特征进行检索意义不大，因此，将检索目标确定为"扫地机器人"包含"超声波传感器（感测距离）"和/或"扬声器（播放音乐或语音进行工作状态提示）"，这样就可以将防侵权检索确定为三个检索主题：

（1）包含超声波传感器的扫地机器人；
（2）包含扬声器的扫地机器人；
（3）包含超声波传感器和扬声器的扫地机器人。

8.1.2.2 提炼检索要素并表达

在确定检索主题后，即可从检索主题中提取检索要素，并采用关键词和分类号表达检索要素。

具体地，可将特征扫地机器人、超声波传感器、扬声器作为检索要素进行表达，对关键词或分类号表达进行上下位全面扩展，如第6章所述，扫地机器人可以表达为：

摘要=(扫地机器人 OR 清洁机器人 OR 智能清洁装置 OR 自动打扫机 OR 智能吸尘 OR 机器人吸尘器) OR IPC 分类号=(A47L11/24 OR A47L11/40)

超声波传感器（感测距离）可以表达为：

权利要求=(感测 OR 侦测 OR 监测 OR 传感 OR 超声波)

扬声器（播放音乐或语音进行工作状态提示）可以表达为：

权利要求=(语音 OR 声音 OR 录音 OR 扬声器 OR 音箱 OR (状态 S (提示 OR 提醒)))

8.1.2.3 选择数据库进行检索

与查新检索不同，防侵权检索针对的是已经授权的权利要求，同时，专利权有地域性特点，因此，应结合实际防侵权检索的地域要求，**选择对应国家的专利库进行检索，同时在进行检索或进行文献筛选时应当选择授权文本，更进一步地，可以根据专利权的期限要求，仅筛选当前有效的授权文本。**虽然防侵权检索主要是针对授权的权利要求，但是为了避免漏检，检索字段也可以扩展到说明书全文。**对于授权文本，也可以进一步查看其最新法律状态，确定后续是否有无效程序，以明确授权权利要求是确凿有效的。**

同时，虽然防侵权检索针对的是已经授权的权利要求，主要选择专利库进行检索，但在实际检索过程中，也可以对非专利库进行检索，以获得利于对技术方案理解和拓展检索思路的信息。

这里，首先选择进入PSS系统进行检索。

在检索时，可以基于对技术的了解，从备选的检索主题中确定重点检索的技术方案，并构建相应的检索式进行检索。

例如，在上面三个检索主题中，对于不是研发人员研究重点的"包含超声波传感器的扫地机器人",可以通过进行简单检索了解下技术现状,此时的技术现状检索就不仅限于专利库,而是可以扩展到非专利检索资源。

对于检索主题1——"包含超声波传感器的扫地机器人",在PSS系统中进行检索,默认选择数据库为中国专利,可以得到2477条数据(参见图8-1-1)。

图8-1-1 针对"包含超声波传感器的扫地机器人"的PSS检索结果

按照申请日升序,可以看出最早的申请出现在20世纪90年代,其中有浙江大学在1999年11月12日申请的发明名称为"智能吸尘器"、公告号为CN2395679Y的实用新型专利(参见图8-1-2)。

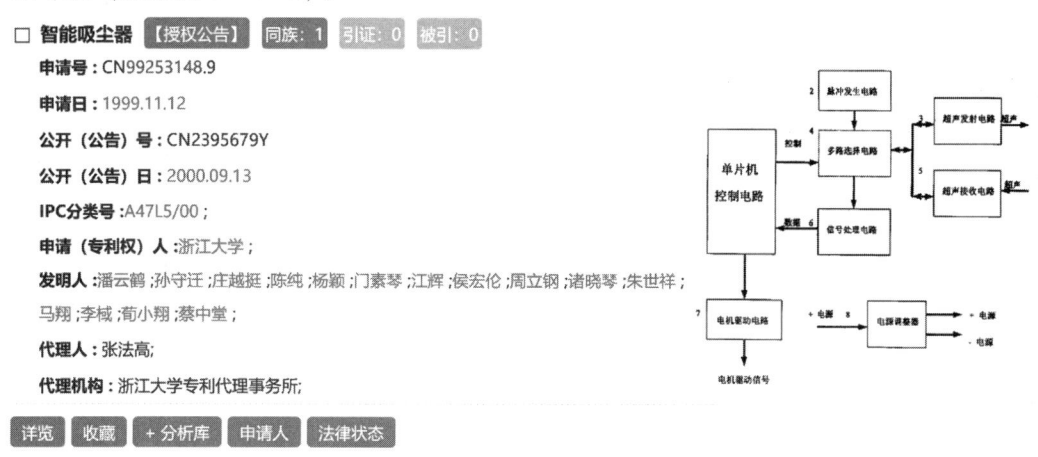

图8-1-2 CN2395689Y的著录项目信息

通过详览可以看到该专利授权权利要求和对应的法律状态,专利权在2008年1月2日已经终止(参见图8-1-3)。

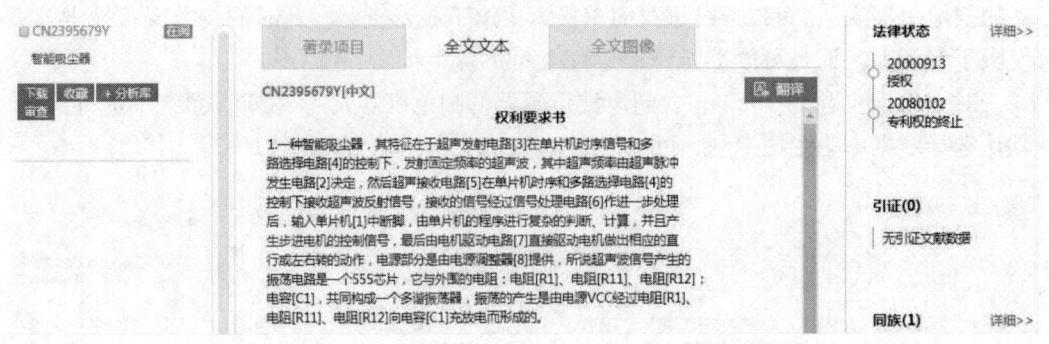

图 8-1-3　CN2395689Y 的授权权利要求 1 及法律状态

该申请采用的就是超声波测距技术。

同时，通过百度检索扫地机器人的超声波测距技术也可以了解到，早在 1985 年，日立（Hitachi）公司就在展会时展出过一台室内清洁机器人的样品 HCR-00，这台样品采用陀螺仪和超声波雷达定位；❶ 1996 年，瑞典家电巨头伊莱克斯（Electrolux）制造了"三叶虫"（Trilobite），并在 2001 年推向市场，超声波探测不但可以帮助 Trilobite 躲避障碍，同时可以帮助它构建房间地图。❷

从上面的检索结果可以看出，扫地机器人采用超声波测距确实属于早期技术，侵权风险较小或基本无侵权风险，也不是研发人员的研究重点，因此可以不作为重点检索主题。

由于针对"包含超声波传感器和扬声器的扫地机器人"检索得到的文献必然包含在"包含扬声器的扫地机器人"中，因此，可以继续针对"包含扬声器（放音乐或语音进行工作状态提示）的扫地机器人"进行检索。

在 PSS 系统中进行检索，得到 293 条数据。PSS 系统提供的过滤功能中可以对"文献类型""发明类型"和"有效专利"进行限定。根据防侵权检索的要求，通过"过滤"限定搜索结果为发明类型为"发明"或"实用新型"的"授权公告文献"，得到 109 条数据（参见图 8-1-4）。虽然实用新型专利并未经过实质审查，其授权权利要求不如发明专利来得稳定，但其仍为具有保护效力的专利。因此为避免潜在的侵权风险，应选择"发明类型"为"发明"和"实用新型"。

通过浏览检索结果可知，LG 曾在 2006 年 1 月 9 日申请过发明名称为"用于告知自移动机器人的状态的装置和方法"、公告号为 CN100431808C 的发明专利（参见图 8-1-5）。

---

❶ 佚名. 不是针对你，在座的大部分扫地机器人都是智障［EB/OL］.［2018-04-18］. http://www.twwtn.com/detail_251365.htm.

❷ 人机与认知实验室. 来，我们来聊聊扫地机器人的进化史［EB/OL］.［2016-05-20］. http://www.leiphone.com/news/201605/Sk3uvM8OedJr4btL.html.

第 8 章 侵权检索和无效检索

图 8-1-4　针对"包含扬声器的扫地机器人"的 PSS 系统检索及过滤结果

图 8-1-5　CN100431808C 的著录项目信息

通过详览可以看出,这件专利在 2008 年 11 月 12 日授权,在 2018 年 2 月 27 日专利权终止(参见图 8-1-6)。其授权权利要求 1 的涉及通过语音录入及语音告知机器人工作状态,与检索主题非常接近。

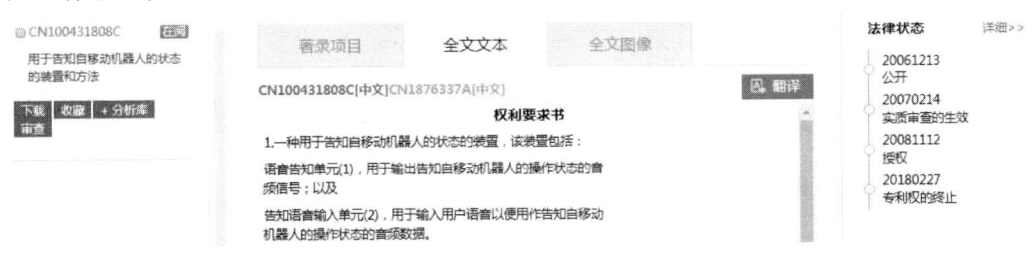

图 8-1-6　CN100431808C 的授权权利要求 1 及法律状态

171

具体地,授权的权利要求1如下:

> 1. 一种用于告知自移动机器人的状态的装置,该装置包括:
> 语音告知单元(1),用于输出告知自移动机器人的操作状态的音频信号;
> 以及告知语音输入单元(2),用于输入用户语音以便用作告知自移动机器人的操作状态的音频数据。

另外,还有一些授权的实用新型专利也涉及相关技术。

例如,发明名称为"智能清洁机控制系统及智能清洁机",公告号为CN203875890U的实用新型授权专利(如图8-1-7所示)。

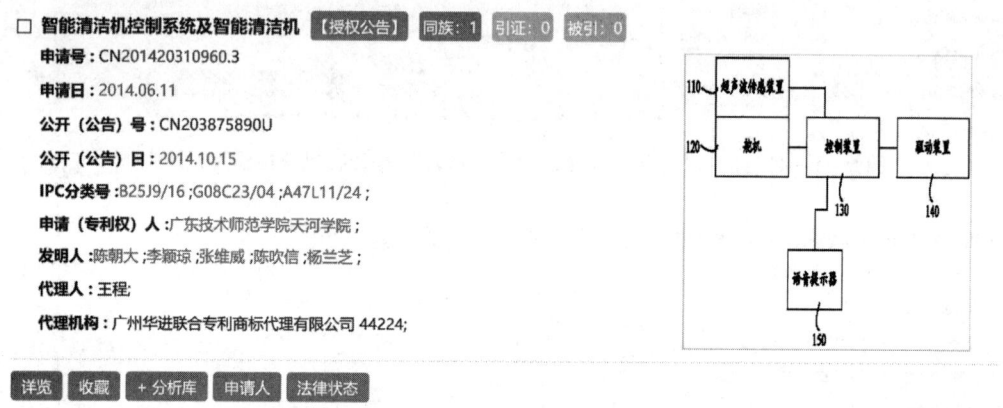

图8-1-7　CN203875890U的著录项目信息

通过详览可以看出,该专利在2014年10月15日授权,专利权终止日为2019年5月31日(参见图8-1-8)。它的权利要求要求1保护的智能清洁机控制系统包括超声波传感器、语音提示器和控制装置等,与检索主题非常接近。

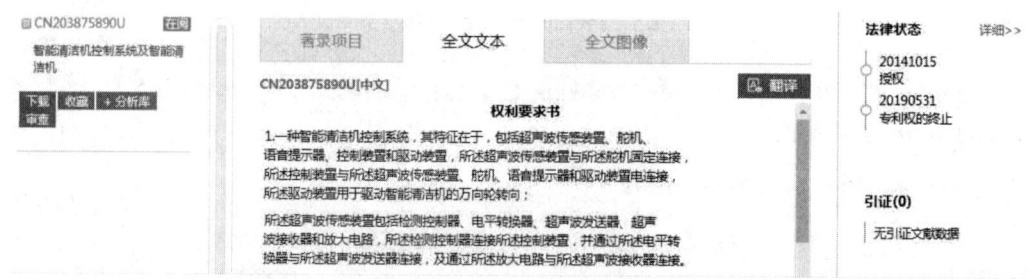

图8-1-8　CN203875890U的授权权利要求1及法律状态

具体地,该专利授权的权利要求1如下:

> 1. 一种智能清洁机控制系统，其特征在于，包括超声波传感装置、舵机、语音提示器、控制装置和驱动装置，所述超声波传感装置与所述舵机固定连接，所述控制装置与所述超声波传感装置、舵机、语音提示器和驱动装置电连接，所述驱动装置用于驱动智能清洁机的万向轮转向；
> 所述超声波传感装置包括检测控制器、电平转换器、超声波发送器、超声波接收器和放大电路，所述检测控制器连接所述控制装置，并通过所述电平转换器与所述超声波发送器连接，及通过所述放大电路与所述超声波接收器连接。

8.1.2.4 侵权判定

在检索到与检索主题接近的文献后，需要根据侵权判定规则确定是否侵权。

侵权判定是将技术方案与专利权的保护范围即授权权利要求的保护范围相比较，确定是否侵权。权利要求的保护范围是由其技术特征的组合限定的，技术特征的数量越少，权利要求的保护范围就越大。如果被诉产品正好落在专利权对应权利要求的保护范围内，那么就构成侵权。

侵权判定的一般原则是**全面覆盖原则**。假设专利权的保护范围包含 A、B 和 C 三个特征，那么应当将被诉侵权的技术方案与同时包含 A、B、C 三个特征的技术方案进行比较，即权利要求的所有特征都应纳入考虑范围内，构成专利权保护范围。如果被诉产品仅包含 A、B、C，则与专利权保护范围一致，构成侵权；如果被诉产品包括 A、B、C 和 D，仍落在专利权保护范围内，也会构成侵权；如果被诉产品仅包括 A 和 B，那么与专利权相比，少一个特征 C，则没有落入专利权保护范围，不会构成侵权。

例如，通过将实例中的扫地机器人与检索到的目标文献 CN100431808C 和 CN203875890U 的权利要求 1 进行比对，得到表 8-1-1。

表 8-1-1 扫地机器人与 **CN100431808C** 和 **CN203875890U** 的权利要求 1 特征对比

防侵权检索产品	CN100431808C 权利要求 1	CN203875890U 权利要求 1
扫地机器人	一种用于告知自移动机器人的状态的装置（A1）	一种智能清洁机控制系统（A2）
壳体		
		驱动装置，所述驱动装置用于驱动智能清洁机的万向轮转向（B2）
扬声器，由控制器控制，根据扫地机器人的工作状态播放或下载的提示语音或音乐	语音告知单元（1），用于输出告知自移动机器人的操作状态的音频信号（B1）	语音提示器，控制装置与语音提示器电连接（C2）
提前语音录入工作状态对应的提示语音或音乐	告知语音输入单元（2），用于输入用户语音以便用作告知自移动机器人的操作状态的音频数据（C1）	

续表

防侵权检索产品	CN100431808C 权利要求1	CN203875890U 权利要求1
设置在所述壳体之上的至少一个超声波传感器，所述超声波传感器用于检测家庭机器人运动方向上的物体，并获取所述家庭机器人与所述物体之间的距离		超声波传感装置，所述超声波传感装置包括检测控制器、电平转换器、超声波发送器、超声波接收器和放大电路，所述检测控制器连接所述控制装置，并通过所述电平转换器与所述超声波发送器连接，及通过所述放大电路与所述超声波接收器连接（D2）
控制器，所述控制器与所述超声波传感器相连，所述控制器根据所述距离对所述家庭机器人进行控制		控制装置，所述控制装置与所述超声波传感装置和驱动装置电连接（E2）
		舵机；所述超声波传感装置与所述舵机固定连接；所述控制装置与舵机电连接（F2）

在进行技术特征比对时，又有"相同侵权"和"等同侵权"的区分。相同侵权是指技术特征比对是按照权利要求字面保护范围进行比照，相对于权利要求增加技术特征或者落入权利要求的上位概念内，都属于相同侵权。对于等同侵权，重要的是确定特征是否等同。与权利要求记载的技术特征相等同的特征，是指以基本相同的手段，实现基本相同的功能，达到基本相同的效果，并且所属领域的技术人员在侵权行为发生时通过阅读说明书、附图和权利要求书，无须经过创造性劳动就能够联想到的特征。等同的常见情形有产品部件位置的简单移动、方法步骤顺序的简单变化、产品部件的简单替换分解或者合并技术特征等。

例如，将实例中"扫地机器人"的各个特征与CN100431808C授权权利要求1进行比较可知，扫地机器人包含该授权权利要求1的所有特征，落入CN100431808C权利要求1的保护范围，属于相同侵权。

实例中"扫地机器人"的各个特征与CN203875890U的权利要求1记载的特征相比，未记载是否具有特征B2和F2，且缺少超声波传感器的内部细节特征C2，需进一步核实扫地机器人产品中是否具有特征B2、C2和F2的相同或等同特征。例如，扫地机器人产品必然具有特征B2中描述的万向轮驱动装置，扫地机器人产品是否具有与C2基本相同或简单替换的超声波传感器结构，扫地机器人是否具备与F2中的舵机或部件间连接关系相似的结构特征。如果扫地机器人产品的超声波传感器结构与C2基本相同,且部件间的连接关系为 F2 的简单变换,则属于等同侵权。

判定专利侵权行为的要素很多。除了考虑权利要求的保护范围,还需考虑具体的侵权行为,以及对应时间段专利权是否有效等。

防侵权检索时需要关注检索结果的法律状态。PSS 检索系统中的过滤功能可以提供对专利"有效专利"的筛选,即可以根据专利权的当前状态为有效还是无效进行专利筛选。在实际使用时,如果产品处于尚未生产或制造等状态,可以直接勾选"有效专利",否则可以不勾选,而通过选择"法律状态"查看专利权的授权或失效时间。除了 PSS 系统,其他专利检索系统如 Patentics、IncoPat、PatSnap 等在检索时都可以对专利法律状态进行限定。

8.2 无效检索

8.2.1 什么是无效检索

一件专利得到授权需要过五关斩六将,经过多次检索过程,例如技术研发时为掌握技术现状所进行的检索,申请专利前的查新检索,专利实质审查过程的可专利性检索。那么,有必要针对授权后的权利要求进行检索吗?答案是肯定的。

如果在专利授权后,公众发现专利权授予不当,那么就可以启动无效宣告程序,避免专利权人不当获利,影响公众的利益。无效宣告程序在授权后即可提出。绝大多数无效宣告程序是伴随着侵权诉讼而提起的。

无效宣告程序中需要说明无效理由,无效理由与专利不能得到授权的理由是类似的,例如涉案专利不具备新颖性和创造性等。此时,就需要提交证据,并结合提交的所有证据具体说明无效理由。

知识拓展——《专利法》及《专利法实施细则》关于无效宣告程序的规定

《专利法》第四十五条

自国务院专利行政部门公告授予专利权之日起,任何单位或者个人认为该专利权的授予不符合本法有关规定的,可以请求专利复审委员会宣告该专利权无效。

《专利法实施细则》第六十五条

依照专利法第四十五条的规定,请求宣告专利权无效或者部分无效的,应当向专利复审委员会提交专利权无效宣告请求书和必要的证据一式两份。无效宣告请求书应当结合提交的所有证据,具体说明无效宣告请求的理由,并指明每项理由所依据的证据。

前款所称无效宣告请求的理由,是指被授予专利的发明创造不符合专利法第二条、第二十条第一款、第二十二条、第二十三条、第二十六条第三款、第四款、第二十七条第二款、第三十三条或者本细则第二十条第二款、第四十三条第一款的规定,或者属于专利法第五条、第二十五条的规定,或者依照专利法第九条规定不能取得专利权。

无效检索发生在专利获得授权后,针对授权的权利要求进行检索,以确定是否可以获得破坏其新颖性或创造性的证据。例如,在面对他人的侵权指控时,通常的做法是根据无效检索获得的证据使他人的专利权无效,以应对指控等。

8.2.2 无效检索的特点

无效检索和可专利性检索如查新检索和专利实质审查检索都是专利生命流程中的检索。但是由于检索目的的差异,无效检索在检索时机、检索对象和检索难度上和可专利性检索都有所不同。

无效检索发生在专利授权之后,检索对象是授权权利要求,目的是获得破坏授权权利要求新颖性或创造性的证据,使得专利权无效。查新检索发生在专利申请前,是在产品研发过程或科研过程中针对某一技术方案想要申请专利,检索对象是专利申请的技术方案的雏形,目的是确定是否有必要申请专利或专利申请文件具体需要如何撰写才能够获得更大的保护范围或提高授权可能性等。专利实质审查中的检索是发生在专利授权前,检索对象是专利申请文件中记载的技术方案,要寻找影响申请文件技术方案的新颖性或创造性的证据,以确定是否满足授权要求。

检索目的、时机和对象的不同造成检索难度的差异。经过申请和审查过程后,只有在审查阶段未检索到影响申请文件技术方案新颖性或创造性的证据时,专利才会得到授权。如果要进一步检索影响授权权利要求新颖性或创造性的证据,检索难度自然就会加大。

无效检索和可专利性检索如查新检索和专利实质审查检索的基本检索策略是一致的,在本节就不用具体实例演示了。它们都是在确定检索主题后进行确定和表达基本检索要素,选择相应的数据库,通过检索策略的不断调整,获得与检索主题最为相关的文献。但是,在具体检索时,无效检索又有其自身的特点。

无效检索针对的是经过实质审查检索后授权的权利要求,其携带了丰富的审查过程文档,例如检索报告和审查意见通知书以及前次无效审查决定(如果有的话)。在这些文档中,包含丰富的信息,通过这些信息,可以对技术内容有更深入的了解,也可以从检索报告的对比文件中获得相当多的技术追踪入口,这非常有助于提高无效检索的检索效率。

同时,由于无效检索难度大,在检索各环节都需要进行非常深入的工作。例如,在对授权技术方案进行理解时需要尽可能地了解技术实质,了解其技术发展脉络,数据库覆盖全面,更全面地进行检索要素表达,更灵活地进行检索策略调整,才能在面对大海捞针的局面时不放过一条漏网之鱼。

第 9 章 智能语义检索

9.1 智能语义检索入门——相关度排序

随着数学理论和计算机技术的发展,大数据、自然语言处理以及机器学习技术已经发展到可以支持利用数学模型和计算机对海量专利文献进行学习建模的地步,从而将同类语言的专利文献"放入"同一个语义坐标系中进行对比运算,去衡量它们之间的语义相关度。语义检索就是对语义相关度进行衡量,并给出某一标准下的排序结果。

因此,**语义检索本质上是一种排序,如同按申请日、公开日对专利文献进行重新排序一样,语义检索就是按语义相关度对专利文献进行重新排序。**

通过这样的大数据运算和机器学习,仅仅输入一个关键词、一段话或一个专利号码,语义检索就可以按照给定内容的含义对海量的专利文献进行重新排序,将最相似的专利文献排在最靠前的位置,越往后相关度越低,因此,可以最高效地获取想要的专利文献。

举个简单的例子,专利数据库就如同图 9-1-1 所示的空间,其中的人物图像就如同专利文献。在数据库中,文献就像人物图像一样位置是随机分布的,传统的布尔检索就如同图中的灰框,使用一个限定条件将符合条件的人物图像给圈出来,然后在这个圈中浏览哪个人物图像才是我们要寻找的人物图像。布尔检索圈定结果后检索就结束了,剩下的就是人工浏览。

图 9-1-1 传统布尔检索示意图

如果检索经验丰富,限定条件合适,那么会得到数据量适合的文献进行浏览阅读。

运气好的话,第一篇就有可能是目标文献,但也有可能最后一篇才是目标文献。

语义检索要比传统的布尔检索多做一步,也就是对检索结果按照与给定目标的语义相关度进行重新排序。

如图9-1-2所示,在圈定人物图像后,对人物图像按照从大到小的顺序排序,那么在靠前位置就可以得到想要大小的人物图像。

专利检索时也是类似的,在圈定出专利集之后(例如通过领域关键词或IPC分类号圈定),给定一个语义排序标准,可以是一个专利(号码)、一段话或一个关键词,然后按照与这个标准的语义相关度的大小,对圈定的专利集重新排序,最相似的专利会被排在最靠前的位置,就可以高效地获取想要的专利文献。

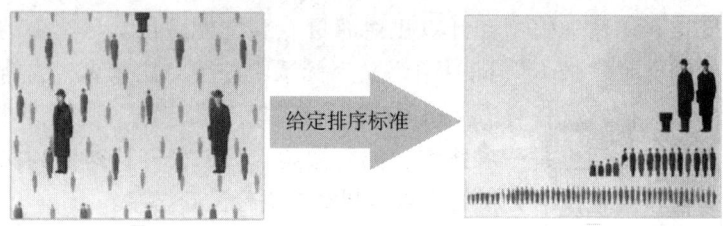

图9-1-2 语义检索排序示例

目前国内有数家公司从事语义检索的研发,现有的语义检索系统有Patentics、IncoPat、PatSnap等。本书选择Patentics系统作为语义检索的工具,以图9-1-3为例,对Patentics系统智能语义检索的原理作进一步探究。

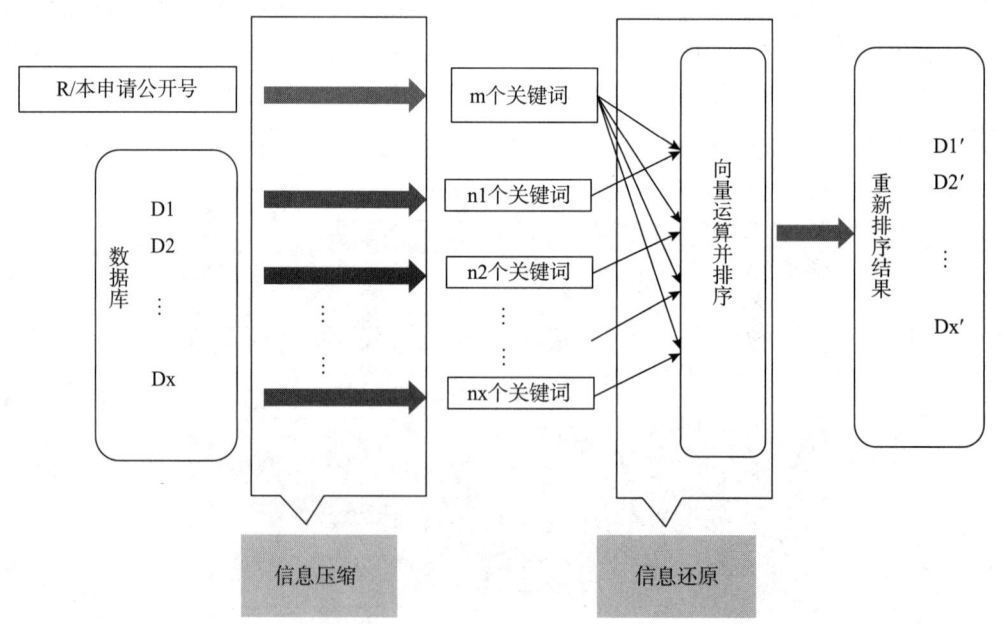

图9-1-3 智能语义检索原理

图9-1-3可以简要说明智能语义检索的执行过程,大概可分为以下三步。

第一步：系统对整个专利数据库中每篇专利文献全文抽取关键词，将每篇专利文献都转变成一个有多个词构成的文档向量，然后使用这些文档向量训练语义模型。其实就是前文所说的将这些本在不同空间使用不同标尺衡量的向量都转换到相同的语义向量空间中，以便在同一个坐标系中去测量它们，使得它们之间具有可比性。

第二步：输入一个专利申请号或文本内容进行检索，系统同样会对其抽取关键词，转换为一个文档向量。然后使用训练好的语义模型对其进行向量合成，将输入的内容也放到语义向量空间模型。

第三步：将输入内容的文本向量和数据库中专利文献的文本向量进行向量运算，计算它与每篇专利文献的相关度，最后按照相关度从高到低，对数据库中的专利文献进行重新排序。这样，就可以在靠前位置获得相关的专利文献。

如果读者对上文中的 Patentics 检索原理不甚明白，没有关系，我们只需要知道，Patentics 系统是将检索结果根据一个标准进行重排序后输出，从而便于检索时浏览文献。

而传统的布尔检索中，一方面，为了避免遗漏，会扩展关键词分类号等检索要素；另一方面，为了减少浏览量，会限定文献在一个合适范围进行浏览，越窄的检索范围虽然浏览时间少，但遗漏相关文献的风险又会大大增加。这就是传统布尔检索面临的检全与检准的矛盾所在。

而语义排序正好可以解决传统检索方式检全和检准的矛盾。在限定浏览范围的时候可以限定得更加宽泛，不用担心文献浏览工作量更大的问题，因为语义排序会将更相关的文献排在靠前位置。也就是说，既不遗漏，又能在靠前的位置找到想要的文献，力求解决查全和查准兼得的问题。

9.2 智能语义检索的基本方法——"R/"检索

在理解智能语义检索基本原理后，本节将以 Patentics 系统为例，介绍智能语义检索的基本方法。

Patentics 中语义检索命令为"R/"，其中 R 即是 Rerank 的缩写，也就是重排序的意思。**"R/"命令后可以输入文字内容或者专利号码，输入专利号码时，系统会自动提取该篇专利的全文文本进行语义检索**。此外，Patentics 还提供"RDI/"命令，后可跟专利号码，含义是检索该专利申请日前公开的最接近专利文献。

在单独使用"R/"命令或"RDI/"命令时，系统会对全库进行语义重排序，但只会给出最相关的 400 篇专利文献。因为系统在给出检索结果时，已将更相关的放在最前面，排名 400 位以后的相关度会越来越低，因此会有默认的截断。如果检索人员想查看更多的信息，可以使用"CTOP/"命令限定要查看的专利数量，例如 CTOP/500，查看最相关的 500 篇（参见图 9-2-1）。

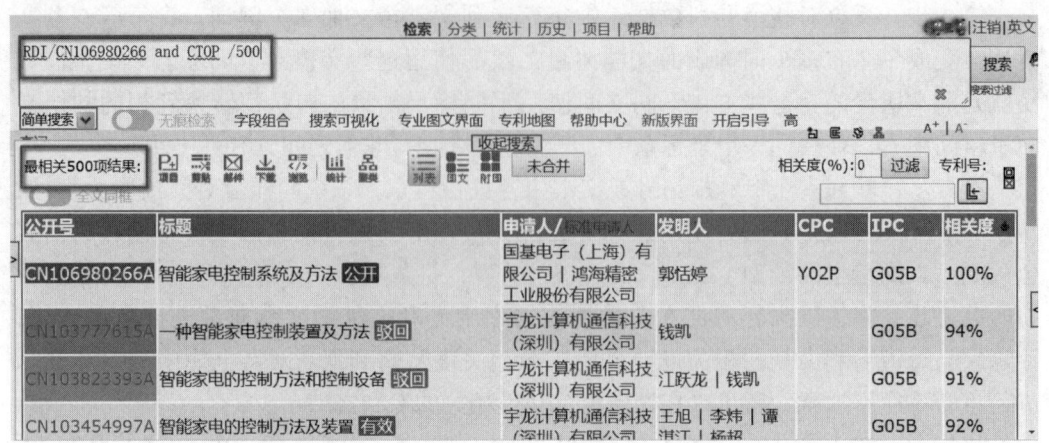

图 9-2-1 "CTOP/"命令查看指定数量的文献示例

接下来,通过一个实际案例来了解语义检索的基本方法。

【实例1】
发明名称:一种头靠调节装置;
申请日:2011年7月4日;
申请号:CN201110184535.5;
分类号:A47C 7/38;
公开号:CN102860693A;
技术方案:一种头靠调节装置,由椅背上方延伸的头靠滑轨、带凹槽头靠及调节旋钮组成,其特征在于:头靠滑轨的中间垂直方向有长条形滑轨空心槽,滑轨空心槽上排列有数个圆形的锁定槽孔,调节旋钮中心有长条形扁凸轴穿过滑轨空心槽连接在头靠内部,所述锁定槽孔的直径大于滑轨空心槽的宽度,所述扁凸轴截面的长边长度大于滑轨空心槽的宽度而略小于锁定槽孔的直径,其短边宽度略小于滑轨空心槽的宽度,当调节旋钮位于锁定槽孔中心且扁截面长边成水平位置时,长边锁住滑轨空心槽,此时调节旋钮连同带凹槽头靠不能移动呈锁定状态,当调节旋钮使扁截面长边呈垂直位置时,调节旋钮可在长条形滑轨空心槽中间上下移动,此时带凹槽头靠可以上下移动调节高度。

其技术方案如图 9-2-2 所示。

该技术的主要关键技术点是,通过在头靠中间设置长条形高度调节通道和圆形锁定槽孔,配合带扁凸轴圆柱体的调节旋钮,带动头靠装置实现高度调节。**其重点在于:凸轴截面的长边长度大于滑轨空心槽的宽度而略小于锁定槽孔的直径,其短边宽度略小于滑轨空心槽的宽度,从而使其实现上述技术效果。**可以看出,该技术用关键词很难表达,针对这种结构表述,如果没有将检索要素扩展充分,将很容易导致相关文献的遗漏。接下来,我们来看利用智能语义检索如何快速锁定相关文件。

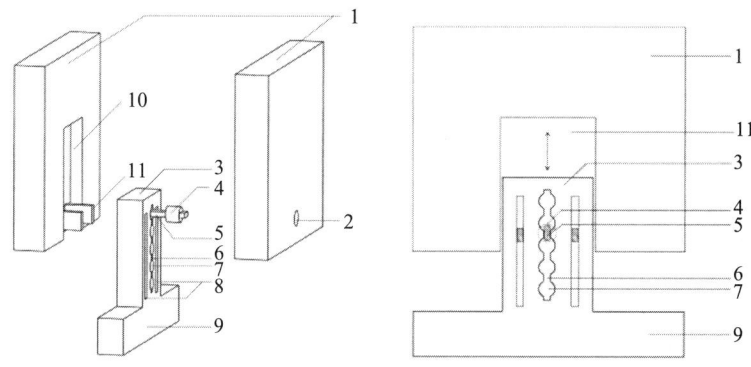

图9－2－2　“头靠调节装置”技术方案附图

Patentics智能语义检索过程：选择中国申请和中国专利数据库，在检索框中输入如下检索式：R/cn102860693 AND DI/CN102860693。

检索式含义说明：“R/cn102860693”是对全部中国申请数据库以公开号CN102860693为基础进行语义排序；“DI/cn102860693”是对数据集进行公开日筛选，即排除公开日在该申请的申请日之后的数据，相当于现有技术筛查。检索界面如图9－2－3所示。

公开号	标题	申请人	发明人	欧洲分类	国际分类	相关度
CN102860693	一种头靠调节装置	陈治宇	陈治宇		A47C	100%
CN201646450	一种用旋钮螺杆调节头靠高度的分离式儿童安全汽车座椅	汕头市麦凯婴童用品科技有限公司	陈治宇		B60N	92%
CN201841983	座椅头枕调节机构	麦克英孚(宁波)婴童用品有限公司	徐立宏丨刘刚军		B60N	90%
CN201736846	儿童座椅	宁波中哲汽车安全系统有限公司	杨和荣丨安少凡		B60N	89%
CN201480671	一种椅扶手高低调整结构	艺术达科技材料股份有限公司	李耀宝		A47C	89%
CN201646453	一种能调节头靠高度的分离式儿童安全汽车座椅	汕头市麦凯婴童用品科技有限公司	陈治宇		B60N	89%
CN2481217	办公椅扶手高低调整装置	李清阳	李清阳	A47C	A47C	88%
CN201833903	儿童安全座椅	杭州余杭临博籍瓷有限公司	梁水士		B60N	88%
CN2183934	汽车内辅助后视镜的固定装置	梁庆杉	梁庆杉	E05C	B60R	88%
CN201604546	一种车用儿童安全座椅	宁波均胜工业有限公司	徐立宏丨朱跃钢		B60N	88%
CN2227850	键盘装置	旭丽股份有限公司	钟超伦	A45C	G06F	88%
CN2617248	可升降调节的办公椅扶手	卢顺接丨洪春德	卢顺接	F16M	A47C	88%
CN2520756	办公椅扶手宽窄调整装置	李清阳	李清阳	G02C	A47C	88%
CN101455497	儿童推车的靠背	好孩子儿童用品有限公司	王俊马丨马丁·瑞克		A47D	88%
CN2361172	可垂直及水平调整的扶手结构	富钿有限公司	蔡庆涛	B60N	A47C	88%
CN201325473	儿童推车的靠背	好孩子儿童用品有限公司	王俊马丨马丁·瑞克		B62B	88%
CN201290464	一种全方位调节的座椅扶手	苏致诚	苏致诚		A47C	88%
CN201176134	可连动调节的车用儿童安全座椅	林锡磊	谢联君		B60N	87%

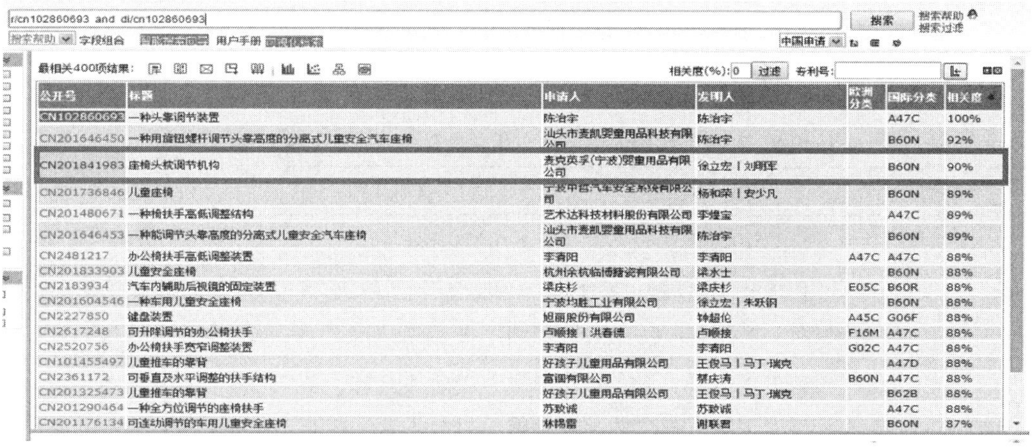

图9－2－3　智能语义检索界面

在排序集前20位的检索结果中，排序第2位的即为相关文献1。

从这里可以看出，Patentics检索系统通过对全文数据库进行搜索，找出与该技术主题最为相关的前400份结果，利用机器学习进行智能语义排序，并将排序结果以相关度形式呈现出来。

综合检索得到的信息，在检索式中加入限制条件：ICL/(A47C7/38 OR B60N2/48)，可以得到相关文献2——车用儿童安全座椅的头靠调整装置，其排在第9位（参见图9－2－4）。而在第一次检索时，该篇文献排在约第120位。

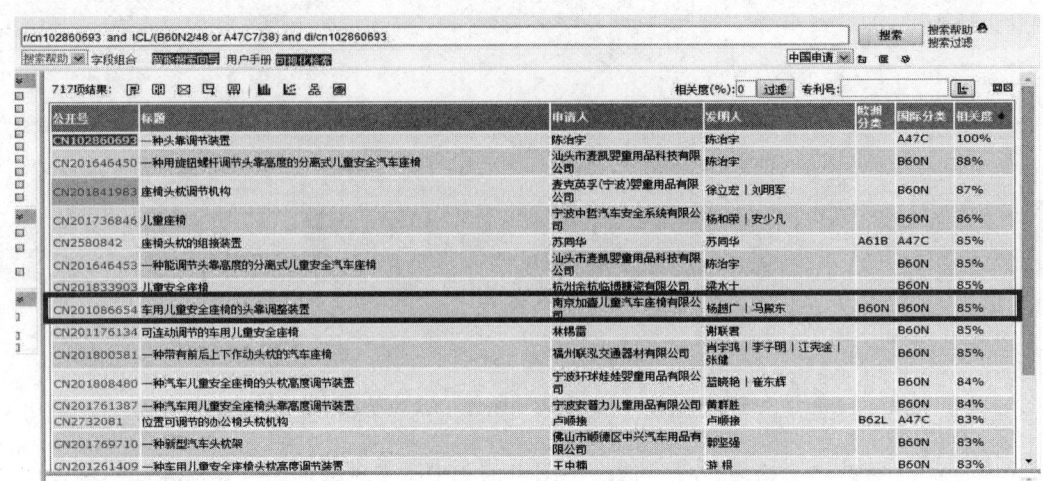

图9-2-4 引入人工干预的智能语义检索界面

由此可见,该篇文献并未被遗漏,只是由于第一次排序范围过大,系统并没有将其排入前20位中,当采用更准确的分类号限定排序范围时,其排序结果即上升到前10位。这就说明:**如果给机器学习以适当的人工干预,其可以得到更直接、更好的效果。**

表9-2-1是该申请与两篇相关文献的特征对比情况。可以看到,这两篇文献都与该申请十分相关。

表9-2-1 实例1中申请与相关文件技术特征对比情况

专利文献	实例1申请	相关文献1	相关文献2
文献号	CN102860693A	CN201841983U	CN201086654Y
技术特征A	头靠滑轨、凹槽及调节旋钮	头枕滑轨、凹槽及调节轴	头靠支撑板、升降导槽、定位卡块
技术特征B	滑轨上设有<u>空心槽</u>,空心槽上排列有数个圆形的<u>锁定槽孔</u>,调节旋钮中心有长条形<u>扁凸轴</u>	滑轨上设有条形槽,条形槽上设有扩大部和收缩部,调节轴中心具有旋钮	头靠支撑板插槽中设有定位卡块,升降导槽中均匀设置多个横向的定位卡槽
技术特征C	<u>锁定槽孔的直径大于滑轨空心槽的宽度</u>	附图公开	附图公开
技术特征D	<u>扁凸轴截面的长边长度大于滑轨空心槽的宽度而略小于锁定槽孔的直径,短边宽度略小于滑轨空心槽的宽度</u>	调节轴横截面的最大宽度大于所述收缩部的宽度,调节轴横截面的最小宽度小于所述收缩部的宽度	附图公开

如果没有申请号或者文献号，仅有技术内容的描述，是否也可采取"R/"方式进行智能语义检索呢？当然可以。

> **【实例2】**
> 一种电力巡检无人机的精准回收方法，其特征在于，所述精准回收方法包括：
> S1：按照设定的周期拍摄降落平台的图像，对拍摄图像中的降落标识进行分析识别；
> S2：响应于识别到降落标识，结合识别出的降落标识、无人机的当前RTK坐标确定降落点的RTK坐标；
> S3：对降落点的RTK坐标进行修正，通过计算无人机的当前RTK坐标与修正后的降落点的RTK坐标之间的位置偏差，以及无人机的机头方向与降落标识的方向之间的角度偏差，调整无人机降落飞行路线，根据调整后的无人机降落飞行路线控制无人机降落在降落点上。

针对这个没有申请号或公开号、只有技术内容的实例，在Patentics中检索时，可以通过改写技术方案，利用智能语义检索直接进行检索，检索式如下：

R/电力巡检无人机的精准回收方法，其首先按照设定的周期拍摄降落平台的图像，对拍摄图像中的降落标识进行分析识别；然后，结合识别出的降落标识、无人机的当前RTK坐标确定降落点的RTK坐标；最后，通过计算无人机的当前RTK坐标与修正后的降落点的RTK坐标之间的位置偏差以及无人机的机头方向与降落标识的方向之间的角度偏差，调整无人机降落飞行路线，根据调整后的无人机降落飞行路线控制无人机降落在降落点上

通过筛选，可以得到相关文献：CN108873943A、CN109598758A。

9.3 智能语义检索的秘籍——人工干预

通过前两节，读者已经掌握基于数学和计算机科学的高精度语义检索基本原理。本节将介绍基于智能语义检索与布尔检索联合使用的智能检索方法。该方法是经包括专利审查员在内的众多专业检索人员长期实践总结出的智能语义检索的人工干预检索模式，可以提高检索效果。

在此之前，先来探究人工干预检索背后的基本原理。

9.3.1 限定排序范围的人工干预

仍然以上一节的头靠调节装置案为例进行说明。在传统检索方法中，"ICL/(A47C7/38 OR B60N2/48)"的作用就是将检索结果限定在关键词包含"A47C7/38 OR B60N2/48"分类号的专利中。在语义检索中也是一样，"ICL/(A47C7/38 OR B60N2/48)"将检索结果限定分类号中包含"A47C7/38 OR B60N2/48"的专利中，然后，系统再对这部分被限定的专利文献按照与给定专利文献的语义相关度，从高到低重新排序。

如图9-3-1所示，左侧第一幅图是传统布尔检索的结果，目标文献可能随机出现在其中任何位置；中间的图是仅使用专利号码进行语义检索时，系统对全库数据进行重排序，专利G由于与输入专利文献的相关度高而出现在靠前位置。但专利G之前可能会有一些明显噪声专利文献。为什么这样的专利文献会比相关文献还靠前呢？这主要是因为Patentics语义模型使用的是专利文献全文进行训练。但是，专利文献中并非所有内容都是在描述专利的关键发明点，特别是背景技术部分，很多都是对原有技术的描述，而非该专利文献的技术信息。例如，如果发明的是一种圆形桌子，那么在背景技术中，发明人可能会描述现有技术中使用的方形桌子、三角形桌子等是怎样的，存在哪些不足的地方等。由于Patentics是提取专利全文进行训练，因此，使用这个圆形桌子的专利文献作为排序标准时，由于其中有大段关于方形桌子和三角形桌子的描述，那么系统会认为这篇专利文献也与方形桌子和三角形桌子相关，从而推送方形桌子和三角形桌子的专利文献。类似情况还有相关文献虽然公开该专利文献的发明内容，但与本专利文献发明内容的描述部分只占很小一部分，也会影响它的相关度。

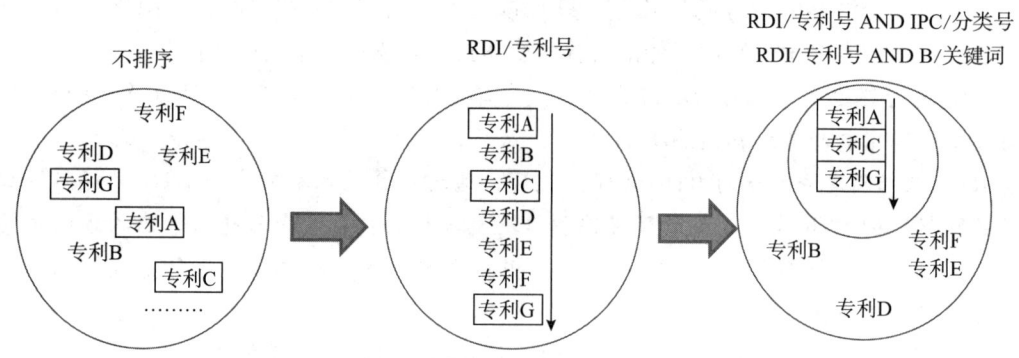

图9-3-1 智能语义检索人工干预原理

注：专利G：对比文件；矩形框中的专利：相似专利；无矩形框的专利：噪声专利

这时候就需要使用布尔检索命令，先圈定相关的专利文献或先将明显不相关的排除，然后再对检索结果进行排序。

典型的人工干预检索式：RDI/专利号 AND IPC/分类号；RDI/专利号 AND B/关键词。

检索式含义：先用"**IPC/分类号**"或"**B/关键词**"检索出一个结果集，然后再对这个检索结果集按照"**RDI/专利号的含义**"进行语义排序。

知识拓展——"A/""B/""C/""R/"的意义与区别

"A/"是组合检索，其在标题或摘要或权利要求中含有的关键词进行检索，例如A/cdma = TTL/cdma OR ABST/cdma OR ACLM/cdma。

"B/"是关键词检索，其在全文中进行关键词检索，包括专利文献所有文字，例如

"B/(磁盘 AND 硬盘 AND 网络)"表示在全文中检索含有磁盘和硬盘和网络的文献。

"C/"是概念检索，后跟专利号、词、词组、语句或文章，获得与输入概念的相关专利，约定输出最相关前 400 项。例如"B/手机 AND C/cdma"即为先检索出与"cdma"意思最相关的 400 项专利，从其中筛选出关键词包含"手机"的专利。

"R/"是语义排序，根据输入的词、句子、段落、文章或者专利号（输入专利号等于输入该文献全文意思），对检索结果进行排序，优先级低于布尔检索命令。例如，"B/手机 AND R/cdma"即为先检索出关键词包含"手机"的专利，再对检索结果按照与"cdma"意思的相关度进行排序。

常用的限定字段有限定日期的 DI/（只检索专利申请前公开的专利文献）、锁定技术领域的分类号 IPC/、全文关键词 B/、标题/摘要/权利要求关键词 A/等，锁定竞争对手的 AN/、ANN/、IN/，锁定目标市场的 NS/。然后，配合语义检索命令对限定的检索结果进行重新排序。需要注意的是，在使用关键词、**IPC** 等进行限定的时候，应先使用必然会出现的关键词或 **IPC** 小类、大组等范围比较宽泛的限定，避免遗漏，限定词也不一定必须是发明点相关的词，只要能起到限定作用即可。图 9-3-2 给出了人工干预检索的基本模式。

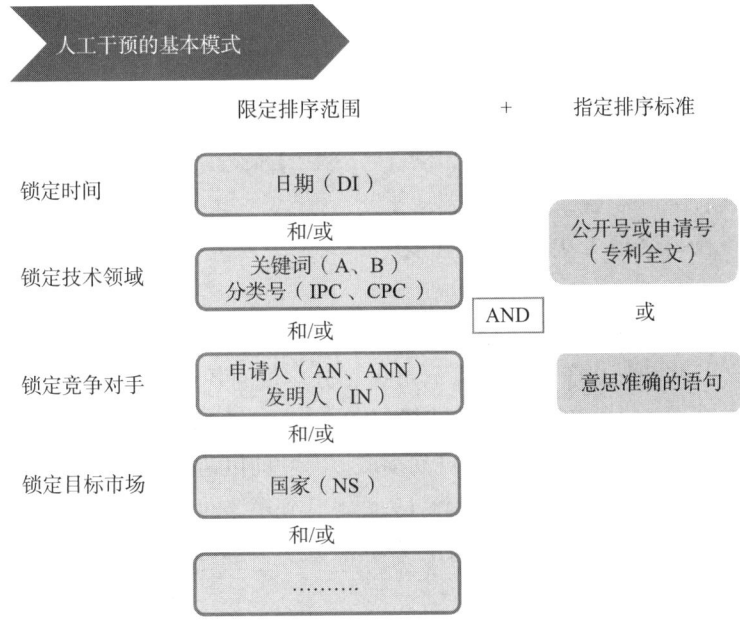

图 9-3-2 智能语义检索人工干预基本模式

9.3.2 指定排序标准的人工干预

上文在人工干预的基本模式中提及，人工干预指定排序标准时，排序的标准可以为意思准确的语句。也就是说，关于当使用"R/专利号码"和"R/专利号码"+人工干预效果都不好的时候是否还有办法使用语义检索提高检索效率的问题，答案当然是肯定的。

值得注意的是,在仅使用"R/专利号码"对全库语义排序检索效果不佳时,使用的"R/专利号码"+使用关键词/分类号等进行人工干预,实际是对语义排序的范围进行限定;那么在这个检索式中,还有另一个很重要的地方不能忽略,那就是"R/"紧跟的内容,也就是语义排序标准。

为了进一步了解"R/"排序标准的改变对检索结果的影响,以一个实例来进行说明。

【实例3】
发明名称:一种铜尾矿免烧砖及其制备方法;
申请日:2015年2月2日;
申请号:CN201510054902.8;
分类号:C04B 28/00;
公开号:CN104692720A。

该案的相关文献为CN102557533A。那么,如何通过指定排序标准的人工干预方法来更快地获得这篇相关文献?

直接使用"RDI/CN2015100549028"检索,就可以获得这篇相关文献,但其出现在检索结果的第13页,约第260位。

其权利要求1为:"一种铜尾矿免烧砖,其特征在于,包括以下重量百分含量的各个组分:55%~80%的铜尾矿微粉,8%~15%的水泥,7%~20%的骨料,0.1%~0.5%的外加剂,4.9%~9.5%的水。"

可见,该权利要求1中冗余信息很少,大部分都是该发明技术方案的相关技术特征。

因此,尝试直接使用这段文字作为排序标准进行语义检索,检索命令为:"R/一种铜尾矿免烧砖,其特征在于,包括以下重量百分含量的各个组分:55%~80%的铜尾矿微粉,8%~15%的水泥,7%~20%的骨料,0.1%~0.5%的外加剂,4.9%~9.5%的水 AND DI/CN2015100549028"(系统会自动提取该专利的申请日)(参见图9-3-3)。

相关文件CN102557533A直接从第13页提升到第3页的位置。

这就是对排序标准进行人工改写的第一个方法:**选择与发明点相关度高的部分作为语义排序标准**。

尝试完使用权利要求1的这段文字后,再尝试一下使用摘要作为语义排序标准的检索结果如何。

该申请的原始摘要为:"本发明属于特种建材制备领域和工业固体废弃物综合利用领域,具体涉及一种铜尾矿免烧砖及其制备方法。一种铜尾矿免烧砖,包括以下重量百分含量的各个组分:55%~80%的铜尾矿微粉,8%~15%的水泥,7%~20%的骨料,0.1%~0.5%的外加剂,4.9%~9.5%的水。其制备方法包括干混、湿混、压力成型、自然养护或者蒸压养护等步骤。铜尾矿微粉使铜尾矿免烧砖制备工艺简单、生

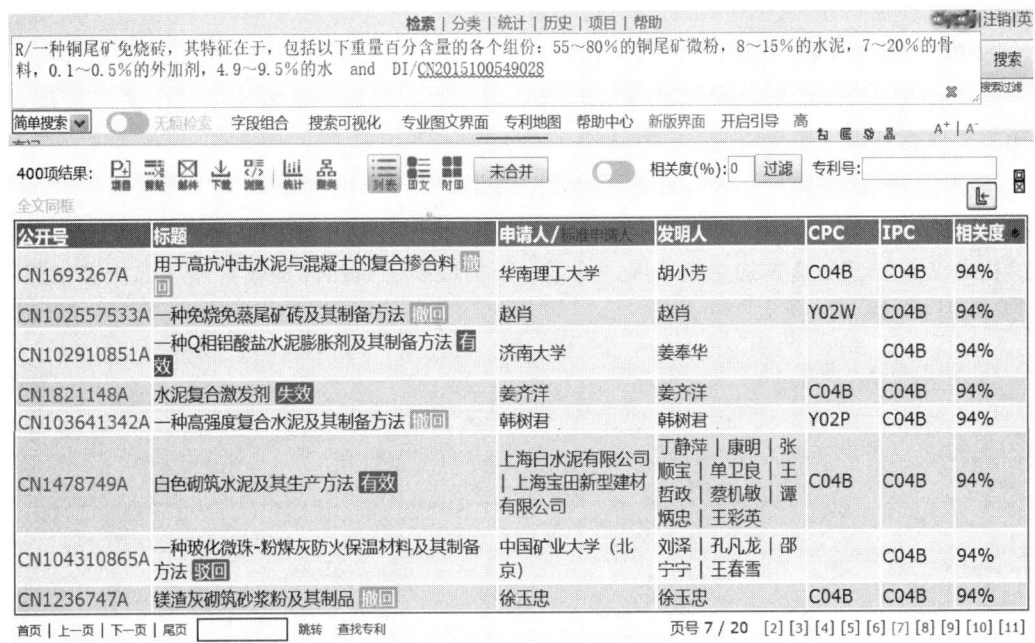

图 9-3-3　修改排序标准的语义检索

成成本低。得到的免烧砖隔音效果与隔热保温性能好，且耐久性强、吸水率较低，抗压强度与抗折强度较高，各项性能达到国家建材行业标准要求。"

直接使用该摘要作为语义排序标准进行语义检索，在系统给出的最相关的 400 个结果中都未发现相关文献 CN102557533A。

仔细阅读该摘要，可以发现该摘要中包含许多冗余干扰信息，例如，"**本发明属于特种建材制备领域和工业固体废弃物综合利用领域**"这句话中的领域限定虽然没错，但范围实在过大，不仅不能明确指向铜尾矿免烧砖，还可能会因为将此语句作为语义排序而引入许多属于特种建材制备领域和工业固体废弃物综合利用领域但与铜尾矿免烧砖无关的专利信息。

除此之外，摘要中的"铜尾矿微粉使铜尾矿免烧砖制备工艺简单、生成成本低。**得到的免烧砖隔音效果与隔热保温性能好，且耐久性强、吸水率较低，抗压强度与抗折强度较高，各项性能达到国家建材行业标准要求**"这些效果类的描述，同样会由于效果适用的范围过大而引入大量检索噪声，例如其中的"制备工艺简单、生成成本低"不仅铜尾矿免烧砖适用，甚至几乎任何工艺/产品类技术方案都可适用，因此很容易在检索结果中引入不相关的专利信息。

除以上干扰信息外，摘要中其他描述都是与该申请技术方案相关的技术特征，因此，使用删除这些冗余干扰信息后的摘要进行语义检索。检索式如下：

R/具体涉及一种铜尾矿免烧砖及其制备方法。一种铜尾矿免烧砖，包括以下重量百分含量的各个组分：55~80%的铜尾矿微粉，8~15%的水泥，7~20%的骨料，0.1~0.5%的外加剂，4.9~9.5%的水。其制备方法包括干混、湿混、压力成型、自然养护

或者蒸压养护等步骤 AND DI/CN2015100549028

相关文献 CN102557533A 出现的位置提升到检索结果第 1 页第 13 位。

这就是对排序标准进行人工改写的第二个方法：**删除技术方案描述中的干扰信息和冗余信息后进行语义检索**。

利用上述语段作为排序标准进行检索的效果要优于利用权利要求 1 直接进行检索。通过对比可以发现，它实际上是在权利要求 1 的基础上增加了更多的与技术方案相关的技术细节"其制备方法包括干混、湿混、压力成型、自然养护或者蒸压养护等步骤"（参见图 9-3-4）。

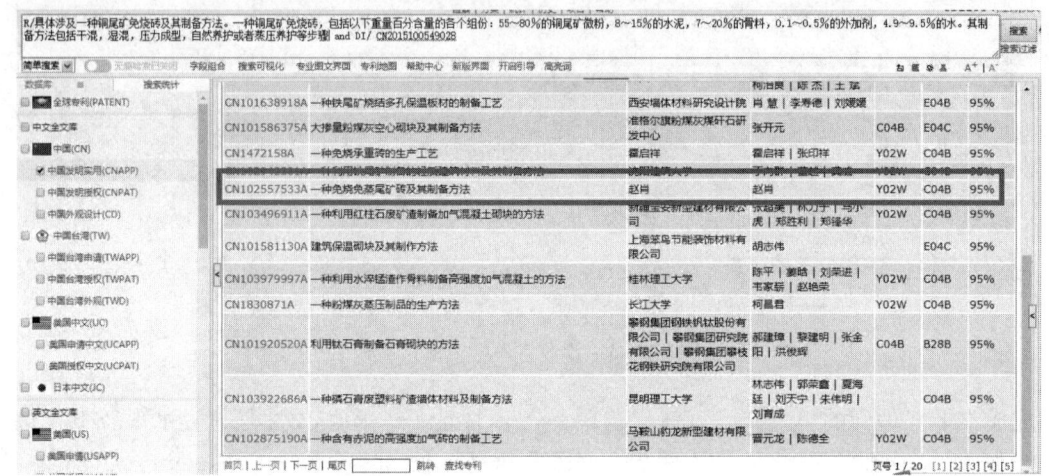

图 9-3-4　修改排序标准的语义检索

也就是说，在删除冗余干扰信息的同时，增加对技术方案本身的描述会使系统更准确地识别想要的专利文献。这也符合香农信息论的基本原理：你看的资料越多，知道的越多，确定的东西就越多，找到想要的东西的概率越大。反映到检索系统上也一样，提供给检索系统的信息越多，检索系统能确定的东西就越多，找到想要的专利文献的概率就越大。而这个概率在语义检索系统里体现为：真正相关专利的相似度就会越高。

那么，是不是还有其他技术特征可以增加呢？可以再次来解读一下权利要求：

> 1. 一种铜尾矿免烧砖，其特征在于，包括以下重量百分含量的各个组分：55~80%的铜尾矿微粉，8~15%的水泥，7~20%的骨料，0.1~0.5%的外加剂，4.9~9.5%的水。
>
> 2. 根据权利要求 1 所述的铜尾矿免烧砖，其特征在于，所述铜尾矿微粉为：比表面积为 420~450m²/kg、粉体中粒径为 5~30μm 的颗粒含量达 65% 以上的铜尾矿改性粉体。
>
> 3. 根据权利要求 1 或 2 所述的铜尾矿免烧砖，其特征在于：所述骨料选自河砂、碎石、钢渣、矿渣中的任意一种或多种的混合。

在从属权利要求 3 中还有对骨料具体选取材料的描述，这正是对整个技术方案的进一步丰富。

因此,可以将权利要求 3 中的技术特征也添加至 "R/" 命令之后,一起作为语义排序标准进行语义检索(参见图 9-3-5)。

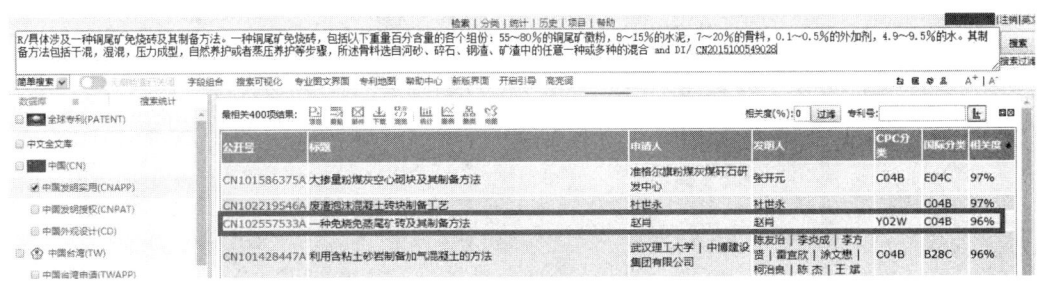

图 9-3-5　修改排序标准的语义检索

检索式如下:

R/具体涉及一种铜尾矿免烧砖及其制备方法。一种铜尾矿免烧砖,包括以下重量百分含量的各个组分:55~80% 的铜尾矿微粉,8~15% 的水泥,7~20% 的骨料,0.1~0.5% 的外加剂,4.9~9.5% 的水。其制备方法包括干混,湿混,压力成型,自然养护或者蒸压养护等步骤,所述骨料选自河砂、碎石、钢渣、矿渣中的任意一种或多种的混合 AND DI/CN2015100549028

相关文献 CN102557533A 出现的位置提升到检索结果第 1 页第 3 位。

这就是对排序标准进行人工改写的第三个方法:**增加描述技术方案的关键语段、关键词语后进行语义检索**。

最后总结一下语义检索通过排序标准进行人工干预的一般原则:

首先,通过关键词、分类号、重要申请人进行降噪,圈定排序范围。然后综合运用以下手段,修正排序标准:选择与发明点相关度高的部分;删除干扰信息、冗余信息;增加关键语段与关键词;对撰写不规范的语句进行提炼性改写,从而提高检索准确性。

9.4　智能语义检索策略总结——三步法

通过本章前面三节的介绍,相信大家已经基本了解并掌握了智能语义检索的基本原理和方法。本节将在前面三节的基础上,对智能语义检索的策略作进一步总结与提炼,力求帮助读者自由应对多种多样的检索任务。

当针对一件已有的专利文献进行语义检索,例如无效检索时,先使用 "R/专利号码" 进行初步检索,为验证系统对该专利的理解是否有偏差,可以浏览系统给出的靠前位置的专利文献或该专利的索引词是否与检索目标偏差过大。该专利的索引词是系统认为与该专利最相关的 32 个关键词,可以通过点击专利标题 - 索引查看(参见图 9-4-1)。

如果 "R/专利号码" 检索结果靠前位置的专利都是相关专利或索引词中涉及检索

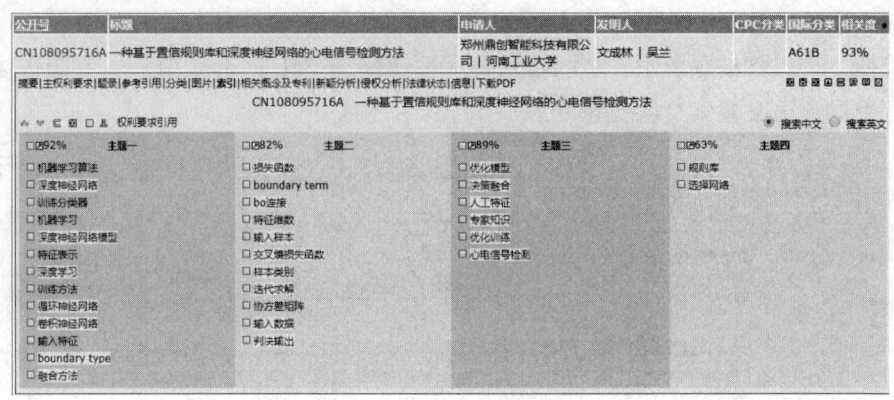

图 9-4-1 索引词的查看

目标相关词,则可以认为系统对该专利的理解较为准确,可以直接采用该专利全文作为语义排序标准使用"R/专利号码"进行语义检索。同时可使用"DI/日期"限定、"B/关键词"限定、"IPC/分类号"限定等进行人工干预,进行更高效的语义检索。

如果发现"R/专利号码"检索结果靠前位置的专利与该专利发明点相关度不高(例如,检索结果针对的都是该专利另一方面的内容),或该专利的索引词中均未涉及检索目标相关词,则可以认为系统对该专利的理解偏差较大。**此时,可以判断摘要、权利要求是否有与检索目标相关或说明书段落中是否有与检索目标相关的内容,如果有就可以选取更相关的摘要、权利要求或说明书段落作为语义排序目标进行语义检索。**同时也可使用人工干预策略,提高检索效率。这种方法也适用于技术交底书的查新检索或技术研发前的现有技术检索等没有专利号码的场景。

将语义检索的基本策略进行总结,如图 9-4-2 所示。

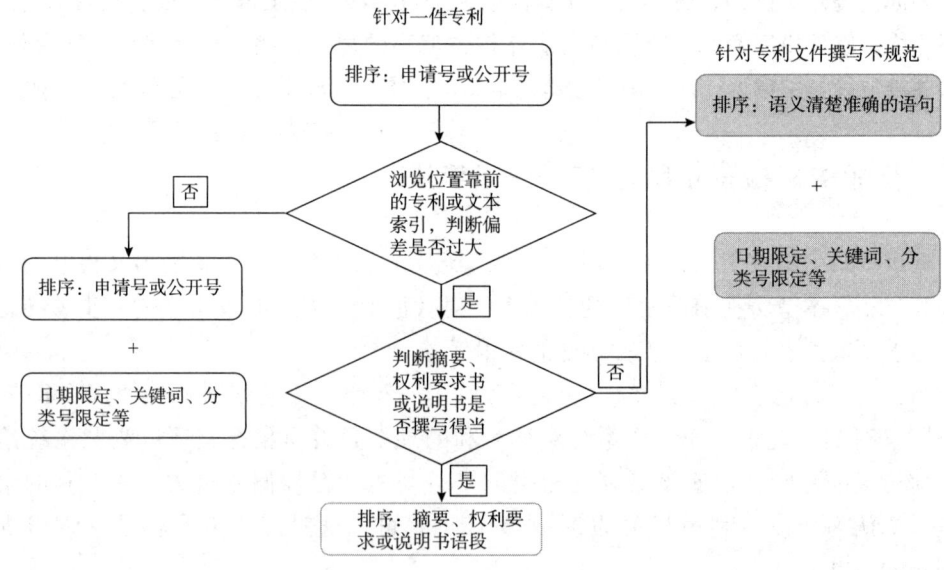

图 9-4-2 语义检索基本策略

知识拓展——Patentics 系统中算符的使用

▶ **通配符、模糊算符**：仅限英文单词使用。

- "**?**"为单字符通配符（替换单字符，可用在任意位置）："text"OR"test"，用"te?t"。
- "**$**"为0~1字符通配符（替换0~1个字符，可用在任意位置）："box"OR"boxes"，用"box$$""box$s""$oxes"。
- "*****"为多字符通配符（替换0或多字符，可用在任意位置）："test"OR"tests"OR"tester"，用"test*"。
- "**~**"为模糊搜索：拼法与"road"相似，如"load""read"，用"road~"。

▶ **邻近短语搜索**：需在英文双引号""中使用。

- "**adj/**"为区分位置的临近算符，支持多词连用，B/"cdma adj/3 station"表示cdma和station间相距小于等于3个字，且cdma位置在station之前。
- "**adjn/**"为不区分位置的临近算符，仅支持两个词的运算，B/"cdma adjn/3 station"表示cdma和station间相距小于等于3个字，cdma和station的位置可互换。
- "**equ/**"为区分位置的临近算符，支持多词连用，如cdma和station间相距等于3个字：用"B/cdma equ/3 station"，检索结果中cdma位置在station之前。

▶ **同句同段搜索**：需在英文双引号""中使用。

- **nW** 为区分位置的句同在算符，支持多词连用，检索字段/"word1 nW word2"表示word1和word2出现在同一句，且word1位置在word2之前。
- **nWn** 为不区分位置的句同在算符，支持多词连用，检索字段/"word1 nWn word2"表示word1和word2出现在同一句，前后位置不作区分。
- **nP** 为区分位置的段同在算符，支持多词连用，检索字段/"word1 nP word2"表示word1和word2出现在同一段，且word1位置在word2之前。
- **nPn** 为不区分位置的段同在算符，支持多词连用，检索字段/"word1 nPn word2"word1和word2出现在同一段，前后位置不作区分。

第 10 章　检索应用实例

10.1　专利文献

10.1.1　如何查找同族

首先了解一下同族的概念。

人们把至少有一项优先权相同的、在不同国家或国际专利组织多次申请、多次公布或批准的内容相同或基本相同的一组专利文献，称为专利族（Patent Family）。

同一专利族中的每件专利文献称为专利族成员（Patent Family Members），同一专利族中每件专利互为同族专利。

例如，苹果公司滑动解锁的那一系列专利文献（参见第 2 章），就是典型的相同优先权的同族文献。

那么，在仅知道一个申请号或文献号的情况下，应该如何找到它的同族文献呢？

查找一份专利文献的同族专利可以有许多方式，因为很多检索系统都收录同族信息。典型的途径有：

（1）欧洲专利局 Espacenet 数据库（https://worldwide.espacenet.com）；

（2）中国国家知识产权局专利检索系统（pss-system.cnipa.gov.cn）；

（3）日本专利信息服务平台（https://www.j-platpat.inpit.go.jp/web/all/top/BTmTopEnglishPage）；

（4）印度知识产权局专利检索服务系统（http://ipindiaservices.gov.in/publicsearch）。

一般优先采用欧洲专利局 Espacenet 数据库进行同族查询。欧洲专利局的同族数据权威且全面，更新快，可准确地查找欧洲同族专利，并可查看其检索报告或引用文献，也能查看欧洲同族在欧洲专利局的审查进度和法律状态；印度同族专利数据库数据收集也很全面，更新也快，也可纳入考虑；如果专利文献存在日本同族专利，那么可在日本专利信息服务平台网站中查找日本同族的状态及可能出现的引用文献。

通过全球专利档案（Global Dossier）也可以查询同族专利，但其一般只收录五大局、WIPO、CASE 里包括的国家的同族。

CASE 全称为检索与审查信息集中入口（Centralized Access to Search and Examination），其为 WIPO 推出的一项服务。在美国专利商标局的 Global Dossier 服务中，CASE 目前包括加拿大、澳大利亚、以色列等国家。

【方法1】

以欧洲专利局 Espacenet 数据库为例展示同族专利查找的过程：进入 http://worldwide.espacenet.com 网站，在检索输入框中输入需要查找的专利文献的公开号或者申请号，例如以苹果公司滑动解锁的中国专利文献 CN101371258A 为例，在"Smart search"的输入框中输入 CN101371258A，再点击"search"按钮，进入搜索结果界面（参见图 10-1-1）。

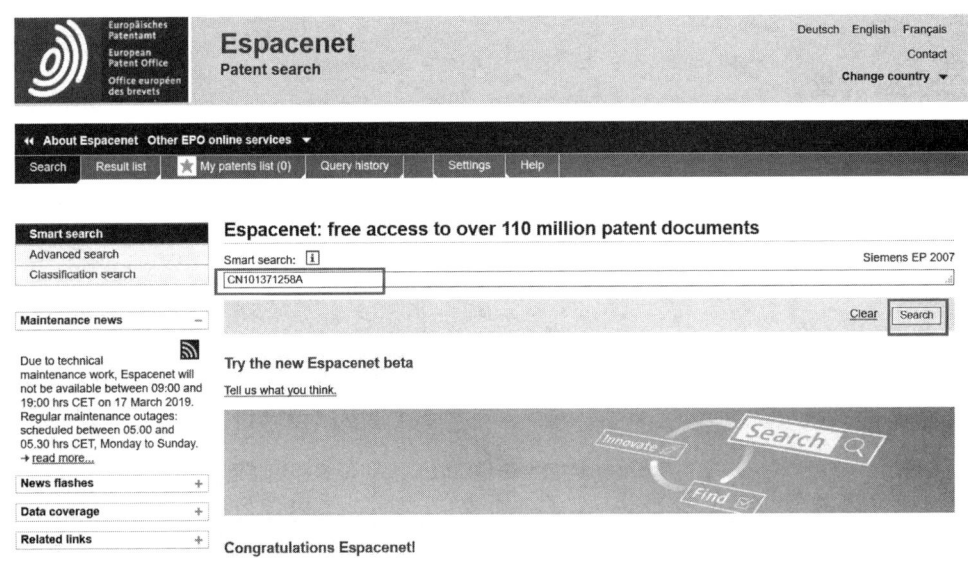

图 10-1-1　欧洲专利局 Espacenet 数据库 CN101371258A 搜索界面

在搜索结果中点击其专利名称"Unlocking a device by performing gestures on an unlock image"，即可进入该专利文献的详细信息页面（参见图 10-1-2）。

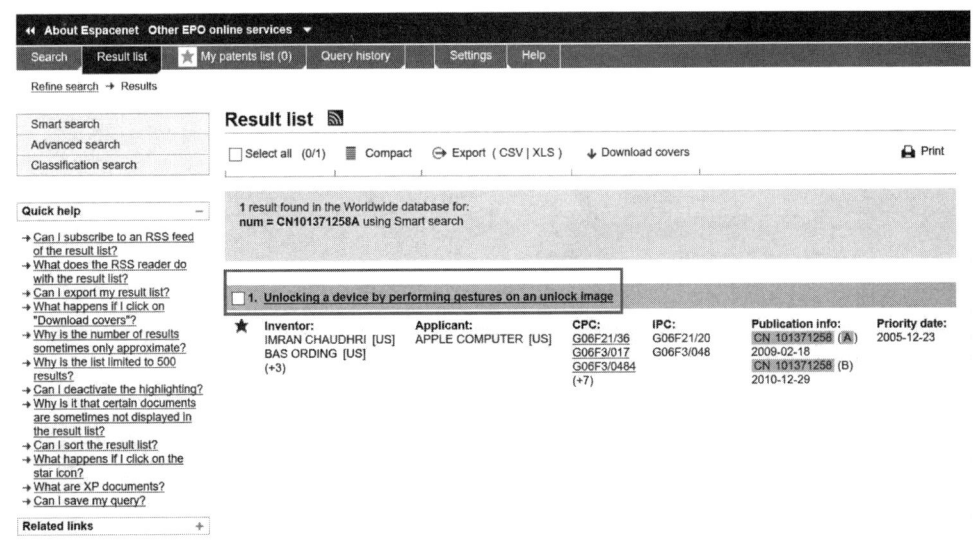

图 10-1-2　Espacenet 数据库中专利文献 CN101371258A 的搜索结果

在专利的详细信息页面点击左边的"INPADOC patent family",即可查看该专利在各国或地区的同族专利(参见图10-1-3)。

图10-1-3 Espacenet 数据库 CN101371258A 的详细信息页面

在 CN101371258A 的"Family list"中显示所有的同族专利,可通过"Publication info"查找所需国家或地区的专利文献,并可根据公开日期找到同族中最早公开的文献(参见图10-1-4)。

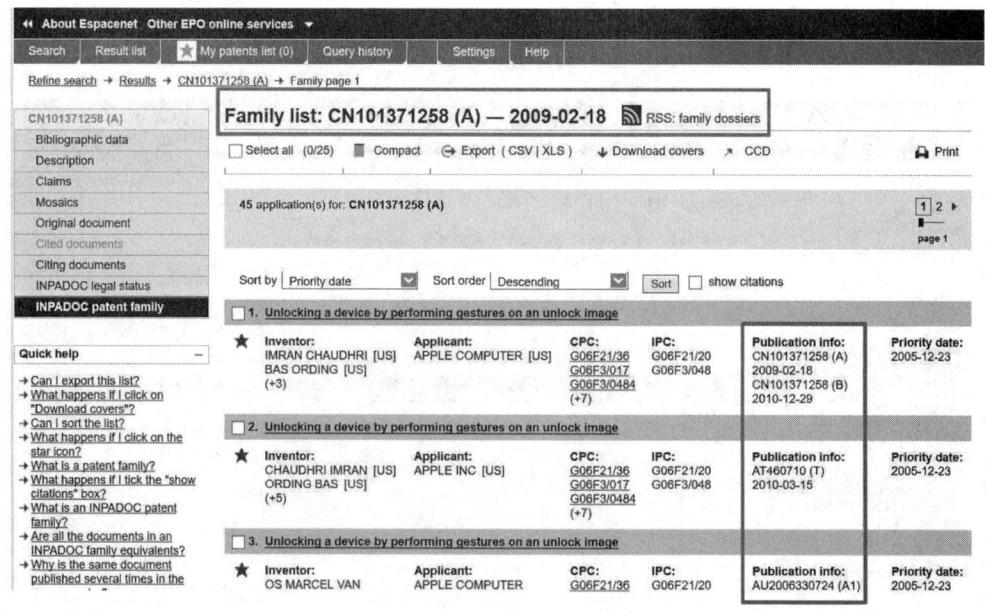

图10-1-4 CN101371258A 所需国家的同族文献

【方法2】

以中国国家知识产权局专利检索系统 PSS 系统为例展示同族查找的过程：在地址栏输入 pss-system. cnipa. gov. cn 就可进入 PSS 系统的主页，在标题栏找到"热门工具"，再点击"同族查询"，在"公开（公告）号"的对话框中输入公开（公告）号，输入规范为"文献的公开国 + 公开流水号 + 公布级别"，例如 CN101371258A，点击"查询"，即可出现结果，在检索结果中按照时间来查找同族中最早公开的文献（参见图 10 – 1 – 5）。

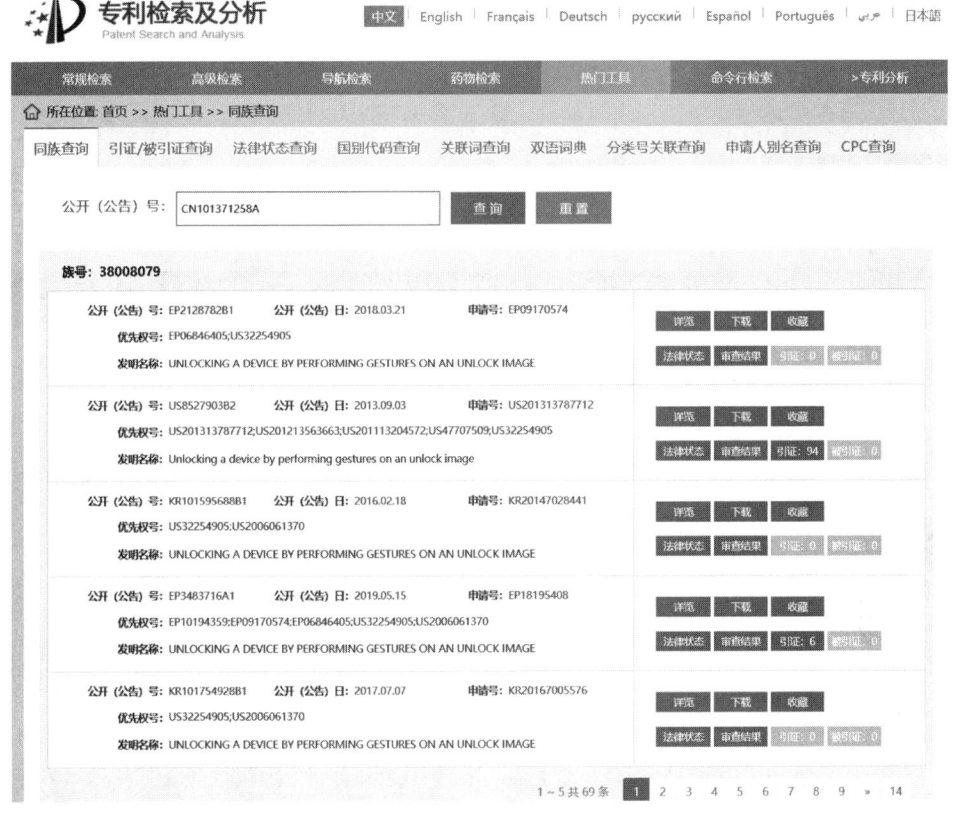

图 10 – 1 – 5　PSS 系统中 CN101371258A 的同族专利文献

10.1.2　如何快速获得英文专利文献的中文译文

母语的阅读速度是最快的，所以我们都喜欢将外文翻译为中文来阅读。除了可以使用金山词霸、谷歌翻译外，对于专利文献的翻译，还有更好的解决方案。

【方法1】

借助同族查询来获得中文文本。同族查询方式和步骤参看第 10.1.1 节。

一般而言，根据优先权制度的要求，不同语言的同族专利文本，通常由专人翻译、专人校对，其实质内容基本是相同的。

因此，若该专利文献有中文同族，那么就可以借助这些同族文本来了解其他语言文本的内容。

【方法2】

若没有可借助的同族参考，可在欧洲专利局 Espacenet 数据库（http://worldwide.espacenet.com）、世界知识产权组织（WIPO）PATENTSCOPE 数据库（http://patentscope.wipo.int）以及中国国家知识产权局专利检索系统（pss-system.cnipa.gov.cn），利用检索系统的翻译功能来获得比较专业的英文或中文翻译。

下面以欧洲专利局 Espacenet 数据库为例，展示利用系统将英文翻译成中文的过程。

进入 https://worldwide.espacenet.com 网站，在检索输入框中输入需要查找的专利文献的公开号或者申请号，例如 EP2128782A1（参见图 10-1-6）。

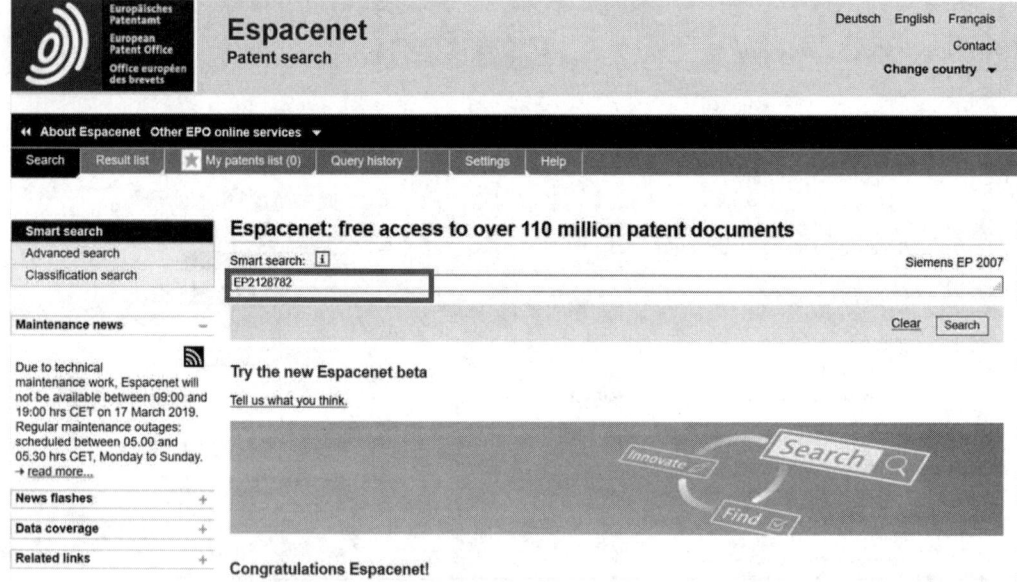

图 10-1-6　欧洲专利局 Espacenet 数据库中搜索 EP2128782A1

在搜索结果中点击专利名称"Unlocking a device by performing gestures on an unlock image"，即可进入该专利的详细信息页面（参见图 10-1-7 和图 10-1-8）。

在专利的详细信息页面，可以对摘要信息进行英文或中文的翻译。例如，在" "中选择"Chinese"，再点击"patenttranslate"按钮，则可看到翻译的中文摘要（参见图 10-1-9）。

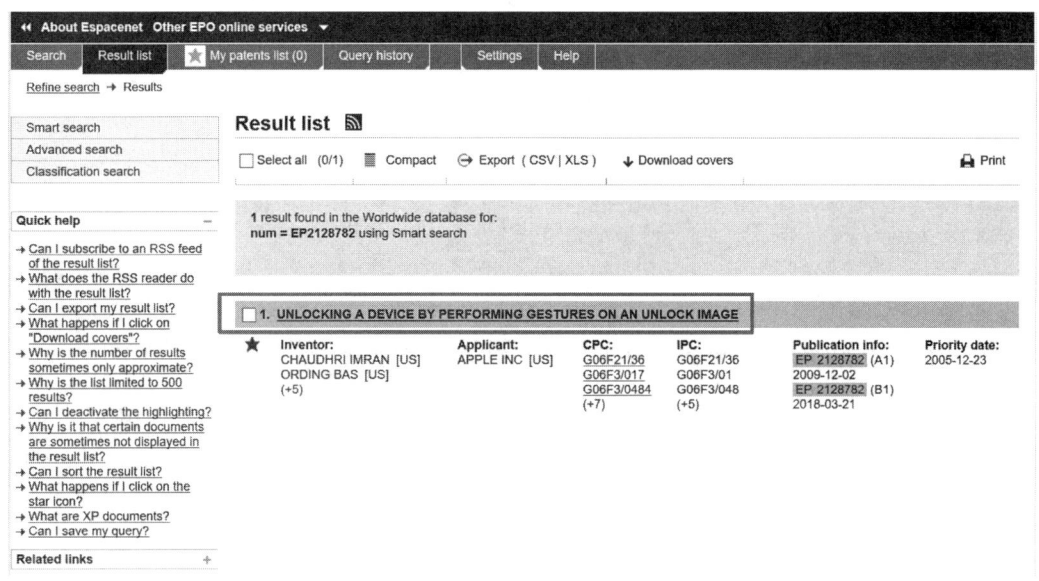

图 10-1-7　Espacenet 数据库中 EP2128782A1 的搜索结果

图 10-1-8　将 EP2128782A1 的英文摘要翻译成中文的方法

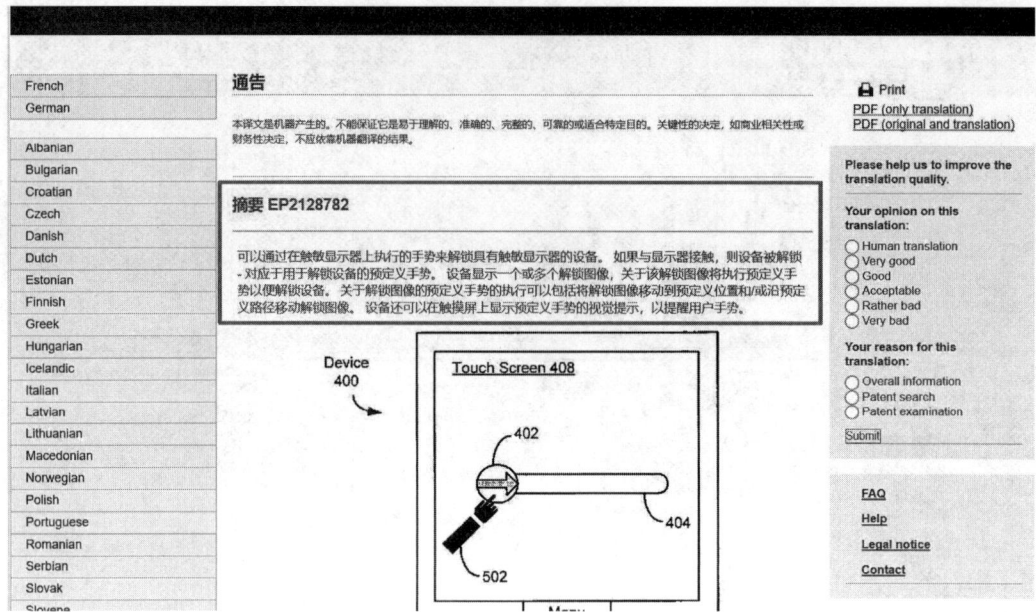

图10-1-9　EP2128782A1摘要中文译文界面

若需要说明书的中文翻译,则需要进行如下操作:在专利的详细信息页面的左侧,选择"Description",然后在语言选择栏中选择"Chinese",再点击"patenttranslate"按钮,则可得到翻译好的中文内容(参见图10-1-10和图10-1-11)。

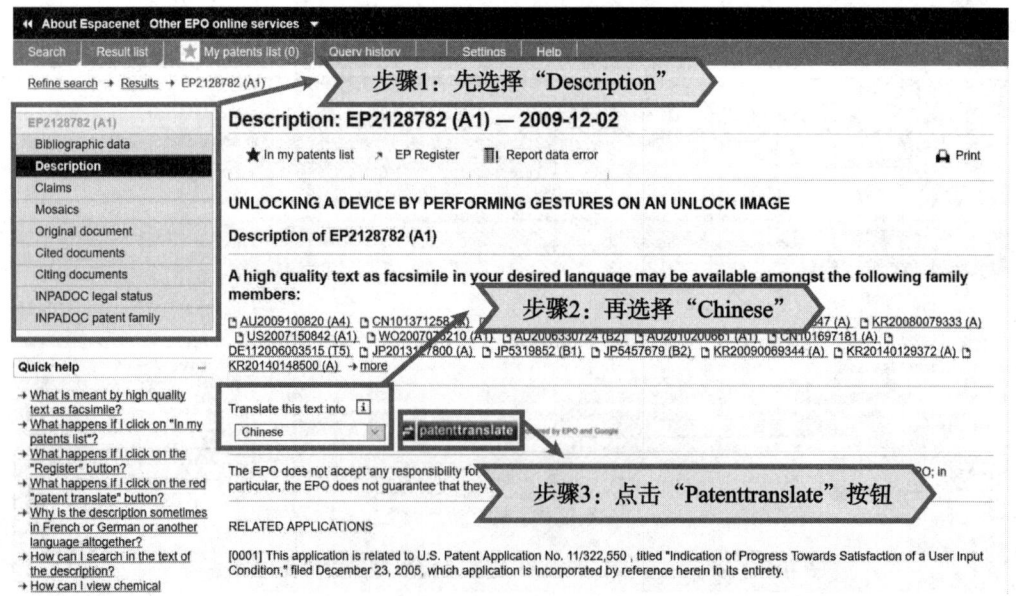

图10-1-10　将EP2128782A1说明书翻译成中文内容的步骤

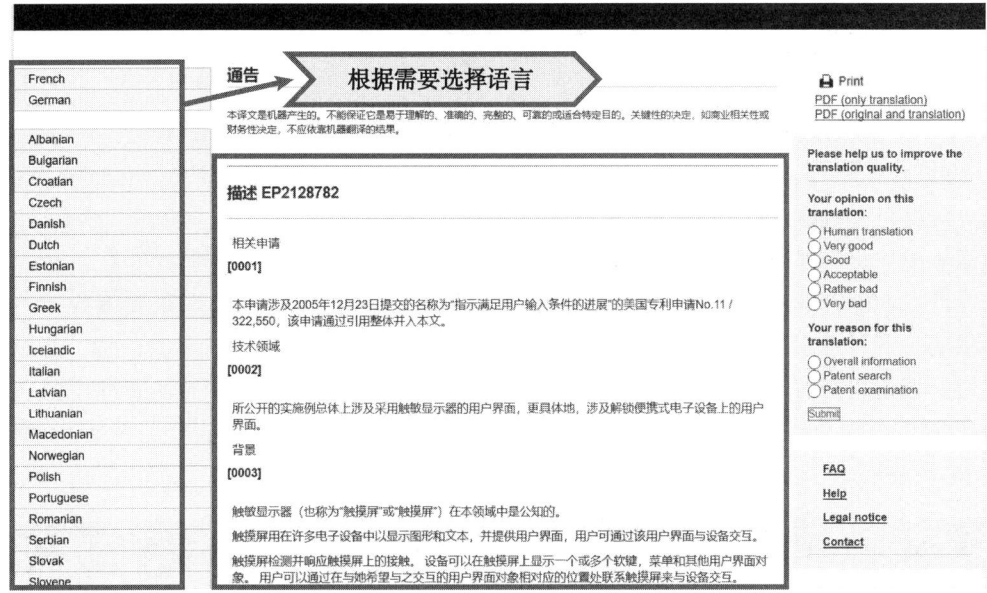

图 10-1-11　EP2128782A1 的中文译文内容

除了能将英文翻译为中文外，欧洲专利局 Espacenet 数据库还可将英文翻译成世界上的多种语言，例如日文、韩文、俄文等。事实上，欧洲专利局充分利用其海量的同族文本信息，通过与 Google 合作，用同族文本来训练翻译引擎，提供多种语言之间的互译。

例如选中左侧语言栏的日语"Japanese"，系统会出现翻译后的日文文本内容（参见图 10-1-12）。

图 10-1-12　EP2128782A1 的日文文本内容

10.1.3 如何快速获得日文/韩文专利文献的英文译文

【方法 1】

借助同族查询获得英文文本。同族查询方式和步骤参看第 10.1.1 节。

【方法 2】

若没有可借助的同族参考，可在欧洲专利局 Espacenet 数据库（https://worldwide.espacenet.com）利用检索系统获得比较专业的日文/英文翻译。

进入 https://worldwide.espacenet.com 网站，在检索输入框中输入需要查找的专利文献的公开号或者申请号，例如 JPH07156262A，进入专利的详细信息页面。若需要对说明书进行翻译，则点击左侧栏目中的"Description"，然后在语言选择栏中选择"English"，再点击"patenttranslate"按钮，则可得到翻译好的英文内容（参见图 10-1-13）。

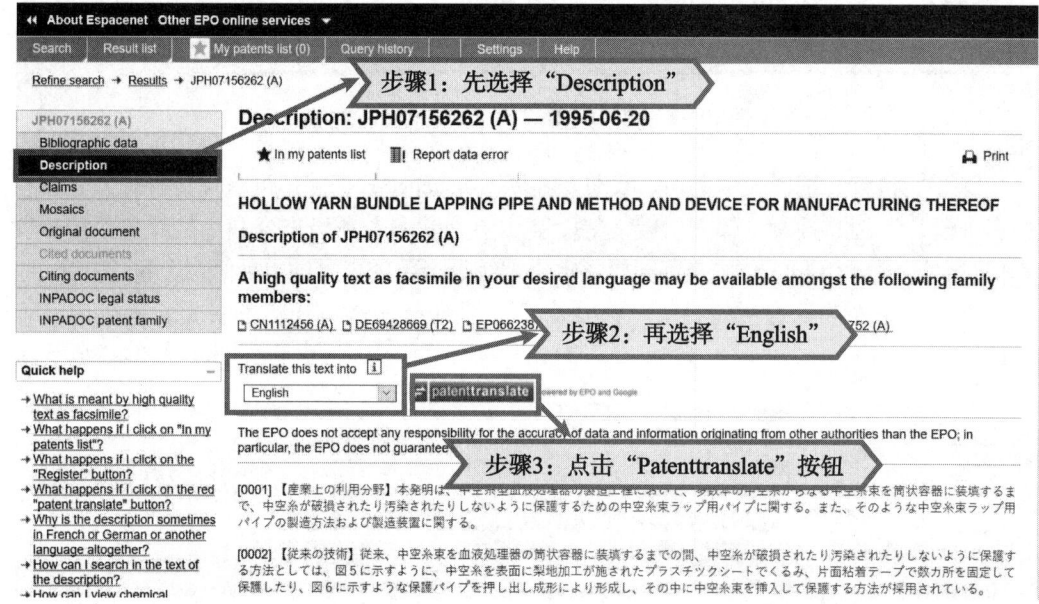

图 10-1-13　Espacenet 数据库中 JPH07156262A 的英文文本获取步骤

在阅读时，Espacenet 数据库还会在翻译好的英文相应的地方显示日文原文，便于阅读者一一对比（参见图 10-1-14）。

将韩文专利文献翻译成英文的方式与上述类似。

例如，要将韩文专利文献 KR10-2014-0009850 翻译成英文，先进入 https://worldwide.espacenet.com 网站，在检索输入框中输入需要查找的专利文献的公开号或者申请号，如输入 KR20140009850 后出现检索结果，进入专利的详细信息页面。若需要对说明书进行翻译，则点击左侧栏目中的"Description"，然后在语言选择栏中选择"English"，再点击"patenttranslate"按钮，则可得到翻译好的英文内容（参见图 10-1-15）。

图 10-1-14　JPH07156262A 英文、日文对照显示

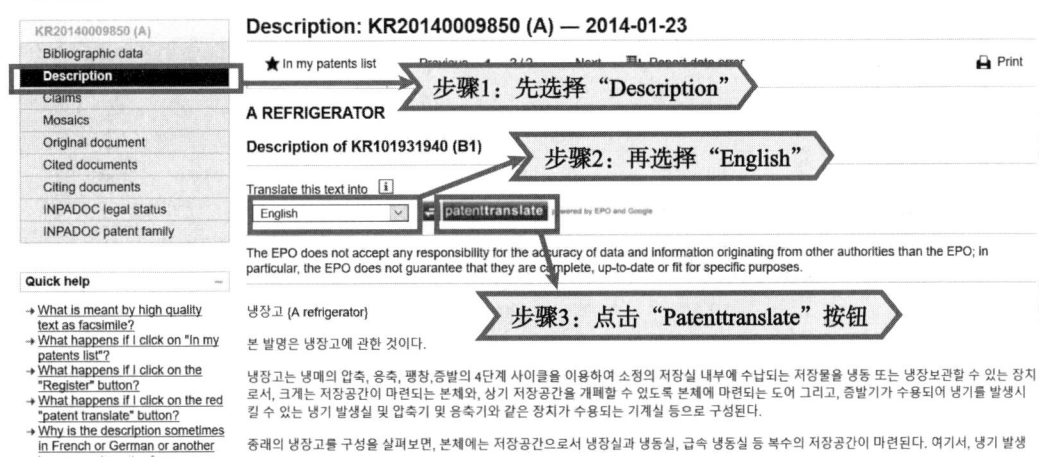

图 10-1-15　KR20140009850 英文说明书获取步骤

Espacenet 数据库也会在翻译好的英文处对应显示韩文原文，便于阅读者一一对比（参见图 10-1-16）。

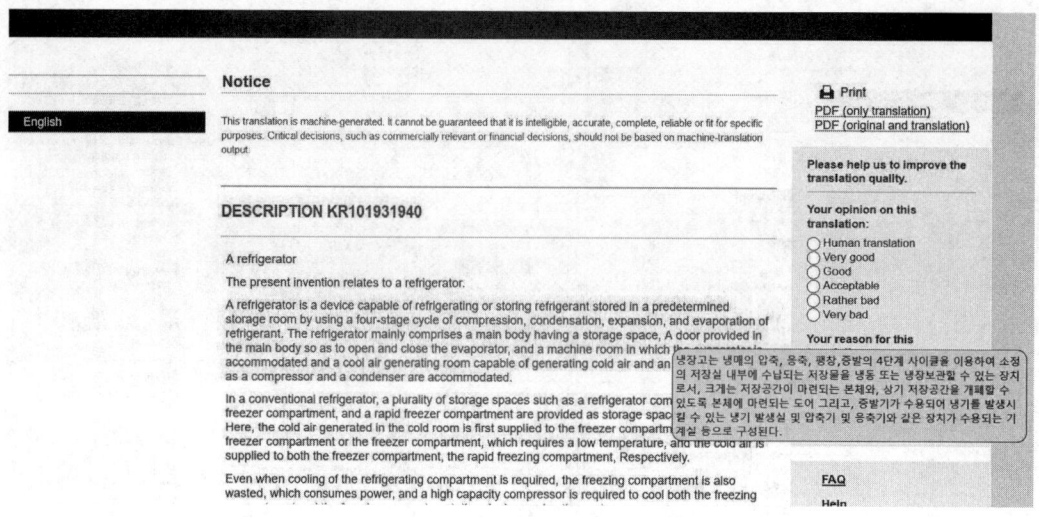

图 10-1-16　KR20140009850 英文、韩文对照显示

10.1.4　如何利用 PSS 系统获得中文专利文献的英文译文

在地址栏输入 pss-system.cnipa.gov.cn 进入 PSS 系统的主页，在"常规检索"下，在输入框中输入文献号，进入全文文本页面（参见图 10-1-17）。

图 10-1-17　PSS 系统的全文文本页面

在全文文本页面具有"翻译"按钮，将需要翻译的段落选中，点击"翻译"按钮即可获得英文翻译（参见图 10-1-18）。同时将英文翻译成中文也可照此步骤进行。

第10章 检索应用实例

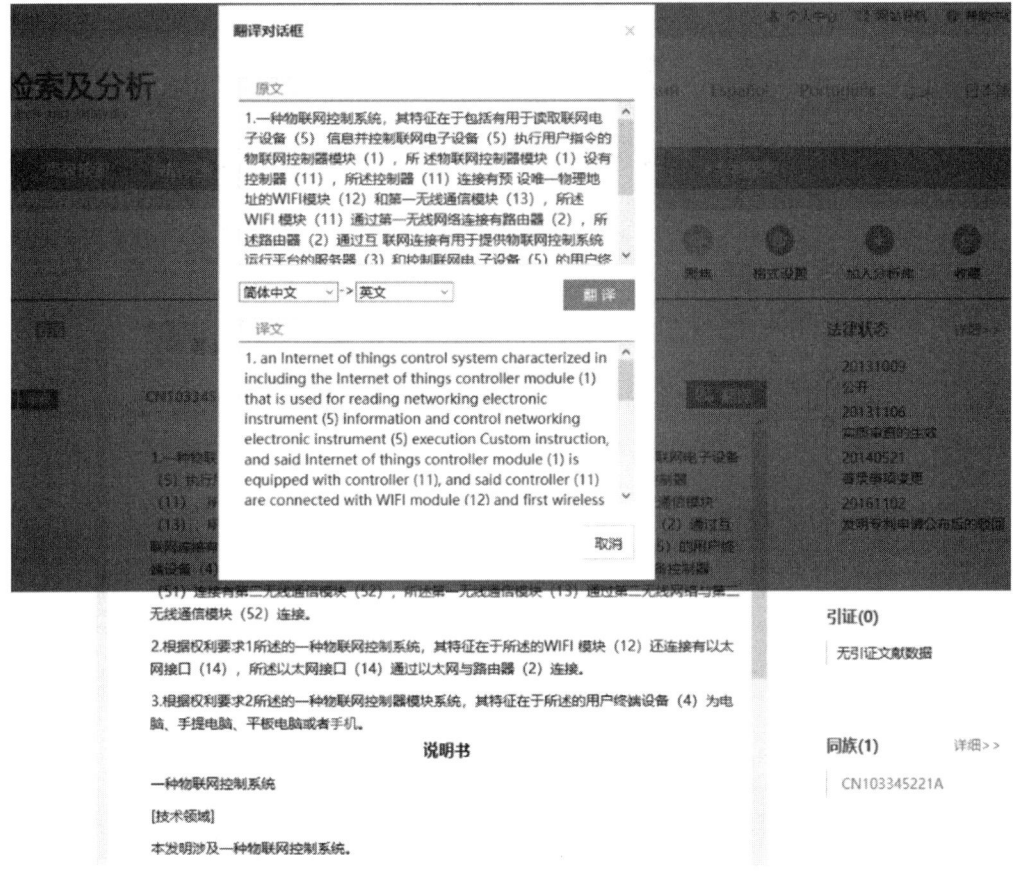

图10-1-18 PSS系统的翻译界面

10.2 分类号

10.2.1 如何知晓某个分类号的含义，例如A01B 1/20

从"A01B 1/20"的结构上看，该分类号为IPC分类号，而IPC分类体系的权威管理机构是世界知识产权组织（WIPO），因此进入WIPO官方网址 http://www.wipo.int/portal/en/index.html 查询该分类号含义。

进入网站首页后，点击"Knowledge"栏目下的"International Classifications"（参见图10-2-1）。

页面跳转到如图10-2-2所示页面，选择"International Patent Classification"这一内容进行点击。

跳转进入International Patent Classification（IPC）页面，点击下面的"Access the International Patent Classification"，即可进入IPC分类表页面（参见图10-2-3）。

203

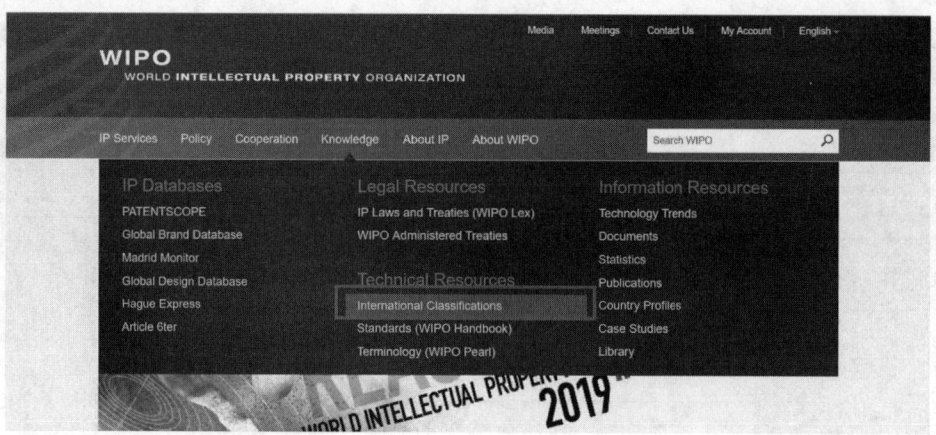

图 10-2-1　WIPO 网站的首页界面

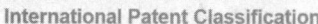

图 10-2-2　WIPO 网站的 "International Patent Classification" 页面

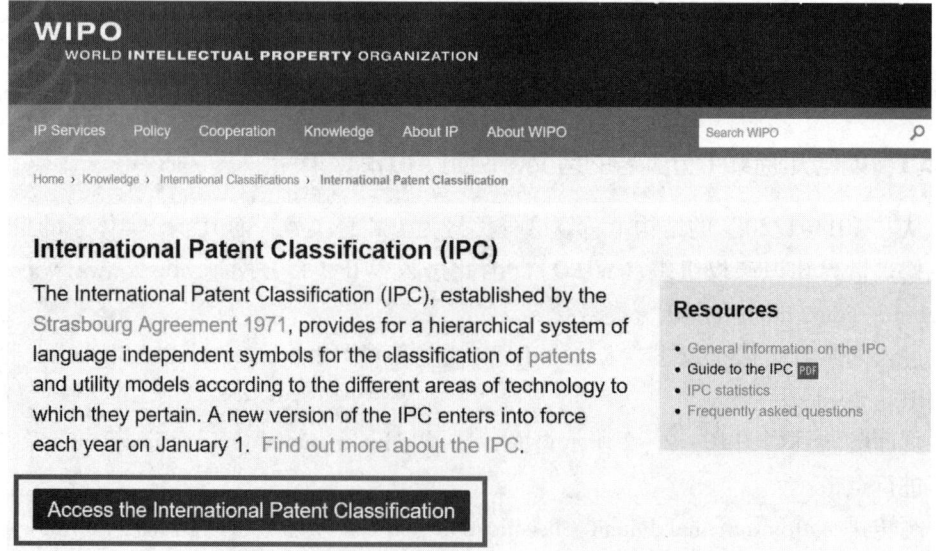

图 10-2-3　WIPO 网站的 IPC 分类表页面

第 10 章 检索应用实例

在 IPC 分类表页面，可以在搜索框输入需要查找的分类号，点击搜索按钮进行查找，也可以按照分类表的等级查找（参见图 10-2-4）。

图 10-2-4　IPC 分类表的搜索界面

以 A01B 1/20 为例，在搜索框输入"A01B1/20"，点击搜索按钮，即会出现结果，A01B 1/20 的类名为"Combinations of different kinds of hand tools"（不同类型手动工具的组合）（参见图 10-2-5）。

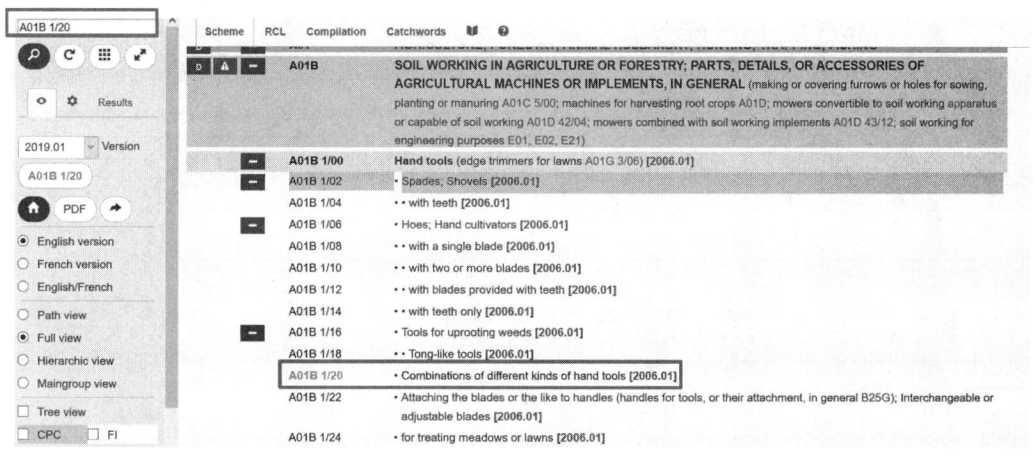

图 10-2-5　A01B 1/20 的搜索结果

由于 WIPO 的官网无法提供中文版 IPC 分类表，若想查询 IPC 分类号的中文版，可进入 PSS 系统的导航检索模式（http://pss-system.cnipa.gov.cn/sipopublicsearch/patentsearch/showNavigationClassifyNum-showBasicClassifyNumPage.shtml）进行查询。PSS 系统提供 IPC 分类表，根据部—大类—小类—大组—小组逐级选择来查询分类号的含义。

需要提醒的是，很多检索系统中的分类表存在更新滞后现象，因此 IPC 权威版本还是以 WIPO 网站上公布的为准。

205

10.2.2 如何查找美国分类号（UC）

https://www.uspto.gov/web/patents/classification 网站可提供 CPC 分类表和 UC 分类表的查询。如要查找美国分类号 UC，可登录该网站后选中"USPC"，然后在输入框中输入需要查询的 UC 分类号（参见图 10 – 2 – 6）。

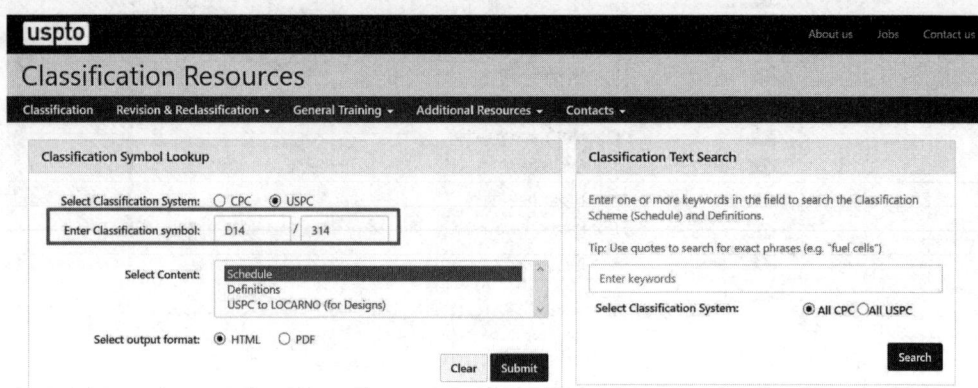

图 10 – 2 – 6　USPC 的查询界面

输入分类号后，点击"submit"（提交）按钮，页面跳转到 UC 分类表，再根据需要逐步点击查找即可（参见图 10 – 2 – 7）。

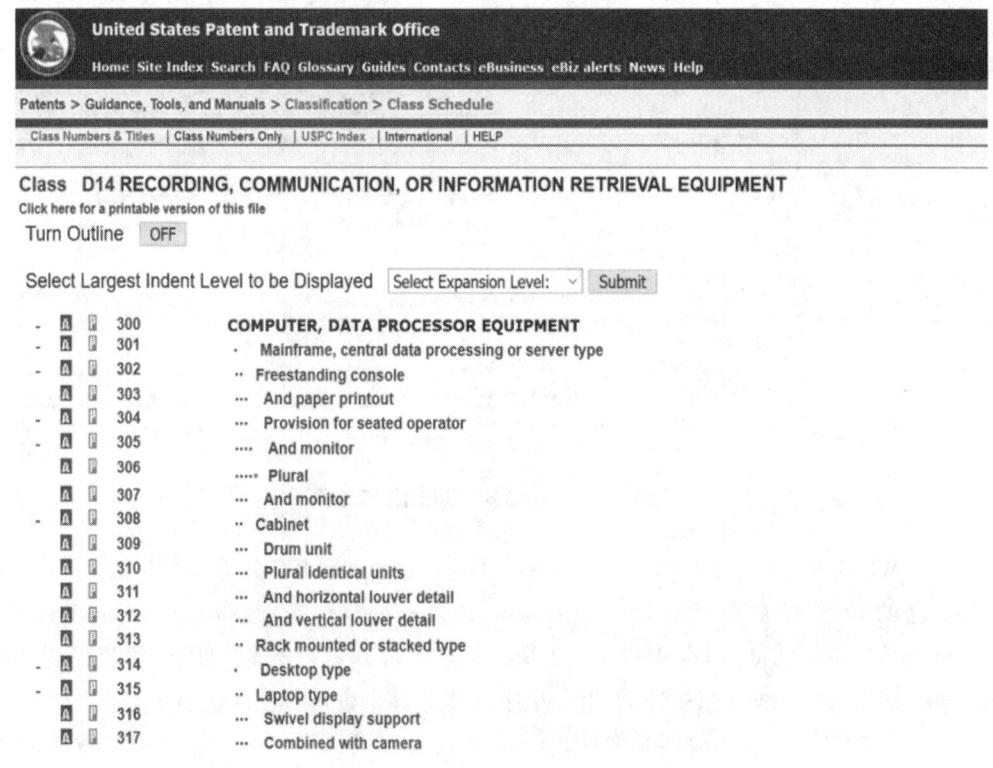

图 10 – 2 – 7　UC 分类表的显示界面

10.2.3 如何查找日本专利分类号（FI/F-term）

日本特许厅不仅提供日文版本的 FI 分类表和 F-term 分类表，还提供英文版本的 FI 分类表和 F-term 分类表。

若需获取英文版本的 FI/F-term 分类号，可进入日本专利信息平台，切换到英文版来查找 FI/F-term 分类号。

日本专利信息平台的网址为 www.j-platpat.inpit.go.jp/p1101。不过该网址经常发生变化，建议进入网站首页后，在"Patents/Utility Models"栏目下，寻找并点击"Patent/Utility Model Classification Search（PMGS）"（参见图 10-2-8）。

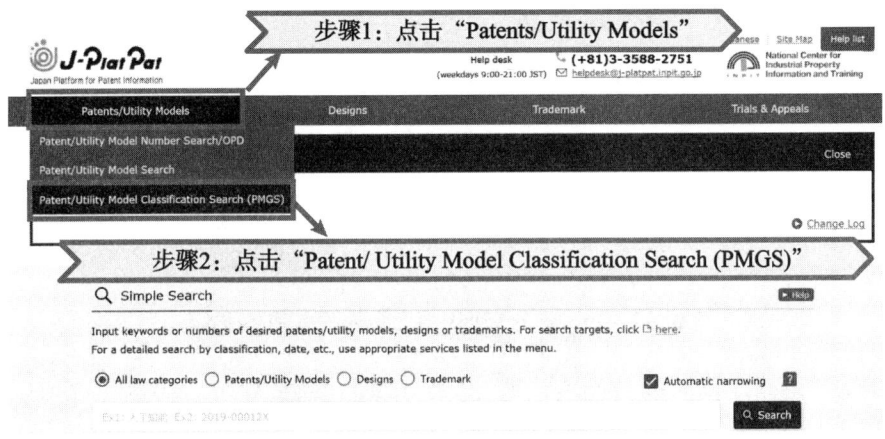

图 10-2-8 进入 PMGS 界面的方法

在"Patent/Utility Model Classification Search（PMGS）"页面，根据需要选择 FI/Facet 或 F-term，在检索框中输入分类号点击"Search"按钮跳转查找。"Patent/Utility Model Classification Search（PMGS）"页面也提供关键词查找分类号功能，使用时可根据需要选用相应的分类号查找方式（参见图 10-2-9）。

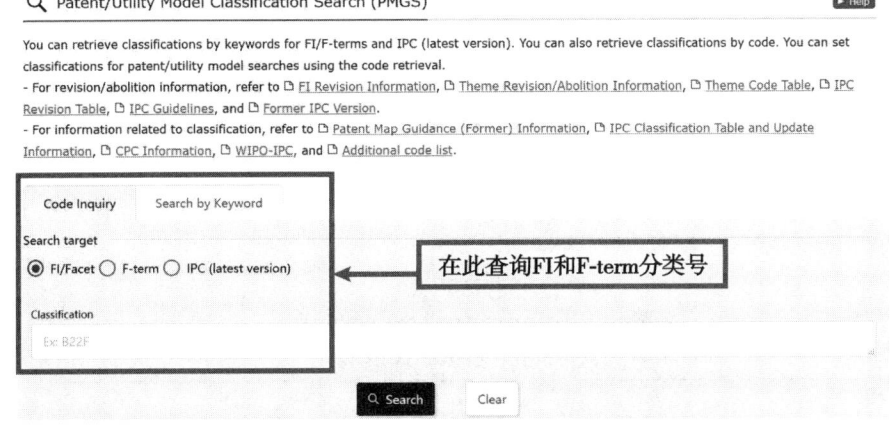

图 10-2-9 FI/F-term 分类号查询界面

例如,查找F-term分类号5B068 AA03,先选中"F-term",选择"F-term list",再在检索框中输入"5B068",点击"Search"按钮后页面跳转到F-term分类表页面(参见图10-2-10)。

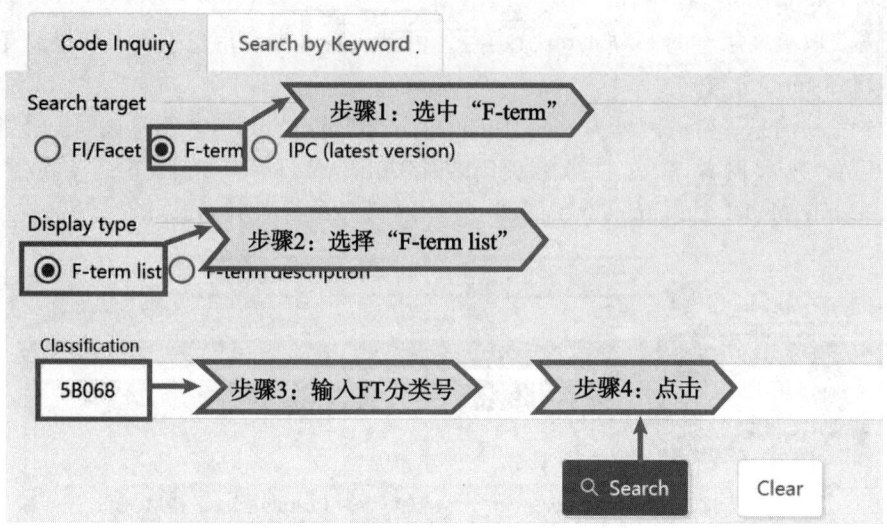

图10-2-10　查询5B068的F-term分类表的步骤

以下为主题码5B068的分类表,展开AA01即可找到AA03分类号,5B068 AA03的类名为"Reduction of power requirements"(参见图10-2-11)。

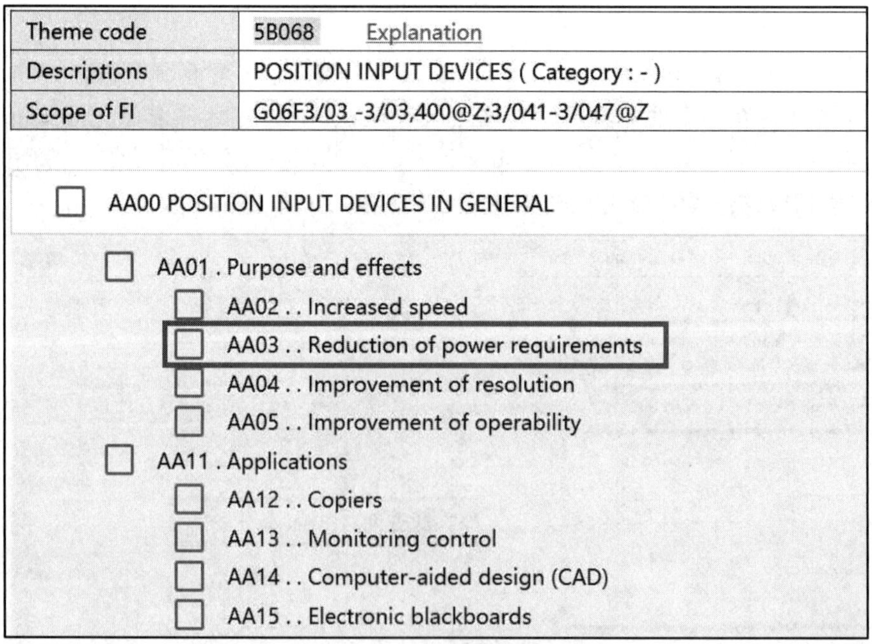

图10-2-11　5B068 AA03的查找结果

还可以选中"F-term description",查看 F-term 分类表的说明。步骤为:先选中"F-term",选择"F-term description",再在检索框中输入 5B068,点击搜索按钮后页面跳转到"F-term description"页面(参见图 10 – 2 – 12)。

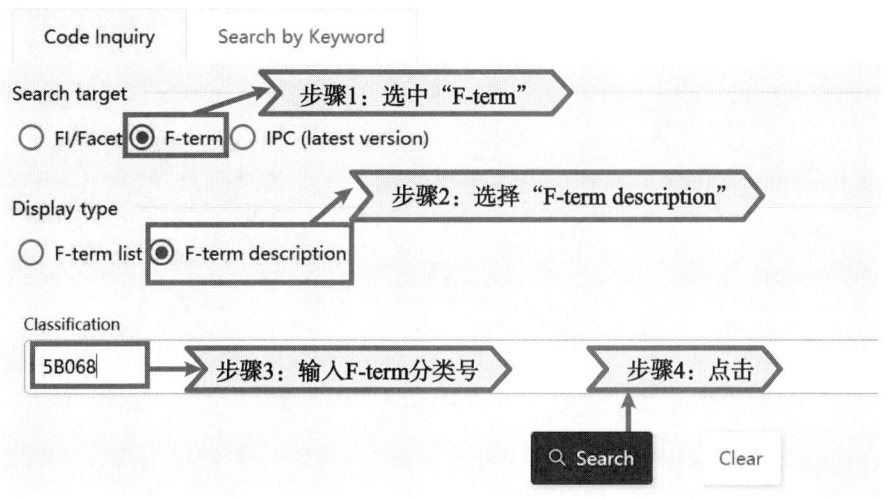

图 10 – 2 – 12 查看 5B068 的 F-term 分类表说明的步骤

在"F-term description"页面里展示有大量附注、参见和图例(参见图 10 – 2 – 13)。

图 10 – 2 – 13 "F-term"分类表说明页面显示内容

点击"AA"即可查看到 AA03 分类号,5B068 AA03 的类名为"Reduction of power requirements";点击"AA"处的"figure",即可看到图例(参见图 10 – 2 – 14)。

若要查找 FI 分类号 G06F 3/048,先选中"FI/Facet",再在检索框中输入"G06F3/048",点击"Search"按钮后页面跳转到 FI 分类表页面(参见图 10 – 2 – 15)。

通过页面即可查看 G06F 3/048 的分类类名及其上下位点组的分类类名(参见图 10 – 2 – 16)。

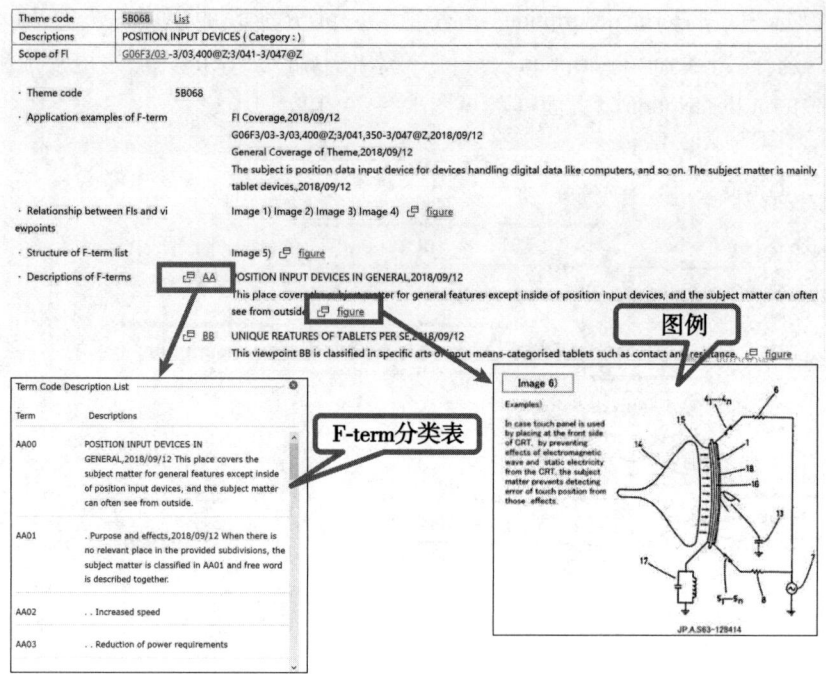

图 10-2-14　5B068 AA03 的类名和图例

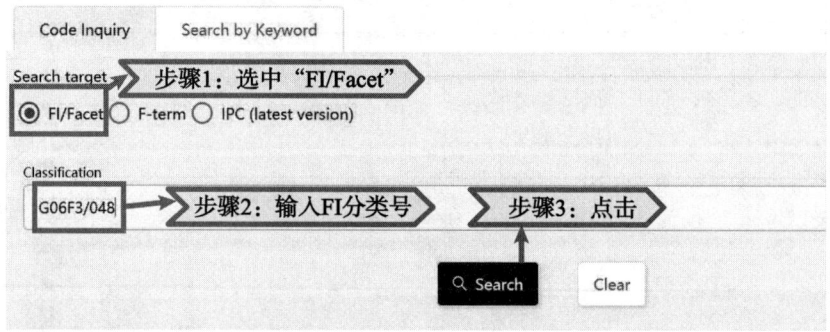

图 10-2-15　查询 FI 分类号的步骤

G06F3/048	Interaction techniques for graphical user interfaces(GUIs) [8, 2013.01]	Handbook Concordance	5E555
G06F3/0481	...based on specific properties of the displayed interaction object or a metaphor-based environment, e.g. interaction with desktop elements like windows or icons, or assisted by a cursor's changing behaviour or appearance [2013.01]	Handbook Concordance	5E555
G06F3/0481,120	...appearance or behavior of cursor, e.g. looks or movement of cursor is changed by effect of GUI parts	Handbook Concordance	5E555
G06F3/0481,150	...three dimensional environment	Handbook Concordance	5E555

图 10-2-16　G06F 3/048 的分类类名及其下位点组

日本专利信息平台可以采用英文和日文双语言浏览。若想获得日文版本的 FI/F-term 分类号，在日文语言模式下查看 FI/F-term 分类表，即可获得日文版本的 FI/F-term 分类号。

图 10－2－17 示出了日文版的 5B068 AA03 的类名。

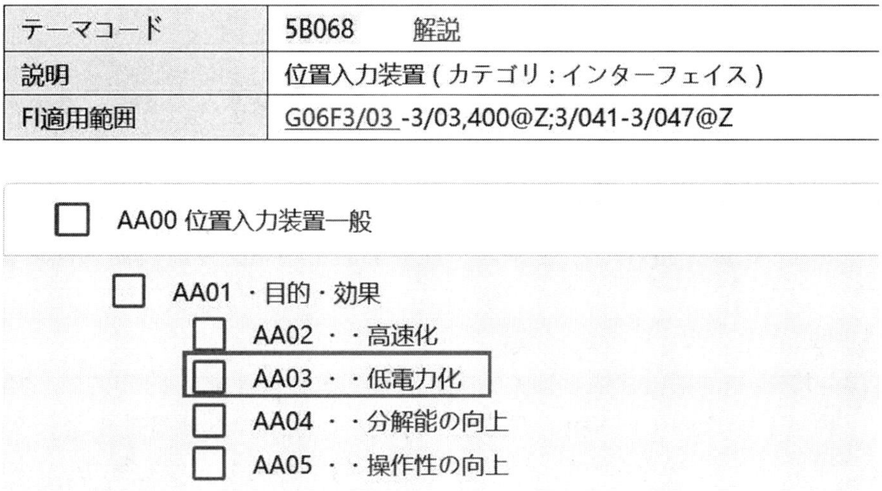

テーマコード	5B068　　　解説
説明	位置入力装置（カテゴリ：インターフェイス）
FI適用範囲	G06F3/03 -3/03,400@Z;3/041-3/047@Z

- ☐ AA00 位置入力装置一般
  - ☐ AA01・目的・効果
    - ☐ AA02・・高速化
    - ☑ AA03・・低電力化
    - ☐ AA04・・分解能の向上
    - ☐ AA05・・操作性の向上

图 10－2－17　F-term 分类号 5B068 AA03 的日文版类名

图 10－2－18 示出了日文版的 G06F 3/048 分类号类名。

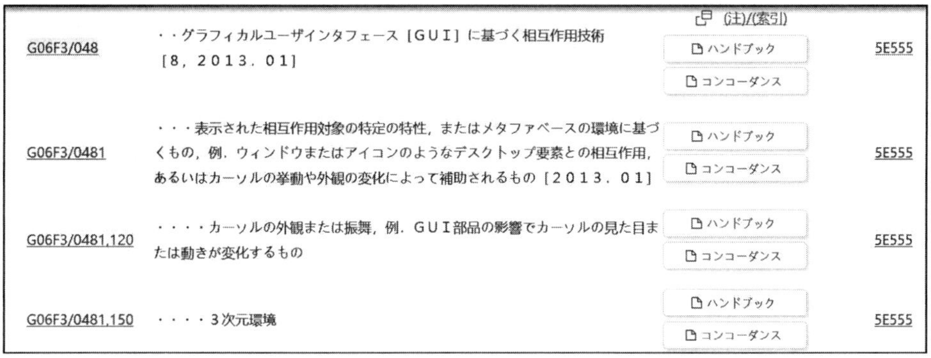

G06F3/048	・・グラフィカルユーザインタフェース［ＧＵＩ］に基づく相互作用技術 [8, 2013.01]	ハンドブック / コンコーダンス	5E555
G06F3/0481	・・・表示された相互作用対象の特定の特性、またはメタファベースの環境に基づくもの，例．ウィンドウまたはアイコンのようなデスクトップ要素との相互作用，あるいはカーソルの挙動や外観の変化によって補助されるもの［2013.01］	ハンドブック / コンコーダンス	5E555
G06F3/0481,120	・・・・カーソルの外観または振舞，例．ＧＵＩ部品の影響でカーソルの見た目または動きが変化するもの	ハンドブック / コンコーダンス	5E555
G06F3/0481,150	・・・・3次元環境	ハンドブック / コンコーダンス	5E555

图 10－2－18　FI 分类号 G06F 3/048 的日文版类名

10.2.4　如何确定检索/申请的技术内容的分类号

【方法1】

根据技术内容所属的领域在分类表中进行查找。例如，以一种便于抓握的勺子为例，由于勺子属于生活用品，由此锁定分类表的 A 部，再根据分类表的等级结构逐级查找，找到小类 A47G 家庭用具或餐桌用具，再确定到大组 A47G 21/00 餐桌用具，最后找到 A47G 21/04（・匙；面粉糕点的托盘）。

> A 部——人类生活必需
>
> A47　　家具；家庭用的物品或设备；咖啡磨；香料磨；一般吸尘器
>
> A47G　　家庭用具或餐桌用具
>
> A47G 21/00　　餐桌用具（放食品屑的盘子入 A47L 13/52；餐刀入 B26B）
>
> A47G 21/02　　·叉；有推出器的叉；组合的叉和匙；色拉托盘
>
> A47G 21/04　　·匙；面粉糕点的托盘
>
> A47G 21/06　　·组合式的或分离式的全套餐具；有牡蛎开启刀的；有去鱼刺装置的餐具（厨房用具入 A47J）

分类表内部也支持中英文关键词查询，因此也可用关键词在分类表中检索而锁定相关的分类号。例如，用"勺"或"匙"在分类表中检索，也能找到 A47G 21/04 这一分类号。

【方法 2】

查阅与检索/申请的技术内容相关的文献，参考这些文献给出的分类号。例如，查找与"一种便于抓握的勺子"相关的文献的分类号，进入 PSS 系统的主页，在检索框中输入"勺子"，可以选择在"发明名称"中进行勺子的检索（参见图 10 - 2 - 19）。

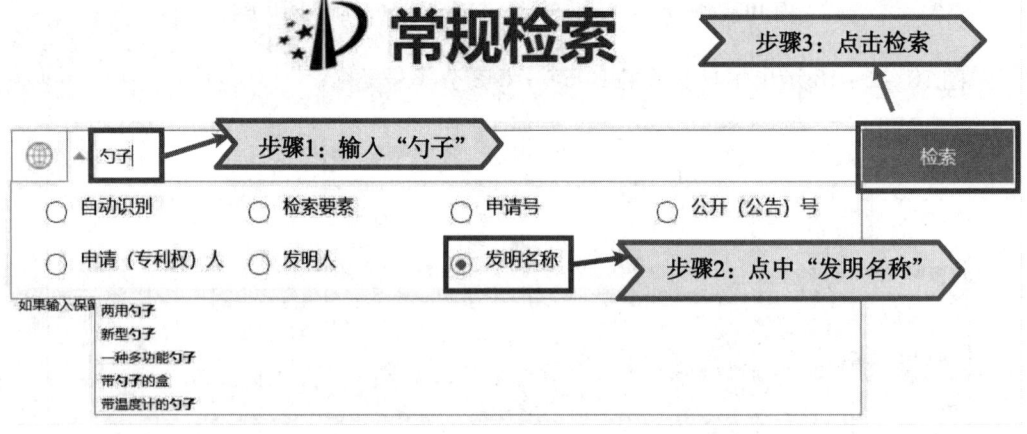

图 10 - 2 - 19　PSS 系统中利用关键词检索确定分类号的步骤

在检索结果中通过浏览附图来锁定与勺子相关的文献，例如找到一篇发明名称为"一种可伸缩的金属勺子"的专利文献，其给出的分类号为 A47G 21/04（参见图 10 - 2 - 20）。

图 10－2－20　分类号 A47G 21/04 的专利文献

【方法 3】

利用关键词进行检索，并利用统计功能对检索结果的分类号进行统计，从而锁定相关的分类号。

例如，点击检索结果页面中的"技术领域统计"，则可看到 PSS 系统给出排在前 10 位的分类号，A47G 21/04 位列第一（参见图 10－2－21）。

图 10－2－21　PSS 系统中利用"关键词＋技术领域统计"确定分类号

10.2.5　如何查询关联的分类号

不同分类体系之间并无严格且准确的对应关系。如果想知道某个 IPC 分类号大致对应于哪些 UC 分类号，该怎么办？

PSS 系统在热门工具中，提供分类号关联查询（http://pss-system.cnipa.gov.cn/sipopublicsearch/search-ui/app/searchtools/relevanceNum.jsp? v＝20191121）。该查询器收录由中国国家知识产权局审查员标注的不同分类体系的关联信息，虽然仍有遗漏，但

213

已可提供 IPC8 与 ECLA、UC、FI、F-term 以及 CPC 之间的关联查询服务，可用作检索时的参考。

进入 PSS 系统，点击"热门工具"下的"分类号关联查询"，输入相应的分类号，进行查询，可以查找相关联的 UC 分类号（参见图 10-2-22）。

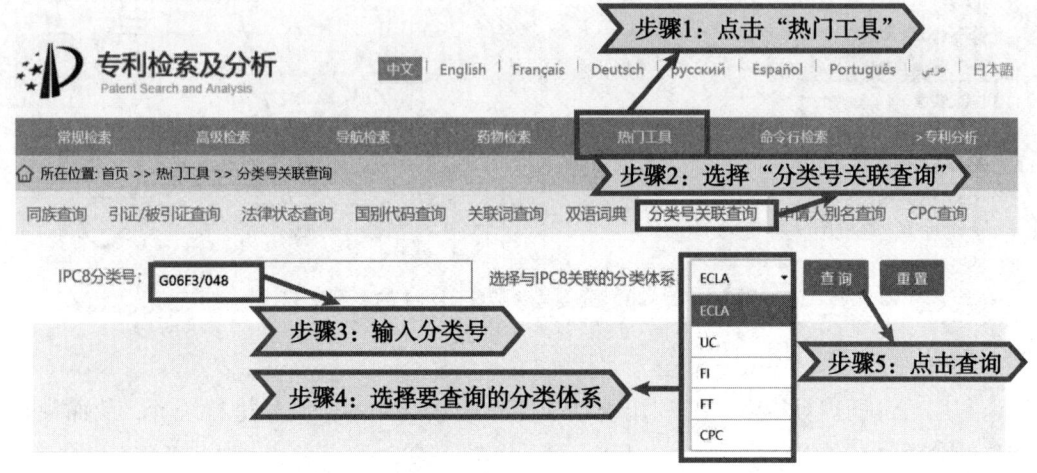

图 10-2-22　PSS 系统中分类号关联查询界面

图 10-2-23 为查询到的 G06F 3/048 对应的 UC 分类号的结果。

IPC8分类号	关联分类号
G06F3/048	715/706
G06F3/048	715/711
G06F3/048	715/715
G06F3/048	715/754
G06F3/048	715/757
G06F3/048	715/759
G06F3/048	715/763
G06F3/048	715/764
G06F3/048	715/765
G06F3/048	715/766

图 10-2-23　PSS 系统中 G06F 3/048 对应的 UC 分类号查询结果

10.3 检索技巧

10.3.1 如何下载专利的 PDF/全文图像/全文文本

不同国家或地区的知识产权局/专利局官方网站均支持下载相应专利的 PDF/全文图像，但不一定全都支持代码化后的专利文献。大部分检索系统均支持下载相应专利的 PDF/全文图像以及提供代码化的专利文献，可用的检索系统可以参见**附录 1**。以下介绍几种常用方式。

【方法 1】

进入 PSS 专利检索及分析系统（pss-system.cnipa.gov.cn），注册后登录。直接在"常规检索"中输入申请号或公开号后点击"检索"按钮，如图 10 – 3 – 1 所示。

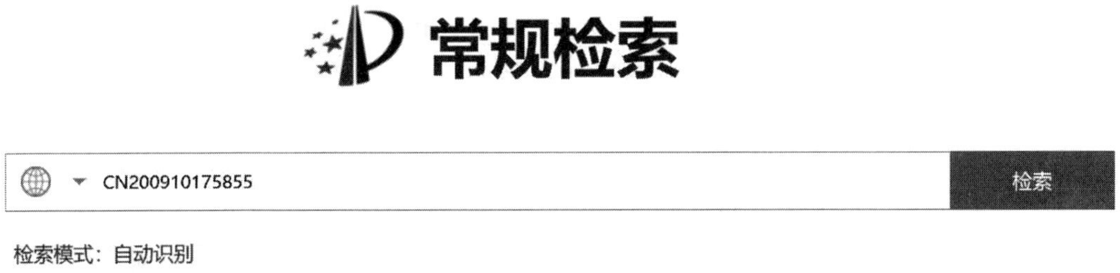

图 10 – 3 – 1 PSS 系统"常规检索"界面

点击结果中的"详览"，进入详情页面，如图 10 – 3 – 2 所示。

图 10 – 3 – 2 PSS 系统的检索结果详览界面

点击详情页面中的"下载",可以下载该专利的全文文本,以及全文图像。

点击详情页面中的"全文文本"可以查看该专利的全文文本,点击"全文图像"可以查看该专利的全文图像(参见图10-3-3)。

图10-3-3 PSS系统中专利文献下载、查看方法

【方法2】

进入中国专利公布公告网站(http://epub.cnipa.gov.cn/),在搜索框中输入申请号或公开号后点击查询按钮进行查询,如图10-3-4所示。此方法仅能用于获取中国专利文献。

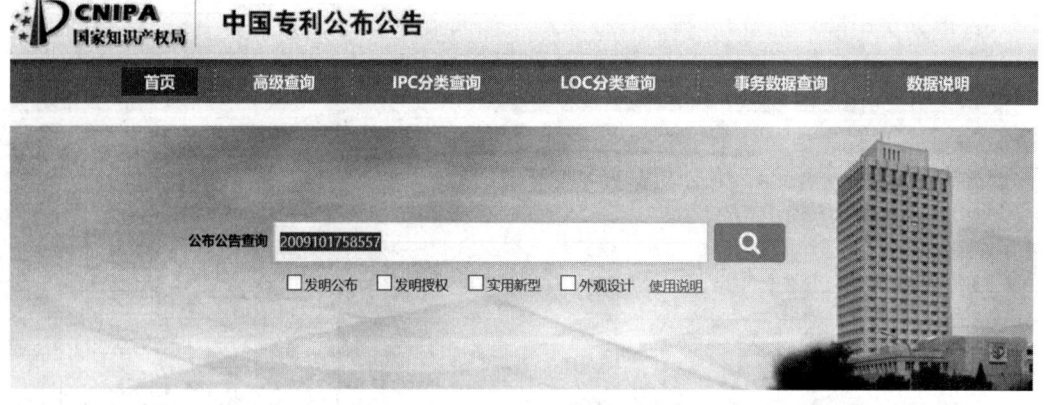

图10-3-4 中国专利公布公告网站查询专利文献的方法

在检索结果中点击对应专利文献信息下方的"发明专利"或"发明专利申请",进入详情页面(参见图10-3-5)。

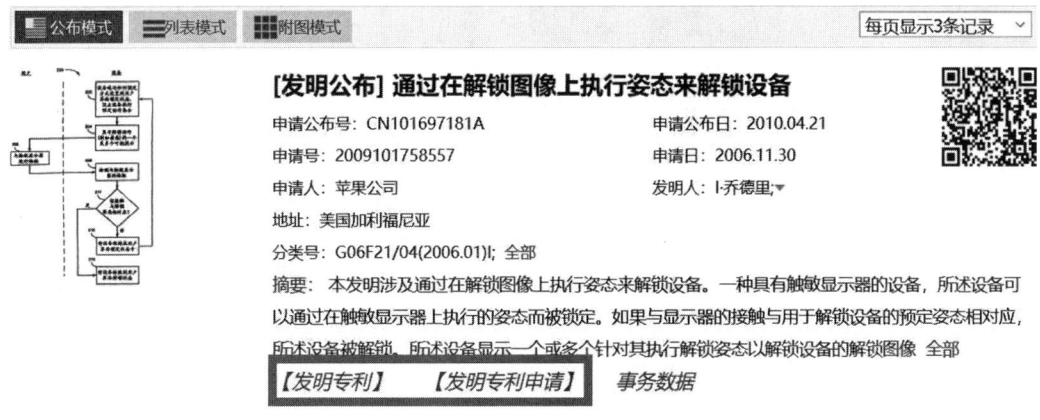

图10-3-5　中国专利公布公告页面及进入详情页面方法

点击"下载",即可下载与该专利文献对应的 PDF 文件(参见图 10-3-6)。

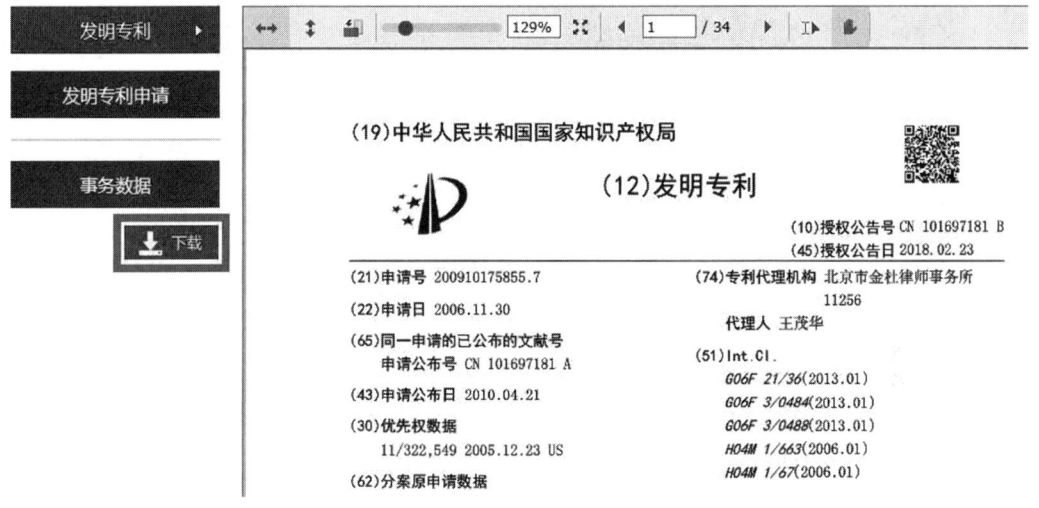

图10-3-6　中国专利公布公告的详情界面及下载方法

【方法3】

以润桐(https://rainpat.com)为例,进入网站注册后登录。可在搜索框中输入申请号或公开号进行查询(参见图 10-3-7)。

直接点击检索结果中对应专利文献的"PDF 说明书"可查看 PDF 格式的专利文件,点击"文本说明书"可以查看专利全文文本,点击"PDF 说明书下载"可以下载对应的 PDF 格式的专利文件(参见图 10-3-8)。

图 10-3-7　润桐网站查询界面

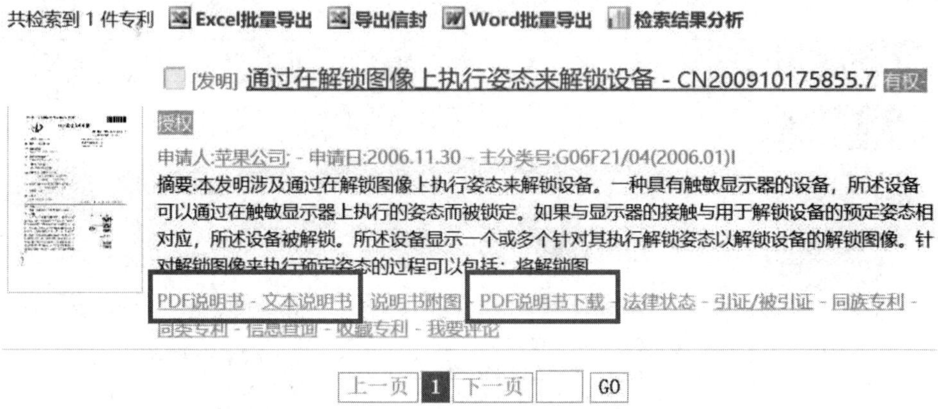

图 10-3-8　润桐网站专利文献查看及下载

【方法 4】

进入 IncoPat 合享智慧专利检索网站（https://www.incopat.com），申请试用或购买后登录，可直接在"简单搜索"模式下在搜索框中输入申请号或公开号进行查询（参见图 10-3-9）。

图 10-3-9　IncoPat 系统查询界面

点击结果中的专利文献标题,进入详情页面(参见图10-3-10)。

图 10-3-10　IncoPat 系统专利文献检索结果

点击详情页面中的"PDF 原文"可以查看该专利的 PDF 格式文件及全文图像,随后可点击其中的保存图标下载 PDF 格式文件,还可以直接点击"PDF 下载"下载对应的该专利的 PDF 格式文件。

点击"权利要求"或"说明书",可以查看该专利的代码化全文文本(参见图 10-3-11)。

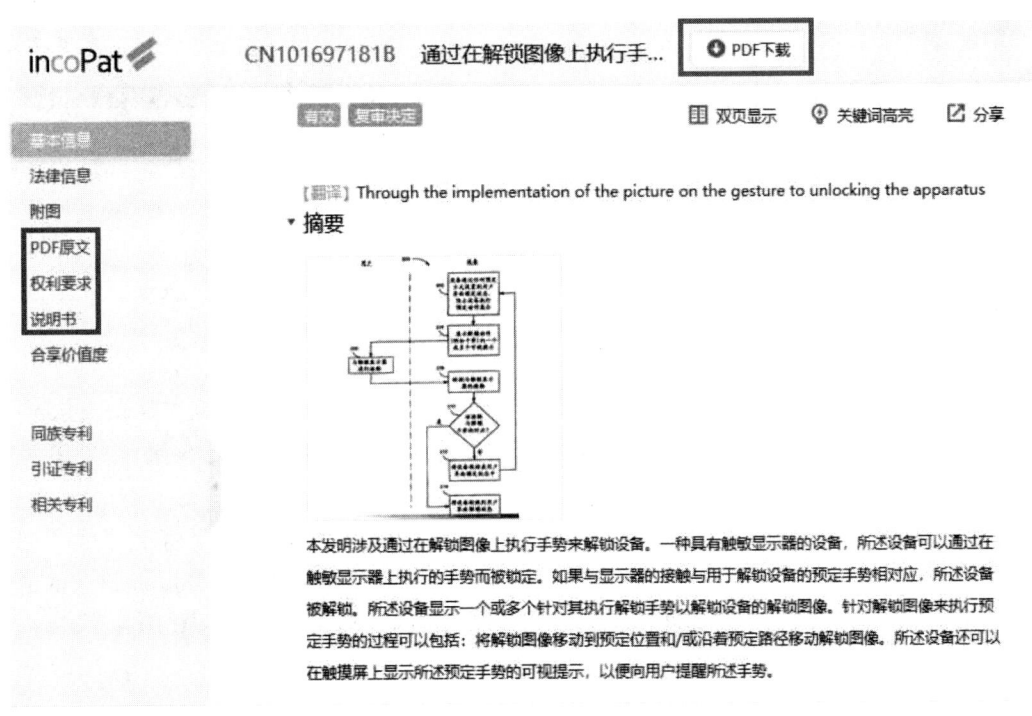

图 10-3-11　IncoPat 系统专利文献的详情界面

很多情况下，不同检索系统对号码的输入格式要求不同，请关注其系统提示。如果实在不知道正确格式是什么样的，那么可以借助截词符来构建检索式进行查询。

例如，在PSS系统中，日本申请号往往需要进行转换，如果忘记转换方式，可以利用截词符来进行匹配。例如，检索"特願平9-216376"，可以使用检索式"申请号＝JP＋216376＋"。

10.3.2 如何检索PCT国际申请专利文献，例如WO2012/042261A1、WO2017179793A1、PCT/GB2011/051836

对于PCT申请的文献号，申请号以"PCT"开头，公开号以"WO"开头，因此，WO2012/042261A1、WO2017179793A1为PCT申请的公开号，PCT/GB2011/051836为PCT申请的申请号。

【方法1】

对于PCT申请的公开号或申请号，可以直接进入WIPO的官方检索网站（http://patentscope.wipo.int）检索。进入首页后，直接在搜索框中输入相应的PCT申请号或公开号（参见图10-3-12）。

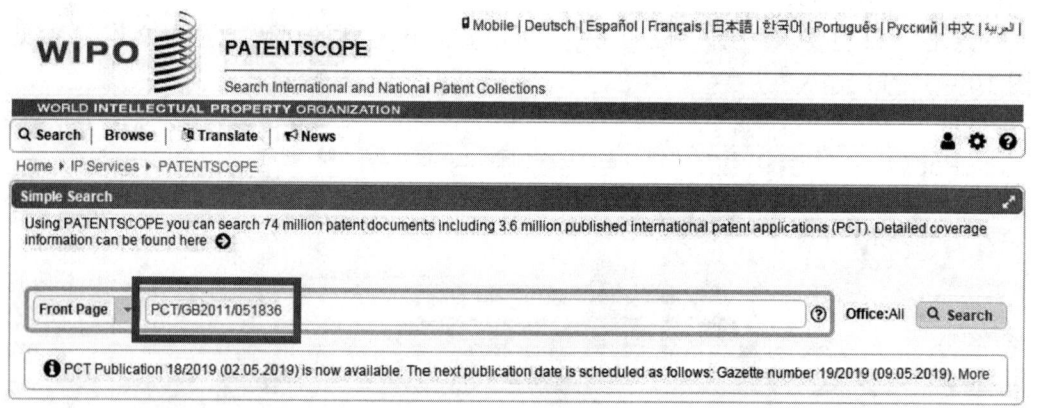

图10-3-12 WIPO官方网站PCT申请的申请号或公开号的搜索界面

点击"Search"后会直接进入对应的专利页面，点击该页面中的"Description"或"Claims"即可进入该专利对应的说明书或权利要求书的文本页面（参见图10-3-13）。

点击标签"Documents"后，在"Published International Application"条目下，可以点击"View"下的PDF链接在线浏览PDF格式文件，或者直接点击"Download"的链接，直接下载PDF格式专利文件或XML及TIFF格式的专利文件（参见图10-3-14）。

图 10-3-13　WIPO 官方网站中的专利详情页面

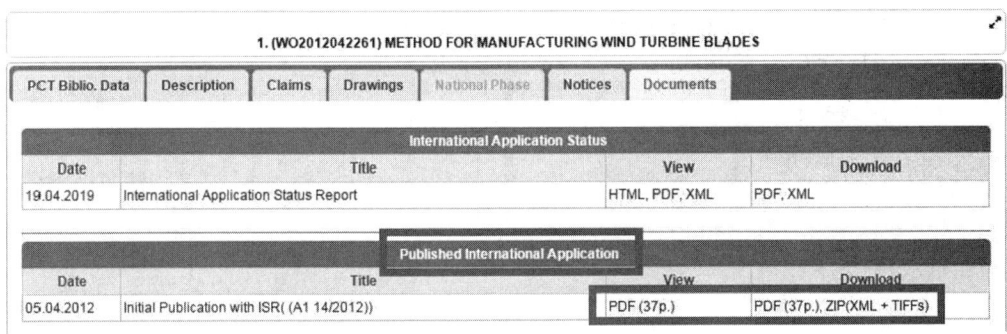

图 10-3-14　专利文件的下载格式界面

【方法 2】

通过欧洲专利局的官方检索网站（https://worldwide.espacenet.com）进行检索。进入首页后，由于"Smart Search"模式可以智能匹配检索关键词，因此，可以直接在"Smart Search"的搜索框中输入任意 WO 文献号，申请号或公开号，例如文献号"WO2012/042261A1""WO2017179793A1""PCT/GB2011/051836"（参见图 10-3-15）。

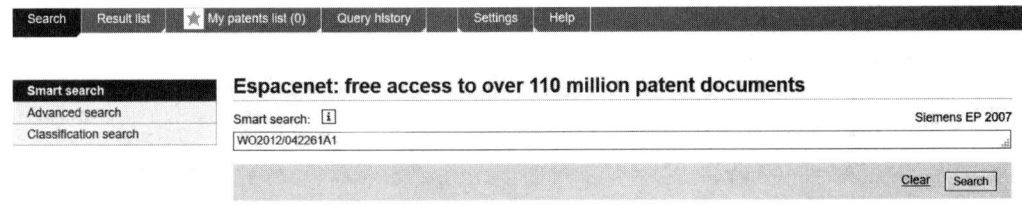

图 10-3-15　欧洲专利局官方网站的申请号或公开号搜索界面

还可以通过点击左侧的"Advanced Search"进入高级检索界面,在"Publication Number"或"Application Number"栏中输入对应的公开号或申请号。例如,在"Publication Number"栏中输入"WO2012/042261A1"或"WO2017179793A1",在"Application Number"栏中输入"PCT/GB2011/051836"。

注意,在"Advanced Search"高级检索界面中检索时,注意选择"Worldwide"作为需要进行检索的数据库(参见图10-3-16)。

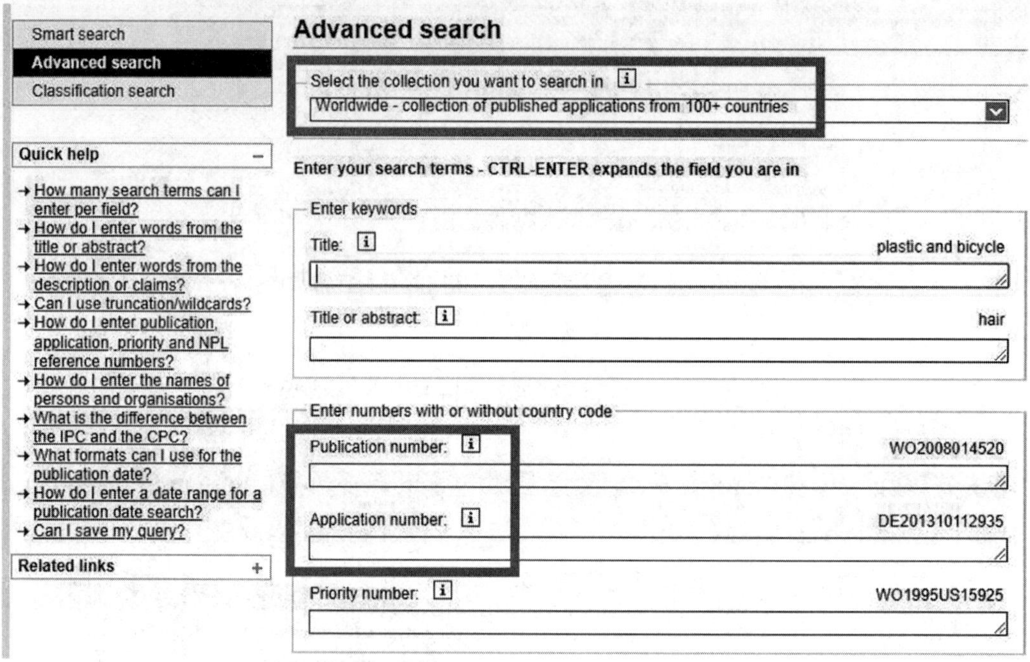

图10-3-16 欧洲专利局官方网站的高级检索界面

无论采用哪种方式输入待检索的文献号,点击"Search",即可进入搜索结果页面(参见图10-3-17)。点击搜索结果页面中对应专利的标题之后,即可进入相应的详情页面。

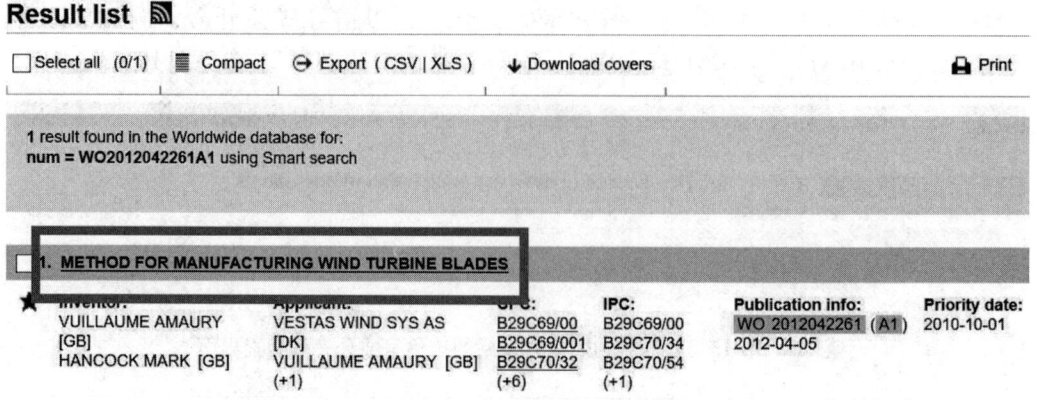

图10-3-17 点击"Search"后的搜索结果页面

在该专利的详情页面中，点击该页面左侧的"Description"或"Claims"即可进入该专利对应的说明书或权利要求书的文本页面，点击"Original document"即可在线浏览或下载对应 PDF 格式文件（参见图 10-3-18）。

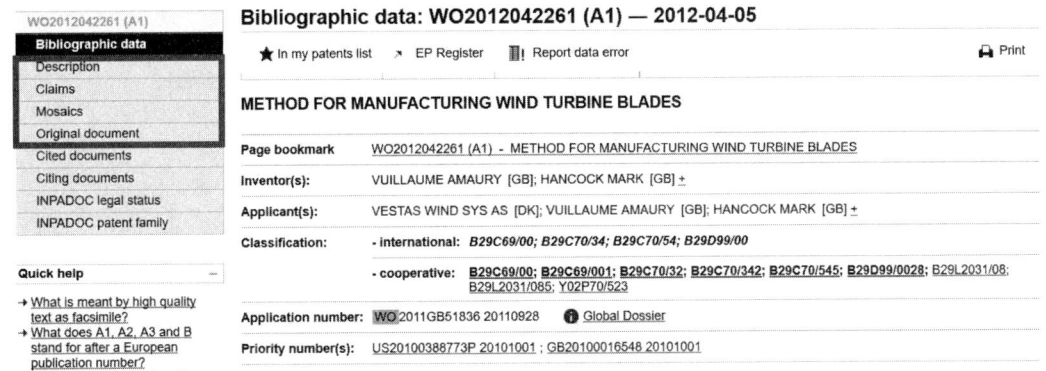

图 10-3-18　专利的详情页面

【方法 3】

此外，在第 10.3.1 节的几种获取方式中，需要将 PCT 国际申请的公开号"WO2012/042261A1""WO2017179793A1"中的"/"以及"A1"删除，得到"WO2012042261"或"WO2017179793"，将该字符串输入 PSS 系统的"常规检索"框中，即可检索得到对应专利，并获得对应全文或 PDF 格式文件（参见图 10-3-19）。

图 10-3-19　PSS 系统的"常规检索"界面

对于 PCT 国际申请的申请号"PCT/GB2011/051836"，在之前介绍过的 PSS 系统中，不能直接在 PSS 系统的常规检索中输入该申请号来检索得到对应的专利文献。需要进入 PSS 系统的"高级检索"功能部分，在申请号的检索入口中，输入该申请号。点击"检索"后，即可在检索结果中得到对应的相应专利文献，随后可获得该专利对应的全文文本及对应的全文图像（参见图 10-3-20）。

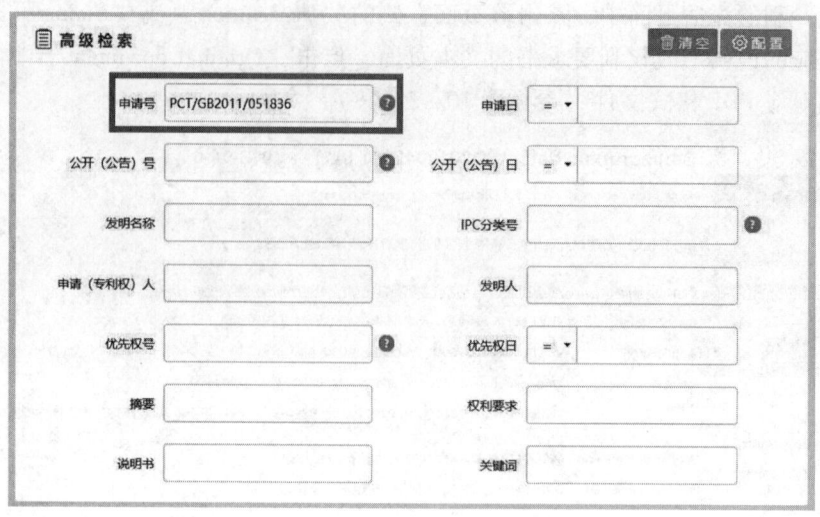

图 10-3-20　PSS 系统的"高级检索"界面

10.3.3　如何检索日本专利文献，例如 JP 特开平 11-58429A、特开平 9-254190、特願平 9-216376

对于日本的文献号，需要了解的是，日本专利文献号中的字符有如下对应关系：特＝专利，实＝实用新型，願＝申请，开＝公开，表＝再公开，公＝公告。

日本专利文献的申请号/公开号/公告号也可以写成以下两种形式：

（1）本国纪年代码（H/S/T/M）＋本国纪年＋"-"＋nnnnnn；

（2）公元纪年＋"-"＋nnnnnn。

其中，日本年号与本国纪年代码的对应关系为：平成＝H，昭和＝S，大正＝T，明治＝M；日本纪年与公元纪年的换算：公元年＝平成（H）＋1988；公元年＝昭和（S）＋1925；公元年＝大正（T）＋1911；公元年＝明治（M）＋1867。公元纪年要使用 4 位数字表达，本国纪年要使用 2 位数字表达，不足 2 位的本国纪年在高位写 0 补足。

因此，上述 3 个文献号码对应类型如表 10-3-1 所示。

表 10-3-1　日本专利 3 个文献号码的对应类型

示例	类型	转换后号码
JP 特开平 11-58429A	专利公开号	H11-58429 1999-58429
特开平 9-254190	专利公开号	H09-254190 1997-254190
特願平 9-216376	专利申请号	H09-216376 1997-216376

【方法1】

对于日本专利文献的公开号或申请号，可以直接进入日本特许厅的官方检索网站，访问 www.j-platpat.inpit.go.jp，直接在搜索框中输入转换格式后的日本专利文献号，公开号或申请号均可，系统会自动识别（参见图10-3-21）。

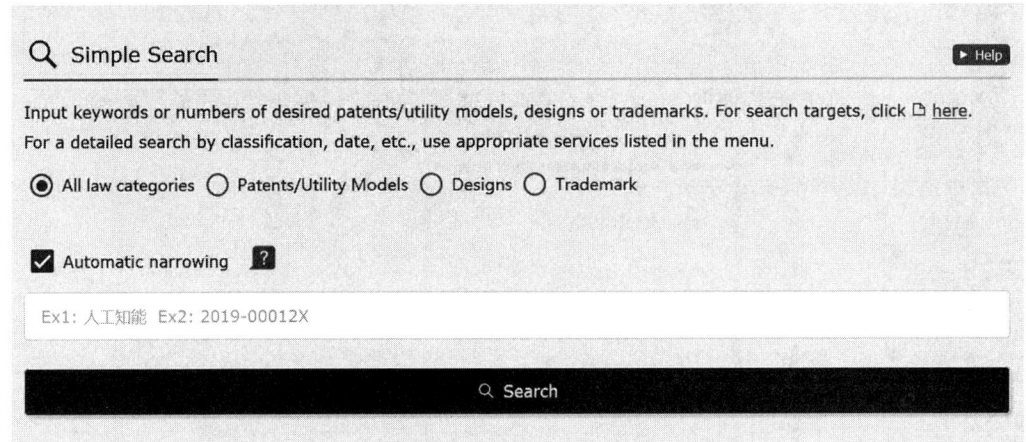

图10-3-21　日本特许厅官方网站公开号或申请号搜索的界面

或者，也可以在首页上点击"Patents/Utility Models"，并进一步点击链接"Patent/Utility Model Number Search/OPD"，进入相应检索页面后，可分别在对应的搜索框中输入JP申请号或公开号进行检索。此时需要点击中间一列的"Number type"选择具体的检索号码类型，并在后面的"Number"一栏中输入对应类型的文献号码（参见图10-3-22）。

无论通过哪种方式输入号码，号码采用以上两种格式表达均可进行检索。例如，检索平成9年的第254190号公开的专利，可输入"H09-254190"或者"1997-254190"。

对于"JP特開平11-58429A"，可以在公开号一栏中输入"H11-58429"；对于"特開平9-254190"，可以在公开号一栏中输入"H09-254190"；对于"特願平9-216376"，可以在申请号一栏中输入"H09-216376"。

直接点击检索结果中的相应链接，即可进入对应专利的详情页面。另外，点击左上角的"Text"或者"PDF"可以选择打开专利详情页后的默认展示格式（参见图10-3-23）。

在详情页面中下拉，即可看到"Scope of Claims"中的权利要求文本和"Detailed Description"中的说明书文本（默认显示为机器翻译的英文），点击"Entire PDF Document"即可获得该专利的PDF格式文件。点击"Text"或者"PDF"即可在当前页面中切换显示全文文本或者PDF格式文件（参见图10-3-24）。

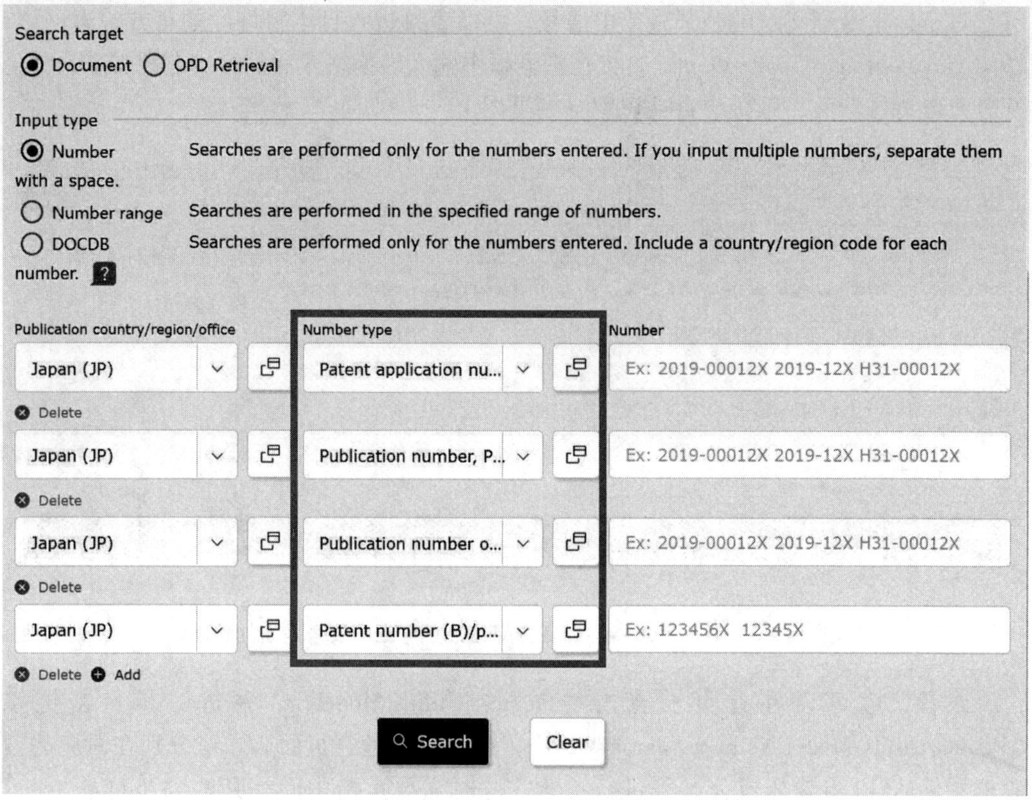

图 10 – 3 – 22　检索号码类型的选择界面

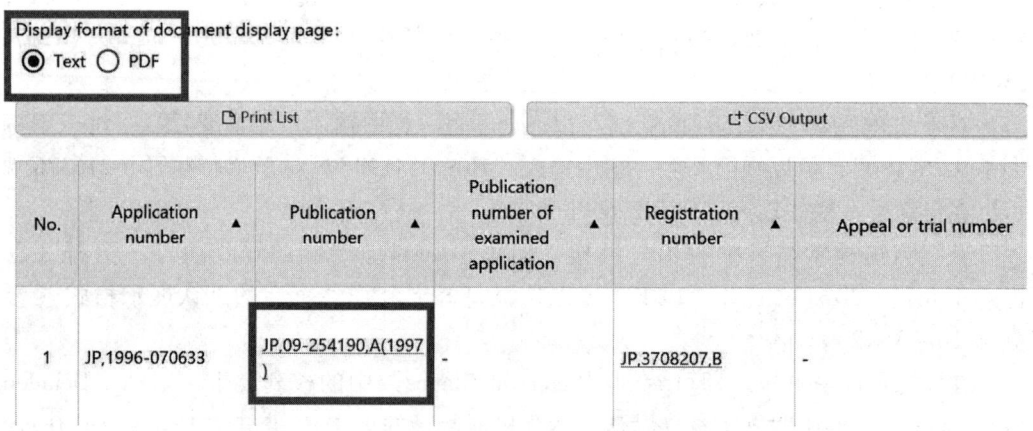

图 10 – 3 – 23　日本特许厅官方网站的检索结果界面

【方法 2】

还可以通过 EPO 网站（https://worldwide.espacenet.com）进行检索。

在欧洲专利局网站检索日本文献的公开号时，需要将日本的年号转换为对应的本

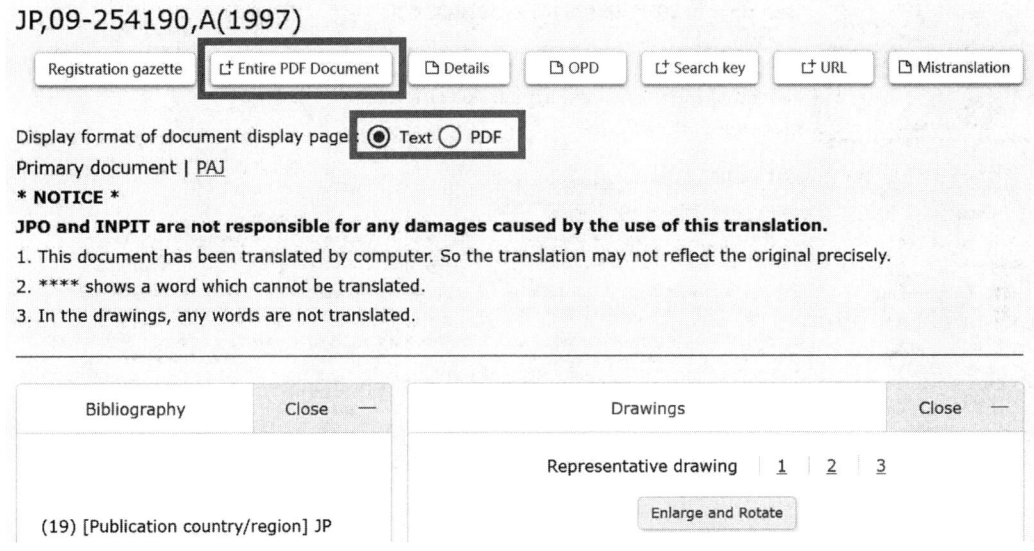

图 10-3-24　专利详览界面

国纪年代码，如"特開平"中的"平"就对应"H"，同时，本国纪年要使用两位数字表达，不足两位的本国纪年十位用 0 补齐，并省略"-"以及末尾的公开级如"A"，即按照如下形式输入：

- JP + 本国纪年代码（H/S/T/M）+ 2 位本国纪年 + nnnnnn

因此，对于"JP 特開平 11-58429A""特開平 9-254190"，可以在 Smart Search 搜索栏中输入"JPH1158429""JPH09254190"。

在欧洲专利局网站检索日本文献的申请号时，则需要将其中的日本本国纪年转换为公元纪年，忽略相应的纪年代码，并省略"-"。其中，日本本国纪年与公元纪年的换算：公元年 = 平成（H）+ 1988；公元年 = 昭和（S）+ 1925；公元年 = 大正（T）+ 1911；公元年 = 明治（M）+ 1867。可按照如下形式输入：

- JP + 4 位公元纪年 + nnnnnn

因此，对于申请号"特願平 9-216376"，平成 9 年即为公元 1997 年，就可以在 Smart Search 搜索栏中输入"JP1997216376"。

对于检索到的结果，即可按照第 10.3.2 节中提到的方式获取对应的全文文本及 PDF 格式文件。

欧洲专利局网站除了提供日文原文文本外，还提供相应的英文机器翻译，点击"patenttranslate"按钮即可获得相应的译文（参见图 10-3-25）。

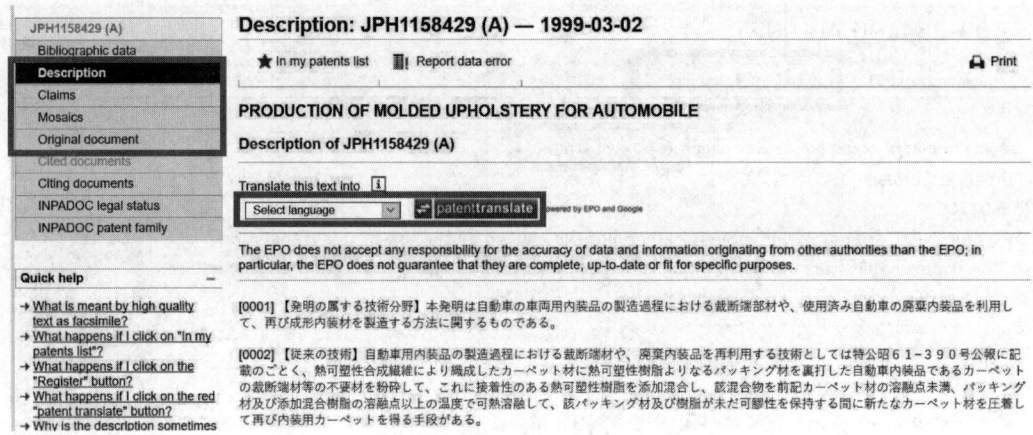

图 10 – 3 – 25　EPO 网站的英文翻译

【方法 3】

在中国国家知识产权局的 PSS 检索系统中也可以对日本专利文献进行检索。此时需要进入 PSS 系统的高级检索功能部分，在申请号或公开号的字段中输入对应的申请号或公开号。转换规则与在欧洲专利局网站中检索日本专利文献时相同：对于公开号，是"JP + 本国纪年代码（H/S/T/M）+2 位本国纪年 + nnnnnn"；对于申请号，是"JP + 4 位公元纪年 + nnnnnn"。点击"检索"后，即可在检索结果中得到对应的相应专利文献，随后即可获得该专利对应的全文文本及对应的全文图像（参见图 10 – 3 – 26）。

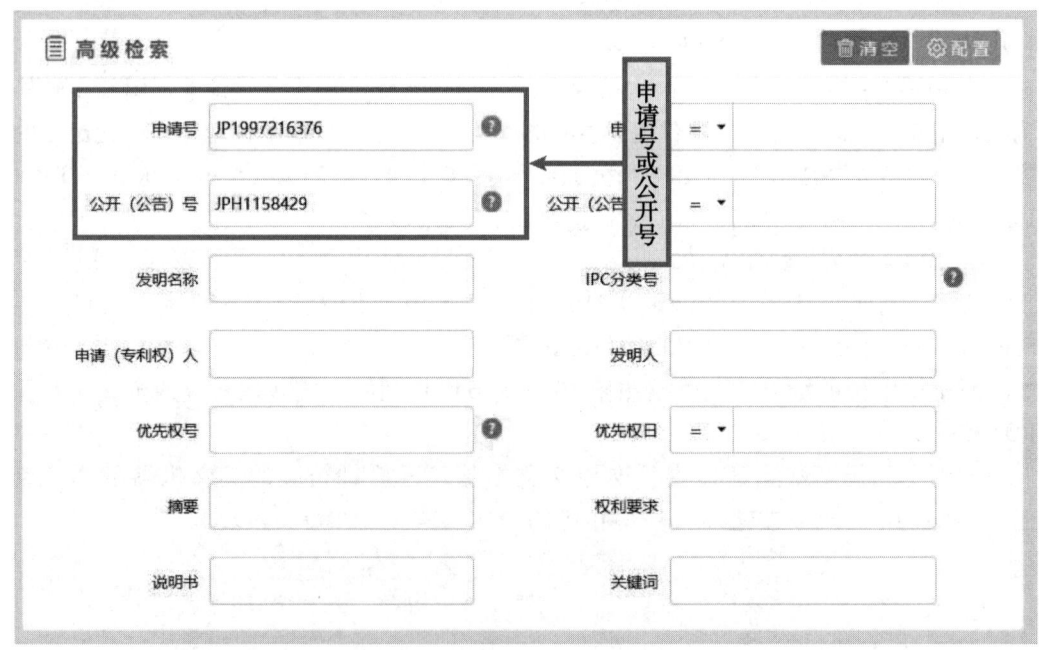

图 10 – 3 – 26　PSS 系统的日本专利文献检索

即使忘记号码的转换方式，还可以利用截词符来进行匹配。例如，检索"特願平 9-216376"，可以使用检索式"申请号 = JP + 216376 + "。

10.3.4 如何检索韩国文献，例如 KR10-2012-0016871、특20020004110、실0165922

对于韩国的专利**申请号**或**公开号**，应将其转换为如下的标准格式（실代表实用新型，특代表发明）：

- 申请类型代码（10 发明，20 实用新型）+ yyyy（2 位年份补齐至 4 位）+ 自然序号（用 0 补齐至 7 位）

而对于韩国专利的**授权公告号**，则应将其转换为如下的标准格式（실代表实用新型，특代表发明）：

- 申请类型代码（10 发明，20 实用新型）+ nnnnnnn

因此，上述三个文献号码对应类型如表 10 – 3 – 2 所示。

表 10 – 3 – 2 韩国专利三个文献号码的对应类型

示例	类型	转换后号码
KR10 – 2012 – 0016871	发明专利公开号或申请号	1020120016871
특 20020004110	发明专利公开号或申请号	1020020004110
실 0165922	实用新型专利公告号	200165922

【方法 1】

可以直接进入韩国知识产权局的官方检索网站对 KR 的专利文献进行检索，点击 http://www.kipris.or.kr/enghome/main.jsp，进入检索页面后，在搜索框中输入 KR 申请号或公开号进行检索（参见图 10 – 3 – 27）。

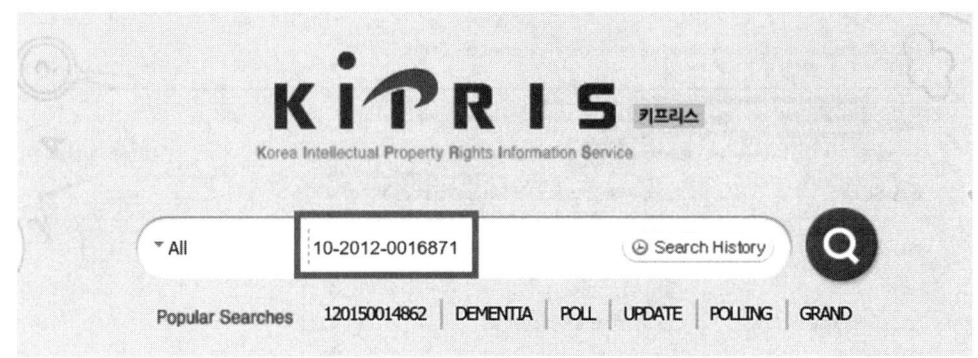

图 10 – 3 – 27 韩国知识产权局官方网站的搜索界面

对于"KR10-2012-0016871"，需要输入"10-2012-0016871"或"1020120016871"；对于"특 20020004110"，由于"특"表明其是发明专利，则需要输入"10-2002-0004110"或"1020020004110"；对于"실 0165922"，由于"실"表明其是实用新型专

利,则需要输入"200165922"。

回车后即可进入检索结果页面,点击对应专利文献的标题,在弹出的新窗口中即可查看该专利的详情页面(参见图10-3-28)。

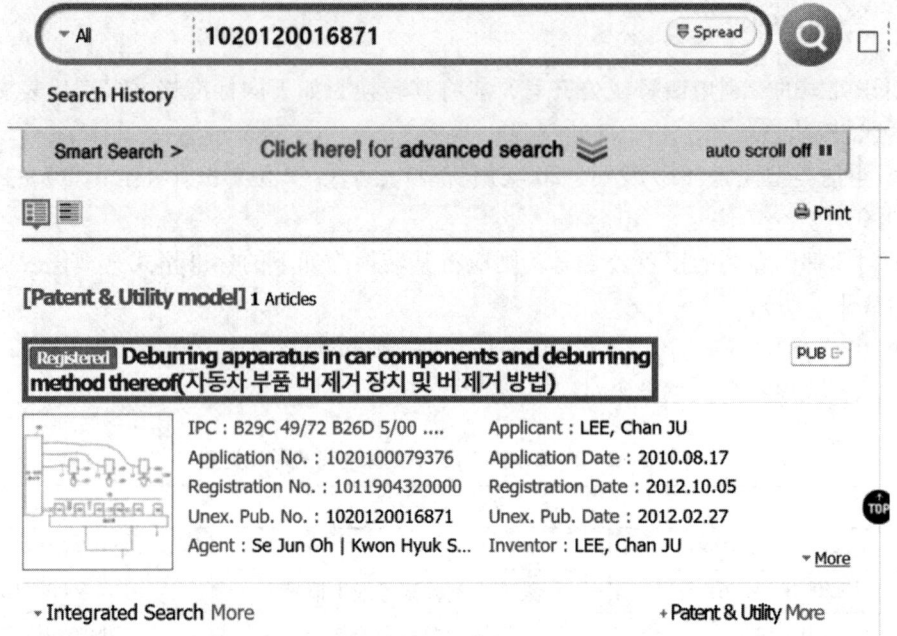

图10-3-28　韩国知识产权局官方网站检索结果界面

在弹出的专利详情页面中,点击"Claim"即可获得权利要求书的文本,点击"Unexam. Full Text"或"Publ. Full Text"即可在线浏览对应的PDF格式文件,且能够选取其中的文本。点击相应的"Full-doc Down"图标,即可分别下载对应的公开文本以及授权文本对应的PDF格式文件(参见图10-3-29)。

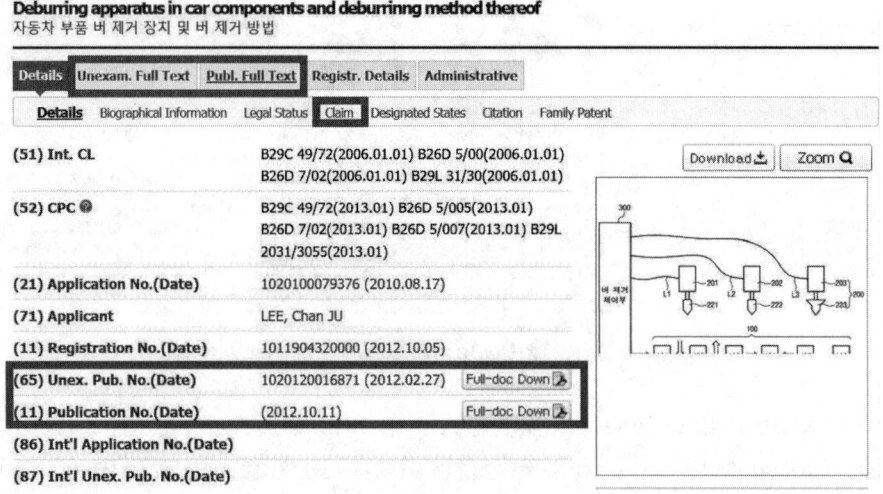

图10-3-29　对应专利的专利详情页面

【方法2】

还可以在欧洲专利局网站（worldwide. espacenet. com）进行检索。

在欧洲专利局网站检索韩国文献的公开号或申请号时，则需要省略相应的申请类型代码以及"-"，并要在开头加入"KR"。可按照如下形式输入：

- KR + yyyy（2位年份补齐至4位）+ 自然序号（用0补齐至7位）

因此，对于"KR10-2012-0016871"，则需要输入"KR20120016871"；对于"특20020004110"，则需要输入"KR20020004110"（参见图10-3-30）。

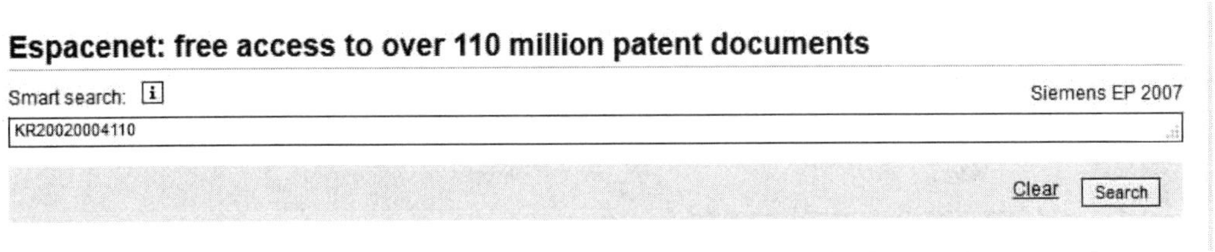

图10-3-30 欧洲专利局网站的搜索界面

而在欧洲专利局网站检索韩国文献的授权号时，则不能省略相应的申请类型代码，并且也需要在开头加入"KR"。可按照如下形式输入：

- KR + 申请类型代码（10 发明，20 实用新型）+ nnnnnnn

因此，对于"실0165922"，由于"실"表明其是实用新型专利，则需要输入"KR200165922"。

对于检索到的结果，即可按照第10.3.2节中提到的方式获取对应的全文文本及PDF文件。同样，欧洲专利局网站除了提供韩文原文文本外，还提供相应的英文机器翻译，点击"patenttranslate"按钮即可获得相应的翻译（参见图10-3-31）。

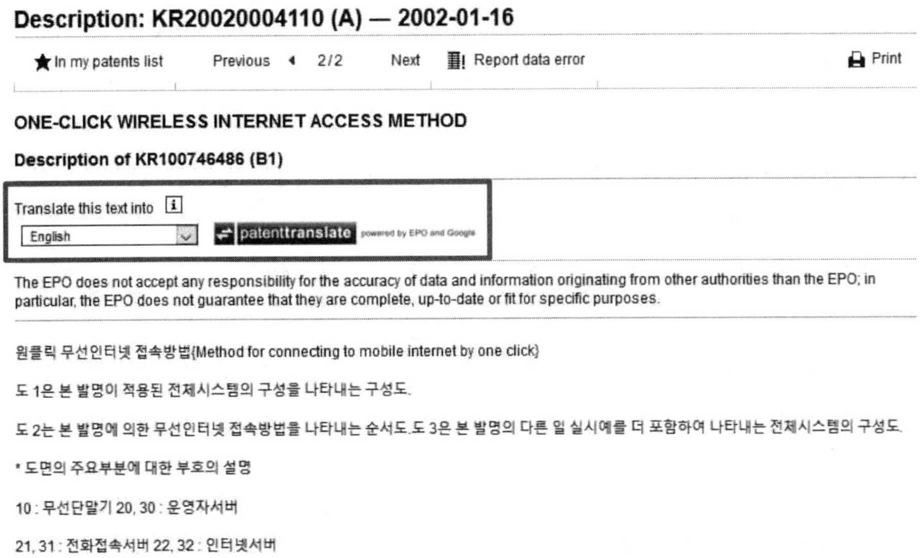

图10-3-31 韩文对应文献的英文翻译

【方法3】

在 PSS 检索系统中也可以对韩国专利文献进行检索，此时需要进入 PSS 系统的高级检索功能部分，在申请号或公开号的字段中输入对应的申请号或公开号。转换规则与在 EPO 网站中检索韩国专利文献时相同，即对于公开号或申请号，需要省略相应的申请类型代码以及"-"，并要在开头加入"KR"；对于授权号，则不能省略申请类型代码，并且也需要在开头加入"KR"。点击"检索"后，即可在检索结果中得到对应的相应专利文献，随后即可获得该专利对应的全文文本及对应的全文图像（参见图 10-3-32）。

图 10-3-32　PSS 系统的韩国专利文献检索

同样，也可以利用截词符来进行号码匹配。例如，"KR1020100079376"，检索式可以是"申请号 = KR + 79376 +"。可能会得到数个记录，简单定位即可获取目标文献。

10.3.5　如何检索美国文献，例如 US2004/0103608A1、US5146634、US6901712B2、US10/402440

美国专利的**申请号**通常为以下格式：
- 2 位系列号 + "/" + 6 位申请顺序号

由于美国专利文献在 2001 年之前专利申请并不公开，美国专利的文献号通常可以分为以下格式：

（1）**专利申请公布号**（自 2001 年起）：
- US + 4 位申请公布年代 + "/" + 7 位申请公布序号 + 文献种类代码（申请首次公布为 A1，申请再次公布为 A2，申请公布更正为 A9）

（2）**专利号**（2000 年 12 月 31 日前），仅包括连续独立编号的专利公布序号：

- US + 7 位数字

(3) **专利号**（2001 年 1 月 1 日后），其编号方式是：
- US + 7 位专利公布序号 + 文献种类代码（未经申请公布的授权文件为 B1，经申请公布的授权文件为 B2）

因此，上述 4 个文献号码对应类型如表 10 - 3 - 3 所示。

表 10 - 3 - 3 美国专利 4 个文献号码的对应类型

类型	格式	示例
申请号	2 位系列号 + "/" + 6 位申请顺序号	US10/402440
专利申请公布号	US + 4 位申请公布年代 + "/" + 7 位申请公布序号 + 文献种类代码	US2004/0103608A1
专利号（2001 年以前）	US + 7 位数字	US5146634
专利号（2001 年及以后）	US + 7 位专利公布序号 + 文献种类代码	US6901712B2

【方法 1】

从美国专利商标局网站的首页（https://www.uspto.gov/）的菜单栏，依次点击"Patents""Seach for patents"（参见图 10 - 3 - 33）。

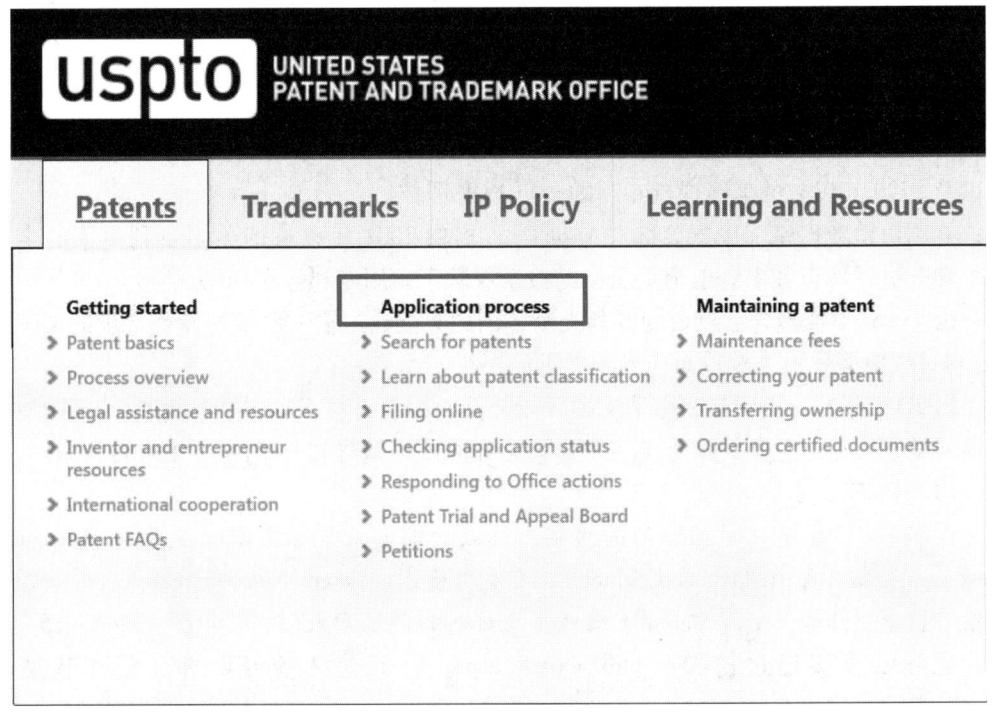

图 10 - 3 - 33 从美国专利商标局网站进入专利检索界面

然后在页面上部可以看到 11 种专利数据库资源，具体有专利授权数据库（USPTO Patent Full-Text and Image Database，PatFT）、专利申请数据库（USPTO Patent Application Full-Text and Image Database，AppFT）、全球专利档案（Global Dossier）、专利申请信息查询数据库（Patent Application Information Retrieval，PAIR）等。点击方框中的蓝色链接，可以快速跳转到下方的数据库资源说明部分（参见图 10 -3 -34）。

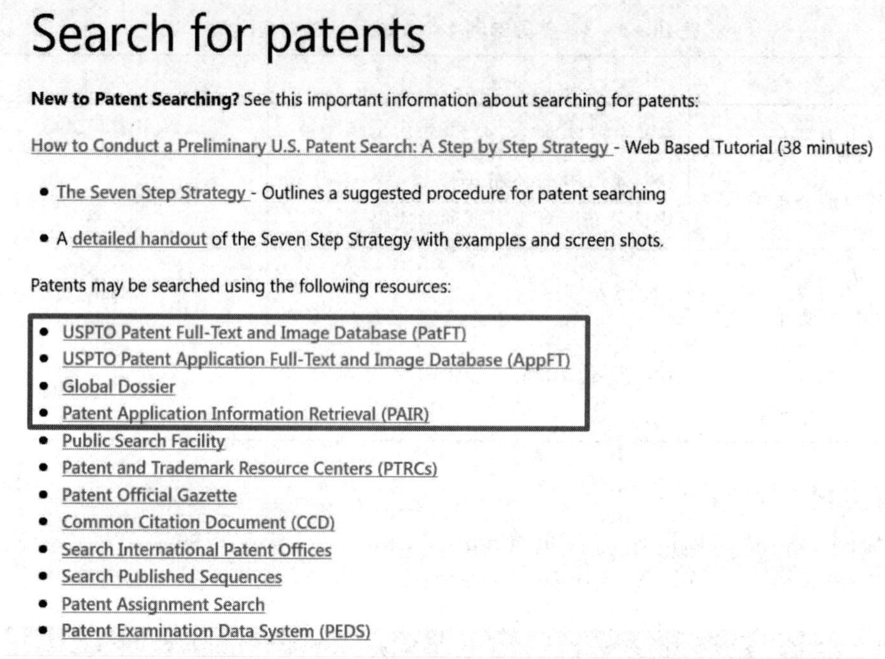

Search for patents

New to Patent Searching? See this important information about searching for patents:

How to Conduct a Preliminary U.S. Patent Search: A Step by Step Strategy - Web Based Tutorial (38 minutes)

- The Seven Step Strategy - Outlines a suggested procedure for patent searching
- A detailed handout of the Seven Step Strategy with examples and screen shots.

Patents may be searched using the following resources:

- USPTO Patent Full-Text and Image Database (PatFT)
- USPTO Patent Application Full-Text and Image Database (AppFT)
- Global Dossier
- Patent Application Information Retrieval (PAIR)
- Public Search Facility
- Patent and Trademark Resource Centers (PTRCs)
- Patent Official Gazette
- Common Citation Document (CCD)
- Search International Patent Offices
- Search Published Sequences
- Patent Assignment Search
- Patent Examination Data System (PEDS)

图 10 -3 -34　美国专利商标局网站的数据库资源说明

专利授权数据库（以下简称"PatFT"）提供 1976 年以来的美国授权专利的全文文本以及 1790 年以来的美国授权专利的全页 PDF 图像。

专利申请数据库（以下简称"AppFT"）提供 2001 年以来的美国专利申请的全文文本和全页图像，其中对于全页图像的检索仅限于使用专利号和/或分类号。

由于 PatFT 仅包含已授权的专利文献，因此只能通过输入已授权专利文献的文献号（**专利号或申请号**）来获取对应专利文献的授权文本。

自 2001 年起，美国专利申请文献开始公开，因此，对于 2001 年及以后的美国专利申请文献，可以通过其文献号（**专利申请公布号或申请号**）在 AppFT 中进行检索。

（1）PatFT

点击 PatFT 系统说明部分中的蓝字，可以分别进入全文文本的快速检索（Quick Search）、高级检索（Advanced Search）、专利号检索（Patent Number Search）模式以及授权专利全页图像（View Patent Full-Page Images）的检索入口（参见图 10 -3 -35）。

也可以直接通过链接（http：//patft.uspto.gov）进入 PatFT 的首页（参见图 10 -3 -36）。

USPTO Patent Full-Text and Image Database (PatFT)

Inventors are encouraged to search the USPTO's patent database to see if a patent has already been filed or granted that is similar to your patent. Patents may be searched in the USPTO Patent Full-Text and Image Database (PatFT). The USPTO houses full text for patents issued from 1976 to the present and PDF images for all patents from 1790 to the present.

Searching Full Text Patents (Since 1976)
Customize a search on all or a selected group of elements (fields) of a patent.

- Quick Search
- Advanced Search
- Patent Number Search

Searching PDF Image Patents (Since 1790)
Searches are limited to patent numbers and/or classification codes for pre-1976 patents.

- View Patent Full-Page Images
- How to View Patent Images

图 10 – 3 – 35　PatFT 的检索入口

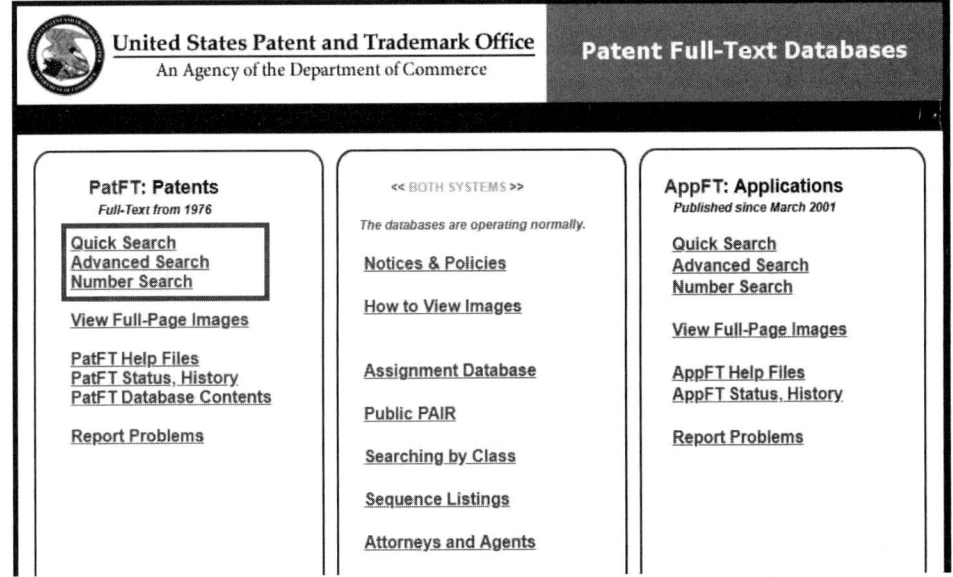

图 10 – 3 – 36　PatFT 和 AppFT 首页

点击 "Patent Number Search" 或 "Number Search" 后进入号码检索界面。在该检索页面中，只能通过输入专利号来进行检索，而不能对申请号进行检索。对于示例中的专利号 "US5146634" 和 "US6901712B2"，只需直接输入对应的 7 位数字即可，即输入 "5146634" 或 "6901712"（参见图 10 – 3 – 37）。

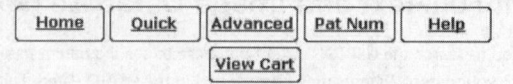

图10-3-37　PatFT 号码检索界面

点击"Search"后，会直接打开对应专利文献的全文文本页面（参见图10-3-38）。

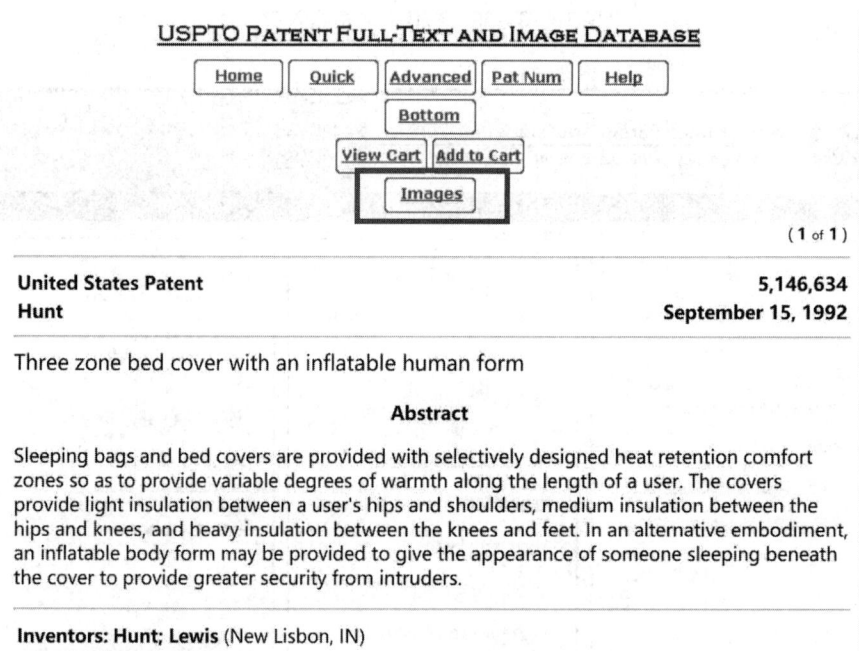

图10-3-38　PatFT 专利文献的全文文本界面

点击该页面中的"Images"即可打开对应的 PDF 格式文件首页，再点击页面左侧的"Full Pages"，即可获取对应的 PDF 格式文件全文并下载。

PatFT 还可以通过申请号检索已授权的美国专利文献。通过进入 PatFT 时点击"Quick Search"，或者直接点击专利文献全文页面上方的链接在"Quick Search"或

"Number Search"之间切换（参见图10-3-39）。

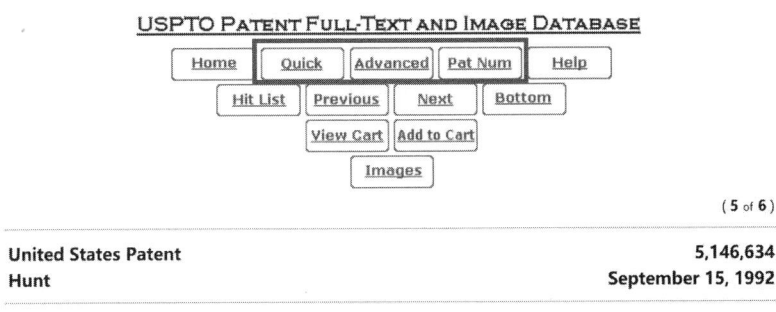

图10-3-39　PatFT的专利全文页面中快速切换检索入口

进入"Quick Search"页面后，在"Term"中输入检索词，在"Field"字段中选择"Application Serial Number"，即可在申请号字段中进行检索。

需要注意的是，在按申请号检索时，只能通过输入申请号后6位的申请顺序号进行检索，若输入包含2位系列号的完整申请号则无法获得检索结果。因此，对于示例中的申请号"US10/402440"，只能输入"402440"进行检索（参见图10-3-40）。

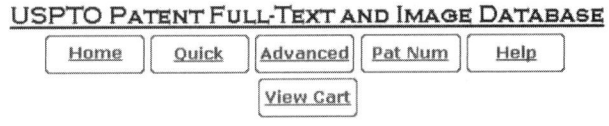

图10-3-40　PatFT输入申请号的检索界面

点击"Search"后即可获得对应的检索结果。由于按申请号搜索时检索词只有6位申请顺序号，因此检索结果中包含多个专利授权文本条目。此时，需要读者逐一阅读检索结果中的专利文献以获取对应的目标文献。点击对应的专利标题即可进入其全文文本页面，并可通过进一步点击"Images"链接获取对应的PDF格式文件（参见图10-3-41）。

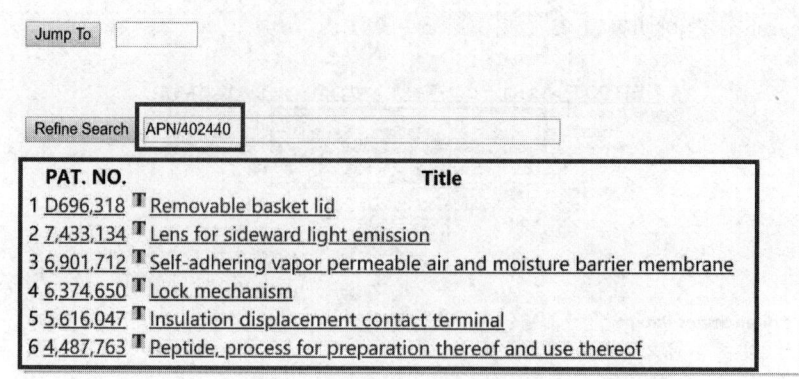

图 10 – 3 – 41　输入申请号的检索结果

此外，在"Quick Search"页面中，也可以通过在"Field"字段中选择"Patent Number"对专利号进行检索，在"Term"中输入专利号中的 7 位数字即可。对于示例中的专利号"US5, 146, 634"和"US6901712B2"，输入"5146634"或"6901712"。

（2）AppFT

点击 AppFT 系统说明部分中的蓝字，可以进入 AppFT 中全文文本的快速检索（Quick Search）、高级检索（Advanced Search）、公布号检索（Publication Number Search）模式以及已公布申请全页图像（Publication Full-Page Images）的检索入口。

也可以直接通过链接（http://appft.uspto.gov）进入 AppFT 的首页。

AppFT 的界面、操作与 PatFT 的基本一致。

进入 AppFT 的"Publication Number Search"或"Number Search"，在该检索页面中，只能通过输入专利申请公布号进行检索，而不能对申请号进行检索。检索时，只需输入专利申请公布号的 4 位申请公布年份以及 7 位申请公布序号，省略"/"以及文献种类代码。因此，对于示例中的专利申请公布号"US2004/0103608A1"，直接输入"20040103608"即可检索（参见图 10 – 3 – 42）。获取全文文本与 PDF 格式文件的方式与在 PatFT 中基本一致。

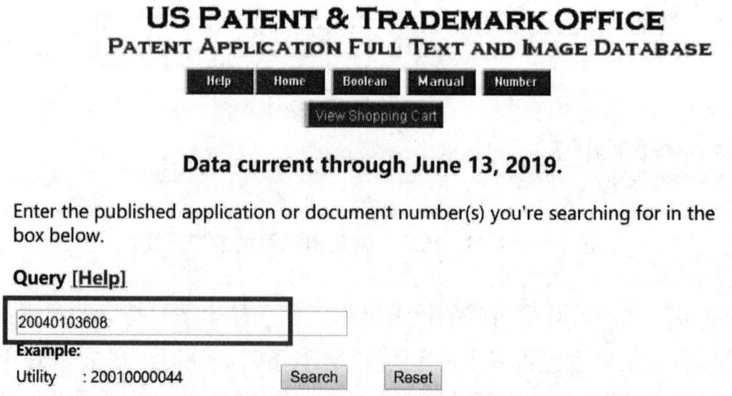

图 10 – 3 – 42　AppFT 输入专利申请公布号的检索界面

进入 AppFT 的 "Quick Search" 页面即可利用申请号检索对应专利文献的专利申请公开文本。同 PatFT 一样，按申请号检索时，只能通过输入申请号后 6 位的申请顺序号进行检索。因此，对于示例中的申请号 "US10/402440"，只能输入 "402440" 进行检索（参见图 10 – 3 – 43）。获取全文文本与 PDF 格式文件的方式与在 PatFT 中基本一致。检索结果中同样包含多个专利申请公开文本条目，需要读者逐一阅读检索结果中的专利文献以获取对应的目标文献。

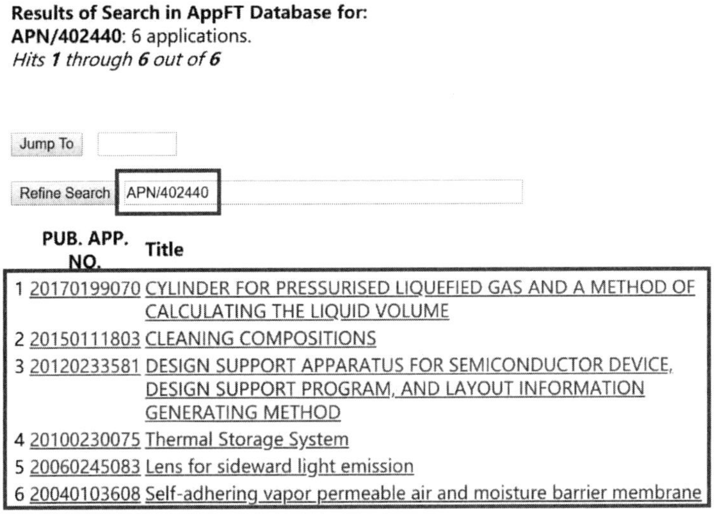

图 10 – 3 – 43　申请号 US10/402440 的检索界面

需要注意的是，对于同一个专利文献号，例如示例中的申请号 "US10/402440"，在 PatFT 和 AppFT 中检索，分别得到的是该专利文献对应的专利授权文本和专利申请公布文本。

【方法 2】

进入美国专利申请信息查询数据库即 PAIR（https://portal.uspto.gov/pair/PublicPair）后，可以通过输入对应文献号进行检索（参见图 10 – 3 – 44）。

其中，"Application Number" 对应美国专利文献的申请号，输入格式为 "XXnnnnnn" 或 "XX/nnnnnn"；"Patent Number" 对应美国专利文献的专利号，输入格式为 "nnnnnnn" 或 "n,nnn,nnn"；"Publication Number" 对应美国专利文献的专利申请公布号，相应的输入格式为 "YYYYnnnnnnn"。

因此，对于示例中的申请公布号 "US2004/0103608A1"，应输入 "20040103608"；对于专利号 "US5,146,634" 及 "US6901712B2"，应输入 "5146634" "6901712"；对于申请号 "US10/402440"，应输入 "10402440" 或 "10/402440"。

点击 "Search" 后进入对应专利文献的申请信息查询页面。点击 "Published Documents" 即可查看该专利文献对应的公开文件（参见图 10 – 3 – 45）。

点击 "Full-Text and Image" 下方的 "View" 即可查看该专利文献对应的授权文本或申请公开文本的全文文本或 PDF 格式全文图像（参见图 10 – 3 – 46）。

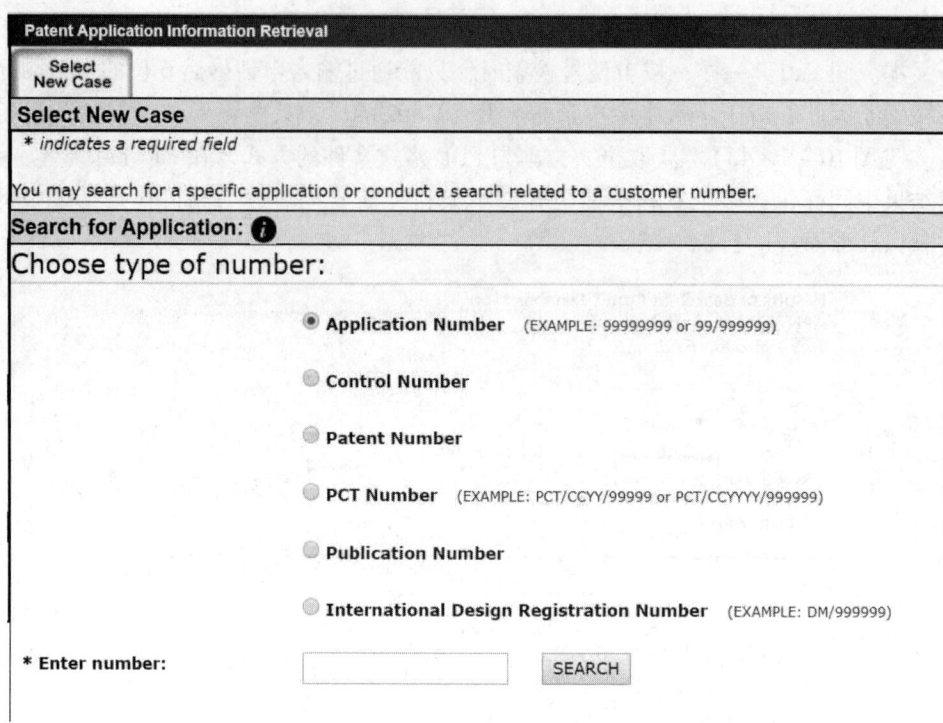

图 10 – 3 – 44　PAIR 的界面

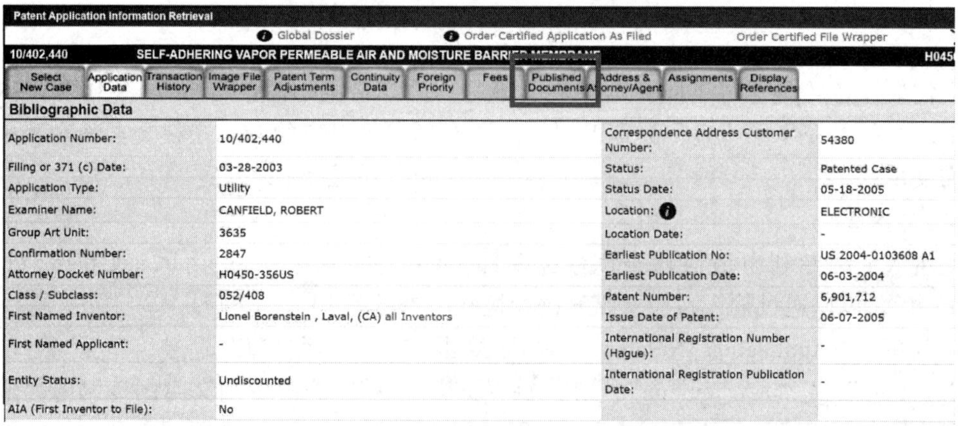

图 10 – 3 – 45　PAIR 中专利文献的申请信息查询页面

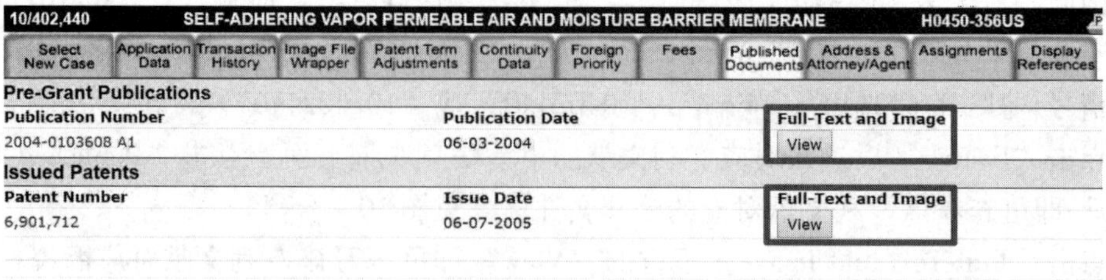

图 10 – 3 – 46　PAIR 中查看专利文献对应全文文本或全文图像的界面

【方法3】

可以直接进入美国专利商标局提供的全球案卷系统 Global Dossier 对美国专利文献进行检索：输入网址 https://globaldossier.uspto.gov，进入检索页面后，可以在"Type"的下拉框中选择对应文献号类型，并在对应的搜索框中输入美国专利的文献号（参见图10-3-47）。

图10-3-47 Global Dossier 的检索界面

在 Global Dossier 中检索时，对于申请号，应在"Type"下拉菜单中选择"Application"类型，相应的输入格式为"XXnnnnnn"。对于申请公布号，应在"Type"下拉菜单中选择"Pre-grant Publication"类型，相应的输入格式为"YYYYnnnnnnn"（不足7位的申请公布序号用0补齐）。对于专利号，应在"Type"下拉菜单中选择"Patent"类型，相应的输入格式为"nnnnnnn"。

因此，对于申请公布号"US2004/103608A1"，应输入"20040103608"；对于专利号"US5,146,634"及"US6901712B2"，应输入"5146634""6901712"；对于申请号"US10/402440"，应输入"10402440"。

点击检索结果中的"Pub. #"（公开号）一列的相关链接，即可打开对应专利文献的全文文本（参见图10-3-48）。

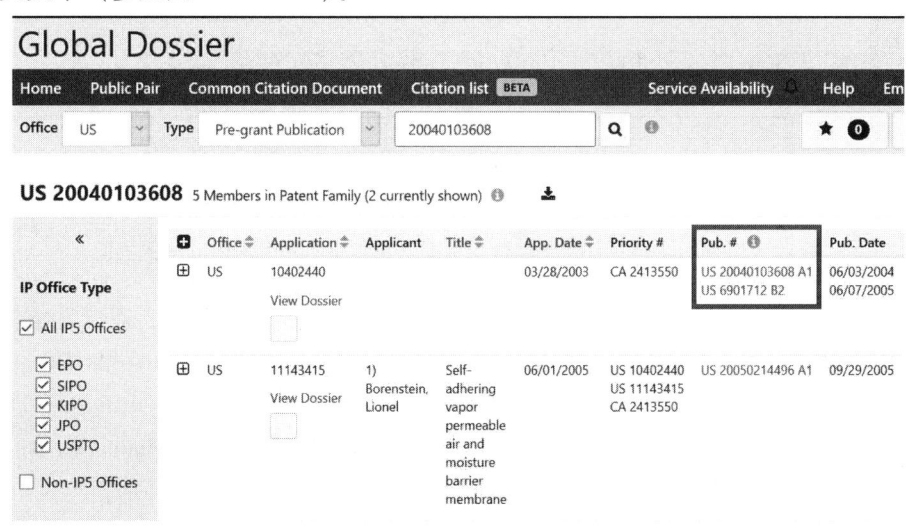

图10-3-48 Global Dossier 中的检索结果界面

点击"Images"即可打开对应的 PDF 文献首页，随后即可获取对应的 PDF 文件全文，并下载（参见图 10 – 3 – 49）。

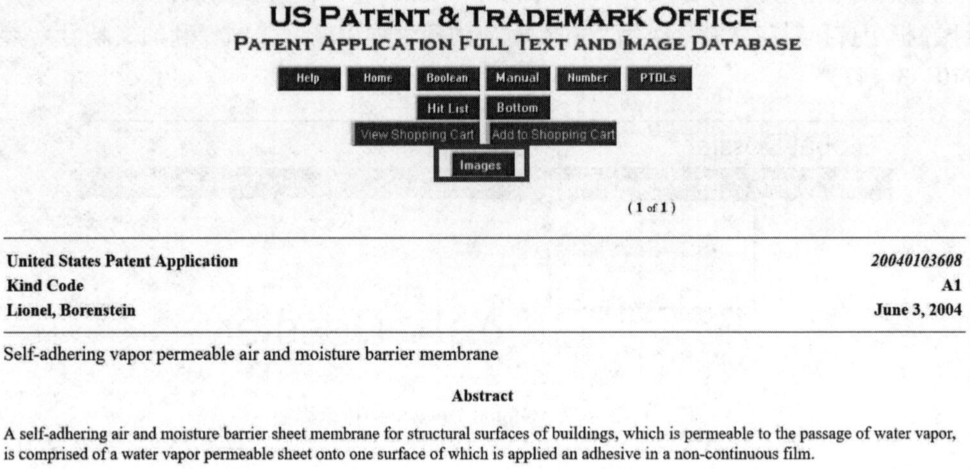

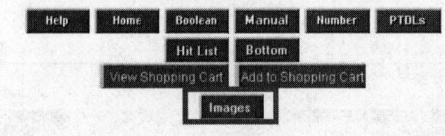

图 10 – 3 – 49　Global Dossier 中专利文献 PDF 格式文件获取界面

【方法 4】

还可以在欧洲专利局的 Espacenet 数据库（https://worldwide.espacenet.com）中进行检索。

在 Espacenet 的"Smart Search"界面检索美国文献的申请公布号或专利号时，则需要省略相应的文献种类代码以及"/"和","，并要在开头加入国家代码"US"。因此，对于申请公布号"US2004/103608A1"，应输入"US2004103608"（7 位申请公布序号仅需要保留后 6 位）；对于专利号"US5,146,634"及"US6901712B2"，应输入"US5146634""US6901712"（参见图 10 – 3 – 50）。

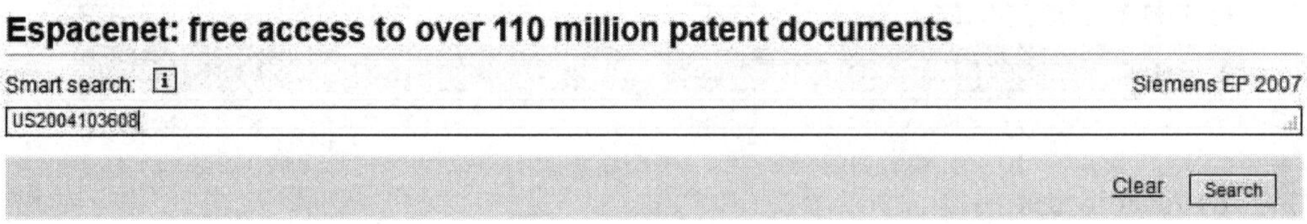

图 10 – 3 – 50　在 Espacenet 中搜索美国文献申请公布号或专利号的界面

而在 Espacenet 的"Smart Search"界面检索美国文献的申请号时，需要省略相应的国家代码以及"/"。因此，对于申请号"US10/402440"，应输入"10402440"。或者，如果知道该申请的申请年份，可以将申请号改写成"US + 4 位申请年 + 0 + 6 位申请顺序号"的形式，进入 Espacenet 的"Advanced Search"界面，在"Application Number"申请号一栏输入对应申请号，如"US20030402440"（参见图 10 – 3 – 51）。

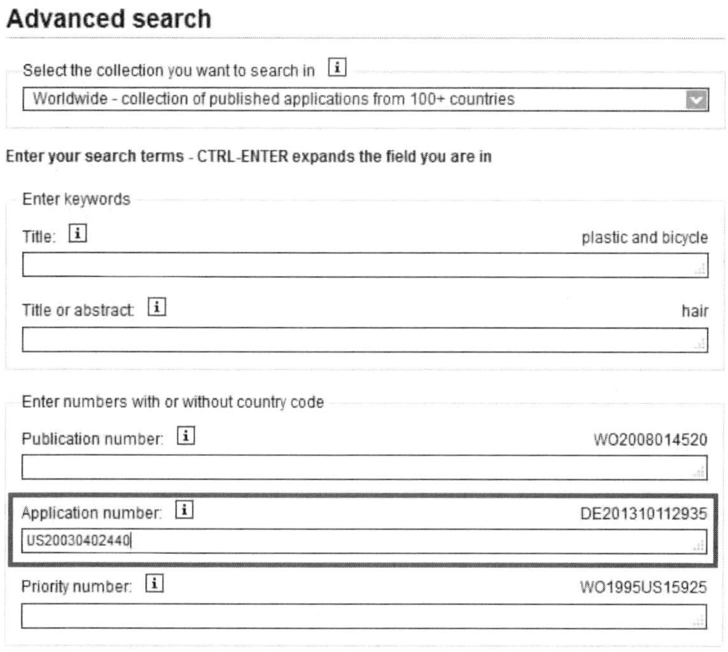

图 10-3-51　Espacenet "Advanced Search" 界面

对于检索到的结果，即可按照第 10.3.2 节中提到的方式获取对应的全文文本及 PDF 格式文件。

【方法 5】

在 PSS 系统中也可以对美国专利文献进行检索，此时需要进入 PSS 系统的高级检索功能，在申请号或公开号的字段中输入对应的申请号或公开号。

对于美国文献的申请公布号或专利号，转换规则与在 Espacenet 中检索时基本相同，即需要省略相应的文献种类代码以及"/"和"，"，且 7 位申请公布序号仅需要保留后 6 位，但开头的国家代码"US"也要省略，同时在高级检索页面左侧的筛选范围中选中美国（参见图 10-3-52）。

图 10-3-52　PSS 系统中搜索美国专利文献的界面

而对于美国文献的申请号，则需要在高级检索页面左侧的筛选范围中选中美国，并省略相应的国家代码以及"/"和2位系列号，即对于申请号"US10/402440"，应输入"402440"。值得注意的是，按照这样的方式检索结果会有多篇符合条件的结果，需要结合其他条件进行人工筛选，例如申请年份、申请主题等。或者，如果知道该申请的申请年，可以将申请号改写成"4位申请年+2位系列号+6位申请顺序号"或者"6位申请顺序号+2位申请年（最后2位）"的形式（两种形式都需要尝试），同时仍然需要在高级检索页面左侧的筛选范围中选中美国。例如，对于2011年申请的"US13/136886"文献可以改写为"201113136886"进行检索；而对于2003年申请的"US10/402440"则需要改写为"40244003"进行检索。

在检索结果中得到对应的相应专利文献，随后即可获得该专利对应的全文文本及对应的全文图像。

10.3.6 如何检索目标技术是否已有相关的专利申请

题目中的这种检索实际上指的就是查新检索。在这里介绍几个捷径，可以快速满足基本需求。

捷径就是善于利用检索系统的语义检索功能和相关度排序功能。

（1）采用第9章介绍的智能语义检索。许多检索系统都提供智能语义检索功能，很大程度上都能提供不错的检索结果，如第9章重点介绍的Patentics检索系统。

由于查新检索针对的检索对象通常都是没有形成完整专利申请文件的技术内容或者发明构思，因此无法直接在Patentics里面采用"R/公开号（或申请号）"进行智能语义检索。但是，针对要查找的技术内容或发明构思，可以撰写一段主要技术要点说明文字，例如针对"具有测距超声波传感器的扫地机器人"这一技术内容，可以撰写如下技术要点："一种扫地机器人，它包括超声波传感器，该超声波传感器用于检测扫地机器人前方的距离，控制器通过检测到的距离来控制扫地机器人的运动"。

现在就可以采用上面这段技术说明文字进行相关性排序，例如：

"R/一种扫地机器人，包括超声波传感器，该超声波传感器用于检测扫地机器人前方的距离，控制器通过检测到的距离来控制扫地机器人的运动"。

如果检索结果不理想，一方面，可以继续对这段说明文字进行改写，可以增加更多的核心技术细节；另一方面，也可以采用第9.3节介绍的人工干预的技巧进行进一步检索。

（2）利用其他有相关度排序的检索系统。例如，Google Patent检索、Google搜索引擎的相关度排序很有利用价值，FPO网站（freepatentsonline.com）的检索结果也具有相关度排序功能。

（3）查看准确分类号下的相关文献。根据发明的技术内容，确定准确的分类号。

如果能够找到与技术内容准确或接近的分类号，那么就可以直接采用分类号进行检索。通常这样的分类号下的专利文献都是相近的专利文献。当该分类号下的文献数量过多时，也可以结合核心技术点的关键词来调整浏览量。

在进行分类号检索的过程中，推荐使用 CPC 分类号以及 F-term 分类号，因为这两类分类号囊括大量技术细节，查找到与其技术内容相近的分类号的概率较大。

相比之下，IPC 分类号由于分类不够细，一个分类号下可能包括大量与其技术内容不相关的专利文献。

（4）对发明的技术内容进行检索要素分解，采用典型的块检索策略获取相关的专利文献。

如果上述方式结果都不理想，那么可以认真理解要检索的技术，提取准确的检索要素，按照第 6 章查新检索的详细介绍展开深入检索。

10.3.7 如何快速获得目标专利文献的相似文献

该问题与上一题的解决方法类似。

不过在第一种方式中，即利用 Patentics 进行智能语义检索时又略有区别。由于待检索的是某篇文献，它在数据库中已经有完整的专利公开文本，因此在语义检索时，可以采用"R/公开号"或"R/申请号"的形式进行语义检索，无须自己输入技术说明文本。

同时，由于该篇文献对应的是一份专利申请，因此首选做法是，去查阅该申请的审查过程文档，包括其同族文献（如果有的话）的专利审查过程文档。通过审查员给出的检索报告直接获取相关文献。

10.3.8 如何选择专利数据库优先顺序

专利检索系统中包含大量数据库。选择专利数据库，要以结果为导向。**要检索的目标会在哪里出现，就去哪个地方进行寻找。**

这就是选择数据库的原则。在这里介绍几个常见的应用场景：

如果想了解该技术在中国的现状，那么就用中文关键词在中文专利文献库中检索；

如果想了解该技术在外国的现状，那么就用外文关键词在外文专利文献库中检索；

想要检索技术细节、实施例内容或背景技术内容，那么就用这些检索词在全文库中检索；

如果想要检索欧美文献，那么可以在包含欧美国家的外文库中利用 CPC 分类号进行检索；

如果想要检索日文文献，那么可以在日文库中，利用 FI/F-term 分类号进行检索。

哪个国家在这个行业发展得较为先进，其专利文献数量会相对较多，就应该重点进行检索。例如，日本在碳纤维领域申请量较为突出，则检索时应优先考虑日本专利库和日本 FI/F-term 分类号。

通常来讲，一个典型的查新检索，首选的数据库是中国专利库，因为其语言为中文，利于中国读者快速阅读了解背景知识。根据了解到的领域情况，再选择其他数据库。如果读者拥有更专业的商用数据库，例如中国专利深加工数据库和德温特的世界专利索引数据库，那么也是首选的推荐。因为其深加工的数据，用词规范，技术概要提取到位，非常利于提高检索和浏览筛选的效率。

10.3.9 如何表征某个难以表达的基本检索要素，例如功能性限定、方法特征、性能和参数特征等

在检索过程中，经常会遇见一些可能难以表达的检索要素，常见的如采用功能性限定的技术特征，例如"一个杯子，具有保温功能"；用途、方法的限定，例如"一种防锈涂料，用于防止被涂物质生锈""一种环氧树脂，由 A 组分和 B 组分，在 120～140℃混合而成"；使用性能或参数限定，如"一种荧光粉，其最大发射波长在 576nm""一种组合物，其含有 0.02%（mol）~0.2%（mol）的 A 组分"。面对这些使用特殊限定方式的技术特征，应该怎么表达这些要素并进行检索呢？

首先，要考虑的是，这些特定的功能、用途、方法限定方式，对产品本身的结构和组成有没有限定作用，例如，"一个杯子，其能够装水"，由于"能够装水"属于"杯子"本身固有的功能，在这种情况下，只需要检索结构或组成，而不需要考虑其他限定特征；但如果"一个杯子，具有保温功能"，由于保温并不是杯子的固有性能，在检索时，就需要对"保温"这个要素进行表达。

在对类似功能等特征进行表达时，还可以考虑有哪些结构和特征决定产品的这些功能，并将它们补充到检索要素中。如果待检索的文献中记载实现所述功能的特定结构，例如，记载使用真空层来制作保温杯，则可以在检索要素中增加"真空"作为检索要素；如果待检索的文献中没有记载实现所述功能的产品结构，在这种情况下，如果已获知存在能够实现该功能的其他结构，可以将该已知结构作为基本检索要素，否则，需要将该功能作为基本检索要素。例如，一些保温杯通过内部镀有金属反射层的方式来减小辐射或者使用填充物阻止热传递以提高保温效果，那么"镀膜""镀铜""镀银"以及"填充物""聚氨酯（常见的保温材料）"等都可以作为检索要素加以考虑。

对于以用途、方法限定的权利要求，检索时同样要根据方法特征对产品的组成和/或结构是否有限定作用，决定是否需要将用途或方法特征作为基本检索要素。

例如："一种环氧树脂，由 A 组分和 B 组分，在 120～140℃混合而成"，由于加热混合固化是环氧树脂的基本制备方式，120～140℃则是固化反应的常见温度，此时，检索仅需要考虑 A 组分和 B 组分，不必过多关注制备方法的特征。

而如果是"一种多孔二氧化硅载体催化剂，由原料 A 和 B 在致孔剂 C 下反应得到前体后，再焙烧得到"，由于该催化剂的制备方法对催化剂的微观组成和结构会带来影响，因此在检索时需要考虑制备方法特征，例如检索时可以选取"致孔剂"和"焙烧"等作为基本检索要素。

对于性能和参数，在不能确定这些性能、参数是否对产品有限定作用时，可首先将其作为基本检索要素，在没有检索到合适的对比文件时，删除该性能、参数再作进一步检索。如果使用的性能、参数不是所属领域公知的性能、参数，例如使用非常规的定义，或者自己定义一个全新的参数，那么检索时可不考虑该性能、参数，直接检

索组成和结构特征即可。

而对于关于特定尺寸、含量等数值参数，一般无须进行检索，但如有必要，也可以对特定的数值或数值范围或符号进行字符串搜索，或使用特定参数的参数单位并结合物质名称等进行检索。例如在检索"0.02%（mol）~0.2%（mol）"时，可以检索"0."或"%"，或者对单位"mol"进行关键词检索。

10.3.10 如何检索数学公式和特殊字符

现有的大部分检索系统都会对这些常见公式里的字符进行标引，例如 +、−、π、α、β 等，因此可直接将这些字符作为检索词进行检索。需要注意的是，如果有些字符与系统的算符或者截词符重叠，一般在检索的时候使用双引号来明确双引号内的是检索词而不是算符等保留字。

对于数学公式，目前主流的检索系统很少支持直接导入公式或者使用含有公式的图片直接进行检索。因此在检索时可以考虑使用"公式""函数""算式"等关键词进行尝试，也可以使用公式中各项参数的含义作为关键词进行检索。

例如，一种数字式 X 光机消除栅影的图像处理算法，解决使用低密栅在数字图像中留下竖条纹的问题，其特征是：在频域内，设计合适的滤波函数，通过对带栅纹图像施行滤波函数去除因栅纹造成的高频成分，从而达成去栅的目标，其中滤波函数为

$$H(u,v) = m * \frac{1}{1+[D(u,v)/D_0]^r} + n * e^{-D^2(u,v)/\sigma^2}$$。

直接使用关键词或者公式符号并未检索到合适的对比文件，但阅读说明书后发现，**在第 0014 段对该公式中的参数有如下定义**："r 为滤波器级数，σ 是**标准偏差**，$D(u, v)$ 是 (u, v) 点距离频率矩形原点的距离。"

利用关键词"频率矩形 + 原点 + 低通/高频"在百度中进行检索，在第 1 页的前几个结果中找到一篇来自豆丁网的名为"频域图像增强"的 PPT，其中介绍了图像处理中几个常用的低通滤波器，"$\frac{1}{1+[D(u,v)/D_0]^{2n}}$"和"$e^{-D^2(u,v)/2\sigma^2}$"分别为**巴特沃斯低通滤波器**和**高斯低通滤波器**的传递函数。

进一步地，在非专利数据库 CNKI 中，使用以下检索式：

主题 ="巴特沃兹"+"巴特沃斯"+"butterworth"AND 主题 ="高斯"+"gauss"AND 主题 ="低通"+"高频"+"滤波"

命中相关文献："几种滤波算法在声纳图像处理中的比较分析"[雷毅等. 四川兵工学报，2012，33（6）：95−97]，其也公开了相同公式。

10.3.11 检索式的检索结果为 0 时，如何处理；检索式的结果过多（溢出）时，又应该如何处理

检索是实践性很强的工作。不论检索系统给出什么样的结果，都包含很有用的信息。在实际检索操作中，检索系统经常不会都如人所愿，给出预期的结果。检索结果

过少或过多，都是很常见的。下面分两种情况详细介绍。

第一种情况：**如果检索结果太少或者为 0 的话，要进行排查分析。**

（1）先看看是不是检索系统的问题。

某些检索系统对复杂检索式的支持不够完善，在使用过多的括号或是算符之后，可能会导致系统无法解析而得不到结果。此时建议，将检索式的逻辑层级尽量简化，使用简短的检索式。通过检索式之间的逻辑运算，来避免系统对检索式的解析错误，确保结果的正确。

（2）再看看是不是数据库选择的问题，或者算符/截词符的使用方式有误。

例如，在外文数据库中，输入中文关键词进行检索；在公开号检索入口，输入申请号；在中国专利库中，利用 FI 分类号进行检索（可以检索到有 FI 分类号的中文文献，但无法检到日文文献）。不合适的数据库和检索入口的选择，都会导致不理想的结果。

错误使用算符或截词符也会导致检索结果过少。例如 PSS 中 "＋" 代表任意字符，而 Patentics 中则是 "＊"，关系算符如 "＜＝" 等需要使用半角字符；一些特殊的符号或关键词是否使用双引号进行绝对引用，例如 "＋" "AND" "P" 等一些与算符有关的关键词需要添加双引号进行绝对引用，否则系统会把这些关键词当作算符进行运算，例如在 PSS 中检索三星 Galaxy S 系列手机，需要输入 "Galaxy S" 或者 Galaxy 1W "S" 等。

（3）接着看看检索式，是不是使用过于严格的检索式。

限定条件过多，必然会导致检索结果变少。

例如，在具体化合物的检索中，直接输入 "4-[（4-甲基-1-哌嗪)甲基-N-[4-甲基-3-[[4-(3-吡啶)-2-嘧啶]氨基]苯基]-苯胺甲磺酸盐"（即著名抗癌药格列卫（甲磺酸伊马替尼）的化学系统命名），显然无法获得足够全面的结果。一般都会对这个化合物的检索要素进行同义或者上位扩展，尽量覆盖各种表述。

而如果进行全要素的与运算，过多的检索要素块限定也会导致结果过少。此时就可考虑去掉部分要素，来扩大检索结果。

（4）最后看看关键词的扩展充分不充分。

关键词的扩展不充分，必然会导致结果变少。例如，支撑—支承、连接—联接、碳黑—炭黑、桂圆—桂园、聚酯—聚脂、树脂—树酯等，或者未考虑英式或美式不同的表达方式，如 pavement（英式）和 sidewalk（美式）；rubber（英式）和 eraser（美式）等。

第二种情况：**如果检索结果过多（溢出），也要进行排查。**

（5）是不是对检索系统规则不了解。

在目前大部分检索系统中，检索英文词组都必须采用绝对引用的方式进行，也就是在输入时需要添加双引号，例如，在 PSS 系统的美国库中试图检索 Solid State Drive（SSD，俗称固态硬盘），如果直接在发明名称中输入 Solid State Drive，会得到 180349 条结果，这是因为在没有绝对引用的情况下，系统执行的实质上是 "Solid OR State OR

Drive"的命令（参见图 10-3-53）。

(a) 检索式"发明名称=(Solid State Drive)"的检索结果

(b) 检索式"发明名称=(Solid OR State OR Drive)"的检索结果

图 10-3-53 在 PSS 系统美国库中检索 Solid State Drive 的界面

因此，当使用双引号将关键词进行绝对引用后，才能获得正确的结果（参见图 10-3-54）。

图 10-3-54 在 PSS 系统中检索"Solid State Drive"的界面

因此，当在输入英文词组时，应当通过加入双引号来避免上述情况的发生。如果发现其他类似的情况，例如搜索结果明显偏多或者与检索式不匹配，应当检查检索式是否得到检索系统的支持，并是否与期望的表达一致。

(6) 是否需要对检索要素进行进一步限定和组合。

一般可以考虑增加检索要素，例如将产品的结构特征与效果或者功能特征通过"AND"连接进行检索，或者使用分类号进行限定。此外，使用算符特别是同在算符或者临近算符，可以大幅度提高检索的精确度。如果进行进一步限定之后仍然得到大量检索结果，可以考虑通过年份、申请人等特殊字段进行限定，先将结果限定在可以浏览的范围内进行阅读，看看是否都是符合需要的目标文献，之后再根据实际情况进行调整。

10.3.12 如何尽量全面地囊括某个技术主题下的文献

想要全面地检索技术主题，需要构建基本检索要素、扩展基本检索要素并构建检索式，并通过样本库来对查全程度进行验证，具体的操作方式可以参考第 7 章。而为了快速解决问题，在这里可重点介绍一下分类号，尤其是与技术主题有关的分类号在查全时的重要作用。

例如，想要检索关于啤酒酿造时使用"连续发酵"技术的相关文献，以 Patentics 系统为例，输入检索式"(A/连续发酵 AND A/啤酒)"，仅能得到 30 篇文献，其中的大部分甚至与啤酒的连续发酵技术并不相关（参见图 10-3-55）。

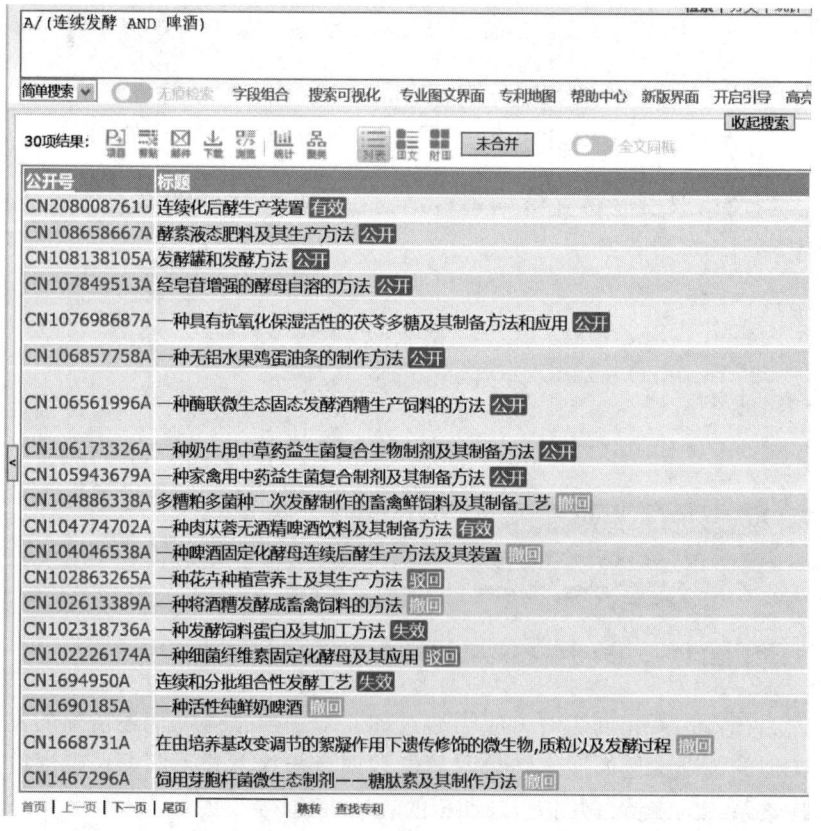

图 10-3-55　Patentics 中使用基本检索要素检索获得的"连续发酵"技术的相关文献

但通过分类号的查找,发现 C12C 11/07 是与该技术密切相关的分类号:

C 部——化学;冶金。

C12 生物化学;啤酒;烈性酒;果汁酒;醋;微生物学;酶学;突变或遗传工程。

C12C 啤酒的酿造(原料的净化入 A23N;涂沥青或脱沥青装置,酒窖用具入 C12L;增殖酵母入 C12N 1/14)。

C12C 11/00 啤酒发酵方法。

C12C 11/07 ·连续发酵。

使用分类号进行扩展,输入检索式"A/(连续发酵 AND 啤酒) OR IPC/C12C 11/07"后发现,结果由 30 篇增加至 44 篇,而且新增的 14 篇均与该技术问题密切相关(参见图 10 - 3 - 56)。

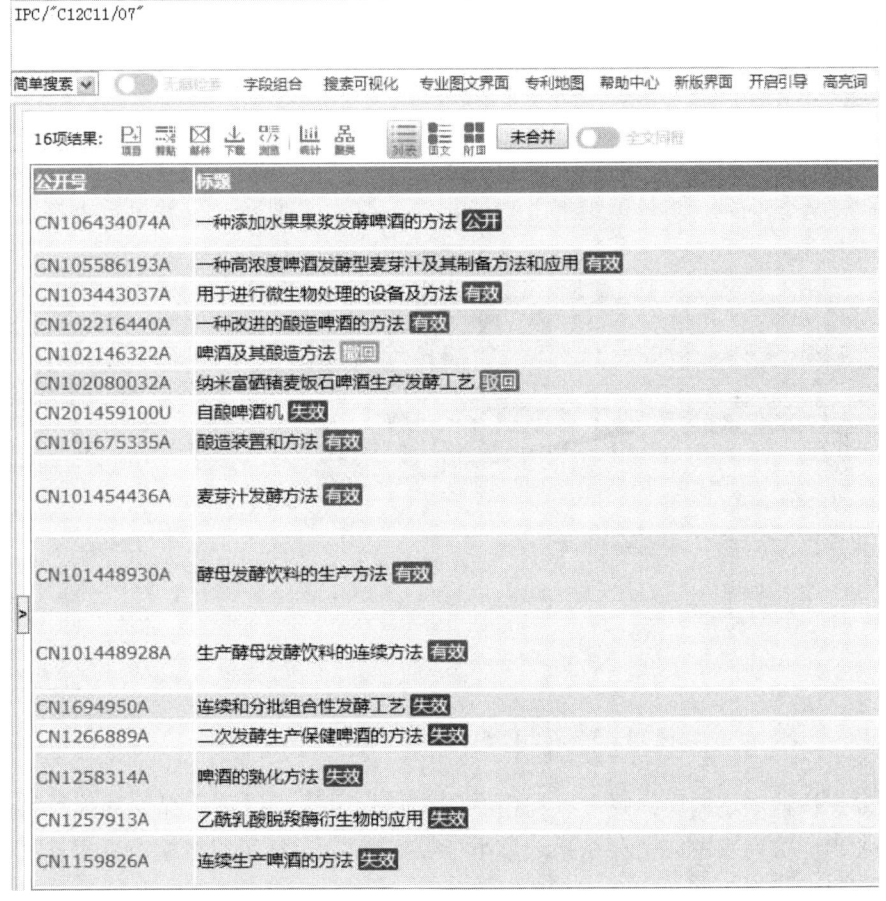

图 10 - 3 - 56 在 Patentics 中使用分类号扩展检索获得的"连续发酵"的相关文献

分类号体现分类员的劳动成果。借助分类号,可以很大程度上提高查全效率。

10.3.13 怎样提高浏览速度

输入检索式得到一定数量的结果后,就要开始浏览并筛选。

人们经常说,检索是一个良心活。这主要就体现在浏览工序中。根据完整明确的检索要素表而构建检索式,由此获得一定数量的检索结果,可能有数千个记录。检索员可以使用各种工具和技巧来提高浏览速度,但不应轻易中途放弃,要有足够的耐心,**该检索的数据库一定要检索,该看完的文献一定要看完**,这才是端正的工作态度。

成百上千篇文献,浏览起来很费时间和精力。怎么尽快地筛选出目标文献呢?

(1)预览检索结果,从相关度最高的文献看起。通过"自下而上"的检索方式,即对检索要素进行进一步限定、使用更精确的检索关键词/分类号来获得更少量但精确的结果进行预览,如果没有发现合适的结果,再逐步扩展关键词或省略检索要素,一步一步地扩大检索范围,可以在最短的时间内找出目标文献。

(2)可优先筛选发明名称或者发明摘要,快速排除掉明显不相关的记录。目前,大部分检索系统均提供对发明名称或者摘要进行集中浏览的方式,合理利用这种方式可以大大加快浏览速度。

以 PSS 系统为例,将检索结果由"搜索式"改为"列表式"就可聚类浏览发明名称(参见图 10-3-57)。

图 10-3-57 PSS 系统"列表式"检索结果

如果想快速浏览摘要,则可以利用右侧工具栏中的"详览全部"功能,将所有检索结果加到详览列表中(需要结果数量小于 100 篇),这样可以依次查看每篇文献的摘要和摘要附图(参见图 10-3-58)。

第10章 检索应用实例

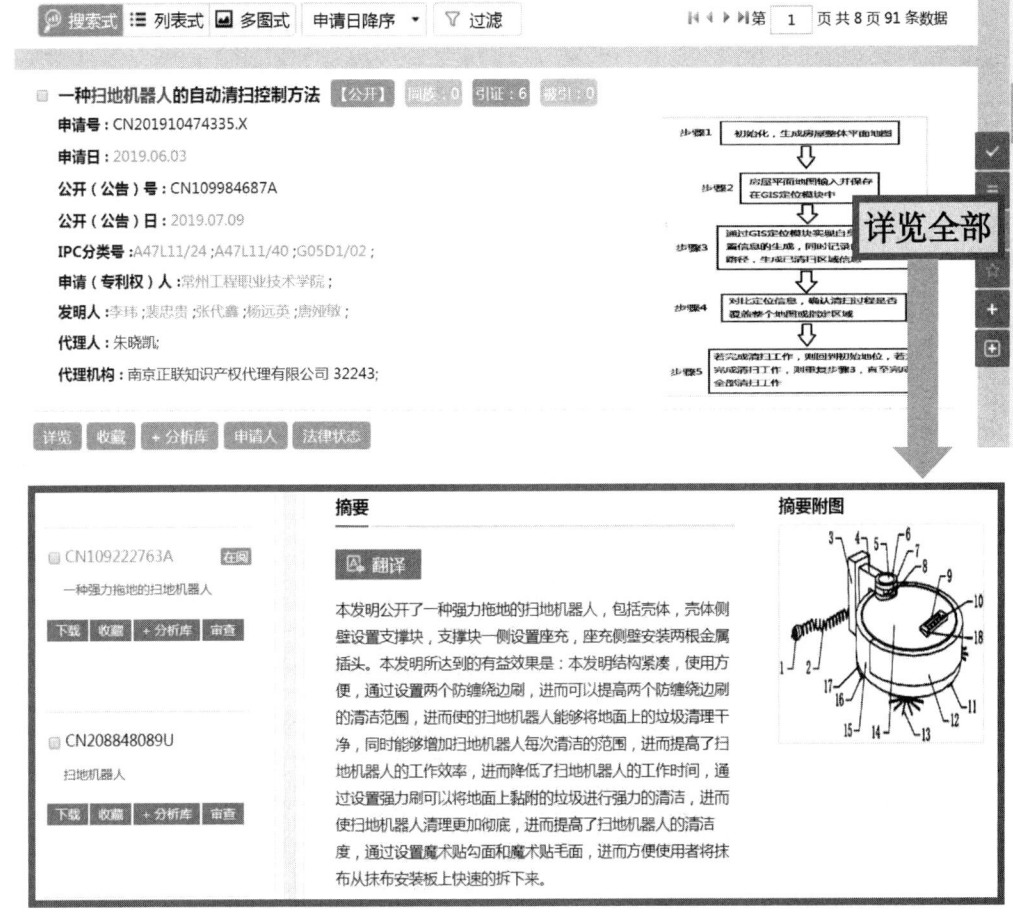

图 10-3-58　PSS 系统"详览全部"界面

在 Patentics 中，则可利用"批量打开标签"功能，实现发明名称和摘要的集中浏览，具体的操作方法如图 10-3-59 所示。

如果需要处理数量较多的文献，或者需要通过标题、摘要等进行进一步的筛选和浏览，还可以使用结果导出功能。

（3）善于使用提高浏览效率的工具。检索系统都会提供各种浏览工具，例如 PSS 系统的高亮、高密、聚焦功能，Patentics 的高亮定位、图片原位显示、图片对比功能，这些功能都能协助快速定位到关键内容，极大地提高浏览效率。

PSS 系统的高亮、高密、聚焦功能如图 10-3-60 所示。

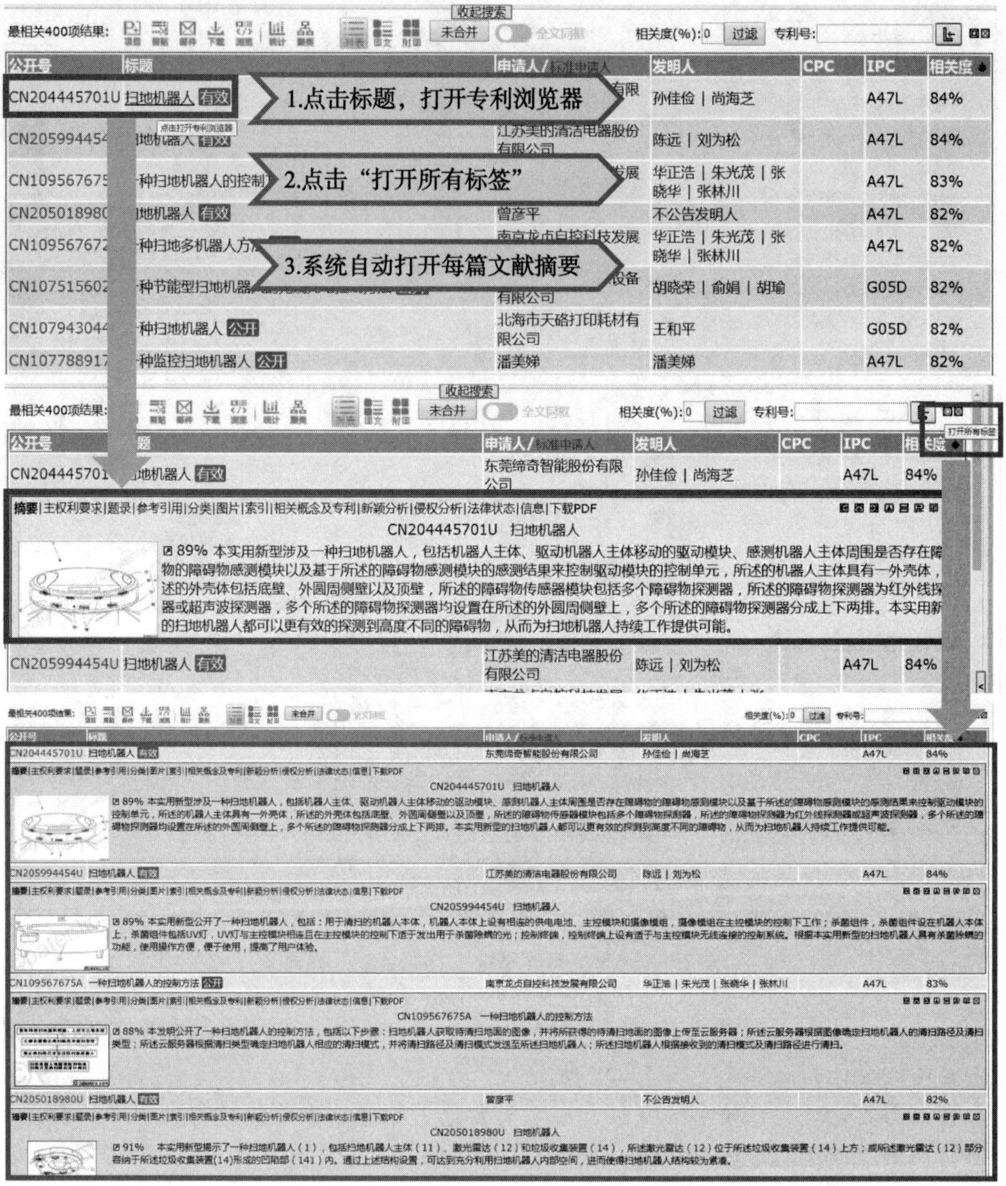

图10-3-59 Patentics 中"批量打开标签"界面

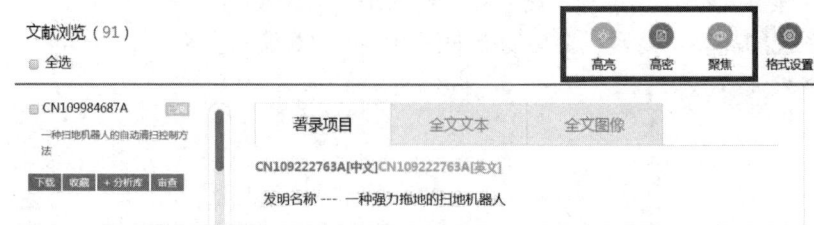

图10-3-60 PSS系统的高亮、高密和聚焦功能

Patentics 的图片原位显示功能如图 10-3-61 所示。

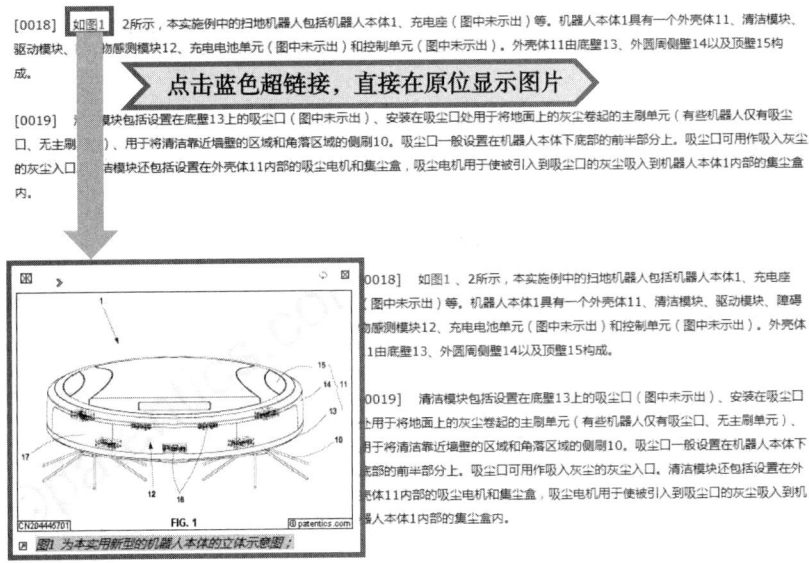

图 10-3-61　Patentics 的图片原位显示功能

10.3.14　怎样导出检索结果

大部分检索系统只支持单篇检索结果的导出，例如 PSS 系统。

而想批量导出检索结果，则需查看检索系统是否提供该功能。下面以两个支持检索结果批量导出的系统，以润桐和 Patentics 为例，介绍如何导出检索结果。

（1）润桐

润桐是为数不多的具有文献批量导出功能的检索系统。在检索结果界面点击"Excel 批量导出"，如图 10-3-62 所示。

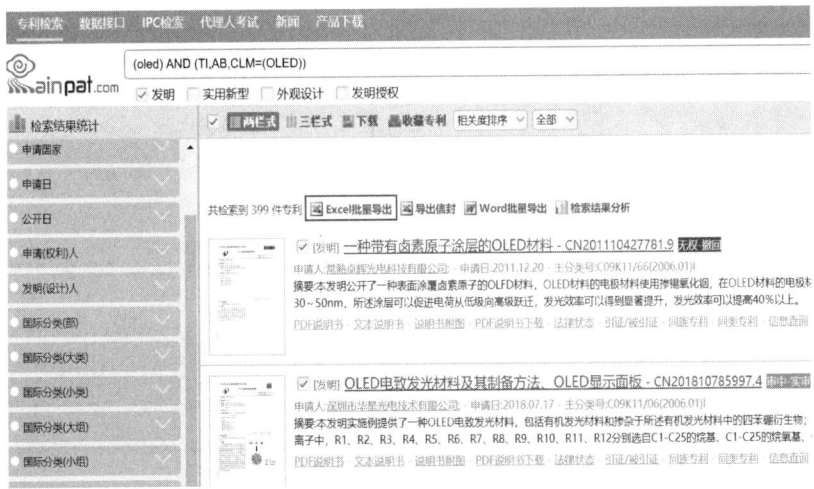

图 10-3-62　润桐"Excel 批量导出"界面

进入导出结果界面,此时可以先输入需要导出的文献范围,如图 10 – 3 – 63 所示。

图 10 – 3 – 63　润桐"导出检索结果"界面

之后,可以点击"设置导出字段",选择需要导出的具体字段(默认导出所有字段),如图 10 – 3 – 64 所示。

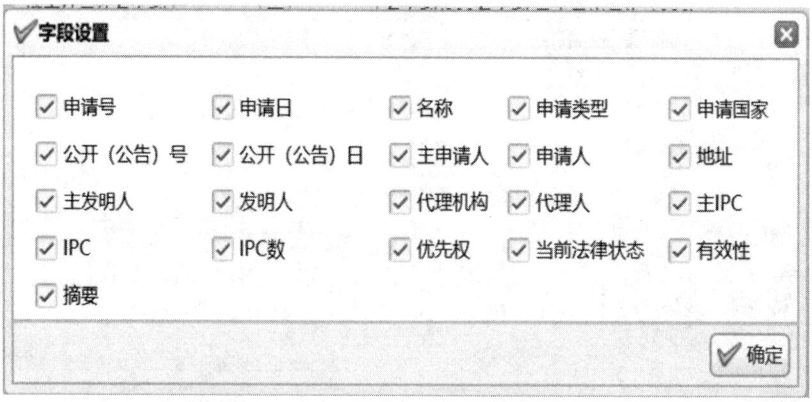

图 10 – 3 – 64　润桐"字段设置"界面

最后，点击"获取下载地址"，系统会生成一个下载链接，即可完成导出文件的下载。

（2）Patentics

Patentics 的网页版即可实现检索结果的 Excel 批量导出功能，参见图 10 – 3 – 65。

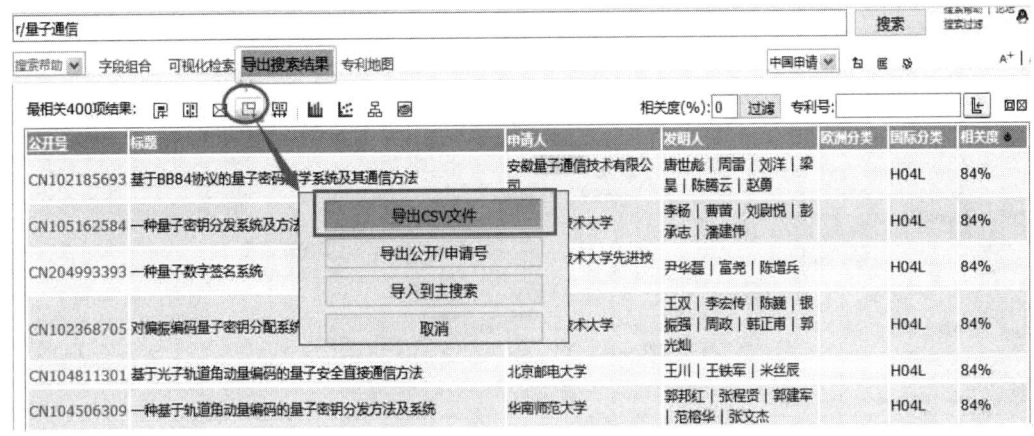

(a) CSV 文件导出方法

(b) 导出结果界面

图 10 – 3 – 65　Patentics 的"Excel 批量导出"功能

导出 CSV 文件（Excel 格式）中的导出项包括公开号、申请号、标题、申请人、分类号、特征度、专利度、引用、被引用等 20 多项数据；如果需要导出更多项目，如摘要、全文链接等，则需要购买客户端版本使用 Patentics 的客户端进行操作。

10.3.15　如何筛选出检索结果中已授权的专利信息

如果需要针对检索结果筛选已授权的专利信息，首先，需要选择带有专利法律状态检索入口的系统，例如 Patentics 系统，或者选择带有专利法律状态过滤检索入口的系统，例如 PSS 系统。

在 PSS 系统（pss-system.cnipa.gov.cn）中，针对检索结果可以打开过滤功能开关，选择文献类型选项卡，勾选授权公告文献，从而完成对已授权专利的筛选，如图 10-3-66 所示。

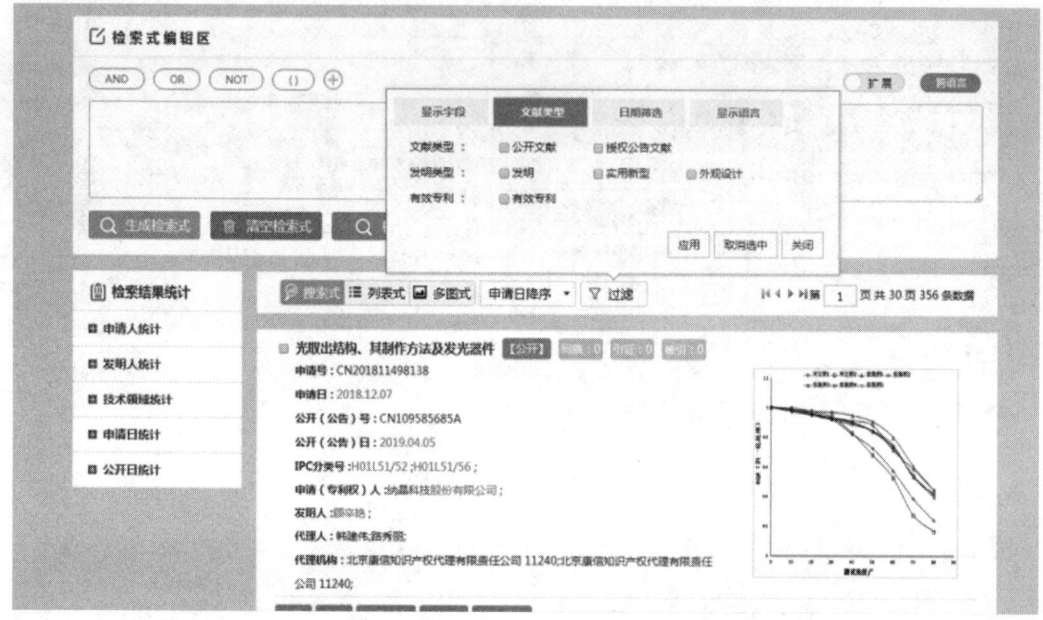

图 10-3-66　PSS 系统过滤功能的检索界面

在 Patentics 检索系统中，利用"LS/字段"，可以对检索结果的法律状态进行进一步限定，其中"LS/有效"或者"LS/2"表示专利处于授权或有效状态，可以对检索结果进行进一步限定（参见图 10-3-67）。

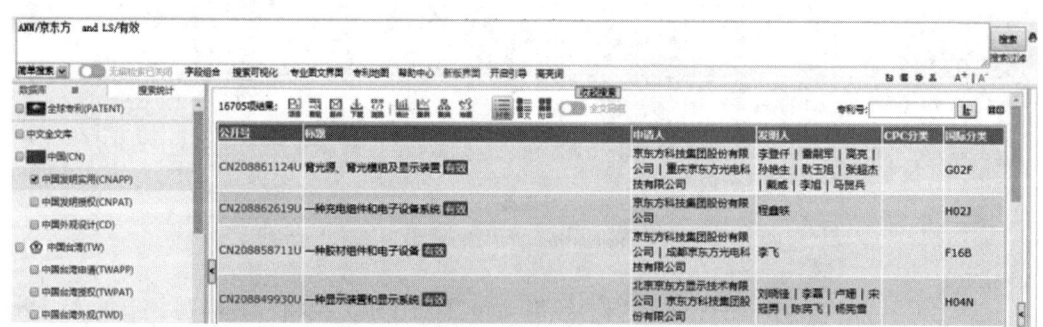

图 10-3-67　Patentics 中利用"LS/字段"检索的界面

10.3.16　如何快速获取目标公司（包括子公司、分公司、关联公司等）的专利状况

一般来说，如需快速获取目标公司的专利状况，首先需要明确目标公司的申请人

名称，包括其下属子公司、分公司的全部名称。以京东方公司为例，需要将京东方科技集团股份有限公司、成都京东方光电科技有限公司、合肥京东方光电科技有限公司、北京京东方光电科技有限公司等全部纳入检索范畴，分别检索各个申请人的专利，并将最后的检索结果组合起来即为该公司的全部专利，然后对组合相加的专利进行分析。

值得注意的是，有的专利检索系统提供标准化申请人检索字段，其将子公司、母公司、关联公司的申请人名称进行标准化处理，统一为一个名词。例如，上述京东方旗下的多个子公司和分公司，其可以标准化为"京东方"。如果检索系统没有上述标准化申请人字段，则在进行有关公司检索时需要谨慎，避免遗漏其下属公司的文献。

例如，在 PSS 系统中，并没有标准化申请人字段，但如果公司名称较统一，仍然可以在 PSS 系统下实现专利检索与分析，并针对初步得到的检索结果进行申请人技术分析，从而得到有关该公司的专利状况。

例如，以大疆创新科技有限公司（以下简称"大疆"）和戴森技术有限公司（以下简称"戴森"）为例进行分析。首先，将检索结果全部导入分析库，在申请人分析栏中，点击申请人技术分析可以看到相应公司下的主要专利技术领域分析图，或者点击申请人有效专利数量分析，可以生成申请人有效专利数量随年份的变化趋势。具体操作步骤如图 10 – 3 – 68 所示。

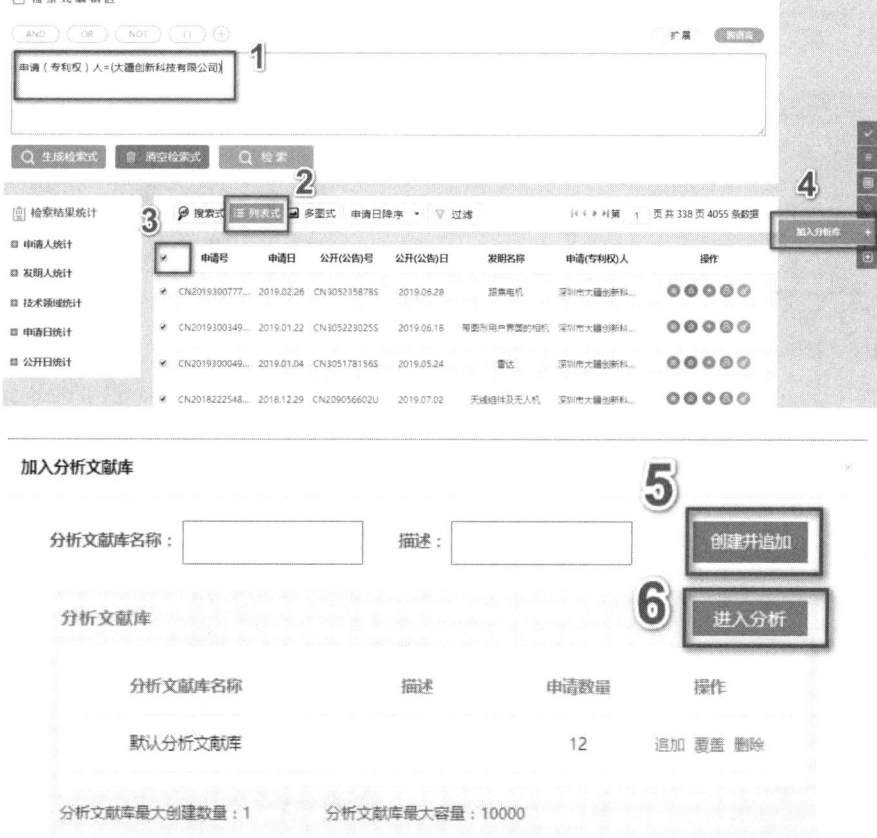

图 10 – 3 – 68　PSS 系统中申请人技术分析操作步骤

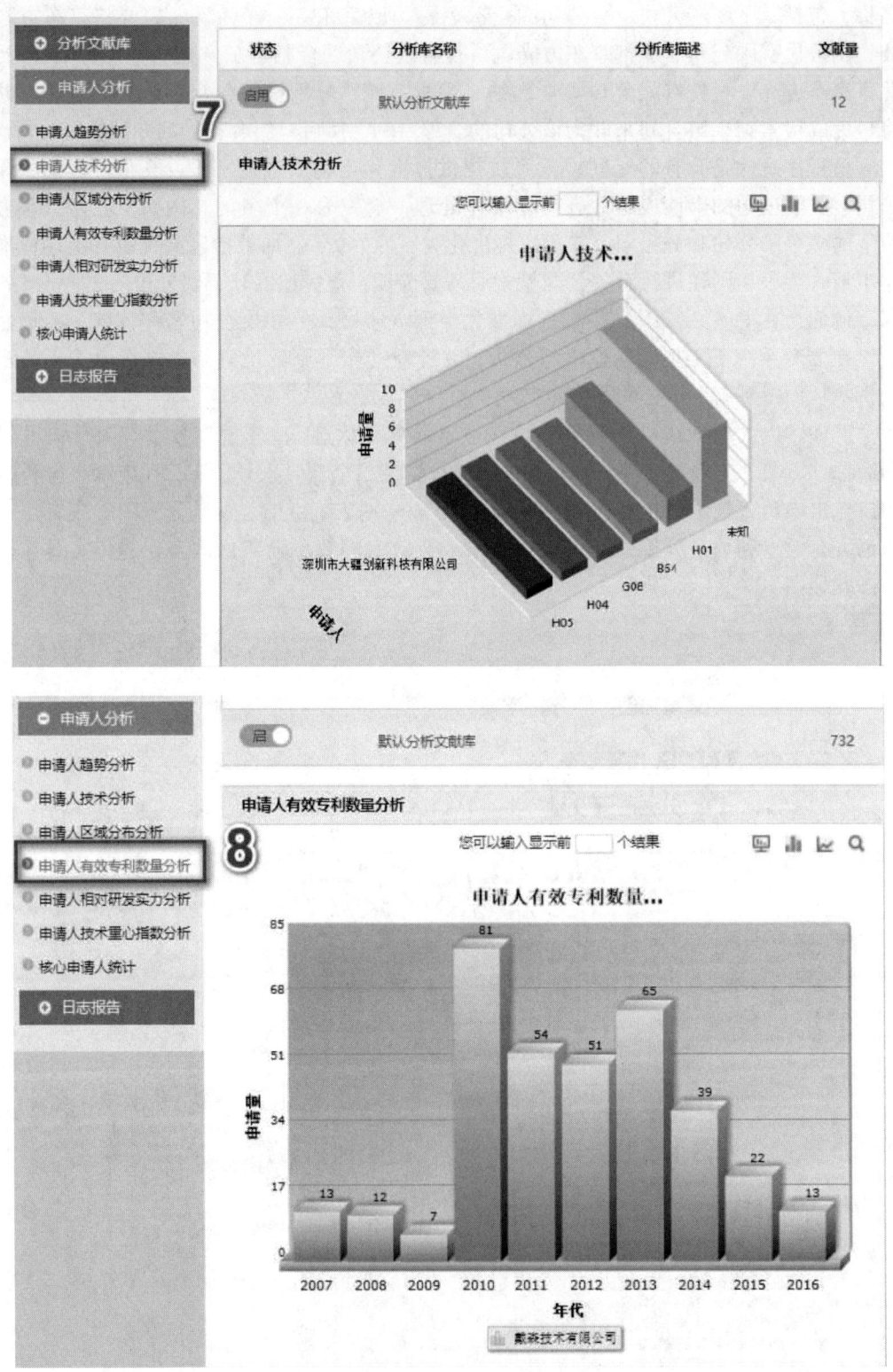

图 10-3-68　PSS 系统中申请人技术分析操作步骤（续）

此外，可以选择具有标准化申请人检索字段的检索系统（例如 Patentics），其具有 ANN/字段，利用该检索字段，可以快速得到标准化申请人的检索结果。

在 Patentics 检索系统，利用"ANN/京东方"，即可快速得到所有京东方子公司和母公司的专利状况。如图 10-3-69 所示，在 Patentics 客户端中利用分类器的统计分析和可视化功能，可以快速得到京东方公司（含子公司）的所有专利技术主题布局情况。

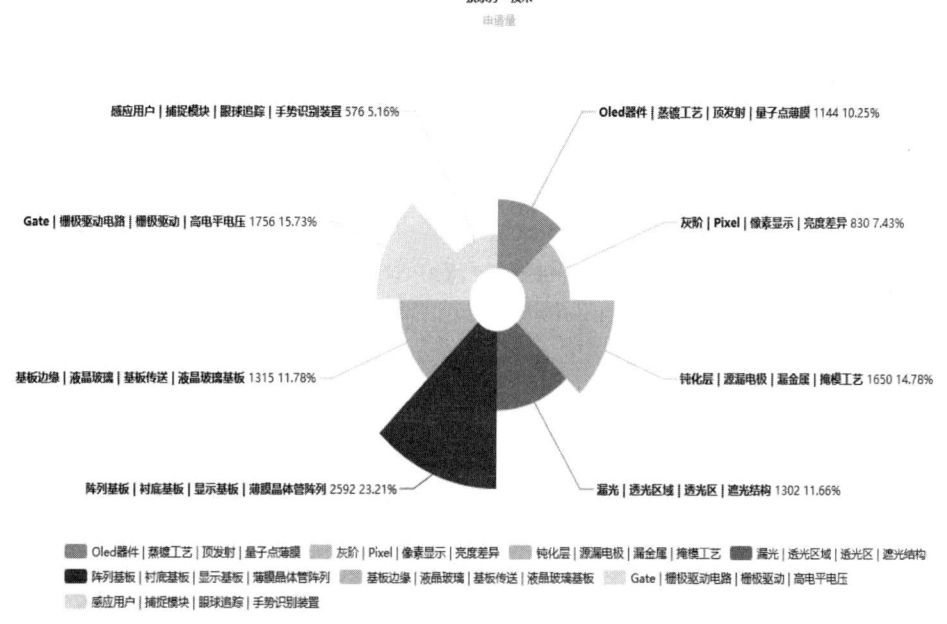

图 10-3-69　在 Patentics 中分析获得的京东方公司的所有专利技术主题布局情况

10.3.17　如何获取目标申请人在不同国家的申请情况

如果需要获取目标申请人在不同国家的申请情况，首先，需要明确该目标申请人的具体名称，当该申请人为某公司且具有多个子公司或者分公司时，需要将其所有下属公司的名称均纳入检索范畴，或者选择具有标准化申请人字段的检索系统，利用标准化申请人字段进行检索。

其次，在检索时，需要选择所有的数据库，包括中国的和外国的数据库，从而得到该目标申请人在不同国家申请的所有文献的数据。

最后，将检索得到的文献数据全部导入分析库进行分析。在 PSS 系统中进行目标申请人不同国家申请情况分析的具体操作步骤如图 10-3-70 所示。其中，在前面的检索环节，其操作与上一节一致。区别仅在于，在分析库中，通过选择高级分析，进入列表分析功能中，选择"国家省市分析"，而不是"申请人技术分析"。

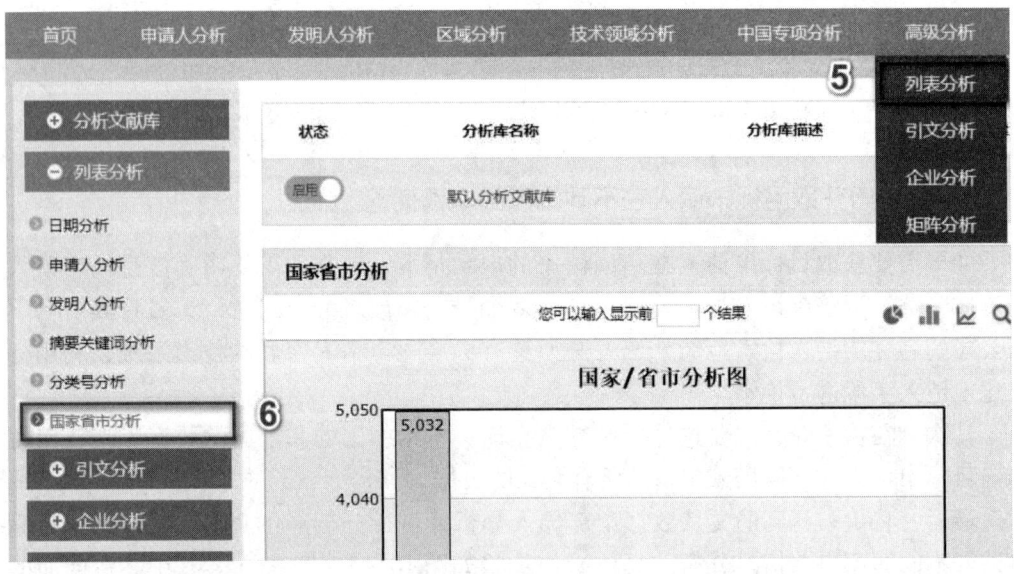

图 10-3-70 PSS 系统中目标申请人在不同国家/地区申请情况分析的操作步骤

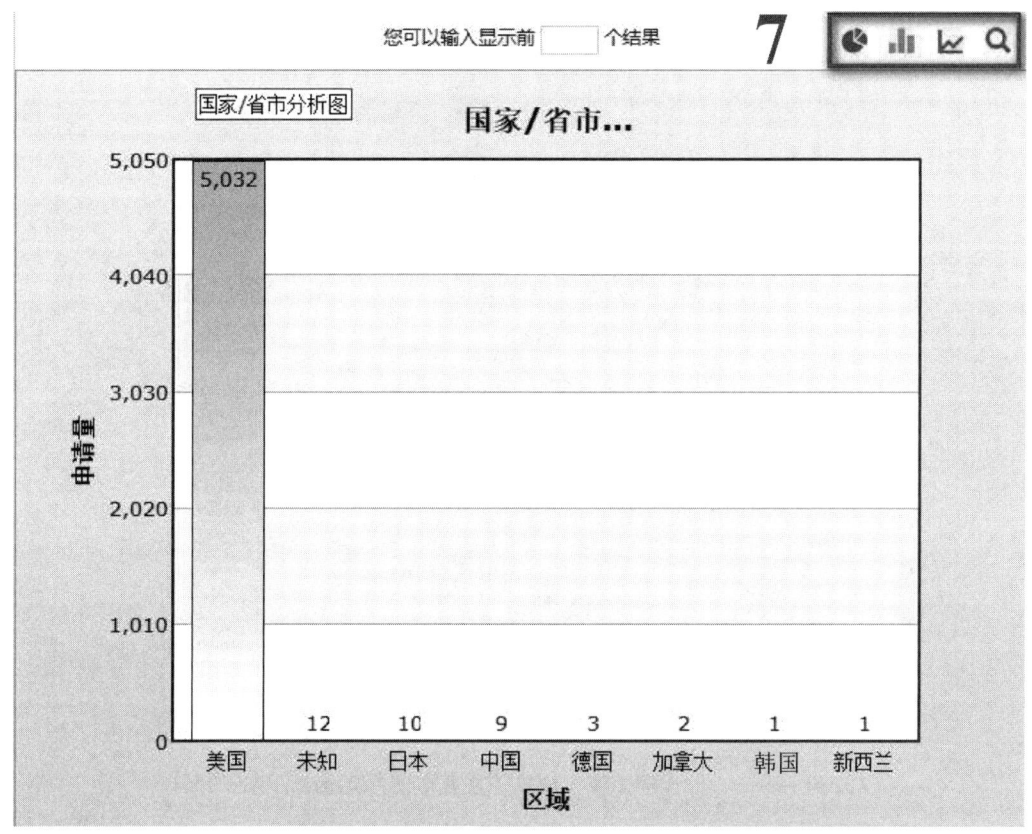

图 10-3-70　PSS 系统中目标申请人在不同国家/地区申请情况分析的操作步骤（续）

10.3.18　如何知晓某个分类号下的个人/公司申请专利

首先选择检索数据库，然后利用分类号作为检索入口进行检索，针对得到的检索结果，可以进行申请人排序，观察申请量排名靠前的专利申请人，或者导出检索结果，利用数据分析软件，对全部结果进行申请人透视。

例如，在 PSS 系统中，对分类号为 G05B 1/00 的文献进行检索，并将检索得到的结果导入分析库中，进入专利分析界面，点击申请人区域分布按钮，对该分类号的主要申请人及其地域情况进行分析，如图 10-3-71 所示。

此外，还可以在 Patentics 客户端中进行上述分析，首先在远程检索界面，输入检索式"ICL/G05D1/00"，将得到的检索结果导入分类器中，然后对检索结果进行标准化申请人分组，取 TOP10 申请人进行分析，并对分组后的申请人数据绘制申请人分布柱状图，如图 10-3-72 所示。

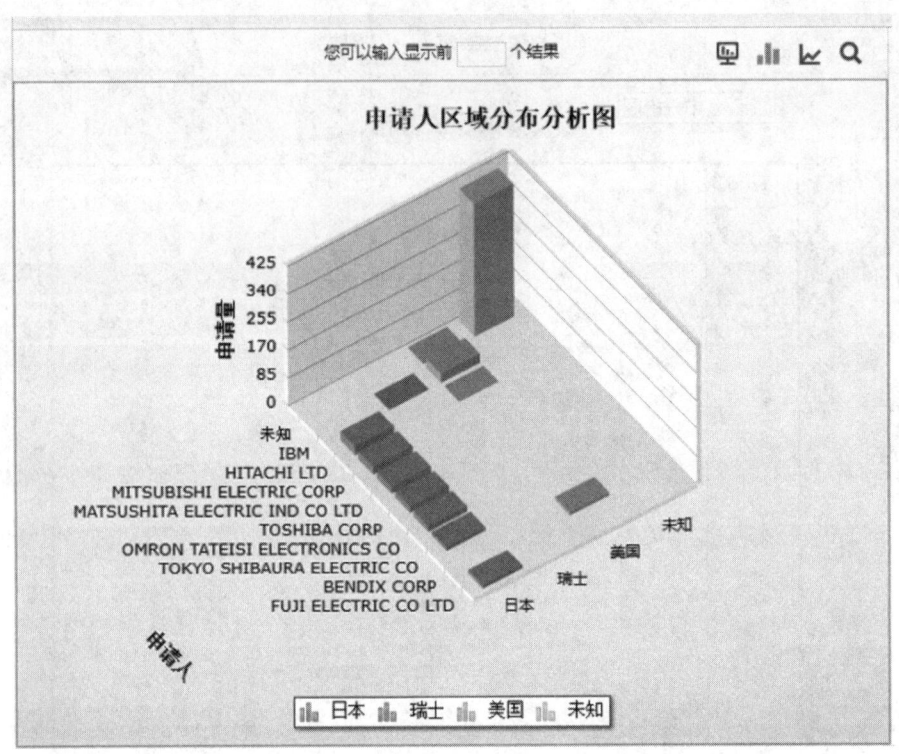

图 10-3-71　分类号 G05B 1/00 下主要申请人及地域的情况分析

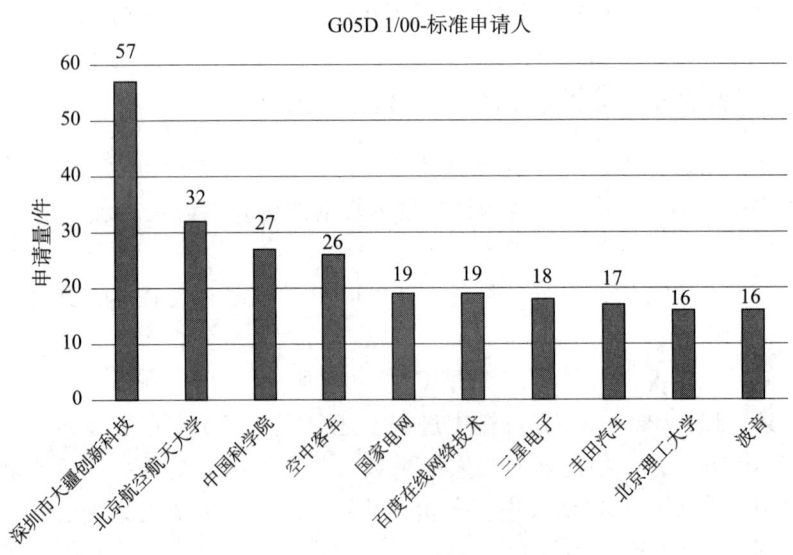

图 10-3-72　G05D 1/00 申请人分布

10.3.19 如何快速知晓目标申请人的专利技术布局重点

首先，以申请人（或标准化申请人）作为检索入口，得到该申请人的全部检索结果，然后针对检索结果，对分类号进行分类，统计各个分类号下的专利申请量，从而得到该申请人的专利布局重点。

例如，在 PSS 检索系统中，首先在高级检索界面检索申请人为戴森技术有限公司，数据范围选取全部数据库，针对检索得到的文献结果，将其全部导入分析库中，并从技术领域角度分析，点击技术领域构成分析，选择柱状图进行展示，如图 10-3-73 所示，即可得到戴森的技术主题情况。可以看出，戴森的专利申请主要分布在清洁技术领域，即分类号为 A47 下。

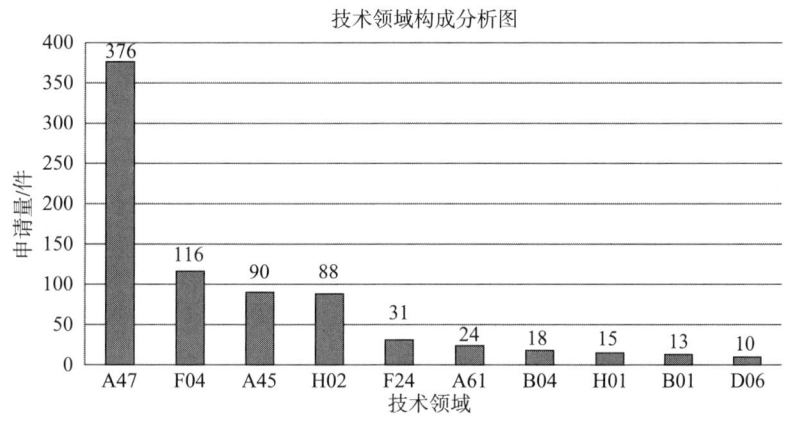

图 10-3-73　戴森的专利申请分布

还可以在 Patentics 系统中进行申请人布局重点分析，分析大疆的技术分布重点。首先，在远程客户端检索大疆的专利申请，数据范围选择所有数据库，将检索得到的数据导入分类器中，针对该节点数据，对技术进行分组，并绘制南丁格尔玫瑰图，如图 10-3-74 所示。可以看出，大疆的申请主要分布在有关飞行器和飞行装置中。

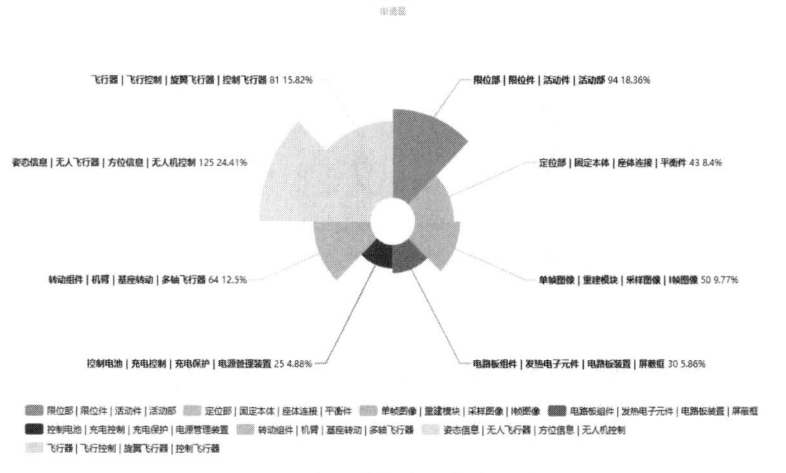

图 10-3-74　大疆的技术分布南丁格尔玫瑰图

10.3.20 如何查询目标省（区、市）的专利数量（申请和授权）

针对省（区、市）的专利数量检索，需要选择含有省（区、市）检索字段的检索数据库。例如，PSS 检索系统中，针对检索结果，可以利用过滤功能中的"申请人地址""申请人所在国（省）""申请人邮编"三个字段进行省（区、市）专利的过滤。

和 10.3.16 节的操作步骤相同，在 PSS 系统中，针对某一技术领域进行检索，例如在高级检索界面输入检索式"IPC 分类号=(G05B1/00)"，点击"检索"按钮得到检索结果，并按 10.3.16 节的图示步骤将检索结果导入分析库中。

在专利分析界面中，点击"中国专项分析-各省市专利申请量"分析，可以得到该检索结果下各省（区、市）申请量分布分析图。

此外，以 Patentics 系统为例，其具有省份检索字段 SF/、城市检索字段 CS/、地域检索字段 NS/、地址邮编检索字段 AS/，用户可以根据需要选择相应的检索字段入口，得到相应省市的专利数量。还可以通过法律状态字段进行限定，得到相应法律状态的专利数量。

例如，需要分析北京市，在 2018 年的专利法律状态。在远程客户端输入如下检索式：NS/北京市 AND APD/2018。

将检索结果导入分类器中，在该节点下点击右键，进入数据分析功能选择框，选择法律状态分组，系统自动将该检索结果进行法律状态分组，最后通过右键进入可视化选择功能框，选择柱状图，绘制该节点数据的法律状态分布图（参见图 10-3-75）。

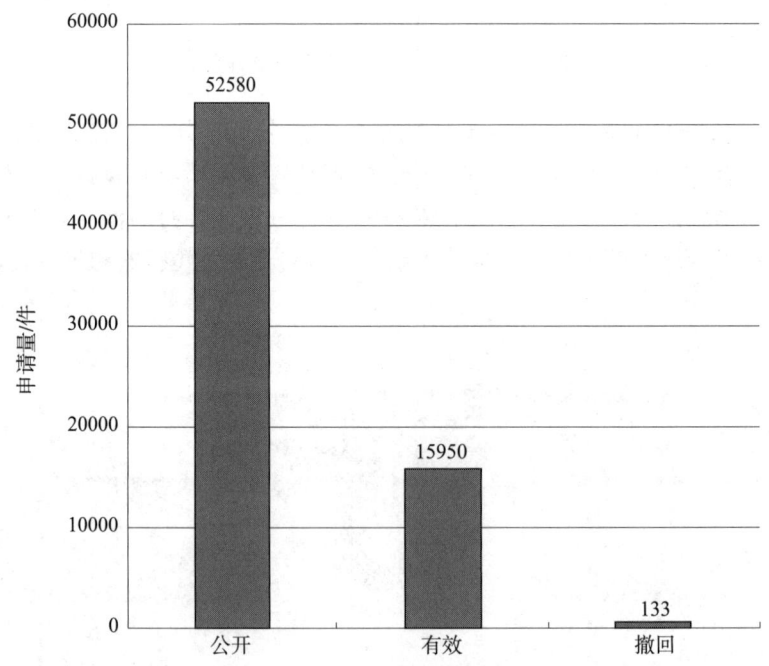

图 10-3-75　2018 年北京市专利法律状态分布图

10.3.21 如何了解目标技术领域的生命周期概况

技术生命周期是反映一项技术从开始到萌芽再到发展稳定或衰落的全时间链发展状况，在专利分析领域，一般用三个变量来表征，横轴为专利申请量，纵轴为专利申请人活跃数，将上述二维数据点按年份时间顺序绘制折线图，从而得到刻画专利技术生命周期的图表。

为得到上述图表，针对目标技术领域，需要采集并统计三个变量——年份、申请量、申请人活跃数，然后利用数据分析软件统计并绘制技术生命周期图。

在现有的专利检索和分析系统中，PSS 系统、Patentics 检索与分析客户端、Incopat 检索分析系统均可以基于检索的结果一键生成相应的技术生命周期图，读者可根据实际专利检索与分析需求进行选择使用。

例如，以 PSS 系统为例，介绍技术生命周期的具体分析步骤：进入高级检索界面，输入检索式"申请 (专利权) 人 = (清华大学) AND 优先权日 = 2010：2018"，检索清华大学在 2010～2018 年的专利申请，并将检索结果导入分析库，选择技术领域分析，点击技术生命周期分析按钮，生成技术生命周期图（参见图 10-3-76 和图 10-3-77）。

从技术生命周期图中，可以得出如下有关信息：

起步阶段：当根据统计数据并结合折线图中的趋势，发现"专利申请数量和申请人数量"都比较少时，表明此阶段技术尚处于实验开发阶段，并未商品化。

技术发展阶段：当根据统计数据并结合折线图中的趋势，发现"专利申请数量大幅提升，申请人亦增加"时，表明第一代商品问市，多为产品导向专利。

技术成熟阶段：当根据统计数据并结合折线图中的趋势，发现"专利数量继续增加，申请人数量维持不变"时，表明此阶段以占有市场为目的商品为主，以商品改良设计型专利为主。

技术衰退阶段：当根据统计数据并结合折线图中的趋势，发现"专利数量维持不变，申请人数量大大减少"时，表明此阶段经市场淘汰，仅少数优势企业生存，商品型态固定，小幅改良型专利为主，技术无进展。

技术再发展阶段：当根据统计数据并结合折线图中的趋势，发现"专利数量开始增加，申请人数量亦有所增长"时，表明此阶段通常有新的技术发展方向出现。

通常情况下，建议在技术的生命周期处于发展阶段时，可加大研发投入，处在技术衰退期应减少研发投入。

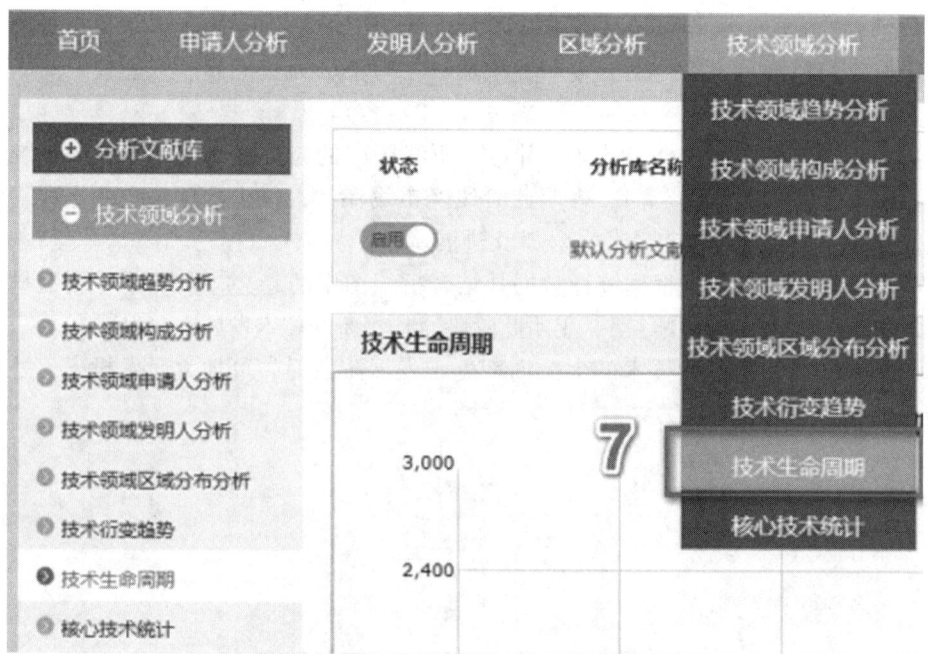

图 10-3-76 PSS 系统中技术生命周期的分析步骤

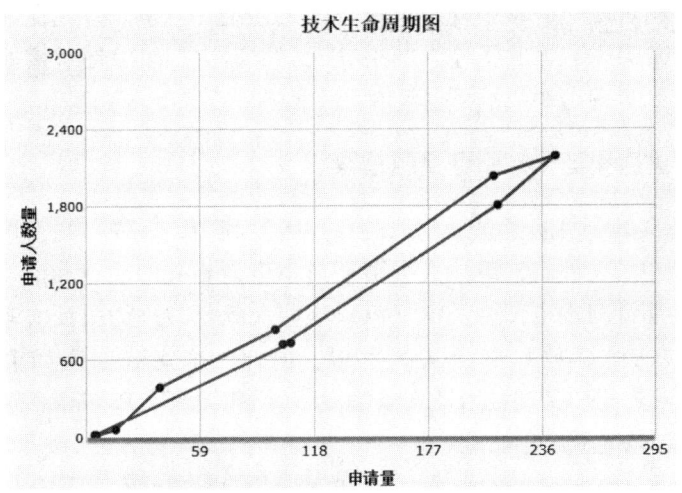

图 10 - 3 - 77　技术生命周期图

10.3.22　如何了解目标技术领域全球专利申请的情况

针对目标技术领域，选择该领域的分类号进行区分，利用分类号作为检索入口，选择全部数据库进行检索。针对检索结果，可以以国别作为统计分组的标准，得到该技术领域各国别下的专利申请量结果。

例如，在 PSS 系统中，针对目标技术领域下的分类号进行检索，检索式为"IPC 分类号 = G05B 1/02"，并将检索结果导入分析库中，然后选择区域分析，点击区域构成分析，系统将给出该分析库下专利国别统计结果，如图 10 - 3 - 78 所示。

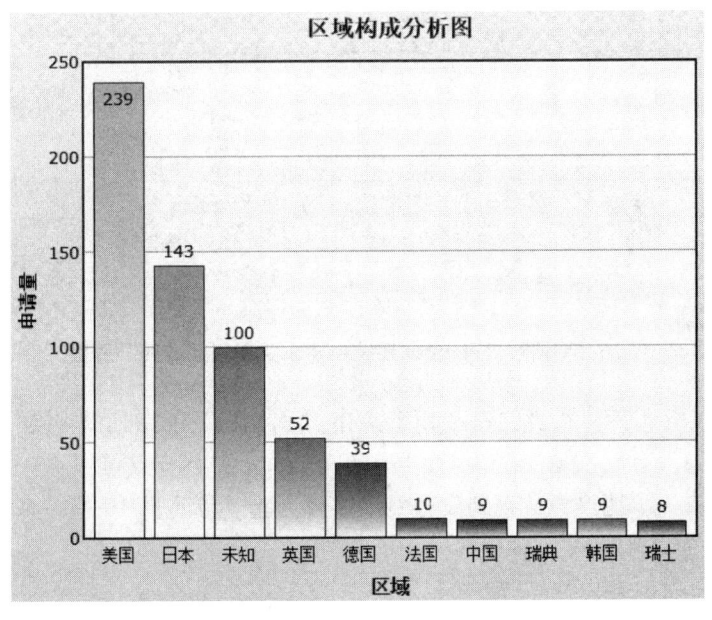

图 10 - 3 - 78　PSS 系统中目标技术领域专利国别统计结果

此外，在 Patentics 客户端中同样可以实现上述统计分析。首先在远程客户端输入检索式"ICL/G05D1/00"，并将检索结果导入分类器中，然后针对该检索结果对优先权国家进行分组，并对分组后的数据绘制世界地图。

10.3.23 如何进行引证和被引证文献检索

专利引证与文献引用的概念是相似的，是指专利中，一件专利引用其他专利的情况。在撰写专利申请文件时，申请人会引证与本申请相关的文献，审查员在检索报告和审查阶段也会引证与本申请相关的文献，这些文献都被称为引证文献。在很多数据库中，会将这些文献存放在引证文献字段。由此，这些数据库如 PSS、Espacenet、Patentics 等，就可进行引证和被引证文献检索。以下以 PSS、Patentics 为例进行介绍。

【方法1】在 PSS 系统中检索

步骤1：输入 pss-system.cnipa.gov.cn 进入专利检索数据库，需输入账号密码登录；

步骤2：选择热门工具之"引证/被引证查询"；

步骤3：输入专利公开号或申请号即可查询。

【方法2】在 Patentics 中检索

步骤1：进入 Patentics 的检索页面，检索到目标专利后，点击专利标题进入详情栏，选择"参考引用"，可以看到该专利引用的文献；

步骤2：点击"本文引用的专利"，可以查看被引用的专利文献（参见图 10-3-79）；

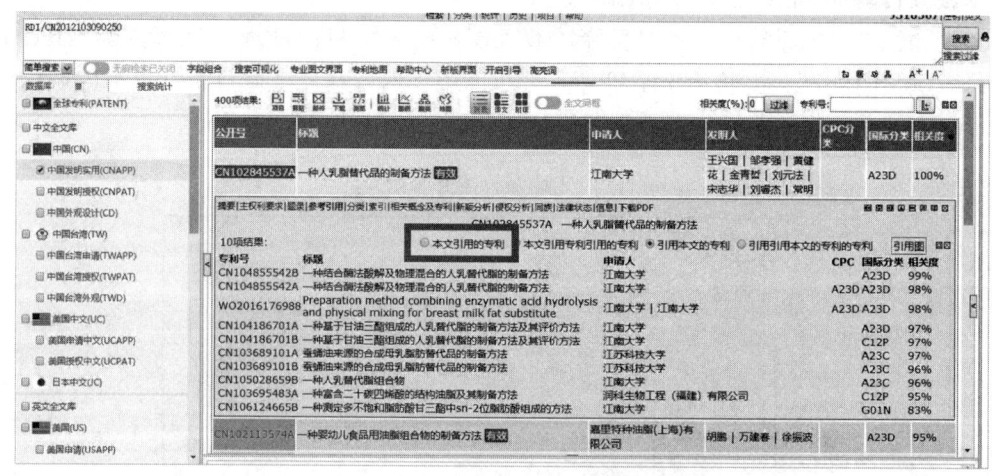

图 10-3-79　Patentics 系统中"本文引用的专利"界面

步骤3：在引证专利列表的右上角，点击"引用图"按钮，即可显示本专利的引证树。树形图中，有"实心节点"和"空心节点"，实心节点可以进一步向前，或者向后延伸，一步一步地追溯，直到没有引证文献为止（参见图 10-3-80）。

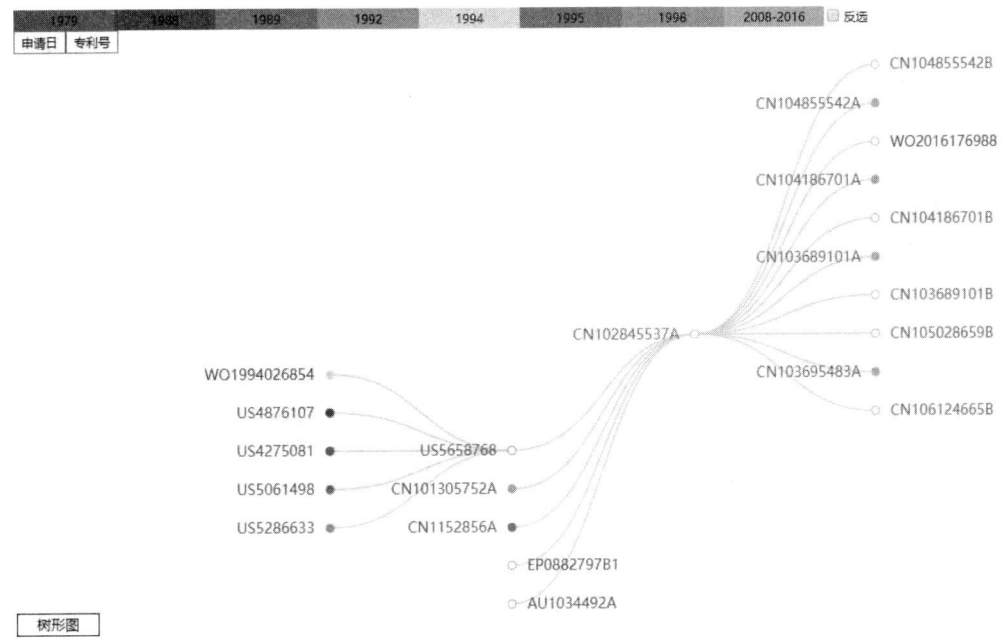

图 10-3-80　Patentics 系统中引用图界面

检索引证和被引证文献具体应用如下：

① 最基础的应用是通过引证和被引证文献可以进行追踪检索，获取对比文件；

② 如果一件专利被后来的专利引证的次数越多，说明该专利越重要，因此，通过被引证次数分析可以确定核心专利；

③通过一些检索系统的工具，例如上述 Patentics 的"引证树"工具，可以追溯该技术的产生和发展路线，获知技术发展趋势；

④ 通过引证和被引证分析还可以用于识别竞争对手、核心发明人等。

10.3.24　如何将中文关键词翻译成合适的外文检索词

通常在中文库完成检索后，需要到外文库进行同样的检索。此时，最经常遇到的问题是，如何将中文关键词翻译成对应的外文检索词。这有多种解决方案。

典型的做法是选择翻译网站或翻译软件进行翻译，例如百度翻译、谷歌翻译、金山词霸等。

然而，相对于普通的翻译，将中文关键词翻译成外文关键词，实际有更高的要求，即不仅仅是进行外文翻译，而是**要找这个中文关键词所代表的检索要素在外文数据库中的表达形式**。

这就涉及一些数据库的使用技巧，以"抗震建筑"这个中文检索词为例进行说明。

【**方法 1**】利用中文专利文献的英文同族。如果有中文专利文献涉及该中文关键词，那么可去寻找其外文同族，来找到其外文表达。这不仅仅适用于英文，也适用于其他语言。

【方法 2】非专利数据库 CNKI 提供翻译助手功能。

输入网址 http://dict.cnki.net/dict_result.aspx 进入 CNKI 翻译助手，直接输入"抗震建筑"，不仅可以进行翻译，还可以查询英文词汇使用频率及双语例句（参见图 10 - 3 - 81）。

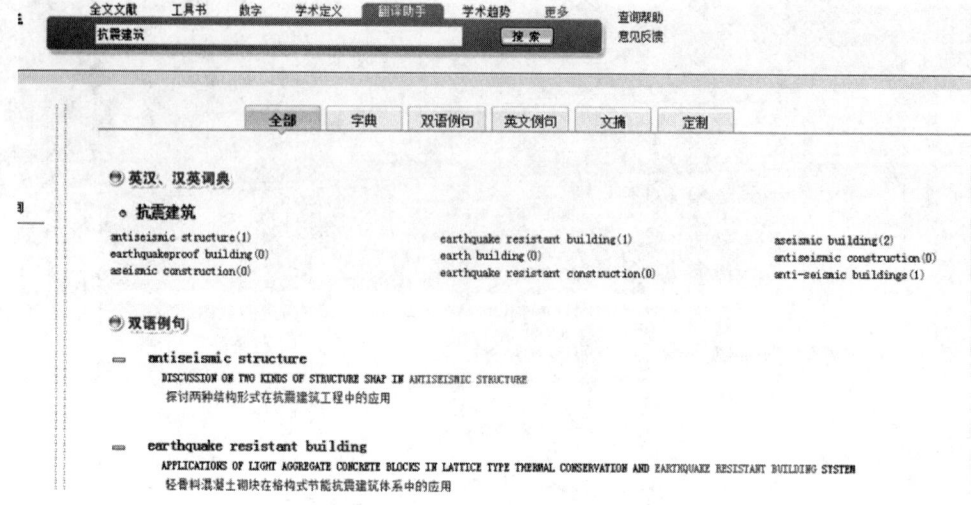

图 10 - 3 - 81　CNKI 的翻译助手界面

【方法 3】借助 PSS 系统中的中国专利的英文信息，来查找英文表达。

为了尽快找到结果，选择"发明名称"检索入口，输入"抗震建筑"进行检索。挨个点击文献查看其英文信息，例如在 CN108824670 的"详览"页面中，选择著录项目的英文按钮，即可看到该专利的英文信息（参见图 10 - 3 - 82）。

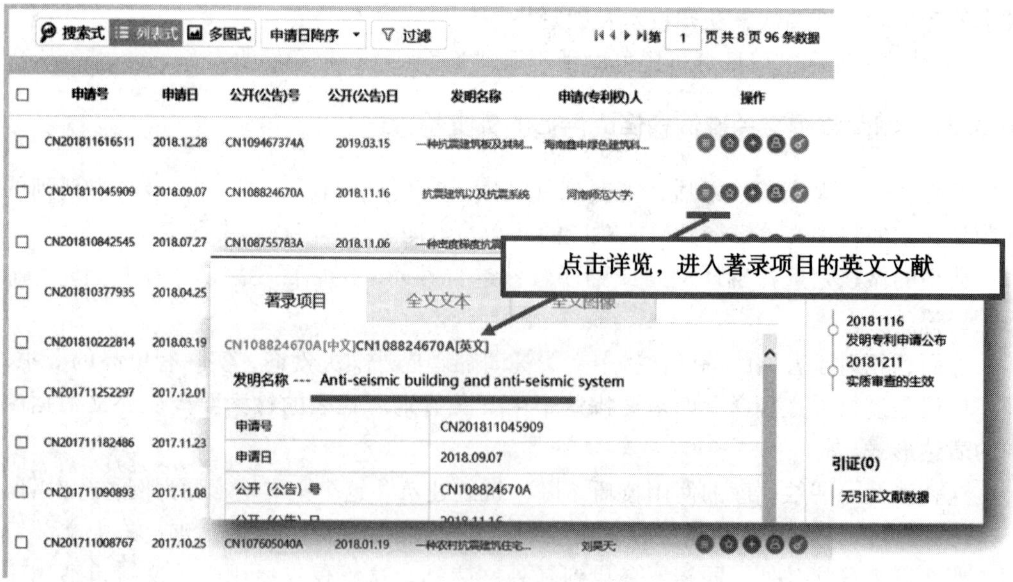

图 10 - 3 - 82　PSS 系统中查找英文表达

可以看出,"抗震"不仅可翻译成"anti-earthquake""earthquake proof"等,也可以翻译成"anti-seismic"。很明显,"anti-seismic"是更规范更专业的表达方式。

这种方法很好地利用PSS系统中很有价值的中文专利文献的英文翻译信息,可以很有效地找到中文关键词在外文专利库中的表达方式。

10.4 专利法律状态查询

10.4.1 如何查询中国专利申请的法律状态

一项专利被授予专利权之后,其法律状态的变更并不会体现在专利证书上,仅会记载在"专利登记簿"上。因此,如果想要得知这项专利即时、准确的法律状态,就可以请求国家知识产权局出具"专利登记簿副本"。"专利登记簿副本"包括:专利申请权,专利权的授予、转移,专利权的质押、保全及其解除,专利实施许可合同的备案,专利权的无效宣告、终止、恢复,专利实施的强制许可,专利权人姓名或者名称、国籍和地址的变更等内容。

目前,获得"专利登记簿副本"的方式有以下两种。

(1)在国家知识产权局、专利代办处办理。将由请求人签章的"办理文件副本请求书"交至国家知识产权局或者专利代办处,并缴纳专利文件副本证明费(30元/份),国家知识产权局将通过邮寄的方式将登记簿副本送达当事人,当事人也可以通过专利代办处面取。

"办理文件副本请求书"在国家知识产权局网站表格下载界面的"与专利申请相关"一栏(http://www.cnipa.gov.cn/bgxz/index.htm)中可以找到(参见图10-4-1)。

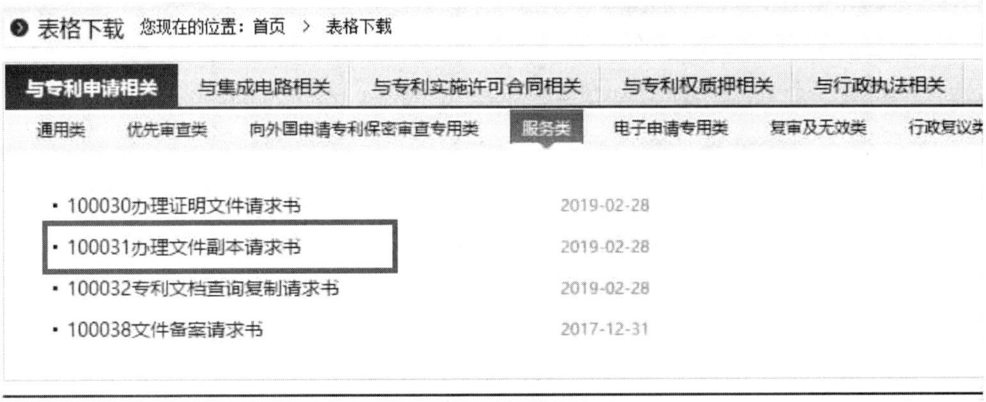

图10-4-1 "办理文件副本请求书"下载界面

国家知识产权局网站首页的底端列出各地专利代办处,具体地址可以点击相应的代办处查看(参见图10-4-2)。

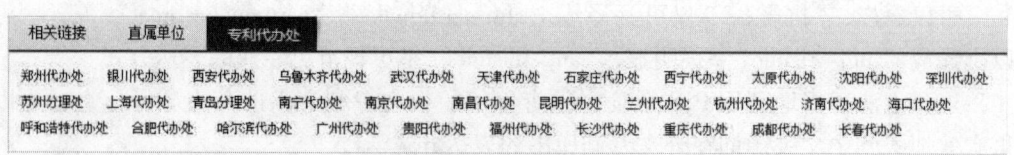

图 10-4-2　国家知识产权局网站的"专利代办处"界面

（2）通过专利事务服务系统（http://cpservice.cnipa.gov.cn）在线办理（参见图 10-4-3）。

图 10-4-3　专利事务服务系统在线办理界面

登录系统后，可以在线提交获取请求，同时需要缴纳相应的费用（30元/份），待请求数据和费用数据匹配成功后，即可获取"专利登记簿副本"。获取"专利登记簿副本"的流程如图 10-4-4 所示。

图 10-4-4　获取"专利登记簿副本"的流程

通过不同的渠道办理请求，需要的时间也大不相同。一般情况下，各流程对应的时间如表 10-4-1 所示。

表 10-4-1　获取请求的业务流程和处理时间

业务办理流程	业务系统处理时间
系统/窗口提交请求文件	当日或次日
邮寄	文件到达日 + 3 个工作日
网上缴费系统缴费	当日
窗口/汇付缴费	一般 3~7 个工作日
出具副本	数据匹配日 + 约 10 个工作日

提交申请有好几种渠道，缴费也有好几种渠道，要是读者比较着急拿到相关文件，怎么样是最快的呢？

建议通过"专利事务服务系统"提交请求文件，相关费用使用"中国专利电子申请网"网上缴费系统支付，这样业务办理时间可以最短。

10.4.2　如何查找目标申请的无效、复审、诉讼信息

第 4 章介绍的审查过程文档，一般均只公开实质审查程序的文档，其后的复审、无效乃至诉讼信息，一般通过另外的查询网站进行。

【方法 1】官方网站查询。专利复审和无效审理部提供可以查询专利复审无效信息的网站，中国裁判文书网可以查看专利的诉讼信息。

复审无效信息查找方法如下：

步骤 1：输入网址 http://reexam.cnipa.gov.cn，进入复审和无效审理部；

步骤 2：选择口审公告及决定查询；

步骤 3：输入申请号或发明名称等均可查询口审及复审决定。

诉讼信息查找方法如下。

步骤 1：输入网址 http://wenshu.court.gov.cn，进入中国裁判文书网；

步骤 2：选择高级检索之全文检索，输入申请号或发明名称即可查询诉讼信息。

同时，知识产权出版社的中国知识产权案件网也可提供查询服务。具体参见**附录 1 的第 1.5 节**。

【方法 2】

很多专利信息检索系统额外提供专利案件的无效、复审、诉讼信息检索入口。以合享智慧 IncoPat 为例：

步骤 1：进入网址：https://www.incopat.com，申请试用或购买后登录。直接在"简单搜索"中输入申请号或公开号。

步骤 2：点击结果中的专利文献标题，进入详情页面，在详情页面中即可看到专利

的诉讼、无效、复审信息（参见图10-4-5）。

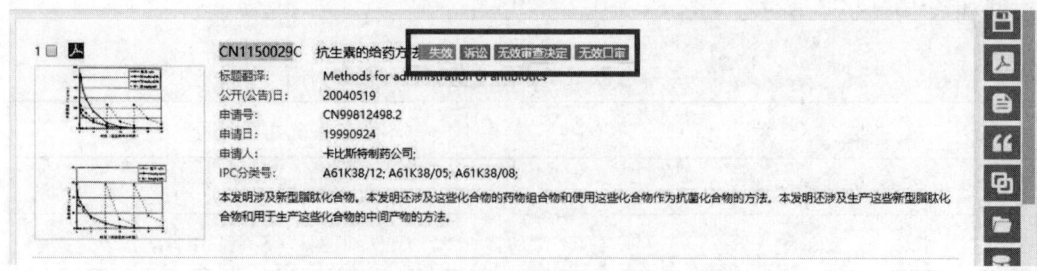

图10-4-5　CN1150029C的诉讼、无效、复审标记信息

步骤3：点击"诉讼""无效"或"复审"，即可查看详细信息，并可复制或下载（参见图10-4-6）。

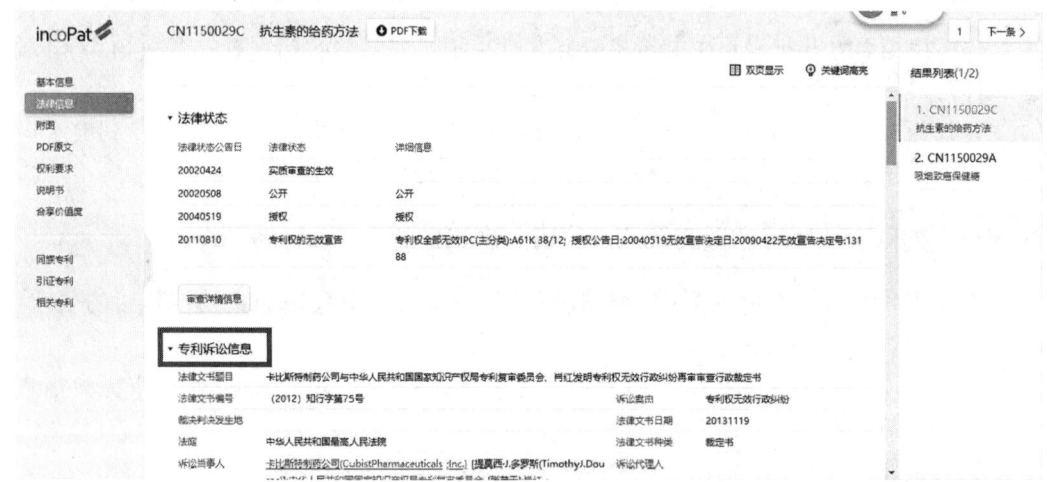

图10-4-6　CN1150029C的诉讼、无效、复审详细信息

10.5　其　他

10.5.1　特殊领域的检索：化合物的专利检索，生物序列的专利检索

术业有专攻。专业领域，需要有专业的检索手段。

（1）化合物结构式检索

一般地，仅通过关键词，可以利用截词符、临近算符，尝试对化合物的化学名、俗名、系统命名、分子式等进行扩展和表征，在常规检索系统中进行检索，往往也有不错的结果。

例如，在PSS系统中，可以通过算符、截词符的组合来描述目标化合物，如表10-5-1所示。

表 10-5-1 PSS 系统中化合物的检索式表达

目标化合物	检索式 1	检索式 2
亚硫酸盐 (Na_2SO_3/$NaHSO_3$/$CaSO_3$)	##?SO3	
七铝酸十二钙 ($7Al_2O_3 \cdot 12CaO$)	7Al2O3 1D 12CaO	
尿素 [$CO(NH_2)_2$]	CO 2W NH2 2W "2"	
$Ca_8La_2(VO_4)_6O_2$	Ca8La2 +	Ca8La2 2W + VO4 +
3-氯-2-甲基苯胺	甲基苯胺	(氯 OR Cl) 5D 甲基 5D 苯胺
$aBeF_2$-$bPbF_2$-$cZnF_2$-dP_2O_5 : Tm^{3+}	BeF2 S PbF2 S ZnF2 S P2O5 S Tm +	

但这样的检索式并不能说到位。很多文献并不记载分子式或化合物名称,往往仅用化合物结构式来直接图示。

因此,就需要更专业的检索系统进行化合物结构式的检索。

例如,知道化合物独有的 CAS 登记号,就可以使用 CAS(美国化学文摘社)的 STN 检索系统(www.stn.org)进行检索。PSS 系统的"药物检索"功能中也包含部分化合物的 CAS 登记号信息,也有一定的使用价值。

STN 检索系统不仅有权威全面的 CAS 登记号信息,其结构式检索功能才是其最有特色的部分。它具有相对较全的数据库和化合物标引数据,不仅能进行化合物(包括有机物、无机物和聚合物)的结构检索,也能进行马库什通式结构、化学反应方程式的检索。

此外,Thomson Reuters 公司开发的 ISI_Web of Knowledge 系统(apps.webofknowledge.com)中的 Derwent Innovatons Index 数据库也支持对化合物的结构检索。

(2)生物序列检索

一般无法在通用检索系统中进行,可直接选用专业数据库。生物序列检索常用的数据库有 GenBank、EMBL、DDBJ,这些都是免费数据库。

1)GenBank

GenBank 是由美国国家生物技术信息中心(NCBI)维护的开放存取的序列数据库。GenBank 中常用的检索工具为 blast(https://blast.ncbi.nlm.nih.gov/Blast.cgi),可以用于蛋白质检索的工具为 blastp,可以用于核酸检索的工具为 blastn,采用 blastx 检索工具可以输入核酸序列对蛋白数据进行检索。GenBank 用于核酸检索的子数据库有 nr/nt(非冗余核酸数据库)和 pat(专利核酸数据库),GenBank 用于蛋白质检索的子数据库有 nr(非冗余蛋白质数据库)和 pataa(专利蛋白质数据库)。由于上述子数据库包括的序列信息不同,不管是进行核酸检索还是蛋白质的检索,均需要检索两种常用的子数据库,即专利数据库和非专利数据库。

2) EMBL

EMBL 是欧洲生物信息研究所 (EBI) 开发的序列数据库, EMBL 目前提供的检索工具有 FASTA、NCBI BLAST + 和 PSI-BLAST 等,进入网址 https://www.ebi.ac.uk/Tools/sss,即可以点击上述工具进行蛋白质或核酸检索,使用方法与 GenBank 类似。需要注意的是,之前 EMBL 提供的检索序列常用工具 WU-BLAST 已经停止使用。

3) DDBJ

日本 DNA 数据库 DDBJ 是世界三大 DNA 数据库之一,进入网址 http://blast.ddbj.nig.ac.jp/blastn?lang=en,点击 blastp 和 blastn,进行蛋白质或核酸的检索,其使用方法与 GenBank 类似。

上述三种序列数据库是生物序列检索最为常用的数据库,三种数据库相互补充,一般均需要进行检索。其中,**GenBank 是生物序列检索的首选数据库,其运行速度较快**。但是,上述三种序列数据库适合长序列的检索,**在短序列检索上并不占优势,容易产生噪声**,这时需要求助于收费数据库 STN 检索系统 (www.stn.org) 进行短序列检索。此外,对于短序列检索,常用的百度、必应等搜索引擎也是不错的选择。

总的来说,化合物结构检索和生物序列检索的专业性都比较强,这些专业数据库也只针对专业人员,其均有完备的培训手册。

10.5.2 专利费用查询途径有哪些,如何进行缴费

(1) 费用查询途径及方法❶

【方法 1】电话查询

国家申请:缴费人可以通过电话进行 5 个 (含) 以下专利缴费信息的查询,查询电话:010 - 62356655 转 1 或 5,查询时应提供申请号或专利号。

PCT 国际申请国际阶段查询电话:010 - 62088476。

PCT 国际申请国家阶段查询电话:010 - 62088300。

注意:国防专利不在国家知识产权局缴纳费用,因此不提供查费服务。

【方法 2】网络查询

缴费人可以登录国家知识产权局政府网站 http://cpquery.cnipa.gov.cn,进入公众查询中的中国及多国专利审查信息查询 (参见图 10 - 5 - 1),查询应缴费用和已缴费用情况 (参见图 10 - 5 - 2)。

---

❶ 国家知识产权局. 专利申请指南——专利申请的费用 [DB/OL]. [2018 - 08 - 01]. http://www.cnipa.gov.cn/zhfwpt/zlsqzn_pt/zlsqdfy/index.htm.

图 10-5-1　国家知识产权局政府网站"案件信息查询"界面

图 10-5-2　国家知识产权局政府网站"费用信息"界面

【方法 3】现场查询

国家知识产权局专利局受理大厅及各代办处设有费用查询服务台,可为缴费人在缴费的当天,现场查询应缴费用种类、金额和缴费期限,缴费人需提供正确的专利号以供查询。**现场查询结果只在查询当日有效,所有经查询的费用清单都会加盖查询章及日期章。**

(2) 缴费方式

【方法 1】网上缴费

电子申请注册用户,可以通过登录中国专利电子申请网 (http://cponline.cnipa.gov.cn)(参见图 10-5-3),输入用户代码和密码,点击"登录对外服务",缴纳专利费用。其中,个人用户可使用银行卡支付方式,专利代理机构和企事业单位用户可以使用对公账户支付方式。网上缴费的对公账户及个人账户,可以选择在代办处自取收据。网上缴费的缴费日以网上缴费系统收到的银联在线支付平台反馈的实际支付时间所对应的日期来确定。

【方法 2】银行/邮局汇款转账

步骤 1:汇款至专利局或各代办处指定账户,在附言注明专利号等必要缴费信息。通过邮局汇款时还应当要求邮局工作人员录入完整通信地址,包括邮政编码。

图 10-5-3 中国专利电子申请网首页

步骤2：如因附言字数限制等无法在汇款时写明专利号等必要缴费信息，可于汇款当日或次日通过缴费信息网上补充及管理系统（http://fee.cnipa.gov.cn）、邮件、传真等方式补充完整缴费信息，以补充完整缴费信息日作为缴费日。

步骤3：获取通过挂号信方式寄出的收据。

国家知识产权局专利局银行汇付：

开户银行：中信银行北京知春路支行

户　　名：国家知识产权局专利局

账　　号：7111710182600166032

国家知识产权局专利局邮局汇付：

收款人姓名：国家知识产权局专利局收费处

商户客户号：110000860（可代替地址邮编）

地址、邮编：北京市海淀区蓟门桥西土城路6号（100088）

各专利代办处银行及邮局账户信息可登录 http://www.cnipa.gov.cn/zldbc 进行查询。

【方法3】专利局/专利代办处面交

步骤1：缴费当天登录缴费信息网上补充及管理系统（http://fee.cnipa.gov.cn）或当场填写缴费订单。

步骤2：持生成的缴费订单至专利局或各专利代办处收费窗口缴纳相应费用，以费用实际缴纳日作为缴费日。

步骤3：等待工作人员采集录入，生成收据。

步骤4：获取收据，完成缴费流程。

国家知识产权局提供上述三种缴费方式，其中**网上缴费电子化程度高，方便快捷**；银行或邮局汇款有时需通过传真和电子邮件补充缴费信息，人工进行传真和邮件的匹配，然后再手工采集缴费信息，耗费人力且容易出错；窗口面交需缴费人手动填写纸质缴费清单，缴费人实际等待较长。专利申请人可根据各缴费方法的特点和自身情况选择缴费方式。

（3）第三方查询及代缴服务

申请人也可以通过第三方进行专利费用的查询及缴费，但第三方一般都是收费的，例如申请人可以**付费注册**开通"专利宝"APP 的 VIP 会员，即可以免费查询、代缴专利年费，并提供年费代缴提醒服务，用手机即可完成支付。

10.5.3　如何查找专利代理机构

国家知识产权局和各级专利管理部门对专利代理机构和专利代理师进行管理和监督。因此国家知识产权局的官方网站提供专利代理机构查询、专利代理师查询等服务，具体页面为 dlgl. cnipa. gov. cn/index. jsp。这是代理机构和代理师信息来源的权威途径。

在这个专利代理管理系统中，可以查询代理机构和代理师，还可查到经营异常名录、严重违法名录等诸多信息（参见图 10 - 5 - 4）。

图 10 - 5 - 4　专利代理管理系统首页

例如，根据专利代理管理系统 2019 年 7 月的数据显示（参见表 10 - 5 - 2），全国共计 2394 个代理机构（未计台湾）。

表 10-5-2 2019 年 7 月专利代理管理系统数据（未计台湾）

省区市系统名称	机构数	省区市系统名称	机构数	省区市系统名称	机构数	省区市系统名称	机构数
北京	594	天津	41	河北	25	山西	15
内蒙古	3	辽宁	55	吉林	19	黑龙江	18
上海	152	江苏	194	浙江	129	安徽	58
福建	49	江西	28	山东	86	河南	79
湖北	60	湖南	55	广东	402	广西	24
海南	2	重庆	49	四川	102	贵州	17
云南	24	西藏	1	陕西	56	甘肃	7
青海	3	宁夏	4	新疆	6	澳门	0
国防	34	香港	3	合计	2394		

申请人可能还有进一步的需求，例如想看看目标领域有哪些业务量较大的代理机构，想了解比较擅长处理 PCT 申请的代理机构有哪些。也有一些商业网站提供这些方面的代理机构排名，例如知了网（www.izhiliao.com.cn）。

10.5.4 怎样加快审查进程

虽然并不是越快授权就越符合申请人利益，但部分申请人希望自己的发明专利申请能尽快得到授权。

那么怎样加快进程，尽快获得授权呢？

一份发明专利申请从提交申请到最后授权，要经过提出申请到初审公开、提交实审请求到审查员提案、发出通知书＆答复通知书到授权＆办理登记这三个阶段。

要加快审查进程，每个阶段都有各自的做法。

【方法 1】申请提前公开，缩短 18 个月的等待公开时间。

提交申请到初审公开，法定等待时间为 18 个月。而如果不想等待 18 个月，可在提交申请时，提交"发明专利请求提前公布声明"（参见图 10-5-5），这样可快速跳过 18 个月的等待期，迅速进入待提案状态。这是成本最低、见效最明显的方式。

同时，为了进一步缩短时间，建议以 XML 格式通过电子申请的方式提交申请文本。

发 明 专 利 请 求 提 前 公 布 声 明

请按照"注意事项"正确填写本表各栏 | 本框由国家知识产权局填写

① 专利申请	申请号		递交日
	发明创造名称		申请号条码
	申请人		挂号条码

②声明内容：

　　根据专利法第34条的规定，请求早日公布上述发明专利申请。

③申请人或专利代理机构签字或者盖章	④国家知识产权局处理意见
年　　月　　日	年　　月　　日

图 10－5－5　发明专利请求提前公布声明样表

【方法 2】 通过优先审查途径，缩短提案等待时间。

在提交实审请求后，待审查的申请案就会在提案池中等待审查员提案。审查员接收系统按序配送的待审案件。不同领域，等待提案时间是不同的，相差甚大。要想缩短提案等待时间，可通过优先审查途径进行。

《专利优先审查管理办法》规定，发明专利申请在 45 日内发出第一次审查意见通知书，并在 1 年内结案。优先审查途径不仅能大大缩短提案等待时间，也能有效控制实质审查时间。

请求优先审查的主体可以为专利申请人、无效宣告请求人或者专利权人、处理、审理涉案专利侵权纠纷的地方知识产权局、人民法院或者仲裁调解组织。

在提出实质审查请求、缴纳相应费用后具备开始实质审查的条件时，就可以请求优先审查。

优先审查的一般操作流程如下：

步骤1：核实要申请的专利是否属于《专利优先审查管理办法》规定的 6 种情况[即"专利申请优先审查请求书"样表第③项（参见图 10-5-6）]。

专利申请优先审查请求书		
请按照"注意事项"正确填写本表各栏		
② 专利申请信息	申请号	① 优先审查编号
	优先审查类型 □发明 □实用新型 □外观设计	
	优先审查请求人	国籍
	联系人	联系电话
	联系地址及邮编	
	是否存在同日申请 □是 □否	同日申请号
③ 请求优先审查理由	□涉及节能环保、新一代信息技术、生物、高端装备制造、新能源、新材料、新能源汽车、智能制造等国家重点发展产业。 □涉及各省级和设区的市级人民政府重点鼓励的产业。 □涉及互联网、大数据、云计算等领域且技术或者产品更新速度快。 □专利申请人已经做好实施准备或者已经开始实施，或者有证据证明他人正在实施其发明创造。 □就相同主题首次在中国提出专利申请又向其他国家或地区提出申请的该中国首次申请。 　　□PCT途径，国际申请号＿＿＿＿＿＿；□巴黎公约途径 □其他对国家利益或者公共利益具有重大意义需要优先审查。 □＿＿＿＿＿＿＿＿＿＿＿＿＿＿＿＿＿＿＿＿		
④ 优先审查请求人声明		
□优先审查请求人已认真阅读并同意遵守《专利优先审查管理办法》的各项规定。		

图 10-5-6 "专利申请优先审查请求书"样表

步骤2：收集现有技术或者现有设计信息材料。

步骤3：整理符合《专利优先审查管理办法》要求的相关证明文件。

步骤4：提交材料至当地知识产权办事处，一般是省级知识产权局负责审核并决定是否推荐。

步骤5：国家知识产权局通常自收到优先审查请求之日起**3～5个工作日向申请人发出是否同意**进行优先审查的审核意见。

【方法3】积极配合审查，缩短实质审查时间。

申请之前进行过充分的检索调查，撰写时精心布局，答复时有效沟通，修改到位，都能有效减少通知书次数，加快审查进程，快速获权。

记住审查员也和申请人一样，想又快又好地完成自己的工作。因此，在这个阶段，不仅应及时到位地答复审查意见通知书，也要积极与审查员沟通，例如电话沟通、会晤等，都会大大加快审查进程。

【方法4】通过知识产权保护中心，缩短全流程时间。

近年来，为了有效支撑重点产业发展，共同促进专利提质增效，全面实现快速协同保护，2016年国家知识产权局启动知识产权快速协同保护工作，依托地方共同建设知识产权保护中心，为创新主体、市场主体提供"一站式"知识产权综合服务。截至2019年4月，国家知识产权局已批复同意北京、浙江、深圳等23个地区建设知识产权保护中心，服务范围覆盖新一代信息技术、高端装备制造、生物医药等16个重点产业，提供快速预审、快速确权、快速维权、运营导航等相关服务。

保护中心途径是最快最高效的方式，远远快于常规申请。申请人可以查看本地的知识产权保护中心网站，直接咨询快速预审和快速确权服务。通过保护中心申请专利的一般流程如下：

步骤1：预审备案申请。

保护中心一般要求企事业单位具有一定资质，并首先需要按照要求进行备案后才能通过保护中心进行专利申请，各地管理办法有所差别，通常备案主体要求应为当地进行登记注册的企事业单位，备案主体的主要生产、研发和经营方向应与所在保护中心相同。备案申请通过后方可向保护中心提交专利申请预审请求。

图10-5-7为苏州市知识产权保护中心的备案申请表。

步骤2：申请人筛选预审案件。

申请人根据自身需求筛选合适的案件进行预审。需要注意的是，已经向国家知识产权局递交申请的案件一般无须在保护中心进行预审，以免造成资源浪费。

步骤3：申请人请求预审。

请求预审时，需按照保护中心的规定提交相关预审文件，向保护中心请求预审通过邮件或面交的形式进行，同时需要陈述案件请求预审的理由。

步骤4：保护中心进行预审

在预审阶段，如果预审员认为案件存在问题，会下发预审意见告知书，申请人需

苏州市知识产权保护中心
专利快速审查确权业务主体备案申请表

编号：

申请主体基本信息			
申请单位		法定代表人	
统一社会信用代码		单位规模(人数)	
涉及技术领域	□ 新材料　□ 生物制品		
注册/登记地址			
所属地区			
联系人姓名		联系人手机号	
单位办公电话		联系人电子邮箱	
单位类型（可多选）	□ 地方支柱企业（大型企业）　□ 高新技术企业 □ 专利密集型企业　□ 小微企业　□ 双创企业 □ 国有企业　□ 民营企业　□ 国防军工 □ 合资　□ 外资　□ 其他：........		
研发投入占上一年度营业额的比例(2018年度)		主要产品	

申请主体知识产权信息					
专利申请总量（件）	发明： 新型： 外观：	专利授权总量（件）	发明： 新型： 外观：	有效专利总量（件）	发明： 新型： 外观：
内部知识产权管理机构名称			知识产权管理专职人员数量		
负责人姓名		联系电话			

申请主体知识产权运用与保护情况		
专利质押融资数量（件）\融资金额（万元）	专利许可数量(件)	上一年度知识产权经费投入（万元）

申请主体知识产权意识与管理			
是否通过贯标绩效评价或认证		是否承担省企业专利战略推进计划项目	
是否属于只送合吃示范企业或者优势企业		是否承担省高价值专利培育计划项目	

图 10－5－7　苏州市知识产权保护中心的备案申请表

要对意见告知书进行书面答复，在书面答复前申请人也可与预审员进行电话沟通。

需要注意的是，预审是帮助申请人完善申请文件，提高专利的撰写质量，并不代表实质审查的意见，是否授予专利权仍然以实质审查为准。

步骤5：申请人向国家知识产权局递交申请。

在保护中心通过预审后，即可将预审通过后的案件正式向国家知识产权局递交，递交前需要先让专利代理机构制作 XML 格式的递交文件。

申请人在完成缴费后，需及时将申请号以及缴费情况告知保护中心，保护中心工作人员则会在内部系统中对该申请号案件进行加快标记，后续初审、公布、实审等环节将根据加快标记进行加快处理，这就意味着专利的审查真正进入快速通道。

【方法5】 PPH 途径

当在海外的专利申请希望得到加快审查时，便可考虑使用专利审查高速路（Patent Prosecution Highway，PPH）。PPH 具体是指当申请人在首次申请受理局提交的专利申请中包含一项或多项权利要求被确定为可授权时，便可以此为基础向后续申请受理局提出加快审查请求。同时，PPH 途径还可节省费用。

申请人可以向专利局受理处提出 PPH 请求（样表如图 10－5－8 所示），地方代办处不受理 PPH 请求。申请人可通过电子方式向专利局受理处提出 PPH 请求，应当通过中国专利电子申请系统客户端提交请求文件。申请人提出 PPH 请求，不需要缴纳 PPH 请求费。

参与专利审查高速路（PPH）试点项目请求表

A. 著录数据		
申请号		

B. 请求

申请人请求参与专利审查高速路（PPH）试点项目基于：

在先审查局 (OEE)		
OEE 工作结果类型	□ 国家/地区的审查意见	
	□ WO-ISA，WO-IPEA 或 IPER	
OEE 申请号		
本申请与 OEE 申请的关系		

C. 文件提交

第 I 栏　OEE 工作结果及其所需译文
1.　□ 提交了 OEE 工作结果的副本
□ 请求通过案卷访问系统或 PATENTSCOPE 获取上述文件
2.　□ 提交了 1 之所述文件的译文
□ 请求通过案卷访问系统或 PATENTSCOPE 获取上述文件
第 II 栏　OEE 认定为可授权的所有权利要求的副本及其所需译文
3.　□ 提交了 OEE 认定为可授权的所有权利要求的副本
□ 请求通过案卷访问系统或 PATENTSCOPE 获取上述文件
4.　□ 提交了 3 之所述文件的译文
□ 请求通过案卷访问系统或 PATENTSCOPE 获取上述文件
第 III 栏　OEE 工作结果引用的文件
5.　□ 提交了 OEE 工作结果引用的所有文件的副本（专利文献除外）
□ 无引用文件
第 IV 栏　已提交文件
6.　□ 若上述某些文件已经提交，请予说明：
申请人于__年__月__日在 CN_____中提交了_____文件

D. 权利要求对应性

□ 本申请的所有权利要求与 OEE 申请中可授权的权利要求充分对应
□ 在下表中解释权利要求对应性

本申请的权利要求	对应的 OEE 权利要求	关于对应性的解释

(a) 第 1 页

图 10-5-8　PPH 试点项目请求表

E. **说明事项**

1. OEE 工作结果的副本名称如下：

   a. OEE 申请_____；

   1) 由__于__年__月__日作出的_____

   2) 由__于__年__月__日作出的_____

2. OEE 工作结果引用的文件的副本名称如下：

   1) _____

   2) _____

3. **特殊项的解释说明：**

申请人或其代理人	日期

(b) 第 2 页

图 10 - 5 - 8 PPH 试点项目请求表（续）

10.5.5 提出优先审查请求需要提交哪些材料

应当提交**优先审查请求书、现有技术或者现有设计信息材料和相关证明文件**。

对于优先审查请求书，除"就相同主题首次在中国提出专利申请又向其他国家或者地区提出申请的该中国首次申请"的情形外，优先审查请求书应当由国务院相关部门或者省级知识产权局签署推荐意见。国务院相关部门是指国家科技、经济、产业主管部门，以及国家知识产权战略部际协调成员单位。有同日申请的，还需要在请求书中提供相对应的同日申请的申请号。目前，优先审查请求书以及相关证明文件都需要**提交纸件原件**。

对于现有技术或者现有设计信息材料，申请人应重点提交与发明或者实用新型专利申请最接近的现有技术文件或与外观设计专利申请最接近的现有设计信息。有能力的申请人，**可以在中国国家知识产权局提供的公共检索平台上进行全面检索**。对于专利文献，可以只提供专利文献号和公开日期，对于非专利文献，例如期刊或书籍，建议提供全文或相关页。

相关证明文件，是指证明该专利申请符合《专利优先审查管理办法》第三条所列优先审查情形的必要的证明文件。对于第三条第四项已经做好实施准备或者已经开始实施以及存在他人潜在侵权的情形，申请人需要提交相关证据。证明已经做好实施准备，可以提供产品照片、产品目录、产品手册等；证明已经开始实施或者存在潜在侵权，可以提供产品交易或销售证明，例如买卖合同、产品供应协议、采购发票等。对于第三条第五项向外申请的情形，如果是通过 PCT 途径向其他国家或地区提出申请，仅在优先审查请求书中说明即可；如果是通过《巴黎公约》途径向外申请，则需要提交对应国家或地区专利审查机构的受理通知书。

第 11 章 专利电子申请系统

经过前面几章的介绍，想必读者已经对专利检索的基础知识了然于心，也应该已经掌握技术主题检索、查新检索以及侵权无效检索等检索方式的窍门。

是不是已经对自己的发明进行查新检索，大致了解手中技术的价值？应该可以向专利局提出专利申请吧？那接下来，我们就一起来看一下专利申请的相关知识。

目前，申请专利主要可以通过两种途径：一种是纸件申请，就是将专利申请文本与相关材料以纸件的方式递交到专利局或者代办处相关窗口；另一种是电子申请，就是通过专利局的电子申请系统提交电子形式的文件。

哪一种方式更为简便高效呢？毫无疑问，就是电子申请方式。

截至 2018 年底，中国国家知识产权局有 97% 以上的新申请都是采用电子申请提出的，并且这个比例还在继续增加中❶，专利电子申请已被广泛接受，成为主流申请途径。

可以说，使用好电子申请系统是有专利申请需求的科研人员以及需要与流程打交道的代理人、申请人的一项必备技能。为了方便用户掌握电子申请系统的基本操作，电子申请网站上提供详细的操作手册，指导用户进行电子申请网站和客户端的安装和使用。电子申请系统基本使用流程如图 11-1 所示。

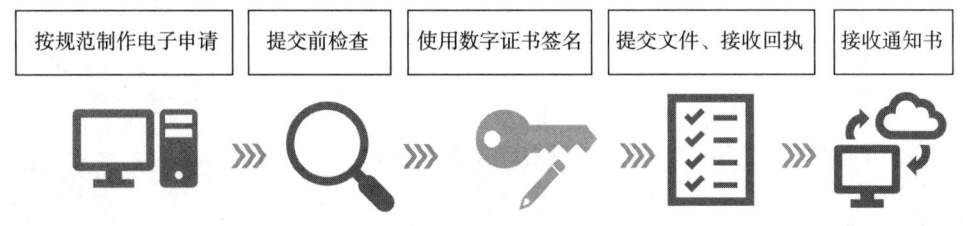

图 11-1 电子申请系统基本使用流程

不过在实际使用过程中，很多人还是会受惑于电子申请系统中各种各样的问题，也有许多值得注意的操作小细节和使用小技巧。

为了让读者驾轻就熟地操作电子申请系统，本章将按照电子申请系统使用过程中的主要操作步骤，从电子申请系统的受理范围、CPC 客户端与在线平台这两种办理方式的特色、不同格式文件的处理流程和要求、数字证书的注销与更新等方面，为读者详细挖掘高效使用电子申请系统的小秘招。

---

❶ 电子申请实务 [EB/OL]. http://cnipa.gensee.com/training/site/v/11686274. 20190524.

11.1 使用电子申请的条件

使用电子申请系统之前,首先要了解能不能使用电子申请,例如,成为电子申请用户需要哪些条件?想要申请的专利类型是否符合电子申请系统的类型要求?

目前,电子申请系统的受理范围共有三大类:

① 发明、实用新型和外观设计专利申请;

② 进入国家阶段的国际申请;

③ 复审和无效宣告请求。

可以看出,以上三类基本囊括平时经常遇到的请求类型。需要注意,如果认为申请的专利需要按照**保密**专利申请进行处理,则**不得通过电子申请系统提交申请**。

那么,如果一开始并没有使用电子申请系统提交申请,后续能转换成电子申请吗?答案是肯定的。

只要是电子申请系统的用户,就可以通过电子形式提出纸件的转换请求。但是,如果一开始使用电子申请系统提交申请,这件申请的后续手续就都需要通过电子申请系统处理,因此**纸件和电子申请之间的转换关系是单向的**。

知识拓展——正式用户 VS 临时用户

电子申请网站对于不同类型用户的注册要求是不同的。

个人用户使用身份证注册后,会直接成为正式用户。但是因为并不是所有人都有身份证号,例如军官是没有身份证号的,因此也允许使用军官证、护照等证件进行注册,此时仅仅是临时用户。

对于法人注册,自 2019 年 4 月系统升级后,废除了以往"统一社会信用代码"和"组织机构代码"二选一的规定,统一要求使用"统一社会信用代码"注册,否则也只能注册成为临时用户。

以上两种情况注册为临时用户后,会获得一个一般以 LS 开头的用户账号,需要在 15 天内邮寄注册材料(包括临时用户账号+个人用户的签名或签章的身份证明文件/法人用户加盖公章的企业营业执照)至专利局办理正式注册手续,专利局在收到材料的 3 个工作日内会进行处理,而后将纸件的审批结果邮寄给申请的用户。

11.2 客户端 VS 在线平台

提交电子申请的第一步是选择一个合适的提交途径。电子申请系统可以提供**两种处理电子申请的途径,第一种是电子申请客户端**(简称"客户端"),**第二种是电子申请网站上的在线电子申请平台**(简称"在线平台")。那这两种途径各自有什么特点呢?

(1) 共同点

不论是客户端还是在线平台，都能够实现新申请的制作、文件的接收和发送等操作。并且，两者对于运行环境的要求也相同：操作系统均推荐使用 Windows XP、Windows 7、Windows 8，浏览器推荐使用 IE8、IE9、IE10，文档编辑软件为 Office 2003、Office 2007。

当然，**如果不按照推荐的要求选择操作系统、浏览器**，客户端和在线平台也是可以使用的，但是**稳定性肯定就大打折扣，程序的更新也可能出现问题**。

(2) 不同点

除了上述共同点之外，客户端和在线平台之间也有很多不同之处，如表 11-2-1 所示。

表 11-2-1 客户端和在线平台的区别

类型	客户端	在线平台
操作便捷性	可离线操作，仅提交/下载文件时需联网	需在线处理，可以实现信息推送和实时校验
使用前准备	注册、下载、安装证书	需要设置信任站点
界面样式	树形，表格式	模块化、项目式页面
缴费		可在线缴费
收藏项目	可以收藏代理机构	不需要保存代理机构、自动识别登录人身份
账户管理		可以设置子账户

① 客户端是一款**可离线操作的客户端**，可以在离线的环境下编辑文件，当需要进行数据交互操作时再连接网络。**在线平台则需要一直在线，不能离线操作**。由于在线提交，在线平台的信息反馈更为及时，可以对填写的格式等进行实时校验。

② 客户端在文件提交时需要调用数字证书签名，但是在线平台没有调用证书这一项操作，如果想要在在线平台上办理涉及需要调用数字证书的手续，则应在平台登录界面切换到证书登录界面重新登录。

图 11-2-1 在线平台登录界面

③ 在线平台支持上传文件，可以将需要的文件预先上传，方便后续调用、直接编辑，但是客户端是没有这个功能的。此外，**在线平台还有缴费功能**，在提交新申请后，在线平台会自动计算需要缴纳的各项费用，并可以在在线平台上缴费（参见图 11-2-2），这个功能客户端也是不能实现的。对于各项收费的计算方式和依据，本书附录 4 将详细介绍。

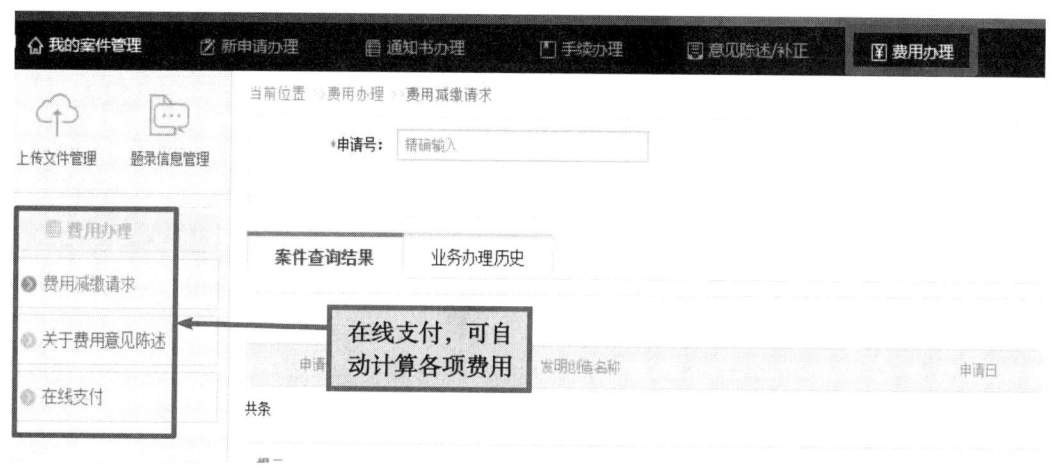

图 11-2-2　在线平台的缴费项目

④ 在在线平台上办理新申请，只要提交之后，即刻能够获得回执，从而获得申请号。而如果采用客户端提交，获得的回执是没有申请号的，获得申请号的时间依赖于受理通知书下发的时间。因此**使用在线平台提交新申请是目前最快的获得申请号的方式**。

通过比较，不难发现，在线平台不论在使用界面的舒适性方面还是功能的丰富性方面，都比离线客户端有较为明显的优势，而客户端也有着在线平台无法实现的离线操作性。建议读者在使用过程中结合实际需求合理选择，充分发挥两种途径的不同优势，提高操作效率。

另外，**在线平台和客户端之间的转换也是单向性的**。如果前期使用客户端处理电子申请，那么，后续就可以将这些文件转换到在线平台上。但是转换到在线平台之后的电子申请或者一开始就采用在线平台处理的电子申请，则不能再转换回客户端进行处理。

下面以在客户端上提交新申请为例，简要说明使用电子申请系统的基本操作方式。

第一步：选择新申请类型。

想要提交一件新的申请，首先要选择申请的类型。

双击打开客户端，在界面的左上角可以看到申请专利、PCT 申请、复审无效、答复补正等选项。点击"申请专利"选项，并从其下拉菜单中选择需要申请的类型。以发明专利为例，点击"发明专利"，界面将弹出电子申请编辑器（参见图 11-2-3）。

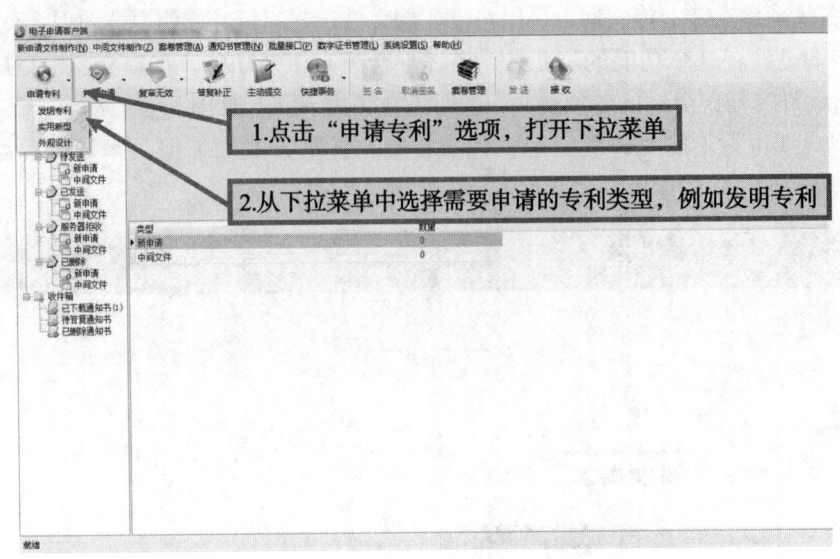

图 11-2-3　客户端"选择新申请类型"界面

第二步：填写电子材料。

选定需要的申请类型之后，就可以填写电子材料。

弹出的电子申请编辑器界面的左侧，分为"文档"和"附加文档"上下两栏。"文档"栏中包含请求书及权利要求书、说明书等申请文本的相关内容。"附加文档"栏中则包含与申请相关的其他文件，如实质审查请求书、专利代理委托书等。

点击"文档"栏中的相应项目之后，界面的右侧将会弹出编辑栏。在编辑栏中填写好相应内容，点击保存，该项内容即保存成功。客户端提供两种填写方式，用户既可以在编辑栏中直接编辑，也可以将整理好的文本直接粘贴至相应位置（参见图 11-2-4）。

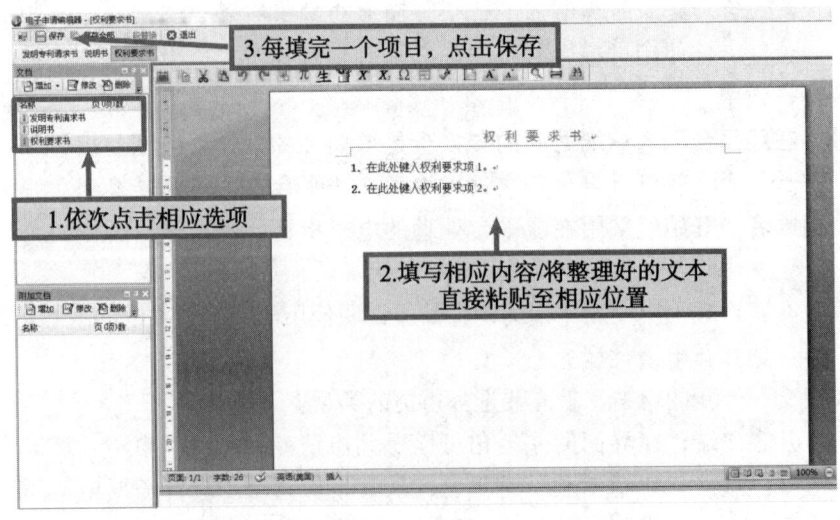

图 11-2-4　客户端"电子材料"填写界面

"文档"栏预先给出的是请求书、权利要求书和说明书三个项目。一般来说,仅这三个项目是不足以满足要求的。如果用户还需要增加其他文档,如说明书摘要、说明书附图,则可点击"文档"栏中的"增加"按钮,在弹出的对话框中选择需要增加的项目,此时在"文档"栏中即可显示新增项目。如用户需要增加附加文件,则可以在下方的"附加文档"一栏中点击添加,并进一步完善相应内容。

待所有电子材料均填写完毕,用户即可点击"保存全部"按钮并点击"退出",退出电子申请编辑器(参见图11-2-5)。

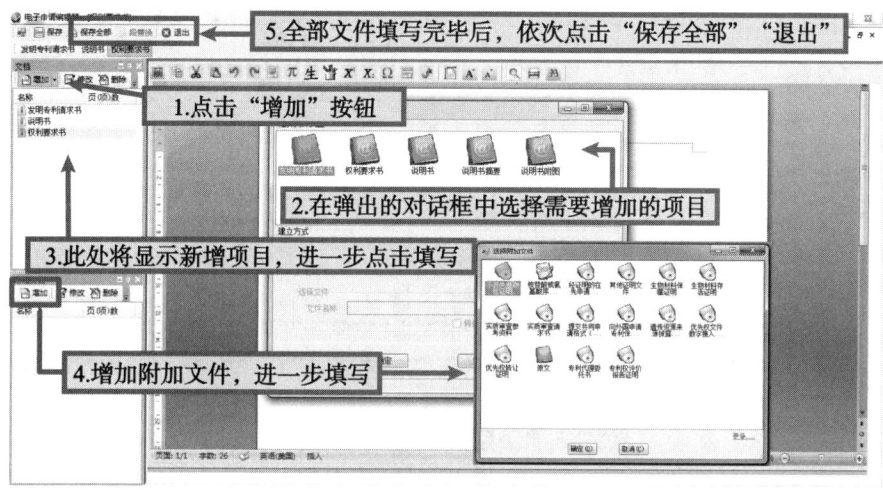

图11-2-5 电子材料填写、保存操作步骤

第三步:签名。

生成完整的电子材料后,还需要对该申请进行签名。

退出电子申请编辑器回到客户端的主界面,点击"草稿箱"中的"新申请",界面右侧空白处即可看到用户刚刚填写完成的申请文件。选中该文件,并点击界面上方的"签名",即可对文件进行签名(参见图11-2-6)。

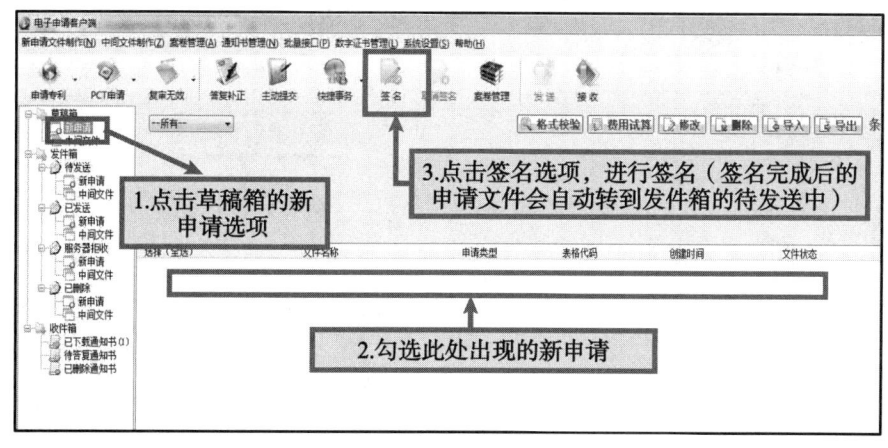

图11-2-6 电子材料签名操作步骤

签名完成后,申请文件会自动转到"发件箱"的"待发送"中。

第四步:发送。

文件完成签名后就可以发送了。

点击"待发送"中的"新申请"选项,在界面的右侧空白处即可看到完成签名的文件。

勾选该文件并点击界面上方的"发送",即完成文件的发送过程(参见图11-2-7)。

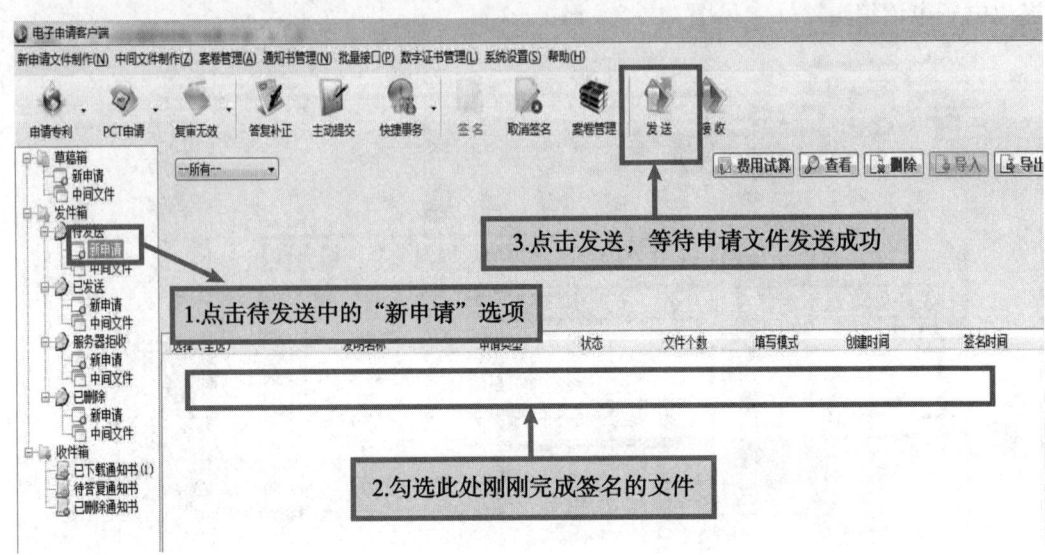

图11-2-7 电子材料的发送操作步骤

第五步:接收回执。

在发送成功之后,可以点击客户端主界面上方的"接收"按钮,收取国家知识产权局发出的回执(参见图11-2-8)。

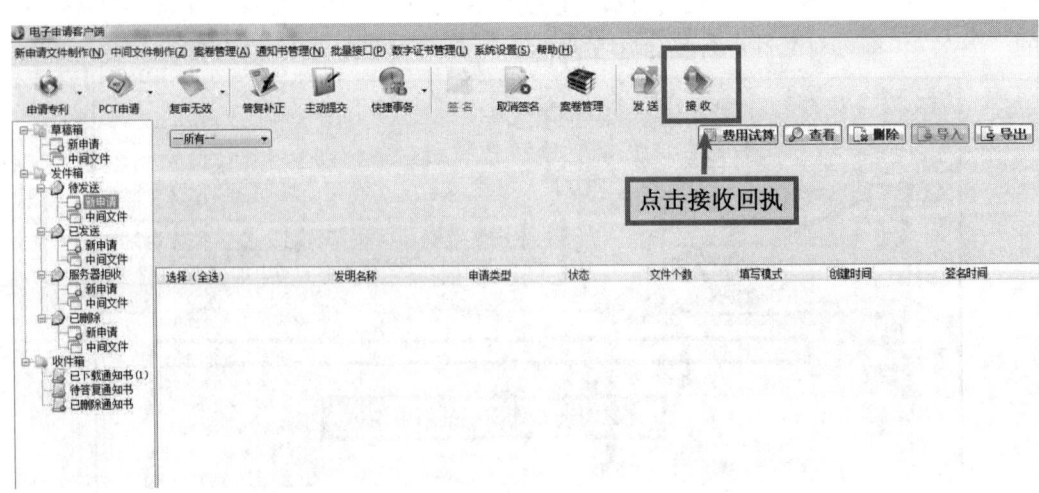

图11-2-8 电子材料"接收回执"操作方法

知识拓展——PCT 电子申请的不同办理途径比较

对于 PCT 申请，也可以采用电子申请办理。PCT 电子申请也有多种办理途径，如在线平台、CEPCT 客户端以及 PCT-SAFE。PCT 在线平台和 CEPCT 客户端的运行原理、使用方式与中国专利电子申请的在线平台、CPC 客户端有很多相似之处。不同方式办理 PCT 电子申请的比较如表 11-2-2 所示。❶

表 11-2-2 PCT 电子申请的不同办理途径比较

业务类型	在线平台	CEPCT 客户端	PCT-SAFE
要求数字证书	CPC 证书	CPC 证书	WIPO 证书
提交新申请	√	√	√
提交中间文件	√	√	×
在线支付	提交界面直接跳转	提交界面直接跳转	自行登录网上支付平台
接收电子通知书	√	√	×
查询审查状态	√	×	×
期限查询	√	√	×
案件授权管理	√	×	×

11.3 不同格式文件的特点

制作的电子文件需要满足电子申请系统的要求。目前，电子申请系统对于**发明、实用新型专利申请以及外观设计都允许以 XML 形式提交文件**。

XML 是一种标记电子文件的标记语言，广泛应用在全世界多个国家或地区专利局的电子申请系统中。

另外，考虑到用户实际使用的需要，国家知识产权局也提供**发明和实用新型申请的 Word 和 PDF 格式文件的导入操作，但是外观设计只能接收 XML 格式文件**。

---

❶ CEPCT 电子申请系统概述 [EB/OL]. http://www.pctonline.cnipa.gov.cn/index.do? type = detail&id = 10006000. 20150722.

11.3.1 不同格式文件的时间成本

采用 XML 格式的文件与导入 Word 和 PDF 格式的文件在后续处理过程中所花费的时间相差很大。

以 Word 和 PDF 格式导入的文件,其在系统中会自动转化为图片格式。

由于无法自动提取信息,需要依靠人工受理审核,因此处理时间受人工工作时间的限制,如果遇到节假日或者其他原因,时间成本更将大大增加。

人工审核通过后,还需要出版社进行代码化加工。

因此,采用这种方式至少需要 5~7 个工作日才可以进入审查。具体流程如图 11-3-1 中所示。

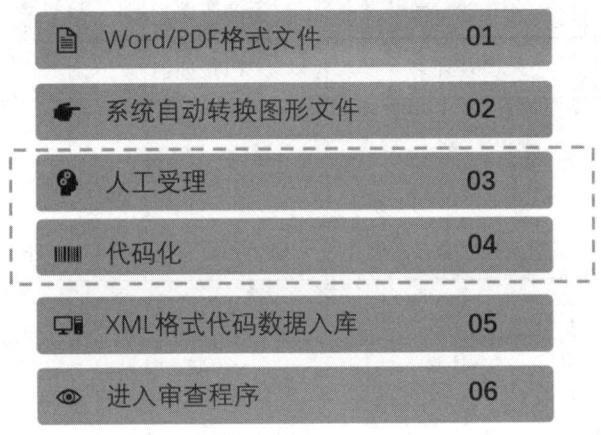

图 11-3-1　Word/PDF 格式文件的处理流程

XML 格式的文件是直接通过系统受理的,也不需要代码化加工,即图 11-3-1 中虚线框标记的两项最花时间、最不可预期的处理项目——人工受理和代码化,XML 格式的文件都是不需要的,从而可以大大缩短处理流程和时间成本,一般一小时左右就可以进入审查程序。

因此,如果条件允许的话,推荐使用 XML 格式的文件。

知识拓展——PCT 电子申请不同文件格式

对于中国专利电子申请来说,权利要求书、说明书、说明书附图、摘要、摘要附图、说明书核苷酸或氨基酸序列表都可以使用 XML 格式或者 Word/PDF 格式。

对于 PCT 电子申请,除了格式转换前对文件格式不做限制外,申请体文件、电子序列表和其他文件都需要使用规定的格式,具体要求可以参见表 11-3-1。

申请体文件的不同格式还会涉及不同的费用减免,使用 XML 格式比 PDF 格式能多减 100 瑞士法郎。

表 11-3-1 PCT 电子申请的文件格式

文件类型	格式
申请体文件	XML 格式（费减 300 瑞士法郎） PDF 格式（费减 200 瑞士法郎）
电子序列表	APP 格式 TXT 格式
格式转换前文件	不限制
其他文件	PDF 格式

11.3.2 不同格式文件的特殊要求

当在电子申请系统中选择新建 XML 格式文件时，可以直接将编辑好的文字粘贴进去，系统会自动规范格式。

除了文字之外，很多申请文件还需要提交附图。系统对于 XML 格式的附图有特殊的格式要求：

① 图片格式应为 JPG、TIF 两种格式；

② 外观设计图片或照片大小不应超过 150mm×220mm，其他图片大小不应超过 165mm×245mm；

③ 图片或照片分辨率应为 72~300 DPI。

当选择采用 Word 或 PDF 格式导入时，需要格外注意文件中是否设置特殊格式。**如果文件本身设置有特殊格式，很可能会造成最终导入系统后文件空白或者乱码。**

根据专利电子申请系统的使用规范要求：

① MS-Word 格式文件不应设置密码保护、文档保护功能；

② PDF 格式文件应具有打印权限，不应设置加密功能；

③ MS-Word、PDF 格式文件中不应含有域、水印、宏命令、嵌入对象、超链接、控件、批注、修订模式等。

所以，推荐读者**在导入文件之前，先将原始文件在 Word 中清除格式**，保证文件中只含有基础文本和图片，再导入。

11.4 不可或缺的数字证书更新与注销

数字证书是保证传输的机密性、有效性、完整性以及验证、识别用户身份的可靠工具。

在电子申请系统的数字证书管理界面，除了下载和查看这两个常用功能之外，还提供"数字证书更新""注销数字证书"这两个选项（参见图 11-4-1）。

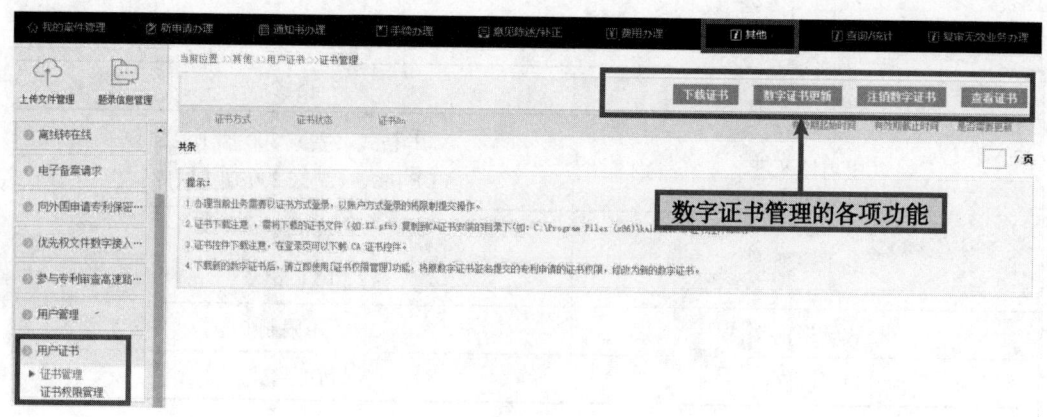

图 11-4-1　在线平台中的数字证书管理界面

这两个选项使用频率比较低，很多用户对其并不熟悉，但是关键时刻却又不可或缺。那这两个选项到底有什么用途呢？下面就来具体看一下。

（1）数字证书更新

数字证书的使用不是永久性的，有效期是 3 年，因此每隔 3 年都需要更新一次。

数字证书下载时会有明确的使用期限，**在期限到期之前 1 个月，可以点击数字证书更新进行更新**，更新后的数字证书号码尾号不变。

（2）注销数字证书

一般情况下，数字证书都是需要妥善保存的。**如果不慎被别人盗用，那么如何避免后续的损失呢？**此时，可以通过**注销数字证书**来解决。而一旦注销，用户自己也不能再使用数字证书，这个时候就需要再次向国家知识产权局提出申请，重新签发数字证书，重新签发后的数字证书的尾号将不会沿用原始的尾号。

需要特别注意的是，**数字证书的注销是即时性的，一旦点击即刻生效**。因此，如果系统中还有需要使用数字证书的文件，尤其是时间较为紧迫时，例如面临答复期限的情况，就需要慎重考虑、妥善处理完后再进行注销操作。

 知识拓展——不同类型数字证书的用途

数字证书包括网上下载的数字证书和 USBKEY 形式的数字证书。

一般情况下，在网上注册后提供的都是网上下载的数字证书，下载后可以反复备份使用，因此可以实现多台电脑同时使用，适用于有大批量处理需求的用户。但缺点也很明显，所有人员用的都是这一个证书，所有文件集中在一起，不能单独管理。

USBKEY 形式的数字证书仅提供给在总部之外又建立分支机构的代理机构。这种形式的数字证书其外观是一个 U 盘，即插即用，因此只能在单一电脑上使用，不能多台电脑同时使用。

网上下载的数字证书，仅能通过电子申请网站下载一次，不能重复下载。因此我们一定要妥善保存，及时备份。一旦遗失或者损坏，如系统重装、硬盘损坏、电脑中毒等，就只能重新向专利局提出申请，重新下发证书。但是这个过程需要几天时间，在这几天中是没有数字证书可用的，由此导致的损失也只能自己承担。

附　录

附录1　检索资源汇总[1]

专利文献编号中各字母/词汇所代表的含义：
- CC 表示2位国家或地区组织代码；
- yy 表示用2位数字代表年份；
- yyyy 表示用4位数字代表年份；
- n 代表一位数字，有几个 n 代表几位数字。

自然序号代表1位以上的数字。如果需要用0补齐号码的位数，文中会特别指出。

由于各个国家或地区专利信息检索系统的网址可能会发生变化，因此，当使用本附录中网页链接出现无法访问的情况时，建议在其官方网站中通过"专利检索"栏目进入检索页面，或直接用搜索引擎搜索其名称。

1.1　中国

1.1.1　中国国家知识产权局官方

- 网址：http://www.cnipa.gov.cn。

1.1.2　中国专利公布公告查询

- 网址：http://epub.cnipa.gov.cn。
- 提供1985年至今公布公告的全部中国专利信息，可按照发明公布、发明授权、实用新型和外观设计四种类型进行查询，还包括专利权终止、专利权转移、放弃专利权、著录项目变更、实施许可合同备案、保全等各种事务类型的查询。

1.1.3　中国国家知识产权局专利检索系统

- 网址：pss-system.cnipa.gov.cn。
- 语种：中文、英文。

---

[1] 国家知识产权局专利局专利文献部．各国家/地区专利文献号码检索指南 [DB/OL]．[2016-12-22]．http://www.cnipa.gov.cn/docs/pub/old/wxfw/zlwxxxggfw/hlwzljsxt/hlwzljsxtsyzn/201612/P020161222605289051997.pdf.

- 内容：发明专利、实用新型、外观设计专利。
- 专利文献编号输入格式：

申请号：CNyynnnnnn、CNyyyynnnnnnnn。

公开（公告）号：CN + nnnnnnn + 1 位文献种类标识代码、CN + nnnnnnnnn + 1 位文献种类标识代码。

注意，可根据系统提示输入正确格式，另外，检索系统采用模糊检索方式，若需要得到准确的文献，需要完整地输入号码，包括文献种类标识代码。

- 全文：提供。
- 审查过程文档：提供。需登录"中国及多国专利审查信息系统"，网址为http://cpquery.cnipa.gov.cn。

1.1.4 国家知识产权局专利局复审和无效审理部

进入国家知识产权局专利局复审和无效审理部的官方网站（网址为 http://reexam.cnipa.gov.cn）后，点击页面上的"口审公告及决定查询"；或直接进入以下网址：http://reexam-app.cnipa.gov.cn/reexam_out1110/searchIndex.jsp#。

1.1.5 中国知识产权案件网

该网站由知识产权出版社负责维护，是中日英三种语言的专业知识产权案件检索系统，可为公众、专利代理机构以及法院等提供知识产权案件数据的检索和分析服务。截至 2019 年 7 月 12 日，其收录有复审无效数据 140635 条、裁判文书数据 300439 条和法律法规数据 7212 条。

网址：http://www.soucase.com。

1.1.6 香港知识产权署官方

- 网址：http://www.ipd.gov.hk。

1.1.7 香港知识产权署专利、外观设计检索系统

- 网址：http://ipsearch.ipd.gov.hk/index.html。
- 语种：繁体中文、英文。
- 内容：1997 年 6 月 27 日以后公布的指定专利、标准专利、短期专利法律状态及说明书全文；外观设计专利著录数据及法律状态。
- 专利文献编号输入格式：

① 发明专利

香港申请编号（Application No.）（21）：nnnnnnnn；

香港专利/公布编号（Patent/Publication No.）（11）：nnnnnnn。

② 外观设计注册编号（Registration No.）（11）：yy + nnnnn

- 全文：提供。查看发明专利全文需点击"结果（显示主要资料）"，从说明书选

项后的超链接点击进入进行下载。
- 审查过程文档：不提供。

1.1.8 澳门经济局官方

- 网址：http://www.economia.gov.mo/zh_CN/web/public/pg_home?_refresh=true。

1.1.9 澳门经济局知识产权资料查询系统

- 网址：http://www.economia.gov.mo/zh_CN/web/public/pg_ip_reg_qe?_refresh=true。
- 语种：中文简体、中文繁体、葡萄牙文、英文。
- 内容：发明专利、实用专利、设计及新型，国家知识产权局发明专利延伸专利。
- 专利文献编号输入格式：检索仅需输入自然序号。

申请种类代码（I/U/D/J）+"/"+自然序号（发明专利：I；实用专利：U；设计及新型：D；国家知识产权局发明专利延伸专利：J）。

- 全文：提供。点击专利编号即可进入检索结果的专利详情页面，专利详情页面提供该篇专利文献的著录项目信息、摘要、摘要附图及PDF格式的说明书全文标识。
- 审查过程文档：不提供。

1.1.10 台湾"智慧财产局"

- 网址：www.tipo.gov.tw。

1.1.11 台湾专利审查过程文档查询

- 网址：https://tiponet.tipo.gov.tw/S090/UC090-C06/InquiryPatentCaseCensorInfo.do。

1.1.12 国家知识产权局商标局商标查询

- 网址：http://wsjs.saic.gov.cn。

1.2 美国

1.2.1 美国专利商标局官方

- 网址：http://www.uspto.gov。

1.2.2 美国授权专利数据库（PatFT：Patents）

- 网址：http://patft.uspto.gov。
- 语种：英文。
- 内容：1790年以来的美国发明专利、设计专利、植物专利、再颁专利、防御性公告、依法登记的发明、再审查专利、改进专利。
- 全文：提供。点击标题或专利号查看全文文本数据（如果有的话），点击详细信息页面的"Images"查看全文图像信息。
- 审查过程文档：提供。通过页面 http://portal.uspto.gov/pair/PublicPair 查看。
- 专利文献编号输入格式：

申请号（Application Serial Number）：nnnnnn 或 nnn,nnn。

专利号（Patent Number）：美国专利类型、输入格式及示例如附表1-1所示。

附表1-1 美国专利类型、输入格式及示例

专利类型	输入格式	示例
Utility	nnnnnnn 或 n,nnn,nnn	6923014 或 5,146,634
Design	Dnnnnnn 或 Dnnn,nnn	D321987 或 D339,456
Plant	PPnnnnn 或 PPnn,nnn	PP07514 或 PP08,901
Reissue	REnnnnn 或 REnn,nnn	RE12345 或 RE00,007
Defensive Publication	Tnnnnnn 或 Tnnn,nnn	T100001 或 T109,201
Statutory Invention Registration	Hnnnnnn 或 Hnnn,nnn	H001234 或 H001,523
Re-examination	REnnnnn 或 REnn,nnn	RE29183 或 RX29,194
Additional Improvement	AInnnnn 或 AInn,nnn	AI000318 或 AI00,002

1.2.3 美国专利申请公布数据库（AppFT：Applications）

- 网址：http://patft.uspto.gov。
- 语种：英文。
- 内容：2001年以来的美国发明专利申请公布和植物专利申请公布。
- 专利文献编号输入格式：

文献号（Document Number，DN）：yyyynnnnnnn；

申请号（Application Serial Number）：nnnnnn 或 nnn,nnn；

PCT 国际申请号（PCT Information）：PCT/CCyyyy/nnnnnn。

- 全文：提供。点击标题或专利号查看全文文本数据（如果有的话），点击详细信息页面的"Images"查看全文图像信息。
- 审查过程文档：提供。通过页面 http://portal.uspto.gov/pair/PublicPair 查看。

1.2.4 全球案卷查询

- 网址：https://globaldossier.uspto.gov，用于查询专利族在中美欧日韩五局的审查过程文档信息。

1.3 欧洲

1.3.1 欧洲专利局官方

- 网址：http://www.epo.org。

1.3.2 Espacenet 数据库

- 网址：https://worldwide.espacenet.com。
- 语种：英文、法文、德文、日文、韩文、中文等多语种的检索页面。
- 内容：亚美尼亚、巴基斯坦、阿根廷、奥地利、澳大利亚、比利时等 101 个国家。
- 专利文献编号输入格式：

公布号（Publication Number）：EP + 自然序号（1~7 位）；

申请号（Application Number）：EPyyyynnnnnnn；

优先权号（Priority Number）：CCyyyy + 自然序号。

- 全文：提供。通过点击"原始文献"（Original document）标签获取全文。
- 审查过程文档：提供。在 Espacenet 数据库点击"INPADOC 专利族"（INPADOC Patent Family）标签后，点击各个专利文献中的"Global Dossier"链接查询审查过程文档。

1.3.3 European patent register 数据库

- 网址：https://register.epo.org。
- 语种：英文、法文、德文。
- 内容：1978 年以来欧洲专利局公布的欧洲专利申请以及指定欧洲的 PCT 申请的专利文献信息，以及著录项目、法律状态、审查过程文档、同族专利等专利信息。
- 专利文献编号输入格式：

公布号（Publication Number）：EP + 自然序号（1~7 位）；

申请号（Application Number）：EPyyyynnnnnnn；

优先权号（Priority Number）：CCyyyy + 自然序号。

- 全文：提供。通过点击"关于本案"（About This File）标签中公布文献（Publication）中的文献链接获取。
- 审查过程文档：提供。通过点击"全部文献"（All Documents）标签获取。

1.3.4 European Patent Bulletin（欧洲专利公报）

- 网址：

https://www.epo.org/searching-for-patents/legal/bulletin/download.html（英文）。

https://www.epo.org/searching-for-patents/legal/bulletin/download_de.html（德文）。
https://www.epo.org/searching-for-patents/legal/bulletin/download_fr.html（法文）。

1.4 日本

1.4.1 日本特许厅官方

- 网站：http://www.jpo.go.jp。

1.4.2 日本专利信息服务平台

- 网址：https://www.j-platpat.inpit.go.jp。
- 语种：英文、日文。
- 内容：发明专利、实用新型、外观设计。
- 专利文献编号输入格式：

① 申请号/公开号/公告号：

本国纪年代码（H/S/T/M）+本国纪年+"-"+nnnnnn 或公元纪年+"-"+nnnnnn。

注意，号码输入的时候以上两种格式均可进行检索，公元纪年要使用 4 位数字表达（例如：检索 1999 年的 256099 号申请的专利申请，可输入"H11-256099"或者"1999-256099"进行检索）。

② 注册号：自然序号。

- 用号码检索需要注意：

日本纪年与公元年的换算：公元年=平成（H）+1988；公元年=昭和（S）+1925；公元年=大正（T）+1911；公元年=明治（M）+1867。

特——专利，実——实用新型；

願——申请，開——公开，表——再公开，公——公告。

- 全文：提供。进入专利文献全文详情页面后，"PAJ"提供著录项目信息，"Detail/項目表示"提供权利要求、说明书、附图等详细信息，"PDF"提供图片格式的专利全文文档。

- 审查过程文档：提供 2003 年 7 月以后专利文献的审查过程文件。

方式 1：选择菜单中圈示的"審查書類情報照会"项进入检索页面；在检索页面输入号码查找专利的审查过程文档。

方式 2：在日文检索方式中，进入专利详细页面后，点右上角的"審查書類情報"项目，进入该专利的审查过程文档页面。

1.5 韩国

1.5.1 韩国知识产权局官方

- 网站：http://www.kipo.go.kr/eng/main/main.html。

1.5.2 韩国知识产权信息服务网站

- 网址：http://www.kipris.or.kr/enghome/main.jsp。
- 语种：英文、韩文（也可用英语进行简单的关键词检索）。
- 内容：发明专利、实用新型、外观设计。
- 专利文献编号输入格式：

（1）发明专利/实用新型

① 申请号（AN，Application No.）

申请类型代码（10：发明，20：实用新型）+ yyyy（2位年份需补齐为4位）+ 自然序号（需用0补齐成7位）（1999年以前）

例如：申请号为96-29412的发明专利，号码检索时需输入1019960029412。

申请类型代码（10：发明，20：实用新型）+ yyyy + nnnnnnn（1999年以后）

例如，发明专利的申请号102000037598。

② 公开号/公告号（OPN，Unex Pub. No./PN，Publication No.）：

申请类型代码（10：发明，20：实用新型）+ yyyy + nnnnnnn

例如，2004年以前，发明专利公开号为특20020004110，号码检索时需输入1020020004110；2004年以后，直接输入发明专利公开号1020070068608（실代表实用新型，특代表发明）。

③ 授权号（GN，Registration No.）

申请类型代码（10：发明，20：实用新型）+ nnnnnnn

例如：1999年以前，发明专利授权号为특0165922，检索时需输入100165922；1999年以后，直接输入发明专利授权号100196600（실代表实用新型，특代表发明）。

（2）外观设计

① 申请号（AN，Application No.）

申请类型代码（의 外观设计）yyyy + 自然序号（需用0补齐成7位）（1999年以前）

例如，申请号为의199800005，号码检索时需输入19980000005。

申请类型代码（30：外观设计）+ yyyy + nnnnnnn（1999年以后）

例如，外观设计申请号3020100011603。

② 授权号（GN，Registration No.）

申请类型代码（30：外观设计）+ nnnnnnn + 0000

例如，1999年以前，外观设计授权号为의0209152，号码检索时需输

入 3002091520000；

1999 年以后，外观设计授权号为 300572831，号码检索时需输入 3005728310000。
- 全文：提供。在专利详情页面可浏览并下载全文。
- 审查过程文档：不提供。可以通过 https://globaldossier.uspto.gov/查询。

1.6 世界知识产权组织（WIPO）

1.6.1 WIPO 官方

- 网站：http://www.wipo.int/portal/en/index.html。

1.6.2 PATENTSCOPE 数据库

- 网址：http://patentscope.wipo.int。
- 语种：提供德文、英文、西班牙文、法文、日文、韩文等多语种的检索页面（检索语种包括中文、英文、德文、韩文、日文等多语种）。
- 内容：PCT 专利申请，以及中国、日本、韩国、美国、欧洲专利局等国家/地区/组织的文献。
- 专利文献编号输入格式：

① 申请号（Application number）：

PCT/CCyy/自然序号（2004 年之前）

PCT/CCyyyy/自然序号（2004 年及之后）

② 国际公布号（WIPO Publication number）：

yy/自然序号（2004 年之前）

yyyy/自然序号（2004 年及之后）

- 全文：提供。通过点击"文件"（Documents）标签页获取全文。
- 审查过程文档：提供国际检索报告、国际初步审查意见。

1.6.3 Global Design（全球外观设计）数据库

- 网址：http://www.wipo.int/designdb。

1.7 商业平台（免费）

常见免费商业平台参见附表 1-2。

附表1-2　常见商业平台（免费）

平台名称	网址
佰腾（Baiten）	https://www.baiten.cn/gjs.html
大为（Innojoy）	http://www.innojoy.com/search/index.html
灵盾搜索（Lindenpat）	http://www.lindenpat.com
专利汇（PatentHub）	https://www.patenthub.cn
专利云（PatentCloud）	http://search.zhuanliyun.net/search/index.html
专利信息服务平台	http://search.cnipr.com
情报嗒嗒（TiiKong）	https://www.tiikong.com/patent/query/index.do?
润桐（Rainpat）	https://www.rainpat.com/Home
搜派（SooPAT）	http://www.soopat.com
万象云	https://www.wanxiangyun.net/search/index
药物在线（Drugfuture）	https://www.drugfuture.com/patent
中国新能源网站	http://www.china-nengyuan.com/zhuanli

1.8　商业平台（收费）

常见收费商业平台参见附表1-3。

附表1-3　常见商业平台（收费）

平台名称	网址
蜂利大数据平台（PatentBD）	http://www.patentbd.com/wee
合享智慧（incoPat）	https://www.incopat.com
索意互动（Patentics）	http://www.patentics.com
壹专利（PatYee）	http://www.patyee.com/logon.do
智慧芽（Patsnap）	https://www.zhihuiya.com

附录2　分类表网络资源

2.1　WIPO 的 IPC PUB

WIPO 负责维护 IPC 分类体系，在该网站提供英法两种语言的 IPC 分类表，目前包括 1~7 版，以及 2006.01 至 2020.01 的历年版本。

网址：https://www.wipo.int/classifications/ipc/ipcpub。

在用关键词进行检索时，建议仔细打开在检索选项中，打开高级检索（Advanced Search）功能，如附图 2-1 所示。系统支持定制搜索的分类表范围，可在表、索引表、分类定义中进行检索。

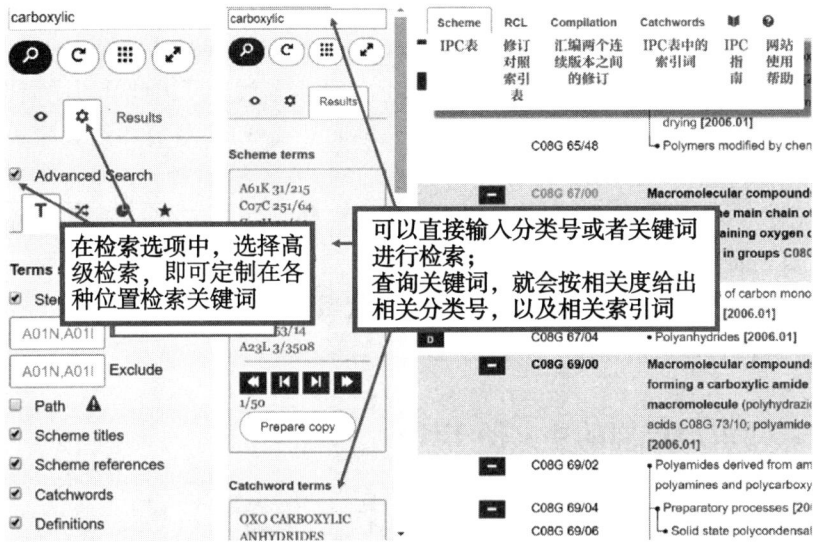

附图 2-1　WIPO 的高级检索界面

检索结果不仅包含按照相关度给出的相关分类号，还包括相关索引词，大大利于查找分类表来确定分类号的操作。

而在浏览选项中，也有很多资源。点击"PDF"按钮，可以获得当前小类的分类表 PDF 格式文件。

点击如附图 2-2 所示的跳转按钮，则会有更多资源。

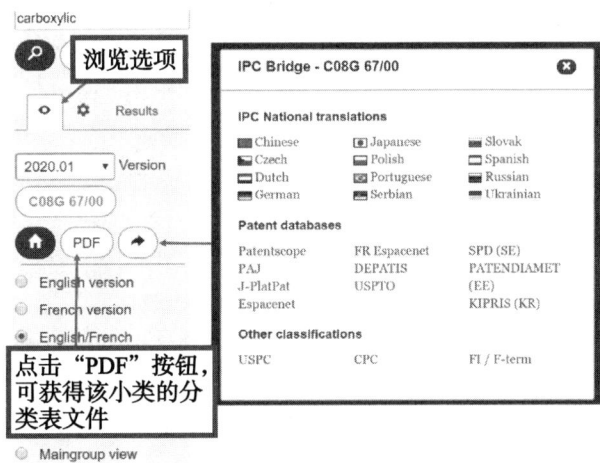

附图 2-2　WIPO 的分类表 PDF 格式文件界面

(1) 不同语言的 IPC 分类表。

例如,点击中文,则直接链接到中国国家知识产权局的网站,下载到该大组的中文版分类表 Word 格式文件。点击西班牙文,则会打开这个 IPC PUB 网站的西班牙文版本。点击俄文,则会打开俄罗斯专利局的相关页面。

(2) 专利数据库的跳转链接。

(3) 其他分类表的链接。

例如,附图 2-2 列出的 USPC、CPC 和 FI/F-term。有趣的是,由于美国专利商标局已经转向 CPC,其 UC(即 USPC)分类体系已被逐渐放弃。因此,点击附图 2-2 的 USPC 链接,会跳转到 CPC to IPC Concordance 页面,即 CPC 与 IPC 的对照表,而不是原先的 UC 与 IPC 对照表。

点击附图 2-2 的 CPC 链接,不会跳转到 CPC 官网,而是跳转到欧专局 Espacenet 的 CPC 检索界面。

总之,该网站不仅收录有版本全面、信息权威的 IPC 表,而且提供非常强大的查询工具和扩展信息,值得深入了解和使用。

2.2 国家知识产权局的中文版 IPC

国家知识产权局网站提供不同版本的中文版 IPC 表的 Word 格式文件。

网址:http://www.cnipa.gov.cn/wxfw/zlwxxxggfw/zsyd/bzyfl/index.htm。

这个页面上同时还有关于文献和标准的相关信息提供下载。

而需要进行 IPC 表内查询,可使用 PSS 系统的"导航检索"。

网址:http://pss-system.cnipa.gov.cn/sipopublicsearch/patentsearch/showNavigationClassifyNum-showBasicClassifyNumPage.shtml。

同时,PSS 系统中提供分类号关联查询工具(参见附图 2-3)。

附图 2-3 PSS 系统的分类号关联查询

2.3 CPC 官方网站

这是欧洲专利局和美国专利商标局合作建立的 CPC 官方网站，包括 CPC 建立背景说明、历史版本信息、CPC 培训资料等大量 CPC 相关信息。

首页：www.cooperativepatentclassification.org。

其中，最重要的是 CPC 的分类表和分类定义的下载页面，其以表格方式给出 CPC 分类表所有小类及其分类定义的 PDF 格式文件。

下载页面：www.cooperativepatentclassification.org/cpcSchemeAndDefinitions/table.html。

CPC 分类表持续在修改，只有在这个页面上公布的 CPC 分类表和分类定义才是当前的正式版本。

2.4 美国专利商标局的 CPC 分类表

CPC 官网上的分类表虽然可以很方便地下载，但查询不便。而如果需要像 WIPO 的 IPC PUB 网站那样能高效检索 CPC，可访问美国专利商标局的 CPC 分类表页面（参见附图 2 - 4）。

网址：www.uspto.gov/web/patents/classification。

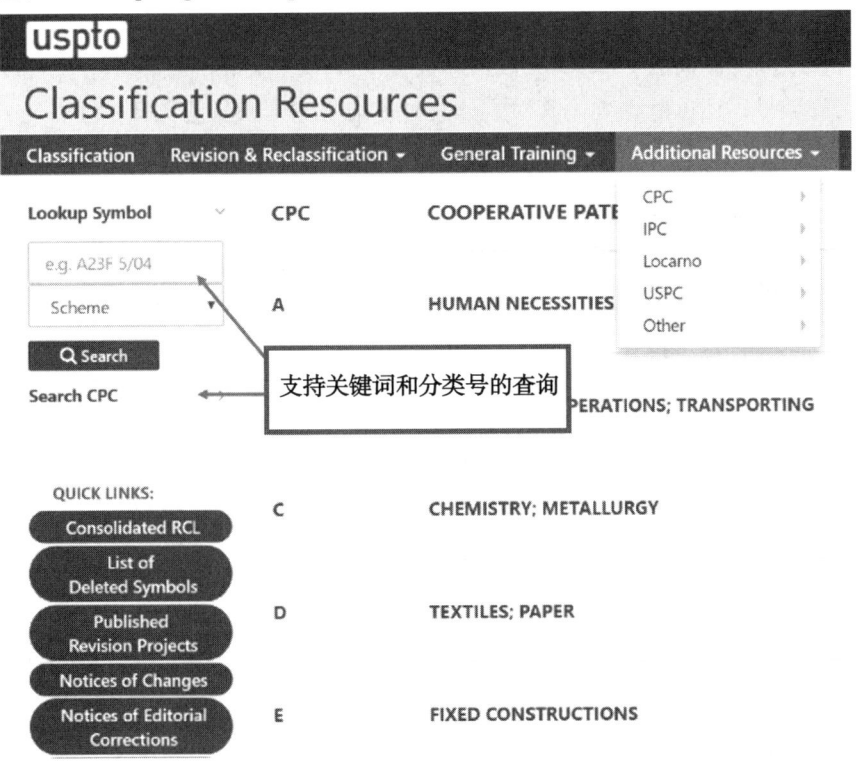

附图 2 - 4　USPTO 的 CPC 分类表页面

2.5 欧洲专利局的 CPC 分类表检索网站

欧洲专利局网站上提供 CPC 相关资源，其中值得一提的是 CPC 相对于 IPC 和 FI 的统计学映射表。该表通过对其庞大专利文献中的分类号进行统计分析，一般统计文献前三个分类号，从而得出 CPC 到 FI、FI 到 CPC、IPC 到 CPC 的对应表。

例如，收集标有 CPC 分类 G01B 11/002 的文献的 FI，一共 304 个文献族，统计后，排名前三位的 FI 分类号为：G01B 11/00, H（304 个族中占 71 个，占比为 23%）；G01B 11/00, A（占 59 个，占比为 19%）；G01B 11/00, G（占 27 个族，占比为 9%）。这三个分类号即为与 CPC 分类号 G01B 11/002 最相关的 FI 分类号。

CPC 到 FI 的统计映射表：

https://www.epo.org/searching-for-patents/helpful-resources/first-time-here/classification/cpc/cpc-fi.html。

FI 到 CPC 的统计映射表：

https://www.epo.org/searching-for-patents/helpful-resources/first-time-here/classification/cpc/fi-cpc.html。

IPC 到 CPC 的统计映射表：

https://www.epo.org/searching-for-patents/helpful-resources/first-time-here/classification/cpc/ipccpc.html。

同时，欧洲专利局的 Espacenet 数据库也提供 CPC 分类表的检索，不仅可以用其找到合适的分类号，还可以继续用其检索分类号下的文件（参见附图 2-5）。

网址：https://worldwide.espacenet.com/classification?locale=en_EP。

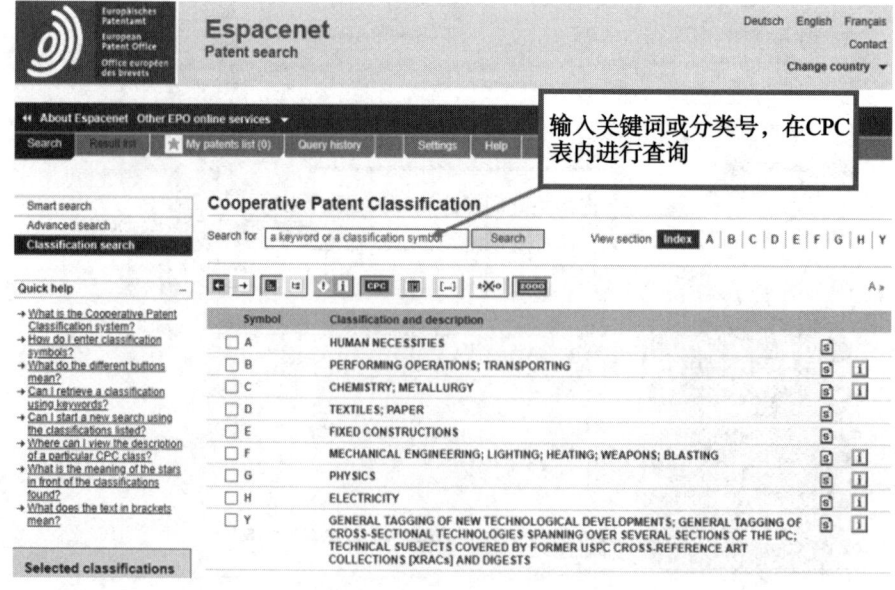

附图 2-5 欧洲专利局的 Espacenet 检索界面

2.6 美国专利商标局的 UC 分类表

美国专利商标局的官方网站提供 UC 分类表最权威、最全面的资源。因为美国专利商标局已经转向使用 CPC，因此在 CPC 分类表的查询页面也能查询 UC 分类表。

网址：www.uspto.gov/web/patents/classification。

同时，美国专利商标局还提供 UC 分类表的下载，以及与 IPC 分类表的映射。

网址：www.uspto.gov/web/patents/classification/selectnumwithtitle.htm。

如果需要 UC 分类表的索引，查询网址为：www.uspto.gov/web/patents/classification/uspcindex/indextouspc.htm。

2.7 日本特许厅的 FI/F-term 分类表

日本特许厅网站上提供 FI/F-term 分类表、FI 与 F-term 的对应关系，以及 FI 与 IPC 的对应关系（参见附图 2-6）。不过该网址经常发生变化，建议进入日本专利信息平台后，寻找"特許·実用新案分類照会"（PMGS），即可找到。

网址：www.j-platpat.inpit.go.jp/p1101。

附图 2-6 日本特许厅网站界面

2.8 德温特的 DC/MC 分类表

科睿唯安（Clarivate Analytics）公司官网提供关于 DC/MC 分类表的各种资源。其中，包括当年最新的代码表 PDF 格式文件、相关介绍和查询系统。

网址：https://clarivate.com/products/dwpi-reference-center/dwpi-manual-code。

DWPI 分类体系，即 DC 分类表：

https://clarivate.com/wp-content/uploads/2018/12/DWPI-Classification-Manual_2019.pdf。

CPI 化学手工代码表下载（2019）：

https://clarivate.com/wp-content/uploads/2019/01/CPI-Manual-Codes-2019.pdf。

EPI 电子手工代码表下载（2019）：

https://clarivate.com/products/derwent-world-patents-index/user-guides/engineering-user-guides。

手工代码查询网址：clarivate.com/mcl/ 或 ips.clarivate.com//cgi-bin/mc/displaycode.cgi。

手工代码查询界面如附图 2-7 所示。

附图 2-7　德温特手工代码查询界面

附录

附录3 检索系统盘点

3.1 数据收录范围

专利数据库及收录时间范围对比如附表3-1所示。

附表3-1 专利数据库及收录时间范围对比

	PSS	Patentics	IncoPat	PatSnap
中国	1985年9月10日	1985年至今	1985年9月10日	1985年9月10日
美国	1790年7月31日	1971年至今	1790年7月31日	1790年7月31日
欧洲	1978年12月20日	1978年至今	1978年12月20日	1978年12月20日
日本	1913年2月6日	1993年至今	1913年2月6日	1921年7月7日
韩国	1973年10月23日	1990年至今	1886年2月20日	1921年7月7日
WIPO	1978年10月19日	1978年至今	1978年10月19日	1978年10月19日
特色数据库	中国台湾 中国香港	中国台湾：1952年至今 DE：1964年至今 中国专利诉讼：2007年至今 中国硕博论文：1981年至今 中国期刊：1998年至今 3GPP通信标准 IEEE 802.11	中国香港：1979年5月31日至今 中国台湾：1953年3月31日至今	中国香港：1976年3月5日至今 中国台湾：1950年9月20日至今

专利相关信息数据库对比如附表3-2所示。

附表3-2 专利相关信息数据库对比

	PSS	Patentics	IncoPat	PatSnap
引文数据	√	√	√	√
法律状态	√	√	√	√
审查状态	√ (关联至 http://cpquery.sipo.gov.cn/)	无	√ (关联至 http://www.sipop.cn)	√ (关联至 http://www.sipop.cn)

续表

	PSS	Patentics	IncoPat	PatSnap
专利运营	×	√	×	×
专利价值度			√	√

3.2 字段与算符

常用字段对比如附表 3-3 所示。

附表 3-3 常用字段对比

	PSS	Patentics	IncoPat	PatSnap
默认字段（简单检索/BI）	发明名称、摘要、权利要求、关键词	A/(发明名称、摘要、权利要求、关键词)	申请人、发明人、分类号、公开号、摘要、标题等主要著录信息，以及说明书	申请人、发明人、分类号、公开号、摘要、标题、权利要求、说明书
发明名称	发明名称=	TI/	TI=	TTL:
摘要	摘要=	ABST/	AB=	ABST:
关键词（名称、摘要、权利要求同时检索）	关键词=	A/	TIABS=	
权利要求	权利要求=	ACLM/	CLAIM=	CLMS:
IPC	IPC分类号=	ICL/	IPC=	IPC:
CPC	CPC分类号=	CPC/	CPC=	CPC:
说明书	说明书=	SPEC/	DES=	DESC:
申请人	申请人=	AN/	AP=	AN:
标准化申请人	×	ANN/	×	ANS:
发明人	发明人=	IN/	IN=	IN:
代理机构	代理机构=	LREP/	AGC=	ATC:
申请号	申请号=	APN/	AN=	APNO:
公开号	公开号=	PN/	PN=	PN:
优先权号	优先权号=	PRIR/	PR=	PRNO:
申请日	申请日=/>/>=等，可输入范围	APD/	AD=	APD:

续表

	PSS	Patentics	IncoPat	PatSnap
优先权日	同申请日	PRD/	PR－DATE＝	PRIORITY_DATE：
公开日	同申请日	ISD/	PD＝	PBD：
其他特殊字段		R/、DI/等		审查员：PE

Patentics：特色字段可参考 Patentics 官网字段说明。

IncoPat：可在主页右上角的帮助中心中点击"原始字段代码说明"查看更多信息。

Patsnap：可在高级检索界面下方点击"搜索帮助"查看更多字段信息。

常用算符/截词符对比如附表3－4所示。

附表3－4 常用算符/截词符对比

	PSS	Patentics	IncoPat	PatSnap
逻辑与	AND	AND	AND	AND
逻辑或	OR	OR	OR	OR
逻辑非	NOT	ANDNOT	NOT	NOT
0~1字符通配符	?	无	$	无
1字符通配符	#	?	?	?
任意字符通配符	+	*	*	*
模糊搜索	无	~	无	无
临近算符（固定前后顺序）	[[＝]n]W（n为任意整数）"NIGHT 1W TRAIN"可以匹配"NIGHT IN TRAIN"和"NIGHT TRAIN"，而"NIGHT ＝1W TRAIN"只能匹配"NIGHT IN TRAIN"	adj/	[n] W（n为任意整数）car(2W)engine 表示car和engine之间隔0~2个单词，且前后顺序固定	$ PREn（n为任意整数）data $ PRE2 line 表示data和line之间间隔0~2个单词或中文字，且限定顺序
临近算符（无视前后顺序）	[[＝] n] D 使用方法与[[＝]n] W相同，但对前后关键词的顺序没有要求；NIGHT 1D TRAIN可以匹配"TRAIN IN NIGHT"	adjn/	[n] n（n为任意整数）car (2n) engine 表示car和engine之间隔0~2个单词，且car和engine的词序可以变换	$ Wn（n为任意整数）data $ W2 line 表示data和line之间间隔0~2个单词或中文字，且无位置顺序限定

续表

	PSS	Patentics	IncoPat	PatSnap
同在算符（同句）	S "甲 S 乙"含义为同一句子（以句号为分界线）中同时存在甲、乙两个关键词	nW/	(sen) 仅在中文中使用，支持多个连续使用，但不支持和位置算符 W/n 连用	$WS 限定两个符号两边的关键词在同一句话内出现，如：显示 $WS 高清
同在算符（非同句）	NOTS		无	无
同在算符（同段）	P	np/	无	无
同在算符（非同段）	NOTP		无	无
同在算符（同字段）	F		无	无
同在算符（非同字段）	NOTF		无	无
频率算符	"甲/FREC>=n"表示关键词甲出现频率大于或等于 n 次		无	无
分类号关系算符	LOW HIGH LOW：自动扩展分类号的同小组子级点组 A01B1/02/LOW/IC = A01B1/02/IC OR A01B1/04/IC HIGH：自动扩展分类号的同小组父级点组 A01B1/02/HIGH/IC = A01B1/02/IC OR A01B1/00/IC		无	无
改变运算优先级或统一指定字段	( )	( )	( )	( )
绝对引用	" "		" "	" "
限定日期起止范围				[ ] [20010101 TO 20101231]

IncoPat：可在主页右上角的帮助中心中点击"检索规则"查看更多信息。

PatSnap：可在高级检索界面下方点击"搜索帮助"查看更多字段信息。

3.3 结果处理

检索结果浏览统计及文献下载对比如附表 3-5 所示。

附表 3-5　检索结果浏览统计及文献下载对比

		PSS	Patentics	IncoPat	PatSnap
结果浏览	全文文字	√	√	√	√
	高亮	√	√	√	√
	高密	√	√	√	√
	图片原位显示	×	√	×	×
	文字对比	×	√	√	√
	图片对比	×	√	√	√
文献下载	HTML 格式文本	√	√	×	×
	PDF 格式文本	√	√	√	√
	其他格式	×	Word、PPT、MarkDown	×	XLS、Word、XML、CSV
	批量下载	×	√	√（PDF 扉页或选择的著录项目）	√
结果分析	分析工具联动	√	√	√	√
	申请人	√	√	√	√
	发明人	√	√	√	√
	年份	√	√	√	√
	IPC	√	√	√	√
	其他	×	专利分析客户端		

3.4 用户权限

用户权限对比如附表 3-6 所示。

附表 3-6 用户权限对比

	PSS	Patentics	IncoPat	PatSnap
游客	无	无	无	无
注册用户（免费）	常规检索、高级检索、导航检索、行命令检索、专利分析等	无	注册申请试用，包括常规检索、高级检索、结构分析	注册申请试用，包括常规检索、高级检索、结构分析
注册用户（收费）	无收费	参考官网定价	参考官网定价	参考官网定价
其他高级权限		购买相应权限的账号后使用		

3.5 总结评价

检索系统总结对比如附表 3-7 所示。

附表 3-7 总结对比

	PSS	Patentics	IncoPat	PatSnap
优点	系统免费、稳定数据库全面对算符支持完善支持文献下载	Patentics 数据库基本覆盖专利原始信息中的重要专利信息字段，并主要对其中的相关案件信息、相关人信息、引证/施引信息从人性化角度做了大量有效的加工，对技术信息以潜在语义索引为基础从智能化的角度做了深入有效的加工，能满足大多数的专利检索和分析需求	图形操作界面友善易上手，数据库全面检索结果可直接跳转，分析工具超级附图模式中，可直接在附图上的附图标记显示对应名称	图形操作界面友善易懂、易上手，数据库全面检索结果可直接跳转，分析工具文献批量下载时可自定义字段
缺点	功能单一，不支持语义检索，不支持美国专利文献全文下载，没有对比功能，图片浏览不友好	在申请号的匹配，外文专利的中文翻译，专利权转移中的地址信息以及复审、无效、判决、转移、许可、质押的次数等统计信息方面还有进一步提升的空间；从用户使用来看，各种检索功能都需要进行一定的操作或学习，对于用户要求较高	收费，需要通过人工审核才能申请到试用账户	收费，需要通过人工审核才能申请到试用账户

附录4 专利收费标准

国家知识产权局专利收费标准如附表4-1所示。

附表4-1 专利收费标准[1]　　　　　　　　　　　　　　　　单位：元

专利收费——国内部分	
（一）申请费	
1. 发明专利	900
2. 实用新型专利	500
3. 外观设计专利	500
（二）申请附加费	
1. 权利要求附加费从第11项起每项加收	150
2. 说明书附加费从第31页起每页加收	50
从第301页起每页加收	100
（三）公布印刷费	50
公告印刷费	暂停征收
（四）优先权要求费（每项）	80
（五）发明专利申请实质审查费	2500
（六）复审费	
1. 发明专利	1000
2. 实用新型专利	300
3. 外观设计专利	300
（七）专利登记费	
1. 发明专利	暂停征收
2. 实用新型专利	暂停征收
3. 外观设计专利	暂停征收
（八）年费	
1. 发明专利	
1~3年（每年）	900
4~6年（每年）	1200
7~9年（每年）	2000
10~12年（每年）	4000
13~15年（每年）	6000
16~20年（每年）	8000

[1] 国家知识产权局. 专利申请指南——专利申请的费用［DB/OL］.［2008-08-01］. http://www.cnipa.gov.cn/zhfwpt/zlsqzn_pt/zlsqdfy/index.htm.

续表

2. 实用新型专利、外观设计专利	
1~3 年（每年）	600
4~5 年（每年）	900
6~8 年（每年）	1200
9~10 年（每年）	2000
（九）年费滞纳金	
每超过规定的缴费时间 1 个月，加收当年全额年费的 5%	
（十）恢复权利请求费	1000
（十一）延长期限请求费	
1. 第一次延长期限请求费（每月）	300
2. 再次延长期限请求费（每月）	2000
（十二）著录事项变更费	
1. 发明人、申请人、专利权人的变更	200
2. 专利代理机构、代理人委托关系的变更	暂停征收
（十三）专利权评价报告请求费	
1. 实用新型专利	2400
2. 外观设计专利	2400
（十四）无效宣告请求费	
1. 发明专利权	3000
2. 实用新型专利权	1500
3. 外观设计专利权	1500
（十五）专利文件副本证明费（每份）	30

注：
  1. 对经济困难的专利申请人或专利权人的专利收费减缴按照《专利收费减缴办法》有关规定执行。
  2. 对进入实质审查阶段的发明专利申请，在第一次审查意见通知书答复期限届满前（已提交答复意见的除外）主动申请撤回的可以请求退还 50% 的专利申请实质审查费。

专利收费——PCT 申请收费

（一）PCT 申请国际阶段部分
1. 国家知识产权局代世界知识产权组织国际局收取的费用（国际申请费、手续费），收费标准和减缴规定参照《专利合作条约实施细则》执行，实际收费以国家知识产权局确定的国际申请日所在日国家外汇管理局公布的汇率计算
2. 国家知识产权局收取的费用

续表

(1) 传送费	暂停征收
(2) 检索费	2100
附加检索费	2100
(3) 优先权文件费	150
(4) 初步审查费	1500
初步审查附加费	1500
(5) 单一性异议费	200
(6) 副本复制费（每页）	2
(7) 后提交费	200
(8) 恢复权利请求费	1000
(9) 滞纳金按应交费用的50%计收，最低不少于传送费，最高不超过《专利合作条约实施细则》中国际申请费的50%	
（二）PCT申请进入中国国家阶段部分	
1. 宽限费	1000
2. 译文改正费	
初审阶段	300
实审阶段	1200
3. 单一性恢复费	900
4. 优先权恢复费	1000

注：

1. 由中国国家知识产权局作为受理局受理的PCT申请在进入国家阶段时免缴申请费及申请附加费；提出实质审查请求时，减缴50%的实质审查费。

2. 由中国国家知识产权局作出国际检索报告或专利性国际初步报告的PCT申请，在进入国家阶段并提出实质审查请求时，免缴实质审查费。

3. 由欧洲专利局、日本特许厅、瑞典专利局三个国际检索单位作出国际检索报告的PCT申请，在进入国家阶段并提出实质审查请求时，减缴20%的实质审查费。

4. PCT申请进入中国国家阶段的其他收费标准依照国内部分执行。

专利收费——依据约定收费

国家知识产权局在为其他国家和地区的专利申请提供检索和审查服务时，收取的专利收费标准按双方约定执行。

附录 5 INID 码及著录项目数据

本附录所列 INID 码及著录项目数据根据 WIPO 标准《标准 ST.9 关于及有关专利和补充保护证书的著录项目数据的建议》进行整理（参见附表 5-1）。

附表 5-1 INID 码及著录项目数据

INID 码	含义
(10)	专利、补充保护证书或专利文献的标识
(11)	专利、补充保护证书或专利文献号
(12)	文献种类的简要说明
(13)	WIPO 标准 16 规定的文献种类代码
(15)	专利修正信息
(19)	WIPO 标准 3 规定的代码，或公布文献的局或组织的其他标识
(20)	专利或补充保护证书申请数据
(21)	申请号
(22)	申请日
(23)	其他日期，包括临时说明书之后的完整说明书受理日期和展览日期
(24)	工业产权权利生效日
(25)	原始申请的公布语种
(26)	申请的公布语种
(30)	《巴黎公约》优先权数据
(31)	优先申请号
(32)	优先申请日
(33)	WIPO 标准 ST.3 的代码，标识给出优先申请号的工业产权局，或给出地区优先申请号的组织；对于按照 PCT 程序受理的国际申请，应使用代码"WO"
(34)	对于依地区或国际协定的优先权，用 WIPO 标准 ST.3 代码标识至少一个《巴黎公约》成员国，地区或国际申请由该国受理
(40)	使公众获悉的日期
(41)	未经审查的专利文献，对于该专利申请在此日或日前尚未授权，通过提供阅览或经请求提供复制的方式使公众获悉的日期
(42)	经过审查的专利文献，对于该专利申请在此日或日前尚未授权，通过提供阅览或经请求提供复制的方式使公众获悉的日期
(43)	未经审查的专利文献，对于该专利申请在此日或日前尚未授权，通过印刷或类似方法使公众获悉的日期

续表

INID 码	含义
(44)	经过审查的专利文献，对于该专利申请在此日或日前尚未授权或仅为临时授权，通过印刷或类似方法使公众获悉的日期
(45)	此日或日前已经授权的专利文献，通过印刷或类似方法使公众获悉的日期
(46)	仅使公众获悉专利文献权利要求的日期
(47)	仅使公众获悉专利文献权利要求的日期
(48)	修正的专利文献出版日期
(50)	技术信息
(51)	国际专利分类
(52)	内部分类或国家分类
(54)	发明名称
(56)	现有技术文献目录，如果能够从描述文本中分离
(57)	文摘或权利要求
(58)	检索领域
(60)	与国内或前国内专利文献（包括其未公布的申请）有关的其他法律或程序参引
(61)	较早申请的申请号和申请日，或较早公布的文献号，或较早授权的专利号、发明人证书号、实用新型或类似文献号，当前的专利文献为其增补申请
(62)	较早申请的申请号及申请日，当前的专利文献为其分案申请
(63)	较早申请的申请号及申请日，当前的专利文献为其继续申请
(64)	较早公布的文献号，该文献是其再版
(65)	与同一申请有关的在先公布专利文献的文献号
(66)	由当前的专利文献所取代的较早申请的申请日及申请号，即放弃就同一发明提出的较早的申请之后提出的新申请
(67)	专利申请号及申请日，或授权专利号，当前的实用新型申请或登记（或一种类似的工业产权，例如实用证书或实用创新）以此为基础提交
(68)	就补充保护证书而言，基本专利号和/或专利文献公布号
(70)	与专利或补充保护证书有关的当事人标识
(71)	申请人名称
(72)	发明人姓名
(73)	权利人、持有者、受让人或权利所有人名称
(74)	律师或代理人姓名
(75)	发明人兼申请人的姓名

续表

INID 码	含义
(76)	发明人兼申请人和权利人的姓名
(80)(90)	国际公约（不包括《巴黎公约》）
(81)	PCT 指定国
(83)	微生物保藏信息，例如根据《布达佩斯条约》
(84)	按地区专利公约被指定的缔约国
(85)	按照 PCT 第 23 条（1）或第 40 条（1）进入国家阶段的日期
(86)	PCT 国际申请的申请数据，即国际申请日、国际申请号，以及最初受理的国际申请的公布语言（如果需要）
(87)	PCT 国际申请公布数据，即国际公布日、国际公布的文献号及国际申请公布语言
(88)	检索报告的延迟公布日期
(91)	根据 PCT 提出的国际申请，在该日期由于未进入国家或地区阶段而在一个或几个指定国或选定国失效，或者已经确定该申请不能进入国家或地区阶段的日期
(92)	就一件补充保护证书而言，国家第一次批准以药品形式将产品投放市场的日期及号码
(93)	就一件补充保护证书而言，第一次批准以药品形式将产品投放地区经济共同体市场的号码、日期，以及原产国（如果需要）
(94)	补充保护证书的届满计算日期，或者补充保护证书的有效期
(95)	受基本专利保护，并申请补充保护证书或已授予补充保护证书的产品的名称
(96)	地区申请数据，即申请日、申请号以及最初受理申请的公布语言（如果需要）
(97)	地区申请（或已经授权的地区专利）的公布数据，即公布日、公布号以及申请（或专利）的公布语言（如果需要）

附录 6　申请号及文献号编码体系

6.1　中国专利文献编号体系[1]

自中国实行专利制度以来，由于专利申请量的大幅度增加和《专利法》的两次修订，中国专利文献的编号体系已经经历三个编号阶段，目前正在使用的是第四个编号

---

[1] 国家知识产权局. 专利文献基础知识——各国专利文献介绍 [EB/OL]. [2008-04-03]. http://www.cnipa.gov.cn/wxfw/zlwxxxggfw/zsyd/zlwxjczs/zlwxjczs_ggzlwxjs/1053679.htm.

阶段。

在介绍各个编号阶段的编号体系之前,首先介绍在中国专利文献的查阅和使用过程中会遇到的6种专利文献号,如附图6-1所示。

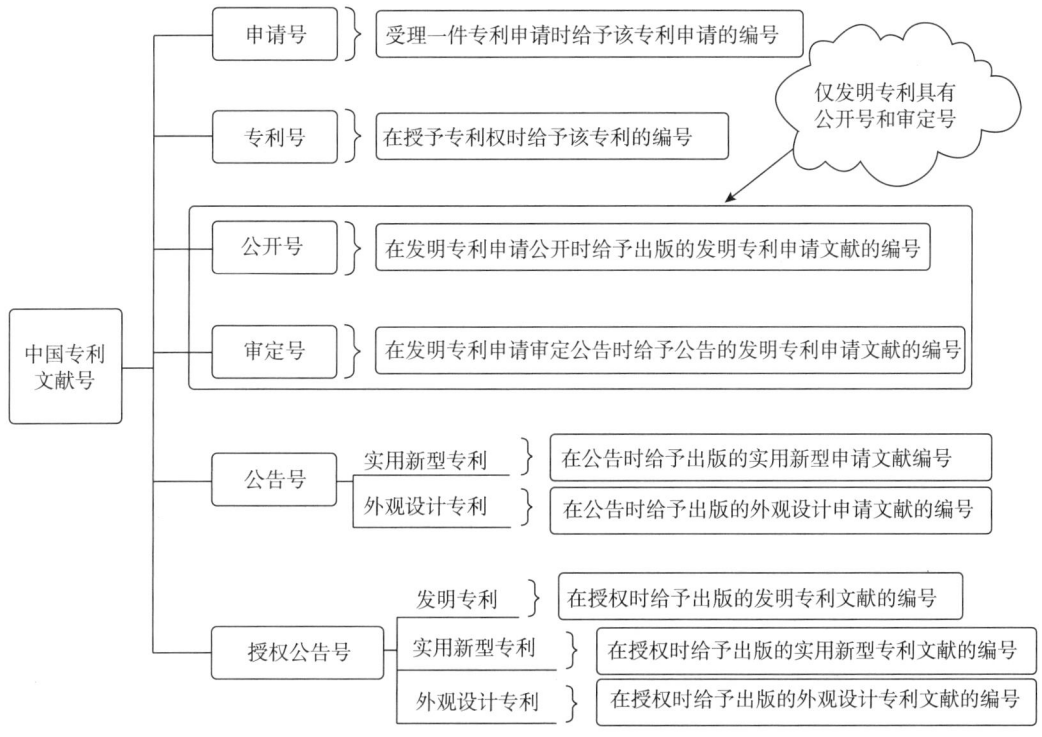

附图6-1　中国专利的6种专利文献号

在了解中国专利文献的各种专利文献号之后,我们开始详细介绍中国专利文献在各个编号阶段的编号体系:

6.1.1　以"一号制"为特征的第一阶段(1985~1988年)

1985年4月1日,我国的第一部专利法付诸实施,并于同年9月开始出版各类专利文献。1985~1988年的专利文献编号基本上采用的是"一号制",即各种标识号码均以申请号作为主体号码,然后,以文献种类标识代码标识各种文献标号。具体编号如附表6-1所示。

附表6-1　第一阶段的专利文献编号体系

专利申请类型	申请号	公开号	公告号	审定号	专利号
发　　明	88100001	CN88100001A		CN88100001B	ZL88100001
实用新型	88210369		CN88210369U		ZL88210369
外观设计	88300457		CN88300457S		ZL88300457

此阶段的编号特点如下：

三种专利申请号由8位数字组成，按年编号，例如88100001，前两位数字88表示申请年份，第三位数字表示专利权种类，其中1表示发明，2表示实用新型，3表示外观设计，后5位数字表示当年申请循序号。

一号多用，所有文献号都沿用申请号。专利号的前面冠以字母串"ZL"，其为汉语拼音"专利"的声母组合，表明该专利申请已获得专利权。公开号、公告号、审定号前面的字母"CN"为中国的国别代码，表示由中国国家知识产权局（或中国专利局）出版。公开号、公告号、审定号后面的字母是文献种类标识代码，其含义为：A表示发明公开，B表示发明审定，U表示实用新型公告，S表示外观设计公告。

专利申请号不带圆点（.）和圆点后面的校验位，并且由于公开号、公告号、审定号和专利号均沿用申请号，因此，这些专利文献号均不带圆点（.）和圆点后面的校验位。

第一阶段的编号体系特点是一个专利申请在不同的时期（如申请、公开、公告、授权等）共用一套号码，共用一套号码编号方式的优点是方便查阅，易于检索。但是，不足之处是，专利审查过程中的撤回、驳回、修改或补正使申请文件不可能全部公开或按申请号的顺序依次公开，从而造成专利文献的缺号和跳号（号码不连贯）现象，给文献的收藏与管理带来诸多不便。因此，1989年中国专利文献编号体系作了调整。自1989年起中国专利文献编号体系进入了下述的第二阶段。

6.1.2 以"三号制"为特征的第二阶段（1989~1992年）

为了克服"一号制"出版文献的缺号和跳号（号码不连贯）现象，便于专利文献的查找和专利文献的收藏和管理，从1989年起，采用"三号制"的编号体系，即申请号、公开号（发明）、审定号（发明）、公告号（实用新型和外观设计）各用一套编码，专利号沿用申请号。异议程序以后的授权公告不再另行出版专利文献。具体编号如附表6-2所示。

附表6-2 第二阶段的专利文献编号体系

专利申请类型	申请号	公开号	公告号	审定号	专利号
发　　明	89100002.X	CN1044155A		CN1014821B	ZL 89100002.X
实用新型	89200001.5		CN2043111U		ZL 89200001.5
外观设计	89300001.9		CN3005104S		ZL 89300001.9

此阶段的编号特点如下：

自1989年开始出版的专利文献中，三种专利申请号由8位数字、1个圆点（.）和1个校验位组成，按年编排，例如89103229.2。

- 自1989年开始出版的所有专利说明书文献号均由7位数字组成，按各自流水号序列顺排，逐年累计。起始号分别为：

发明专利申请公开号自 CN1030001A 开始；

发明专利申请审定号自 CN1003001B 开始；

实用新型申请公告号自 CN2030001U 开始；

外观设计申请公告号自 CN3003001S 开始。

其中的字母（或字母串）如 CN、A、B、U、S，与第一阶段的含义相同。

字母串 CN 后面的第一位数字表示专利申请的种类：1 表示发明，2 表示实用新型，3 表示外观设计。第二位数字到第七位数字为流水号，逐年累计。

1993 年 1 月 1 日起，实施第一次修改后的《专利法》，中国专利文献编号体系又有了新的变化，即自 1993 年 1 月 1 日起，进入第三阶段。

6.1.3 以取消"审定公告"为特征的第三阶段（1993 年至 2004 年 6 月 30 日）

1992 年 9 月 4 日，第七届全国人民代表大会常务委员会第二十七次会议通过《关于修改〈中华人民共和国专利法〉的决定》。于是，从 1993 年 1 月 1 日起开始实施第一次修改的《专利法》。由于第一次修改的《专利法》取消了三种专利授权前的异议程序，取消了发明专利申请的审定公告，取消了实用新型和外观设计申请的公告，并且，均用授权公告代替。第三阶段的具体编号如附表 6-3 所示。

附表 6-3　第三阶段的专利文献编号体系

专利申请类型	申请号	公开号	授权公告号	专利号
发　　明	93100001.7	CN1089067A	CN1033297C	ZL 93100001.7
发明专利 PCT 申请	98800001.6	CN1098901A	CN1088067C	ZL 98800001.6
实用新型	93200001.0		CN2144896Y	ZL 93200001.0
实用新型专利 PCT 申请	98900001.X		CN2151896Y	ZL 98900001.X
外观设计	93300001.4		CN3021827D	ZL 93300001.4

此阶段的编号特点如下：

• 由于 1992 年修改的《专利法》取消了"异议期"，取消了"审定公告"（发明）和"公告"（实用新型和外观设计），自 1993 年 1 月 1 日起出版发明专利授权公告（含发明专利说明书）、实用新型专利授权公告（含实用新型专利说明书）、外观设计专利授权公告时授予的编号都称为授权公告号，分别沿用原审定号（发明）或原公告号（实用新型和外观设计）的序列，文献种类标识代码相应改为 C（发明）、Y（实用新型）、D（外观设计）。

• 自 1994 年 4 月 1 日起，中国国家知识产权局开始受理 PCT 国际申请。指定中国的 PCT 国际申请进入中国国家阶段的申请号经历了下面几个历程：

（1）在开始受理指定中国的 PCT 国际申请进入中国国家阶段的申请时，为了把 PCT 国际申请和国家申请加以区分，指定中国的发明 PCT 国际申请进入中国国家阶段的申请号的第四位用数字 9 表示，指定中国的实用新型的 PCT 国际申请进入中国国家阶段的申请号的第四位也用数字9表示，例如，94190001.0或者94290001.4。

（2）由于指定中国的发明的PCT国际申请进入中国国家阶段的数量的急剧增长，容量仅为10000件的流水号很快就不能够满足需求。于是，1996年和1997年发明的PCT国际申请进入中国国家阶段的申请号除了第四位用数字9表示以外还用数字8表示，例如97180001.6。

（3）为了从根本上解决指定中国的PCT国际申请进入中国国家阶段申请号容量不足的问题，从1998年开始，就把指定中国的PCT国际申请进入中国国家阶段的申请当作新的专利申请类型看待。因此，自1998年起，指定中国的发明的PCT国际申请进入中国国家阶段的申请号的第三位用数字8表示，指定中国的实用新型的PCT国际申请进入中国国家阶段的申请号的第三位用数字9表示，例如，98800001.6或者98900001.X。这样，从根本上解决了PCT国际申请进入中国国家阶段的申请号的容量不足问题。

• 指定中国的PCT国际申请进入中国国家阶段的公开号、授权公告号、专利号不另行编号，即与发明或实用新型的编号方法一致。PCT国际申请无外观设计专利申请。

• 对确定为保密的发明专利申请和实用新型专利申请，授权后解密的，出版解密的发明或实用新型专利说明书，同时在《专利公报》上予以公告。关于解密专利文献的编号为：在一般授权公告号的前面冠以"解密"二字，对发明专利申请公开号的表示如"解密CN1××××××C"；对实用新型专利申请公告号的表示如"解密CN2××××××Y"。

6.1.4 以专利文献号全面升位为特征的的第四阶段（2004年7月1日至今）

为了满足专利申请量的急剧增长的需要和适应专利申请号升位的变化，国家知识产权局从2004年7月1日起启用新标准的专利文献号。第四阶段的具体编号如附表6-4所示。

附表6-4 第四阶段的专利文献编号体系

专利申请类型	申请号	公开号	授权公告号	专利号
发　　明	200310102344.5	CN100378905A	CN100378905B	ZL200310102344.5
发明专利PCT申请	200380100001.3	CN100378906A	CN100378906B	ZL200380100001.3
实用新型	200320100001.1		CN200364512U	ZL200320100001.1
实用新型专利PCT申请	200390100001.9		CN200364513U	ZL200390100001.9
外观设计	200330100001.6		CN300123456S	ZL200330100001.6

此阶段的编号特点如下：

• 三种专利的申请号由12位数字和1个圆点（.）以及1个校验位组成，按年编排，如200310102344.5，其前四位表示申请年代，第五位数字表示要求保护的专利申请类型：1表示发明，2表示实用新型，3表示外观设计，8表示指定中国的发明专利的PCT国际申请，9表示指定中国的实用新型专利的PCT国际申请，第6~12位数字（共7位数字）表示当年申请的顺序号，然后用一个圆点（.）分隔专利申请号和校验位，最后一位是校验位。

• 自2004年7月1日开始出版的所有专利说明书文献号均由表示中国国别代码的字母串CN和9位数字以及1个字母或1个字母加1个数字组成。其中，字母串CN以后的第一位数字表示要求保护的专利申请类型：1表示发明、2表示实用新型、3表示外观设计，在此应该指出的是"指定中国的发明专利的PCT国际申请"和"指定中国的实用新型专利的PCT国际申请"的文献号不再另行编排，而是分别归入发明或实用新型一起编排；第2~9位为流水号，三种专利按各自的流水号序列顺排，逐年累计；最后1个字母或1个字母加1个数字表示专利文献种类标识代码，三种专利的文献种类标识代码如下所示。

发明专利文献种类标识代码：
A表示发明专利申请公布说明书；
A8表示发明专利申请公布说明书（扉页再版）；
A9表示发明专利申请公布说明书（全文再版）；
B表示发明专利说明书；
B8表示发明专利说明书（扉页再版）；
B9表示发明专利说明书（全文再版）；
C1~C7表示发明专利权部分无效宣告的公告。
实用新型专利文献种类标识代码：
U表示实用新型专利说明书；
U8表示实用新型专利说明书（扉页再版）；
U9表示实用新型专利说明书（全文再版）；
Y1~Y7表示实用新型专利权部分无效宣告的公告。
外观设计专利文献种类标识代码：
S表示外观设计专利授权公告；
S9表示外观设计专利授权公告（全文再版）；
S1~S7表示外观设计专利权部分无效宣告的公告；
S8表示预留给外观设计专利授权公告单行本的扉页再版。

6.2 美国专利文献编号体系❶

6.2.1 申请号

美国专利文献申请号的编号方式为库号+/+申请序号，为连续编号方式。其中，

---

❶ 知了网. 如何快速看懂美国专利申请号/公布号/专利号［EB/OL］.［2016-11-25］. http://www.izhiliao.com.cn/Event/EventShowInfo.aspx? rid = EVT738E874B7681114227177EA5757AAA99.

库号由2位数字表示（参见附图6－2），各库号所表示的含义如下：

01～28用于专利申请，植物专利申请，再公告专利申请，依法登记的发明请求；

29用于外观设计专利申请；

60用于专利临时申请；

90用于单方再审查请求；

95用于双方再审查请求。

申请序号采用6位数字表示，连续编排，循环使用。

(19) **United States**

(12) **Patent Application Publication** (10) **Pub. No.: US 2016/0091960 A1**

ISMAIL et al. (43) **Pub. Date: Mar. 31, 2016**

(54) **CONTROL SYSTEMS FOR REDUCING CURRENT TRANSIENTS**

(71) Applicant: **Apple**, Cupertino, CA (US)

(72) Inventors: **James S. ISMAIL**, San Jose, CA (US); **David A. HARDELL**, San Jose, CA (US); **Karen S. ECKERT**, San Jose, CA (US); **Keith COX**, Sunnyvale, CA (US)

(21) Appl. No.: **14/500,393**

(22) Filed: **Sep. 29, 2014**

Publication Classification

(51) **Int. Cl.**
G06F 1/32 (2006.01)

(52) **U.S. Cl.**
CPC ***G06F 1/3296*** (2013.01); ***G06F 1/324*** (2013.01)

(57) **ABSTRACT**

A method, apparatus, and system for reducing current transients of a power supply are disclosed. Specifically, the embodiments discussed herein include a control system configured to throttle a processor of a computing device when the current demanded by the processor from the power supply exceeds a reference current value. Throttling can include reducing or limiting the performance state that the processor can be operable in. Additionally, the control system can be operated according to multiple time domains, allowing the sampling of an input current to be performed at a higher rate than a rate at which analysis on the sampled input current is performed. The processor can remain throttled depending on a delayed release filter, which determines when a processor can return to a performance state that was previously removed.

附图6－2 美国专利文献编号的库号

6.2.2 文献号

（1）专利申请公布号

这是根据《1999年美国发明人保护法案》规定，自正式专利申请日（或优先权日）起18个月公开的发明专利申请说明书，这是专利文献的授权前公开（参见附图6－3）。

其编号方式是“国家代码＋申请公布年代＋/＋申请公布序号＋文献种类代码”，其中：

国家代码：US；

申请公布年份：4位公元年（自2001年3月15日起实施）；

申请公布序号：7位数字；

文献种类代码：A1为申请首次公布，A2为申请再次公布，A9为申请公布更正。

(19) **United States**
(12) **Patent Application Publication**　(10) **Pub. No.: US 2016/0091960 A1**
ISMAIL et al.　(43) **Pub. Date: Mar. 31, 2016**

(54) **CONTROL SYSTEMS FOR REDUCING CURRENT TRANSIENTS**

(71) Applicant: **Apple**, Cupertino, CA (US)

(72) Inventors: **James S. ISMAIL**, San Jose, CA (US); **David A. HARDELL**, San Jose, CA (US); **Karen S. ECKERT**, San Jose, CA (US); **Keith COX**, Sunnyvale, CA (US)

(21) Appl. No.: **14/500,393**

(22) Filed: **Sep. 29, 2014**

Publication Classification

(51) **Int. Cl.**
G06F 1/32 (2006.01)

(52) **U.S. Cl.**
CPC ***G06F 1/3296*** (2013.01); ***G06F 1/324*** (2013.01)

(57) **ABSTRACT**

A method, apparatus, and system for reducing current transients of a power supply are disclosed. Specifically, the embodiments discussed herein include a control system configured to throttle a processor of a computing device when the current demanded by the processor from the power supply exceeds a reference current value. Throttling can include reducing or limiting the performance state that the processor can be operable in. Additionally, the control system can be operated according to multiple time domains, allowing the sampling of an input current to be performed at a higher rate than a rate at which analysis on the sampled input current is performed. The processor can remain throttled depending on a delayed release filter, which determines when a processor can return to a performance state that was previously removed.

附图 6－3　美国专利文献的申请公开号

（2）专利号

2001 年 1 月 2 日之前，美国专利文献的专利号仅包括连续独立编号的专利公布序号。专利公布序号采用 7 位数字表示，如附图 6－4 所示。

US006167568A

United States Patent [19]　[11] **Patent Number: 6,167,568**
Gandel et al.　[45] **Date of Patent: Dec. 26, 2000**

[54] **METHOD AND APPARATUS FOR IMPLEMENTING ELECTRONIC SOFTWARE DISTRIBUTION**

[75] Inventors: **Deborah E. Gandel**, San Carlos; **Katherine V. G. Dickinson**, Palo Alto; **Christine A. Miller**, Scotts Valley; **Daniel P. Gilliland**, San Ramon; **Jasmine Ocegueda**; **Jay D. Hastings**, both of San Jose, all of Calif.; **Karin Ellison**, Seal Rock, Oreg.; **Shelley F. Pavela**, Foster City, Calif.; **Kenneth J. Poje**, San Jose, Calif.; **Gary E. Linnert**, Redwood City, Calif.; **John L. Barker**, Palo Alto, Calif.

[73] Assignee: **Sun Microsystems, Inc.**, Palo Alto, Calif.

[21] Appl. No.: **09/107,245**

[22] Filed: **Jun. 30, 1998**

Kalaoja et al, "Feature Modelling of Component-Based Embedded Software," Proceedings of Eighth IEEE International Workshu on Software Technology and Engineering Practice, pp. 444–451, Jul. 1997.
Jones et al, "The ESA Software Engineering Standards: Past, Present and Feature," Emerging International Standards, Third IEEE 1997, ISESS 97, pp. 119–126.
Fedchark et al, "An Engineering Approach to Electronic Publishing," Proceedings of International Workshop on Multimedia Software Development, 1996, pp. 80–88, Mar. 25–26, 1996.
Rozman et al, "United View on ISO 9001 Model and SEI CMM," Proceedings of the 1994 IEEE International Engineering Management Conference, pp. 56–63, Oct. 17–19, 1994.
Beach et al, "An Integrated Manufacturing Data Management System," Proceedings of Competitive Manufacturing for Next Decade, IEMT Symposium, Nith IEEE/CHMT Int'l, pp. 306–311, Oct. 1–3, 1990.
"Software Distribution by CD-ROM Linked with Network," IBM Technical Disclosure Bulletin, vol. 38, No. 11, pp. 111–112, Nov. 1995.

附图 6－4　2001 年 1 月 2 日之前美国专利文献的专利号示例

2001 年 1 月 2 日，美国开始在其出版的专利文献上全面标识 WIPO PCIPI 制定的标准 16 专利文献类型识别代码，其编号方式是“国家代码 + 专利公布序号 + 文献种类代码”（参见附图 6 – 5），其中：

国家代码：US；

专利公布序号：7 位数字；

文献种类代码：B1 表示授权前未曾公开的授权文件，B2 表示授权前曾公开过的授权文件。

(12) **United States Patent**
Abidi et al.

(10) **Patent No.: US 9,276,953 B2**
(45) **Date of Patent: Mar. 1, 2016**

(54) **METHOD AND APPARATUS TO DETECT AND BLOCK UNAUTHORIZED MAC ADDRESS BY VIRTUAL MACHINE AWARE NETWORK SWITCHES**

(71) Applicant: **International Business Machines Corporation (IBM)**

(72) Inventors: **Vasmi Mohammad Abidi**, Cupertino, CA (US); **Marius-Cristian David**, Dolj County (RO); **Nirapad Ghosh**, Sunnyvale, CA (US); **Tamanna Zackaria Sait**, San Jose, CA (US); **Eugen-Cristian Udrea**, Bucharest (RO)

(73) Assignee: **International Business Machines Corporation**, Armonk, NY (US)

(*) Notice: Subject to any disclaimer, the term of this patent is extended or adjusted under 35 U.S.C. 154(b) by 176 days.

(21) Appl. No.: **13/975,310**

(58) **Field of Classification Search**
CPC H04L 63/1441; H04L 63/0227; H04L 63/1466; H04L 63/1483
See application file for complete search history.

(56) **References Cited**

U.S. PATENT DOCUMENTS

5,394,402 A 2/1995 Ross
5,515,359 A 5/1996 Zheng
(Continued)

FOREIGN PATENT DOCUMENTS

CN 1897567 A 1/2007
CN 101030959 A 9/2007
(Continued)

OTHER PUBLICATIONS

Bates, et al., Deactivating Co-Residency With Active Traffic Analysis Techniques, CCSW, Oct. 19, 2012.
(Continued)

附图 6 – 5　2001 年 1 月 2 日之后美国专利文献的专利号示例

（3）植物专利申请公布号

植物专利的编号方式是“国家代码 + 申请公布年代 +／+ 申请公布序号 + 文献种类代码”，其中：

国家代码：US；

申请公布年代：4 位公元年（自 2001 年 3 月 15 日起）；

申请公布序号：7 位数字，与专利申请公布混合编号；

文献种类代码：申请首次公布为 P1，申请再次公布为 P4，申请公布更正为 P9。

（4）植物专利号

2001 年 1 月 2 日之前，美国植物专利的编号方式是“表示植物专利的种类词 + 专利公布序号”，其中：

表示植物专利的种类词：Plant；

专利公布序号：5 位数字。

在实际检索过程中，附图 6 – 6 所示的专利在按专利号查找时需要输入 PP07514。

附图6-6 2001年1月2日之前美国的植物专利号示例

2001年1月2日之后的编号方式是"国家代码+表示植物专利的种类词+专利公布序号+文献种类代码"（参见附图6-7），其中：

国家代码：US；

表示植物专利的种类词：PP；

专利公布序号：5位数字；

文献种类代码：未经申请公布的授权文件为P2，经申请公布的授权文件为P3。

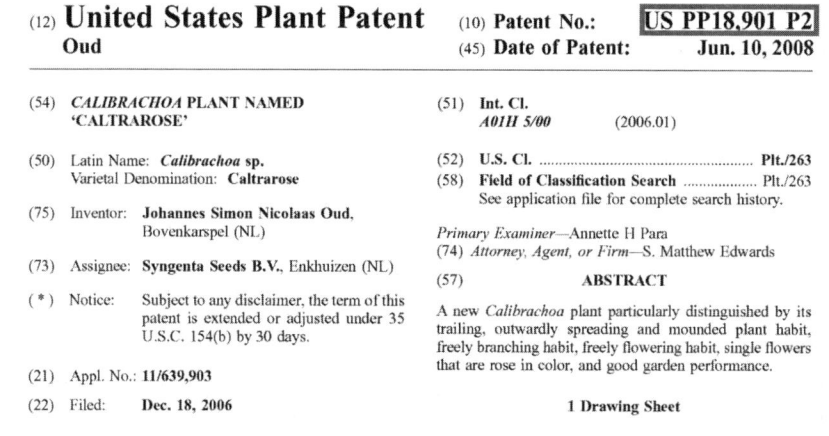

附图6-7 2001年1月2日之后美国的植物专利号示例

（5）外观设计专利号

2001年1月2日之前，美国外观设计专利的编号方式是"表示设计专利的种类缩略词+专利公布序号"，其中：

表示设计专利的种类缩略词：Des.；

专利公布序号：6位数字。

在实际检索过程中，附图6-8所示的专利文献在按专利号查找时需要输入 D339456。

United States Patent [19]
Kayano

[11] **Patent Number: Des. 339,456**
[45] **Date of Patent: ** Sep. 21, 1993**

[54] **SHOE SOLE**
[75] Inventor: **Toshikazu Kayano**, Kobe, Japan
[73] Assignee: **Asics Corporation**, Hyogo, Japan
[**] Term: **14 Years**
[21] Appl. No.: **825,706**
[22] Filed: **Jan. 27, 1992**
[30] **Foreign Application Priority Data**
Jul. 31, 1991 [JP] Japan 3-23193
[52] **U.S. Cl.** **D2/320**
[58] **Field of Search** .... D2/264, 265, 274, 311, D2/317-323; 36/25 R, 28, 29, 32 R, 43, 44, 59 R, 59 C, 83, 84, 89, 100-107, 112-114, 132, 136
[56] **References Cited**
U.S. PATENT DOCUMENTS
D. 295,113 4/1988 Zuidema et al. D2/320
D. 296,152 6/1988 Selbiger D2/320
D. 298,984 12/1988 Selbiger D2/320
D. 308,748 6/1990 Arai D2/320

Primary Examiner—Louis S. Zarfas
Attorney, Agent, or Firm—Nixon & Vanderhye

[57] **CLAIM**

The ornamental design for a shoe sole, as shown and described.

DESCRIPTION

FIG. **1** is an illustrative view of a shoe sole showing my new design in a position of use. The broken line showing of the shoe in FIG. **1** is for illustrative purposes only and forms no part of the claimed design;
FIG. **2** is a left side elevational view thereof;
FIG. **3** is a front elevational view thereof;
FIG. **4** is a right side elevational view thereof;
FIG. **5** is a rear elevational view thereof;
FIG. **6** is a top plan view thereof;
FIG. **7** is a bottom plan view thereof; and,
FIG. **8** is a perspective view thereof.

附图 6－8　2001 年 1 月 2 日之前美国专利的外观设计专利号示例

2001 年 1 月 2 日之后的编号方式是“国家代码＋表示设计专利的种类缩略词＋专利公布序号＋文献种类代码”（参见附图 6－9），其中：

国家代码：US；

表示设计专利的种类缩略词：D；

专利公布序号：6 位数字；

文献种类代码：经审查授予专利权的文件为 S。

(12) **United States Design Patent**
Apple

(10) **Patent No.: US D582,809 S**
(45) **Date of Patent: ** Dec. 16, 2008**

(54) **LARGE-SURFACE MEASURING DEVICE WITH ADJUSTABLE POSITION MARKERS**
(75) Inventor: **Judy Apple**, Ypsilanti, MI (US)
(73) Assignee: **Colonial Needle Company**, White Plains, NY (US)
(**) Term: **14 Years**
(21) Appl. No.: **29/299,019**
(22) Filed: **Dec. 18, 2007**
(51) **LOC (8) Cl.** **10-04**
(52) **U.S. Cl.** **D10/71**
(58) **Field of Classification Search** .... D10/71; 33/1 V, 2 R, 3 R, 4–6, 3 A, 3 B, 3 C, 7, 8, 33/9 R, 10, 9 A, 11–16, 17 R, 17 A, 2 H, 33/2 A, 484–488
See application file for complete search history.
(56) **References Cited**
U.S. PATENT DOCUMENTS
5,083,380 A * 1/1992 Robertson 33/485
D339,305 S * 9/1993 Klein D10/71
5,402,585 A * 4/1995 Lund 33/484

* cited by examiner

Primary Examiner—Antoine D Davis
(74) *Attorney, Agent, or Firm*—Gifford, Krass, Sprinkle, Anderson & Citkowski, PC

(57) **CLAIM**

The ornamental design for a large-surface measuring device with adjustable position markers, as shown and described.

DESCRIPTION

FIG. **1** is a fragmented perspective elevational view of a large-surface measuring device with adjustable position markers showing my new design;
FIG. **2** is a fragmented front elevational view of a large-surface measuring device with adjustable position markers; and,
FIG. **3** is a fragmented rear elevational view thereof.

1 Claim, 2 Drawing Sheets

附图 6－9　2001 年 1 月 2 日之后美国的外观设计专利号示例

（6）再公告专利号

1838 年开始出版并单独编号。这是一种在发明专利授权后 2 年之内，发明人发现说明书或附图由于非欺骗性失误，或权利要求过宽或过窄而影响原专利的完全或部分有效性。这时美国专利商标局根据发明人提交的再版专利申请，对上述问题进行修正，授予再版专利。

2001 年 1 月 2 日之前再公告专利号的编号方式是“表示再公告专利的种类缩略词 + 专利公布序号”，其中：

表示再公告专利的种类缩略词：RE.；

专利公布序号：5 位数字。

在实际检索过程中，附图 6 – 10 所示的专利文献在按专利号查找时需要输入 RE35312。

United States Patent [19]　　[11] E　**Patent Number: Re. 35,312**

Christoudias　　[45] **Reissued　Date of Patent: Aug. 6, 1996**

[54] **CHRISTOUDIAS ENDOSPONGESTICK PROBE**

[75] Inventor: **George C. Christoudias**, New Milford, N.J.

[73] Assignee: **Surgical Inventions & Innovations, Inc.**, New Milford, N.J.

[21] Appl. No.: **327,404**

[22] Filed: **Oct. 21, 1994**

Related U.S. Patent Documents

Reissue of:

[64] Patent No.: **5,188,630**
Issued: **Feb. 23, 1993**
Appl. No.: **674,470**
Filed: **Mar. 25, 1991**

[51] **Int. Cl.^{6}** **A61B 17/00**

[52] **U.S. Cl.** **600/207**; 606/108; 604/1

[58] **Field of Search** 606/1, 108, 191, 606/200; 604/1, 11, 96, 104, 158, 171, 264, 265, 358; 600/201, 204, 207

[56] **References Cited**

U.S. PATENT DOCUMENTS

5,002,556	3/1991	Ishida et al.	606/192
5,030,227	7/1991	Rosenbluth et al.	606/104
5,074,840	12/1991	Yoon	604/11
5,269,753	12/1993	Wilk	606/192
5,286,261	2/1994	Roizenblatt	606/192
5,309,896	5/1994	Moll et al.	606/192
5,359,995	11/1994	Sewell	606/192

FOREIGN PATENT DOCUMENTS

2006019	5/1979	United Kingdom	606/192
8606611	11/1986	WIPO	606/192

Primary Examiner—Stephen C. Pellegrino
Assistant Examiner—Glenn Dawson
Attorney, Agent, or Firm—Richard A. Joel

[57] **ABSTRACT**

A spongestick for *retraction, and tissue manipulation in* endoscopic procedures including a hollow stem of substantially cylindrical cross-section with a longitudinal groove along its outer surface and having a handle at one end and a balloon receptor portion at the other end. The stem is surrounded by a retractable sheath having a handle at the end adjacent the stem handle. A balloon system comprises a Leur lock tip at its upper end for coupling to inflation means and an elongated tube portion which extends within the longitudinal groove in the stem to a tubular balloon which fits over the receptor portion. Circumferential grooves are provided on the upper and lower sections of the receptor portion

附图 6 – 10　2001 年 1 月 2 日之前美国的再公告专利号示例

2001 年 1 月 2 日之后再公告专利号的编号方式是“国家代码 + 表示再公告专利的种类缩略词 + 专利公布序号 + 文献种类代码”（参见附图 6 – 11），其中：

国家代码：US；

表示再公告专利的种类缩略词：RE；

专利公布序号：5 位数字；

文献种类代码：E。

(12) **Reissued Patent**
Yasuda et al.

(10) **Patent Number: US RE39,231 E**
(45) **Date of Reissued Patent: Aug. 8, 2006**

(54) **COMMUNICATION TERMINAL EQUIPMENT AND CALL INCOMING CONTROL METHOD**

(75) Inventors: **Hiroshi Yasuda**, Kanagawa (JP); **Morihiko Hayashi**, Kanagawa (JP); **Michihiro Kaneko**, Tokyo (JP); **Michihito Nakagawa**, Kanagawa (JP)

(73) Assignee: **Sony Corporation**, Tokyo (JP)

(21) Appl. No.: **09/998,426**

(22) Filed: **Nov. 30, 2001**

Related U.S. Patent Documents

Reissue of:
(64) Patent No.: **5,995,852**
Issued: **Nov. 30, 1999**
Appl. No.: **08/571,650**
Filed: **Dec. 13, 1995**

(30) **Foreign Application Priority Data**

Dec. 19, 1994 (JP) P06-335016

4,935,735 A * 6/1990 DeLuca et al.
5,233,641 A * 8/1993 Maeda 455/567
5,276,729 A * 1/1994 Higuchi et al. 455/403
5,329,577 A * 7/1994 Norimatsu
5,406,618 A * 4/1995 Knuth et al. 455/412
5,442,814 A * 8/1995 Seo 455/403
5,491,745 A * 2/1996 Roeder 455/564
5,493,285 A * 2/1996 Yoshizawa 340/825.44
5,625,683 A * 4/1997 Nazanin et al. 379/355
5,651,052 A * 7/1997 Serrano 455/567
5,657,372 A * 8/1997 Ahlberg et al. 455/403

FOREIGN PATENT DOCUMENTS

EP	0275193	*	7/1988
EP	0408027	*	1/1991
EP	0502617	*	9/1992
EP	0772334	*	5/1997
EP	0772334		7/1997
JP	0799534 A		4/1995
JP	0799534 A	*	4/1995
WO	WO 9413065		6/1994
WO	9413065	*	6/1994

* cited by examiner

附图6－11　2001年1月2日之后美国的再公告专利号示例

（7）再审查证书专利号

美国自1981年7月1日实行再审查制，专利授权后，任何人在其有效期内引证现有技术对该专利提出质疑，美国专利商标局对此专利进行复审之后，都颁发再审查证书，并出版复审之后的专利说明书。

2001年1月2日之前再审查证书专利号的编号方式是“表示再审查证书的种类代码＋原专利公布序号”，其中：

表示再审查证书的种类代码：第一次复审授权的文件为B1，第二次复审授权的文件为B2，第三次授权复审的文件为B3；

专利公布序号：7位数字。

2001年1月2日之后再审查证书专利号的编号方式是“国家代码＋原专利公布序号＋文献种类代码”，其中：

国家代码：US；

专利公布序号：7位数字；

文献种类代码：第一次复审授权的文件为C1，第二次复审授权的文件为C2，第三次授权复审的文件为C3。

（8）依法登记的发明号

依法登记的发明的前身是防卫性公告（Defensive Publication），1985年更名。依法登记的发明不是专利，它具有专利的防卫性特征，而不具有专利的实施性特征。当发明人认为自己的发明不值得或不愿意申请正式专利，但又怕别人以同样的发明申请专利，对自己不利。在这种情况下，依法登记的发明是一种选择。这样可使相同的发明丧失新颖性，从而保护发明人的利益。

2001年1月2日之前依法登记的发明号的编号方式是表示依法登记的发明的种类代码+公布序号（参见附图6-12）。

表示依法登记的发明的种类代码：H；

公布序号：4位数字。

United States Statutory Invention Registration [19]

[11] **Reg. Number: H1,798**

Modic [45] **Published: *Jul. 6, 1999**

[54] **SOFT COMPOUNDS CONTAINING ELASTOMERIC METALLOCENE POLYOLEFINS AND STYRENIC BLOCK COPOLYMERS**

[75] Inventor: **Michael John Modic**, Richmond, Tex.

[73] Assignee: **Shell Oil Company**, Houston, Tex.

[*] Notice: This patent issued on a continued prosecution application filed under 37 CFR 1.53(d), and is subject to the twenty year patent term provisions of 35 U.S.C. 154(a)(2).

[21] Appl. No.: **08/756,462**

[22] Filed: **Nov. 26, 1996**

5,288,791 2/1994 Collier, IV et al. 524/505
5,288,792 2/1994 Buxbaum 252/25
5,304,599 4/1994 Himes 525/98
5,320,899 6/1994 Djiauw 428/220
5,322,728 6/1994 Davey et al. 428/296
5,591,792 1/1997 Hattori et al. 524/271

FOREIGN PATENT DOCUMENTS

0254346 1/1988 European Pat. Off. .
4236249 8/1992 Japan .
5-51494 3/1993 Japan .
93/06169 4/1993 WIPO .
94/18263 8/1994 WIPO .
95/33006 12/1995 WIPO .

Primary Examiner—Charles T. Jordan
Assistant Examiner—Meena Chelliah

[57] **ABSTRACT**

附图6-12 2001年1月2日之前美国的再审查证书专利号示例

2001年1月2日之后依法登记的发明号的编号方式是“国家代码+表示依法登记的发明的种类代码+公布序号+文献种类代码”（参见附图6-13），其中：

国家代码：US；

表示依法登记的发明的种类代码：H；

公布序号：4位数字；

文献种类代码：H。

(19) **United States**

(12) **Statutory Invention Registration** (10) **Reg. No.: US H2096 H**

Erderly et al. (43) **Published: Jan. 6, 2004**

(54) **THERMOPLASTIC ELASTOMER COPOLYMER FILMS**

(75) Inventors: **Thomas Craig Erderly**, Baytown, TX (US); **John Hugh MacKay**, Chicago, IL (US); **Russell Harrel Narramore**, Brentwood, TN (US)

(73) Assignee: **Exxon Chemical Patents, I**, Wilmington, DE (US)

(21) Appl. No.: **08/469,835**

(22) Filed: **Jun. 6, 1995**

Related U.S. Application Data

(60) Division of application No. 08/189,465, filed on Jan. 31, 1994, now abandoned, which is a continuation-in-part of application No. 08/013,518, filed on Feb. 3, 1993, now abandoned.

4,476,180 A 10/1984 Wnuk 428/220
4,479,989 A 10/1984 Mahal 428/35
5,272,236 A * 12/1993 Lai et al. 526/348.5
5,278,272 A * 1/1994 Lai et al. 526/348.5

FOREIGN PATENT DOCUMENTS

EP 0 114 964 A1 8/1984

* cited by examiner

Primary Examiner—Michael J. Carone
Assistant Examiner—Aileen B. Felton
(74) *Attorney, Agent, or Firm*—Douglas H. Elliott; Moser, Patterson & Sheridan, L.L.P.

(57) **ABSTRACT**

Disclosed are (1) a thermoplastic elastomeric film comprised of an elastomeric arene-diene block copolymer and particular ethylene/β-olefin copolymers having low ethylene crystallinity and (2) the process of preparing films thereof. The disclosed films have superior strength and elasticity charac-

附图6-13 2001年1月2日之后美国的再审查证书专利号示例

6.3 日本专利文献编号体系[1]

日本专利说明书包括三部分：标头、正文和附图。标头显示的内容为著录项目，它位于正文第 1 页的上方。正文以权利要求书开始，其后记录专利的技术。

由于日本专利法屡屡修改，因此各时期出版的日本专利说明书有所不同。

6.3.1 1971 年以前的日本专利说明书

1971 年前，日本对发明专利申请和实用新型申请实行审查制度与异议公告程序并举，因而出版的专利文献类型有：

特許公報（专利公布说明书），文献类型识别代码为 B；

特許明細書（专利说明书），文献类型识别代码为 C（1885～1950 年）

実用新案公報（实用新型公布说明书），文献类型识别代码为 Y；

登録実用新案明細書（注册实用新型说明书），文献类型识别代码为 Z（1905～1950 年）。

这阶段其审查程序与专利说明书的关系如附图 6-14 所示。

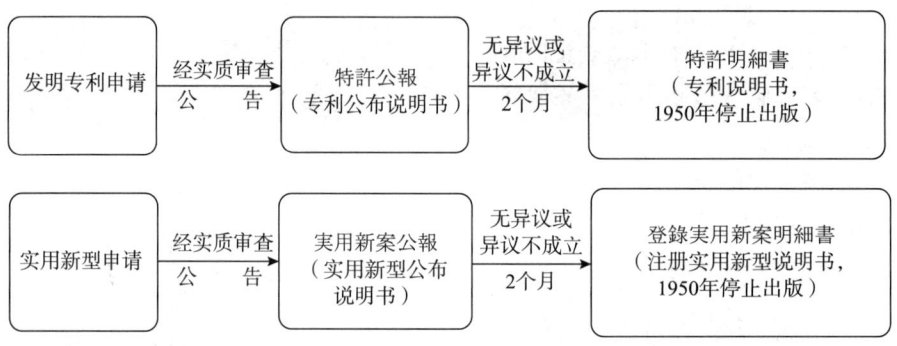

附图 6-14 1971 年以前日本审查程序与专利说明书的关系

6.3.2 1971 年以后的日本专利说明书

自 1971 年 1 月 1 日起，发明专利申请和实用新型申请同时改为早期公开、延迟审查制并保留公告异议程序，此后出版的专利文献类型有：

公開特許公報（专利申请公开说明书），文献类型识别代码为 A；

公表特許公報（国际申请说明书日文译文），文献类型识别代码为 A；

再公表特許（日本国际申请的再公开），文献类型识别代码为 A1；

特許公報（专利公告说明书），文献类型识别代码为 B2；

---

[1] 国家知识产权局. 专利文献基础知识——各国专利文献介绍 [EB/OL]. [2008-04-03]. http://www.cnipa.gov.cn/wxfw/zlwxxxggfw/zsyd/zlwxjczs/zlwxjczs_gglzwxjs/1053682.htm.

公開実用新案公報（实用新型申请公开说明书），文献类型识别代码为 U；
公表実用新案公報（实用新型申请公开说明书），文献类型识别代码为 U1；
実用新案公報（实用新型公告说明书），文献类型识别代码为 Y2。

1994 年，日本实用新型法再次修改，将早期公开、延迟审查制改为登记制，因而实用新型说明书出现的新类型包括：

登錄実用新案公報（注册实用新型说明书），文献类型识别代码为 U；
実用新案登錄公報（实用新型注册说明书），文献类型识别代码为 Y2；
意匠公報（外观设计公报），文献类型识别代码为 S。

这阶段其审查程序与专利说明书的关系如附图 6-15 所示。

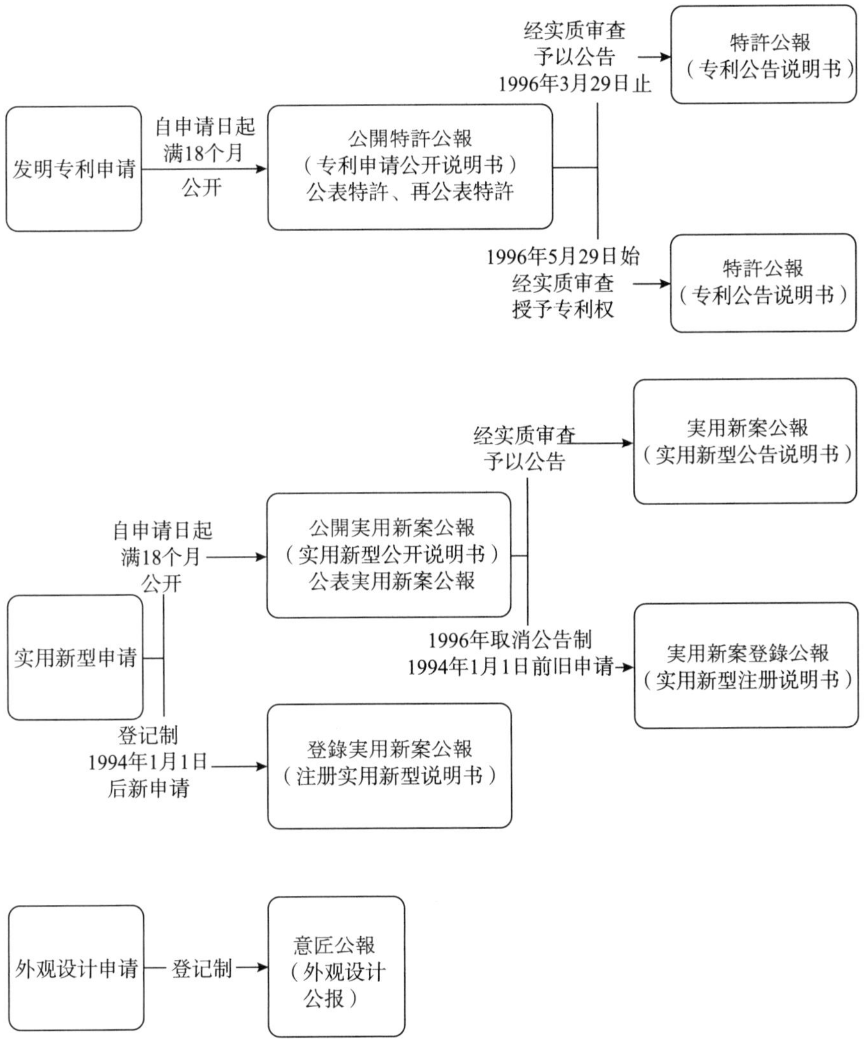

附图 6-15　1971 年之后日本审查程序与专利说明书的关系

6.3.3 日本专利文献编号规则

日本专利申请号编号体系如附表 6–5 所示。

附表 6–5　日本申请号编号体系

申请类型	申请号格式	2000 年前	2000 年后
发明专利申请	种类 + 申请 + 年代 + 当年序号	特願平 3–352420	特願 2000–1234
实用新型申请		实願平 6–289	实願 2000–2356
外观设计申请		意願平 5–2365	意願 2000–4728

申请号的特点：

① 三种申请号均有固定格式，按年编排。其中，第一个字表示申请种类：特——专利，实——实用新型，意——外观设计。第二个字：願——申请。第三个字和半字线前的数字组合是用日本纪年表示申请年代，与公元年的换算关系为：明治年 (M) + 1867 = 公元年，大正年 (T) + 1911 = 公元年，昭和年 (S) + 1925 = 公元年，平成年 (H) + 1988 = 公元年。

② 自 2000 年后申请年代改为公元年，其他含义不变。

附表 6–6　发明专利说明书的文献编号体系

说明书名称	文献号		
	编号名称	2000 年前	2000 年后
公開特許公報 A（专利申请公开说明书）	特許出願公開番号（专利申请公开号）	特開平 5-344801	P2000-1A
公表特許公報 A（国际申请说明书日文译本）	特許出願公表番号（专利申请公开号）	特表平 1-500001	P2000-500001A
再公表特許 A1（日本国际申请的再公开）	國際公開番号（国际公开号）	WO98/23680	WO00/12345A
特許公報 B2（专利公告说明书）	特許出願公告番号（专利申请公告号）	1996 年 3 月 29 日为止：特公平 8-34772	
特許公報 B2（专利说明书）	特許番号（专利号）	1996 年 5 月 29 日开始：第 2500001 号～	特許第 2996501 号（P2996501）
特許明細書 C（专利说明书，1885～1950 年）	特許番号（专利号）	1～216017，1950 年以后的专利号继续沿此序列接排。1996 年改法后从 2500001 号开始顺排	

发明专利说明书文献号的特点：

① 公开、公告号总的特点与申请号一样，按年编排，固定格式：种类＋公布方式＋年代＋当年序号。区别在于第二个字，即公布方式：开——公开、表——再公开、公——公告。2000 年后，按公元年编排，字母 P 表示专利。

② 公表特許公報（国际申请日文译本）的公开号每年从 500001 开始编排。

③ 再公表特許（日本国际申请的再公开）的再公开号沿用国际申请公开号。

④ 专利号有些特别。特許明細书的专利号从 1 号开始大流水号顺排。1950 年不再出版这种专利说明书，但授予专利权时给予专利号，并继续沿此序列接排，直到 1996 年 5 月 29 日开始出版的特許公報（实际上为专利说明书），专利号另从 2500001 开始顺排。

日本专利实用新型说明书、外观设计的文献编号体系如附表 6-7 所示。

附表 6-7　实用新型说明书、外观设计的文献编号体系

说明书名称	文献号		
	编号名称	2000 年前	2000 年后
公開実用新案公報 U （实用新型公开说明书）	実用新案出願公開番号 （实用新型申请公开号）	実開平 5-344801	実用新案出願公開番号 実開 2000-1 （U2000-1A）
登録実用新案公報 U （注册实用新型说明书）	実用新案登録番号 （实用新型注册号）	1994 年 7 月 26 日开始 第 3000001 号～	実用新案登録 第 3064201 号 （U3064201）
公表実用新案公報 U1 （实用新型国际申请说明书日文译本）	実用新案出願公表番号 （实用新型申请公开号）	実表平 8-500003	U2000-600001U
実用新案公報 Y2 （实用新型公告说明书）	実用新案出願公告番号 （实用新型申请公告号）	1996 年 3 月 29 日为止 実公平 8-34772	
実用新案登録公報 Y2 （实用新型注册说明书）	実用新案登録番号 （实用新型注册号）	1996 年 6 月 5 日开始 第 2500001 号～	実用新案登録 第 2602201 号 （U2602201U）
登録実用新案明細書 Z （注册实用新型说明书，1905～1950 年）	実用新案登録番号 （实用新型注册号）	1～406203，1950 年以后的注册号继续沿此序列编排。1994 年新申请的注册号从 3000001 号开始，1994 年前老申请的注册号从 2500001 号开始	
意匠公報 S （外观设计公报）	意匠登録番号 （外观设计注册号）	自 1 号开始顺排	

实用新型说明书文献号特点：

① 公开、公告号总的特点也是按年编排，固定格式：种类+公布方式+年代+当年序号，种类中第一个字：实——实用新型。

② 公表实用新案公报（国际申请日文译本）公开号每年自500001开始编排。2000年后按公元年编排，字母U表示实用新型。

③ 注册号有些特别。登録实用新案明細書的注册号从1号开始大流水号顺排。1950年不再出版这种说明书，但授予注册证书时给予注册号，并继续沿此序列接排，直到1994年实用新型改以登记制，对于1994年1月1日以后提出的新申请，形审合格即授予注册证书，因而自1994年7月26日开始出版的注册实用新型说明书，注册号另从3000001开始顺排。同时，对于1994年前的老申请继续按照早期公开、延迟审查程序出版，由于取消公告程序，实审合格即授予注册证书，因而自1996年6月5日开始出版的实用新型注册说明书，注册号从2500001开始顺排。由此造成实用新型注册号分为三段。

6.4 韩国专利文献编号系统[1]

韩国专利说明书的出版方式与日本如出一辙。专利说明书实行两级公布，均在公报中全文公布，并按国际专利分类分册出版。因此，韩国公报即为专利说明书。

6.4.1 韩国专利文献类型识别代码

（1）专利申请公开公报，文献类型识别代码A

这是一种专利申请公开说明书，曾以专利申请文摘或权利要求及附图的形式在公报中公布，后改为全文公布，为第一公布级。

（2）注册专利公报，文献类型识别代码B

1996年以前，这是经实质审查合格的专利公告说明书。韩国专利法规定，申请人可自申请日起5年之内提出实审请求。专利申请经实审合格的予以公告，自公告日起2个月为异议期，异议驳回或理由不成立则授予专利权，但不再出版专利说明书，此为第二公布级。1996年以后取消公告制，改以实审合格即授予专利权。此后出版的注册公报即为专利说明书。

（3）实用新型申请公开公报，文献类型识别代码U

这是实用新型申请公开说明书，也曾以申请文摘或权利要求及附图的形式在公报中公布，后改为全文公布，此为第一公布级。

（4）注册实用新型公报，文献类型识别代码Y

1996年以前，这是经实质审查合格的实用新型公告说明书。韩国实用新型法规定，

---

[1] 国家知识产权局. 专利文献基础知识——各国专利文献介绍［EB/OL］.［2008-04-03］. http://www.cnipa.gov.cn/wxfw/zlwxxxggfw/zsyd/zlwxjczs/zlwxjczs_ggzlwxjs/1053684.htm.

申请人可自申请日起3年内提实审请求。申请经实审合格予以公告,自公告日起2个月为异议期,异议驳回或理由不成立则授予注册证书,但不再出版注册实用新型说明书。为第二公布级。1996年以后改以初步审查制。申请经形式审查和必要条件的初步审查即可授予注册证书。此后出版的注册实用新型公报即为注册实用新型说明书。

6.4.2 韩国专利文献的编码规则

韩国专利文献的编码规则如附表6-8所示。

附表6-8 韩国专利文献的编码规则

编号	年份	格式	说明
申请号	1948~1993	yy-nnnnnn（n）	yy为表示年份的2位数字,后面6位或7位数字表示当年申请序列号
	1994~1997	yyyy-nnnnnn（n）	年份采用4位数字表示
	1998年至今	tt-yyyy-nnnnnnn	tt表示专利申请（专利权）种类,其中10表示发明专利、20表示实用新型、30表示外观设计、40表示商标;当年申请序列号统一采用7位数字表示
公开号	1983~1998	yy-nnnnnn（n）	yy表示年份的2位数字,后面6位或7位数字表示当年公开序列号;文献类型为A或U
	1998~2003	yyyy-nnnnnn（n）	年份采用4位数字表示
	2004年至今	tt-yyyy-nnnnnnn	增加2位专利申请种类代码tt,含义同上;当年公开序列号统一采用7位数字
公告号	1948年至1997年10月	yy-nnnnnnn	yy表示年份的2位数字,后面7位数字表示当年公告序列号;文献类型为B或Y
	1997年11月至1999年5月	nnnnnnn	没有年份代码,只用7位数字表示公告序列号
	1999年6月至今	tt-nnnnnnn	没有年份代码,7位数字表示公告序列号,但是在前面增加2位专利权类型代码,含义同上。

6.5 欧洲专利文献编号体系[1]

6.5.1 欧洲专利文献类型识别代码

(1) 专利申请说明书（文献类型识别代码 A）

欧洲专利申请说明书由扉页、说明书正文、权利要求书、附图和（部分文献具有的）检索报告组成。为表明是否附有检索报告，在 A 后加注一位阿拉伯数字说明：

A1——附有检索报告的欧洲专利申请说明书；
A2——未附检索报告的欧洲专利申请说明书；
A3——单独出版的检索报告；
A4——对国际申请检索报告所做的补充检索报告。

(2) 专利说明书（文献类型识别代码 B）

欧洲专利说明书自 1980 年开始出版。组成与申请书类似，只是无检索报告。

欧洲专利申请人在检索报告公布之日 6 个月内提出实质审查请求，经实质审查合格，即公告授权，出版欧洲专利说明书（文献类型识别代码 B1）。

自授权公告日起 9 个月内任何人都可以提出异议，专利说明书经修改后再公告一次，出版新的欧洲专利说明书（文献类型识别代码 B2）。

此外，也有两种经过修正的欧洲专利说明书：

B8——专利说明书的更正扉页；
B9——专利说明书的全文再版。

6.5.2 欧洲专利文献编号规则

欧洲专利的编号规则是最简单的，从 1978 年沿用至今，主要包括申请号和文献号两套编号体系。

(1) 申请号

欧洲专利的申请号按照"年+流水号"的形式编排（如 86116190.9）。前 2 位数字（如 86）表示申请年号，年号后面的是当年的流水号（如 116190），小数点后面的数字（如 9）是计算机校验码。

(2) 文献号

一件欧洲专利申请的公开号按照"流水号"形式编排，同一件专利申请第二次或其后公布的所有文献号以及专利号沿用该申请第一次公布的公开号。

欧洲专利文献编号规则如附表 6-9 所示。

---

[1] 国家知识产权局. 专利文献基础知识——各国专利文献介绍［EB/OL］.［2008-04-03］. http://www.cnipa.gov.cn/wxfw/zlwxxxggfw/zsyd/zlwxjczs/zlwxjczs_gglwxjs/1053678.htm.

附表 6-9 欧洲专利文献编号规则

种类	申请号	申请公布号	授权公告号
欧洲专利申请	01101330.7	EP 1 225 633 A1	
进入欧洲阶段的 PCT 专利申请	98938886.3	EP 963 989 A1 EP 963 989 A2	
	99969463.1	EP 1 123 452 A1	EP 1 123 452 B1

6.6 国际专利申请编号体系

6.6.1 国际专利申请说明书

国际专利申请公布说明书的文献类型识别代码如下：

A1——国际申请公布，带有国际检索报告；

A2——国际申请公布，不带国际检索报告；

A3——国际检索报告在后公布，带有修订的扉页；

A4——修订的权利要求和/或声明（PCT第19条）的在后公布，带有修订的扉页；

A8——国际申请再公布，对扉页著录数据的更正；

A9——国际申请或检索报告再公布，更正、变更或补充。

6.6.2 国际专利申请说明书编号规则

（1）申请号

国际专利申请号编码方式是：**PCT +/ + 受理局代码 + 年份 +/ + 流水号**。其中，2004年之前，年份采用2位数字表示，流水号采用5位数字表示；而2004年之后，年份采用4位数字表示，流水号采用6位数字表示。

（2）文献号

国际专利申请文献号的编码方式是：**WO + 年份 +/ + 连续编号 + 文献识别代码**。其中，2004年，年份采用2位数字表示，连续编号采用6位数字表示；而2004年之后，年份采用4位数字表示，连续编号仍然采用6位数字表示。

国际专利文献编号规则如附表6-10所示。

附表 6-10 国际专利文献编号规则

年份	申请号	文献号
2004年以前	PCT/US03/03404	WO 03/063972 A2 WO 03/063972 A3
2004年以后	PCT/EP2004/007762	WO 2005/012345 A1